Der Mensch als soziales Wesen

Sozialpsychologisches Denken im 20. Jahrhundert

Ein Lesebuch

Herausgegeben von
Heiner Keupp

Piper München Zürich

Originalausgabe
1. Auflage Januar 1995
2. Auflage August 1998
© für diese Ausgabe:
1995 Piper Verlag GmbH, München
Umschlag: Büro Hamburg
Simone Leitenberger, Susanne Schmitt, Annette Hartwig
Umschlagabbildung: Mauritius, Mittenwald
Gesamtherstellung: Clausen & Bosse, Leck
Printed in Germany   ISBN 3-492-21975-6

für Jan,

*der in der Familie Keupp für die Förderung
des historischen Denkens sorgt*

Inhalt

VI. Das »Wesen der Geschlechter«:
Natur oder Kultur?

VII. Identitätsarbeit als riskanter Balanceakt zwischen
individuellen Bedürfnissen und gesellschaftlichen
Anforderungen

VIII. Die Ambivalenzen der Risikogesellschaft:
Auflösung oder Erneuerung des Sozialen?

Ausblick:

Heiner Keupp:
Der Mensch als soziales Wesen –
sozialpsychologisches Denken
im 20. Jahrhundert

Der Mensch als gesellschaftliches Wesen ist noch nicht enträtselt bzw. wird immer wieder neu zum Rätsel: Wie finden sich eigentlich das einzelne Subjekt und die jeweilige Form von Gemeinschaft/Gesellschaft? Wie gelangen sie zu einer Synchronisation? Wie ist eine soziale Ordnung denkbar, die so tief in den Individuen verankert ist, daß diese in ihrer Mehrheit wissen, was von ihnen verlangt ist? Wie kommen die Subjekte mit der »ärgerlichen Tatsache« Gesellschaft klar, die von ihnen Einordnung, Unterwerfung oder Anpassung verlangt?

In der Geschichte der Philosophie und der Sozialwissenschaften haben solche Fragen höchst unterschiedliche Antworten erfahren. Da gibt es die philosophischen Sozialontologien, die Mensch und Kultur aufeinander angelegt sehen. Da gibt es die Positionen, die das Subjekt als instinktunsicher und orientierungslos sehen, weshalb es einen möglichst stabilen gesellschaftlich-staatlichen Rahmen benötigt, um überhaupt handlungsfähig zu sein. Auf der anderen Seite finden sich Auffassungen, die auch bei Menschen eine soziobiologische Determination behaupten und insofern die Mensch-Gesellschaft-Beziehung als biologisch determiniert behandeln. Gerade gegenüber dieser biologischen Menschennatur halten wiederum andere ein prinzipielles Mißtrauen für gerechtfertigt, da es seine triebhafte Wolfsnatur sei, die den Menschen gefährlich und unberechenbar mache. Diese müsse von einer wachsamen Gesellschaft unter ständiger Kontrolle gehalten werden. Gerade solche rigiden gesellschaftlichen Kontrollen stellen für andere Autoren wiederum die zentralen Gefährdungslagen des auf Freiheit angelegten Menschen dar. Erich Fromm oder Alexander Mitscherlich, die psychoanalytischen Humanisten, knüpfen ihre emanzipatorischen Hoffnungen an die biologische Offenheit des Menschen: Die freiheitliche Selbstgestaltung habe hier ihre fundamentale Basis. Allerdings erfordere die positive Nutzung dieses Potentials kritische Ich-Kräfte, die unter autoritären Bedingungen des Aufwachsens nicht entstehen können. Die Folge davon sind Fluchtmechanismen in geschlossene Systeme und Lösungen (z. B. Sekten, Fundamentalismen, autoritäre Strukturen).

Phasen gesellschaftlicher Stabilität und eines geringen Niveaus repressiver Zwänge fördern Vorstellungen einer harmonischen Integration von Individuum und Gesellschaft, als seien sie füreinander geschaffen. Staatssozialistische Systeme hatten die Neigung, sich selbst als die adäquate Antwort auf die emanzipatorischen Grundbedürfnisse der Menschen zu deklarieren (Agnes Heller hat das die »Diktatur über die Bedürfnisse« genannt). In Phasen eines sich vorbereitenden gesellschaftlichen Umbruchs werden vermehrt Ideen einer möglicherweise prinzipiellen Unvereinbarkeit von subjektiven Wünschen und gesellschaftlichen Imperativen formuliert.

Aktuell ist die Debatte darüber, ob in einer Kultur, in der immer ausgeprägter der »Tanz um das goldene Selbst« inszeniert wird, überhaupt noch ein gesellschaftlicher Zusammenhalt, Solidarität oder Mitmenschlichkeit entstehen können. Der »soziale Kitt« bröckelt. Werden letzlich nur noch gesellschaftliche Dienstleistungen (von der Wiege bis zur Bahre) den Zusammenhalt garantieren, oder entsteht auf einem neuen Niveau auch wieder eine neue Variante gesellschaftlicher Konsensbildung und Solidarität? Die Debatte um den »Kommunitarismus«, die in den USA hohe Wellen schlägt und allmählich auch nach Deutschland schwappt, kreist um diese Frage (vgl. Reese-Schäfer 1994).

Der kommunitaristische Diskurs kommentiert besorgt den Zerfall gesellschaftlicher Bindungen, wohingegen erste Ansätze postmoderner Psychologie in den Mauerrissen des modernen Lebensgehäuses die Keime neuartiger und befreiter Subjektivitätsformen ausmachen (ein »neues kulturelles Modell«).

Wie immer man zu solchen postmodernistischen Perspektiven stehen mag, die eher optimistische Schlüsse aus der Krise der Moderne ziehen, es bleiben die unleugbaren Probleme der zunehmend verunsicherten Subjekte, die in den Ruinen bisheriger Lebensgehäuse neue kollektive Identitäten konstruieren, regressiv an alte Sicherheiten anzuknüpfen versuchen oder in unübersehbarer Kommunikationsunfähigkeit auf die Sprache der Gewalt zurückgreifen. Dieses Lesebuch zu den Basisfragen der Sozialpsychologie soll anhand klassischer und zeitgenössischer Texte die unterschiedlichen Lösungsansätze aufzeigen, die Antworten auf die klassische Frage nach der Kultureignung des Menschen zu geben versuchen. In diesem Einleitungskapitel wird ein historischer Zugang zu diesen Fragestellungen angeboten.

I. Wann das Interesse am Verhältnis von Individuum und Gesellschaft wächst

1. Wenn Selbstverständlichkeiten verloren gehen

Den »Menschen als soziales Wesen« zum Thema zu machen, hat nicht immer einen umwerfenden Originalitätswert. Da werden vielleicht die Schubladen »Glaubensfragen« oder »Ontologie« (die hat doch mit »Wesenheiten« zu tun) aufgemacht, nicht gerade mit erkennbaren Zeichen von Interesse oder gar Begeisterung. Für souveräne Bildungsbürger genügt im Zweifelsfall dann schon ein Hinweis auf Platon und Aristoteles; womit dann die Ehrwürdigkeit, aber auch das Desinteresse am Thema angezeigt ist. Natürlich ist der Mensch ein soziales Wesen, und gelegentlich wird dann noch auf die Sozialpsychologie verwiesen, die schließlich nichts anderes mache, als sich diesem Thema zu widmen.

Der Sozialpsychologe, dem so im Zweifelsfall der schwarze Peter zugeschoben wird, reibt sich die Augen: Ist das wirklich unser Thema? Wir beschäftigen uns mit Themen wie Einstellungen, Vorurteilen, sozialen Wahrnehmungen, Gruppenprozessen, sozialen Vergleichsprozessen oder Identitäten. Dazu ist Wissen im Detail vorhanden. Aber die große Frage nach dem »Menschen als sozialem Wesen« sollte man vielleicht doch eher an die Soziologie oder noch besser an die Sozialphilosophie richten.

Wenn die alltäglichen Lebensprozesse mit erwarteter und bestätigter Selbstverständlichkeit ablaufen und gesellschaftliche Regelungen problemlos mit den Bedürfnisstrukturen und Handlungsgewohnheiten der Individuen übereinstimmen, dann gehört die Frage nach dem »Menschen als sozialem Wesen« in die Sparte esoterischer Gelehrigkeit, auf die man im Zweifelsfalle auch verzichten kann. Es gibt solche Phasen, in denen das Denken der Zeit und die Subjektstrukturen so gut synchronisiert sind, daß sich mühelos der Eindruck einstellt, Begriff und Gegenstand hätten sich ein für allemal gefunden. Auf dieser Grundlage entstehen bevorzugt Konzepte, die psychosoziale Phänomene so konstruieren, als seien sie »von Natur aus« letztgültig festgelegt.

Gegenwärtig befinden wir uns in einer soziokulturellen Umbruchphase, in der wir von einer solchen Synchronisation weit entfernt sind. Unsere gesellschaftlichen Lebensformen verlieren die strukturelle Gefügtheit, die Traditionen und das berechenbare Maß, auf das hin Subjekte ihren Lebensentwurf, ihre Biographie und Identität ausrichten könnten.

Genau in einer solchen gesellschaftlichen Periode entstehen fundamentale Fragen nach den vermittelnden Prozessen zwischen Kultur, Gesellschaft und Subjekt. In realen gesellschaftlichen Erosionsprozessen wird der Zerfall einer zivilen Gesellschaft gesehen. Die Frage nach dem »Wir« drängt sich in den Vordergrund: Wer sind »wir« denn in einer weltpolitischen Landschaft, in der jahrzehntelang gültige und funktionierende Ausgrenzungen, Abgrenzungen und Mauern die Suche nach der kollektiven Identität zu erledigen schienen? Bei der Suche nach dem »Wir« wird immer zweifelhafter, ob dieses »Wir« in einer Gesellschaft überhaupt noch eine Basis hat, die ganz auf das »Ich« gesetzt hat. Die Gefahr der »Ego-Gesellschaft« ist dem *Spiegel* (22/1994) eine Titelgeschichte wert: Immer mehr Menschen würden sich sozialen Bezügen und Verbindlichkeiten entziehen und als einzige Richtschnur ihres Handelns ihre persönlichen Interessen setzen. Politiker sehen die »sozialen Bindekräfte« oder den »gesellschaftlichen Kitt« in Auflösung begriffen, der ein Gemeinwesen zusammenhalten könnte. Die aus der »Mitte der Gesellschaft« kommenden Phänomene wie Fremdenfeindlichkeit und auf Fremde gerichtete Gewalt werden als Belege für den Zerfall gemeinschaftsverbürgender Werte und Tugenden genommen.

All diese Phänomene und die darauf gerichteten Suchbewegungen für Lösungen, neue Fundamente oder die Wiederbelebung von alten sprechen dafür, daß die Synchronisationen zwischen Subjekt und gesellschaftlichem Rahmen gegenwärtig ihren Status der naturhaften Selbstverständlichkeit verloren haben, und sie werfen die Frage auf, wie die Bedingungen der Möglichkeit solcher Synchronisationen überhaupt beschaffen sind. Auf diesem Hintergrund bekommt die Frage nach dem »Menschen als sozialem Wesen« eine neue Aktualität. Sie verläßt den exterritorialen Ort esoterischer Gelehrsamkeit und befindet sich auf spezifische Weise im Zentrum gesellschaftlicher und politischer Diskurse.

2. »Kühle« und »heiße Perioden« in der Geschichte

Es gibt Konjunkturen dafür, über das Verhältnis der Menschen zu ihrer kulturellen und sozialen Umwelt nachzudenken. Es gibt immer dann gute Gründe für diese Art von Reflexion, wenn Menschen sich in den raum-zeitlichen Bezügen, innerhalb derer sie ihren Alltag leben und zu bewältigen haben und innerhalb derer sie ihre Identitäten entwerfen und realisieren müssen, nicht mehr sicher sind. Es gibt historische Perioden, in denen sich Menschen nicht mehr sicher sind, ob die »Geschäftsgrundlagen« ihrer alltäglichen Lebensführung noch Gültigkeit besitzen oder sich schon geändert haben. Diese Art von Verunsicherung scheint notwendig, um für das Thema »Der Mensch als soziales Wesen« Interesse über den Kreis von Fachleuten hinaus zu wecken, die sich mit einem solchen Thema professionell zu beschäftigen haben. Vielleicht sind wir sogar auf eine zentrale Quelle für sozialwissenschaftliche Neugier gestoßen: Immer dann, wenn in der alltäglichen Lebenswelt bislang selbstverständlich eingeregelte Abläufe, Wahrnehmungen, Phänomene ihren Status des Selbstverständlichen verlieren, fallen sie uns auf, fragen wir uns, warum sie so funktionierten, wie sie bislang funktioniert haben, und warum das plötzlich nicht mehr so abläuft. Sie verlieren dann das Signum des »Normalen«, das nicht »hinterfragt« zu werden braucht, des »Natürlichen«, das halt so ist, wie es ist. Es entstehen Irritationen, die wiederum Verleugnungen und Normalisierungsversuche initiieren, aber die Unterstellung der »Normalität« und »Natürlichkeit« der Dinge ist schon nicht mehr zu retten, unser Verhältnis zu ihnen ist »reflexiv« geworden.

In einem solchen Zustand der »Reflexivität« befinden wir uns gegenwärtig, und es dürfte kaum gelingen, Bereiche des alltäglichen Lebens zu nennen, die davon nicht betroffen wären. Das Gefühl, Teil einer »heißen Gesellschaft« zu sein, in der nichts einfach so ist, wie es ist, wird zu einem universellen Lebensgefühl. In der Ethnologie von Lévi-Strauss (1968) gibt es die Unterscheidung zwischen »kalten« und »heißen Kulturen«. »Kalte Kulturen« versuchen von der Geschichte unberührt zu bleiben. Sie funktionieren wie Uhren, die verläßlich den Ablauf des immergleichen Prozesses anzeigen. Statt die Frage zu stellen, ob sich die Kultur an einem Modell des Fortschreitens messen lasse, wird die eigene Kultur als ein zyklischer Prozeß der Wiederholung begriffen. »Kalte Gesellschaften« haben keine Vorstellung von einer sich weiterentwickelnden Geschichte. Wandlungsprozesse werden »eingefroren«. Die Rädchen des Uhrwerks greifen reibungslos ineinander und garantieren im Bewußtsein der Mitglieder solcher Kulturen die Reproduktion des Immergleichen. »Heiße Kulturen« fügen sich am ehesten der Metapher der Dampfmaschine, die nach thermodynamischen Prinzipien arbeitet. Sie bezieht ihre Antriebs- und Beschleunigungsenergien aus dem »Energiegefälle«. »Heiße Gesellschaften« zeichnen sich durch ihr »gieriges Bedürfnis nach Veränderung« aus (Lévi-Strauss 1968, S. 272), sie fördern Spannungen und Widersprüche, sie treiben Spannungen auf die Spitze, weil aus ihnen die Veränderungsenergien gewonnen werden können. »Heiße Kulturen« haben eine hohe Wertbesetzung für alles, was die Spannungen, die Differenzen, das besondere und das Fortschreiten betont. Ihre Repräsentanten haben für »kalte Kulturen« und deren Wertschätzung des Beständigen, Immergleichen und Allgemeinen in der Regel nur Verachtung übrig, sie gelten als »primitiv« und »unterentwickelt«. Weniger negativ bewertend klingt die Formulierung von den »Naturvölkern«.

Vermutlich ist es sinnvoll, auch »kühlere« und »heißere Perioden« innerhalb einer Kultur zu unterscheiden. In den »kühleren Perioden« haben die Menschen das Gefühl, in einem raum-zeitlichen Gefüge von großer Vorhersehbarkeit, Berechenbarkeit und Sicherheit zu leben. Das System von Regeln und Rollen und die daran geknüpften Erwartungen garantieren einen ruhig dahinfließenden Alltag, der in seinem Gleichmaß und seiner Kalkulierbarkeit das Gefühl entstehen läßt, »so war es, und so wird es immer sein«. Die gesellschaftlichen »Kühlsysteme« funktionieren gut genug, um Veränderungsprozesse nicht als Brüche und Krisen in Erscheinung treten zu lassen. In so beschaffenen gesellschaftlichen Perioden scheint der »reflexive Zwang« stillgestellt zu sein. Das soziokulturelle Uhrwerk läuft verläßlich ab, die Verhaltensmuster greifen selbstverständlich ineinander, wirken vollsynchronisiert, und bei den meisten Menschen entsteht das Gefühl, daß es genau so »von der Natur« eingerichtet worden ist. In solchen »kühleren Perioden« erzeugen auch die Geistes-, Kultur- und Sozialwissenschaftler eher wissenschaftliche Konstruktionen über das Verhältnis zwischen Mensch und Kultur, die eine naturhafte Synchronisation betonen. Die »Natur des Menschen« und das, »was die Welt im Innersten zusammenhält«, fügen sich als Gedankenkonstrukte gut ineinander.

Diese »ideologischen Kühlsysteme« werden jedoch dann besonders aktiviert, wenn eine »heißere« Entwicklungsetappe beginnt und den »reflexiven Zwang« freisetzt. Er wird immer dann beherrschend, wenn die Grundlagen des Alltagslebens »ins Rutschen« geraten, bestimmte Erwartungen aneinander vorbeilaufen und der Regelungskanon für den Alltag nicht mehr unbefragt vorausgesetzt werden kann. Dann werden Gedankengebäude angeboten, die uns erklären, wie es »eigentlich« sein müßte; welche Sündenfälle dafür verantwortlich sind, daß wir den Kompaß verloren haben, und die uns in der einen oder anderen Form die »Rückkehr zur Natur« versprechen, zu den Fundamenten, die nicht ungestraft verlassen werden dürfen.

In solchen »heißen Perioden« wächst das Interesse an Fragen, die in »kühleren Perioden« wenig Resonanz finden. Gerade die Bedingungen menschlichen Zusammenlebens werden zum Thema: Wie ist soziale Ordnung möglich? Dem aufmerksamen Blick fallen jetzt eher Chaos, Zufälligkeiten, unverbundenes Neben- und Gegeneinander auf. Jetzt werden zentrale sozialwissenschaftliche Sätze wie die folgenden nachvollziehbar:

»Stabilität ist erklärungsbedürftig, nicht Veränderung.«

»Ordnung und vorgefundene Bedeutung sind erklärungsbedürftig, nicht Unordnung und Unverständlichkeit.«

»Einheitlichkeit ist erklärungsbedürftig, nicht Verschiedenheit.«

»Selbstverständliches ist zunächst erklärungsbedürftig, dann erst Überraschendes« (Falk und Steinert 1973, S. 21).

Wenn Selbstverständlichkeiten ihre Gültigkeit verlieren, wächst das Interesse daran, wie sie eigentlich möglich waren. Wenn Biographien zerfasern, wächst die Frage nach den Bedingungen der zuvor desinteressiert hingenommenen »Normalbiographien«. Ordnung und Stabilität werden unhinterfragt als gegeben unterstellt, solange sie Bestand haben. Wenn sie nicht mehr gegeben sind, beginnt man sich darüber Gedanken zu machen, was sie erzeugt hat. Der »Mensch als soziales Wesen« wird wieder zu einem brisanten und spannenden Thema, und die in der Geschichte der Sozialwissenschaften gegebenen Antworten gewinnen wieder an Interesse.

In diesem Sammelband werden Antworten dokumentiert, die im 20. Jahrhundert gegeben worden sind, weil die Sozialpsychologie ein wissenschaftliches Unternehmen dieses Jahrhunderts ist. Als ihre disziplinäre Geburtsstunde gilt allgemein das Jahr 1908. In diesem Jahr haben unabhängig voneinander die beiden ersten Lehrbücher der Sozialpsychologie von William McDougall und Edward A. Ross das Licht der Öffentlichkeit erblickt. Auch Georg Simmel hat in diesem Jahr seine Programmatik der Sozialpsychologie publiziert. George Herbert Mead hat in der Auseinandersetzung mit McDougall, Ross und Wundt die Grundzüge seines eigenständigen sozialpsychologischen Ansatzes formuliert. Aber sie hatten natürlich Vorläufer.

II. Zu den ideengeschichtlichen Vorläufern der Sozialpsychologie

1. Die erste Kontroverse über das Verhältnis Individuum-Gesellschaft: Platon vs. Aristoteles

Wie menschliches Zusammenleben möglich ist, hat schon die beiden philosophischen Antipoden im klassischen Griechenland, Platon und Aristoteles, beschäftigt. Das Nachdenken dieser beiden Philosophen über die Bedingungen eines geordneten Sozialwesens fällt in eine »heiße Periode«, eine Zeit großer sozialer Veränderungen. Platons Gedanken stehen unter dem Eindruck der schweren Niederlage Athens im Peloponnesischen Krieg. Aristoteles erlebt das erzwungene Aufgehen der griechischen Stadt-Staaten im Reich der Makedonier.

Peter R. Hofstätter beschreibt die unterschiedlichen Lösungen für die Wiedergewinnung einer vernünftigen gesellschaftlichen Lebensform, die von den beiden Philosophen als Antwort auf die gesellschaftliche Krise ihrer Zeit formuliert wurden:

» Was Plato (...) zeichnet, ist sein Idealbild eines Staates. (...) Dieser Staat entspringt dem Plan und dem Willen des ›Weisen‹; das konkrete Problem Platos liegt somit in der Frage, auf welche Art Menschen dazu gebracht werden könnten, in diesem Idealstaat und nach dessen Satzungen zu leben. Die Hauptaufgabe fällt dabei der Erziehung zu. Auf seiten des Einzelindividuums ist es vor allem dessen Formbarkeit, an die appelliert wird. Das Axiom lautet: Ein Wesen, das nur einer in bestimmter Weise kontrollierten Mannigfaltigkeit von Einflüssen ausgesetzt ist, wird – in Abwesenheit widersprechender Erfahrungen – genau die Einstellungen entwickeln, die für es als wünschenswert betrachtet werden. (...) Es erscheint Plato nötig, den Einfluß der Familie auf ein Minimum zu beschränken, Vermögensunterschiede so gut wie auszuschalten und die eheliche Partnerwahl zentral zu lenken. Da Plato zugleich die Erblichkeit gewisser Anlagen und deren ungleiche Verteilung annimmt, ergibt sich für ihn auch die Notwendigkeit einer geplanten Auslese und einer eugenischen Politik. In dieser Weise entledigt sich der ideale Staat des Sachverhaltes, daß die Formbarkeit des Einzelindividuums durch dessen Erbkonstitution begrenzt ist. Der Mensch schlechthin ist in Platos Konzept völlig formbar; er ist, wenn man die Zuchtwahl einbezieht, ausschließlich ein Geschöpf des Staates, ein ›Homunculus‹, der dem Normensystem dieser utopischen Gesellschaft in jeder Weise entspricht. (...) Methodologisch betrachtet erscheint das Individuum in Platos Konzept als abhängige Variable, die Gemeinschaft als die unabhängige. Die Eigenart des Individuums ist eine Funktion des Staates. Sofern der ›ideale Staat‹ bereits bestehen sollte, mag diese Lesart der Interdependenz durchaus aufschlußreich sein. Wie aber kommt es nicht nur zum idealen, sondern zum Staat überhaupt? Die Frage stellen heißt mit Aristoteles die zweite Leseart hervorheben: Die Gemeinschaft ist eine Funktion des Individuums und seiner naturgegebenen Handlungsrichtungen. Der Mensch, das ›zoon politikon‹, erscheint jetzt als mit Triebkräften ausgestattet, die ihn zur Gesellschaftung führen, und die Aktualisierung dieser Anlagen ist sowohl ethisch gut als auch persönlich angenehm. Die Beschaffenheit der Menschen, die zu einer Gemeinschaft zusammenfinden, bestimmt so die Eigenart dieser Gemeinschaft. Es ist die Idee der Naturgemäßheit, die damit zum Richtprinzip wird« (S. 34 ff.).

Die »platonische« und die »aristotelische« Sichtweise der Zuordnung von Individuum und Gesellschaft, die später als Gegensatzpaar von »soziozentriertem« und »individuozentriertem Ansatz« bezeichnet werden, durchziehen die lange Vorgeschichte der Sozialpsychologie und ihre kurze Fachgeschichte. Der »platonische« oder »soziozentrierte Ansatz« geht von der Prämisse aus, daß der einzelne Mensch nur dann zu einem sozialen Wesen werden kann, wenn er von gesellschaftlichen Prägeinstanzen dazu erzogen wird. Für den »aristotelischen« oder »individuozentrierten Ansatz« ist das Individuum von Natur aus auf Gesellschaft hin angelegt. Es bringt die Befähigung zum Zusammenleben von Natur aus mit, kann Beziehungen zu anderen Menschen eingehen, und auf dieser Voraussetzung aufbauend, können sich soziale Mikro- und Makrogebilde (von der Familie über Sippen, Stämme bis zum Staat) entwickeln.

Also: Die kurze Fachgeschichte der Sozialpsychologie (wie der Psychologie insgesamt) beruht auf einer langen Vorgeschichte, die vor allem in die Domäne der Philosophie fällt. Das Nachdenken über das Verhältnis von Individuum und Gesellschaft begleitet die Menschheitsgeschichte, und die jeweils entwickelten Konstrukte haben immer nur für bestimmte historische Epochen den Charakter von herrschenden Sichtweisen erlangt. Vor allem wenn historische Erschütterungen oder tiefgreifende gesellschaftliche Wandlungsprozesse bestehende Ordnungen und die sie stützenden Welt- und Menschenbilder aushebelten, sind die Diskussionen über die Bedingungen menschlichen Zusammenlebens aufgeflammt. In diesen »heißeren Perioden« sind dann Fragestellungen der folgenden Art neu gestellt worden:

- »Sind Menschen als jeweils einzigartige Individuen zu verstehen, oder sind sie im wesentlichen einander gleich?

- Ist das Individuum eine Funktion der Gesellschaft, oder ist, umgekehrt, die Gesellschaft Funktion und Produkt der Individuen, aus welchen sie zusammengesetzt sind?
- Ist die Frage nach der Beziehung von Individuen und Gesellschaft überhaupt eine sinnvolle Frage oder Ausdruck einer verborgenen Ideologie?
- Ist die ›Natur‹ des Menschen im Grunde egoistisch und erfordert deshalb Techniken und Maßnahmen der Erziehung, der moralischen Belehrung, der Sozialisation, damit das Zusammenleben von Menschen in Gruppen, Gemeinschaften und Staaten überhaupt möglich wird, oder sind Menschen ›von Natur aus‹ sozial und unterliegen lediglich guten oder schlechten Einflüssen, die sie sozial oder unsozial werden lassen?
- Sind Männer und Frauen freie und verantwortlich handelnde Subjekte, oder werden ihre Handlungen von naturgegebenen oder sozialen Bedingungen determiniert?« (Graumann 1990, S. 5f.).

2. Das Christentum fördert den Individualismus

Wir haben gesehen, daß sich bereits Platon und Aristoteles auf der Suche nach einer lebbaren sozialen Ordnung mit diesen Fragen beschäftigt haben. Mit dem Christentum haben sich diese Fragen deutlich zugespitzt, denn es hat den Menschen in den Mittelpunkt gerückt und so entscheidend zu einem individuozentrierten Welt- und Menschenbild beigetragen: »Für die griechischen Philosophen war der Mensch im großen und ganzen ein Wesen unter anderen im Kosmos; zwar durchaus ein hochstehendes Wesen, aber trotzdem ohne ausgesprochene Sonderstellung. Es gibt Steine und Erde, Pflanzen und Tiere, Menschen und Götter – alles innerhalb desselben abgegrenzten Universums. Im Christentum verhält es sich anders: Gott ist eine Person, die jenseits dieser Welt existiert, und die Welt – mit Steinen, Pflanzen, Tieren und Menschen – ist von Gott geschaffen, damit der Mensch erlöst werden kann. Das Universum ist sekundär im Verhältnis zum Menschen und zu Gott. Die gesamte Schöpfung dreht sich um die Erlösungswanderung des Menschen auf der Erde. (...) Der Mensch ist unendlich viel wertvoller als jedes andere Geschöpf« (Skirbekk und Gilje 1993, S. 193 f.). Die »Erlösungswanderung« enthält die Annahme, daß sich Menschen im »Sündenfall« des Schöpfungsplans nicht würdig erwiesen haben, und die »Erlösung« kann nur in Gestalt einer zweiten Chance erfolgen, deren Nutzung von einem Kampf zwischen dem »Bösen« und dem »Guten« abhängt. Der im Zentrum der neuen Kosmologie stehende einzelne Mensch muß sich von der Erblast des Sündenfalls befreien, aber das wird ihm nicht allein zugetraut, sondern er bedarf der regulierenden Autorität gesellschaftlicher Institutionen – in einem durchaus widersprüchlichen Verhältnis von kirchlichen und staatlichen Instanzen. Für Augustinus (354–430) ist ein starker Staat wegen der korrupten Natur des Menschen notwendig, er muß dem schwachen, sündigen Menschen bei der Beherrschung des Bösen mit »harter Hand« helfen. Das zentrale Konfliktgeschehen ist ein Kampf zwischen Gott und dem Teufel, der im Inneren des einzelnen ausgetragen wird, wobei dieser aber in der äußeren Welt starke Unterstützung braucht, um die Chancen für ein moralisches Leben mit dem Ziel der Erlösung zu ergreifen.

Die volle Entfaltung des individualisierenden Potentials des Christentums hat sich erst in der protestantischen Reformation vollzogen, die an der Epochenschwelle zur Moderne erfolgte. Das Individuum tritt voll in die Geschichte ein und definiert sich zunehmend als selbstbewußter Produzent und Herrscher gesellschaftlicher Ordnung. Die oben formulierten Fragen nach dem Verhältnis von Individuum und Gesellschaft treten mit der Herausformung der Moderne ganz ins Zentrum der Aufmerksamkeit.

3. Das aus der göttlichen Schöpfungsordnung des Mittelalters heraustretende Subjekt: Die Geburt des modernen Menschen

Das Ende des Mittelalters und die mit der Renaissance anbrechende Neuzeit sind durch einen paradigmatischen Wendepunkt bezeichnet: Der Mensch wird als Subjekt zum Angelpunkt. In der sich etablierenden Moderne oder – in einer anderen Tradition benannt – in der entstehenden »bürgerlichen Gesellschaft erhält die

Thematisierung von Subjektivität eine dauerhaft privilegierte Stellung. Im Prozeß der Auflösung hierarchisch-ständisch festgelegter Lebenstätigkeit und traditions- und autoritätsverbürgter Normen und Werte mußten scheinbar atomisierte Individuen ihre Stellung zur und in der Welt neu überdenken« (Staeuble 1984, S. 11). Das Individuum erkennt sich als handelndes und begreifendes Zentrum der Welt, das nicht mehr bereit ist, sich von einer äußeren Instanz definitiv sagen zu lassen, »was die Welt im Innersten zusammenhält«. Letzte Instanz von Wahrheit werden jetzt Zweifel und Gewißheit des Individuums. Nur die Erkenntnisse, die von der eigenen Vernunft verifiziert werden, können Sicherheit und Orientierung in der Welt garantieren. Alle Lebensmaximen, die sich auf traditionelle Autoritäten und Gewohnheiten berufen, werden prinzipiell angezweifelt. Die gemeinschaftliche Übereinkunft, die der vernunftgesteuerten Nachprüfung durch den einzelnen nicht standhält, verliert jede Legitimation.

»Der Mensch ist, ideell gesehen, kein Gesellschaftswesen mehr, kein *zoon politikon*, das in Harmonie mit seinem Haushalt, dem *oikos*, lebt, eingebettet in eine vernünftige Gemeinschaft, in *polis* und *logos*. Der Mensch ist ein Subjekt, das sich mit technischem Wissen zum Beherrscher eines Universums von Objekten aufschwingt« (Skirbekk und Gilje 1993, S. 274).

Diese aus einem naturhaft gedachten Kosmos heraustretenden Individuen sind nicht mehr selbstverständlich miteinander verbunden, nicht mehr Teil einer Ordnung, die jedem einzelnen seinen Platz zuwies und damit zugleich die Relation der Individuen zueinander bestimmte. Der sich jetzt individuierende einzelne muß die Beziehungen zu den anderen Individuen regeln. Kein göttlicher Heilsplan kann mehr das geordnete Zusammenleben garantieren, es muß in vertraglicher Form ausgehandelt und vereinbart werden. Es kommt die »Vertragstheorie« auf, erstmals wohl von Johannes Althusius (1557–1638) formuliert: »Die Vertragsidee wird sowohl zur Erklärung sozialer Gruppen wie zur Erklärung des Verhältnisses zwischen Herrscher und Untertan verwendet. Den verschiedenen Gruppen – Familie, Stand, Gemeinde, Provinz, Staat – fallen verschiedene Aufgaben zu, und diese Gruppen werden mittels verschiedener Verträge konstituiert« (Skirbekk und Gilje 1993, S. 283f.).

Im Verhältnis zur bis dahin gültigen sozialen Ordnung stellen solche neuen Grundüberzeugungen ein revolutionäres Potential dar. Das sich in ihnen neu konstituierende bürgerliche Subjekt bricht prinzipiell mit den bisherigen Autoritäten (vor allem Kirche und Feudalherrschaft) und sucht sich seine neue Ordnung. In diesem Umwälzungsprozeß ist auch der Ursprung der neuzeitlichen Psychologie zu sehen. Sie speist sich aus dem Bedürfnis der Bürger, »sich selbst zu finden«, sich nicht heteronom, also fremdbestimmt, zu definieren, sondern autonom zu finden. Nicht mehr die kategoriale Zugehörigkeit zu einem spezifischen Kollektiv, Stand oder »Wir« sollte dem Individuum die Antwort vorgeben dürfen, wer es denn sei. »Individuen sind freizusetzen von all den Bezügen und Abhängigkeiten, die sie früher bestimmt haben. Individuen, die sich als sich selbstbestimmende, autonome Souveräne, für sich selbst verantwortliche Verfasser ihrer eigenen Lebenswerke verstanden, wurden die zentralen Akteure auf der sozialen Bühne« (Sampson 1989, S. 915). Die »Freisetzung« aus den feudalen Formen des Fremdbesitzes ist Voraussetzung für die neue Besitzordnung: »Es (das Subjekt, H. K.) ist wesenhaft der Eigentümer seiner eigenen Person oder seiner eigenen Fähigkeiten, für die es nichts der Gesellschaft schuldet. Das Individuum wurde weder als ein sittliches Ganzes noch als ein Teil einer größeren gesellschaftlichen Ganzheit aufgefaßt, sondern als Eigentümer seiner selbst. Die Beziehung zum Besitzen, die für immer mehr Menschen die fundamental wichtige Beziehung geworden war, welche ihre konkrete Freiheit und ihre konkrete Chance, all ihre Möglichkeiten zu entfalten, bestimmte, wurde in die Natur des Individuums zurückinterpretiert« (Macpherson 1967, S. 15). Den sich herausbildenden ego-zentrierten Individualismus der bürgerlichen Subjekte charakterisiert der englische Sozialphilosoph MacIntyre (1988, S. 210) so: Sie besitzen »ihre Identität und ihre wesentlichen humanen Eigenschaften getrennt von und vor ihrer Mitgliedschaft in irgendeiner besonderen sozialen und politischen Ordnung«. Die Herausbildung der modernen Psychologie ist ohne die Basis eines solchen Menschenbildes gar nicht vorstellbar.

4. Das »freie Subjekt« und die Macht

Aber die Entstehung der modernen bürgerlichen Lebensform ist keine ungebrochene Freisetzung individueller Subjektivität. Sie entwickelt sich einerseits in einem Prozeß der Befreiung aus den mittelalterlichen heteronomen Zwecksetzungen, und andererseits vollzieht sie sich in einem sozialen Raum, der von Macht- und Herrschaftsinteressen bestimmt ist und in dem sich eine alles andere als friedliche Auseinandersetzung um eine neue soziale Ordnung abspielte. Genau in diesem Kontext hat die Selbstreflexion spezifische Konturen erhalten, welche die entstehende Psychologie in nachhaltiger Weise geformt haben. Das läßt sich vor allem an der philosophischen Entwicklung zu Beginn der Neuzeit aufzeigen.

Im Jahre 1580 schreibt ein Mann folgende Sätze auf: »Ich gebe meiner Seele bald dieses Gesicht und bald jenes, je nachdem, auf welche Seite ich mich wende. Wenn ich auf ungleiche Weise von mir rede, so geschieht es, weil ich mich auf ungleiche Weise betrachte. Alle Widersprüche finden sich in mir, je nach Gesichtswinkel und Umständen. Schamhaft und unverschämt; keusch und geil; geschwätzig und schweigsam; tatkräftig und zimperlich; geistreich und blöde; mürrisch und leutselig; lügnerisch und wahrhaftig; kenntnisreich und unwissend, freigebig und geizig und verschwenderisch, von alledem finde ich etwas in mir, je nachdem ich mich drehe; und wer immer sich aufrecht prüft, wird in sich, je sogar in seinem Urteile über sich selbst, diese Unstetigkeit und Unstimmigkeit vorfinden. Ich habe von mir selbst nichts Ganzes, Einheitliches und Festes, ohne Verworrenheit und in einem Gusse auszusagen. (. . .) Wir sind alle aus lauter Flicken und Fetzen und so kunterbunt unförmlich zusammengestückt, daß jeder Lappen jeden Augenblick sein eigenes Spiel treibt. Und es findet sich ebensoviel Verschiedenheit zwischen uns und uns selber wie zwischen uns und anderen« (de Montaigne 1953, S. 324).

Michel de Montaigne (1533–1592) kommt uns heutigen in seinen »Essais« so nahe und vertraut vor. Er steht ebenso wie Descartes (1596–1650), sein bekannter gewordener philosophischer Nachfolger, an der Epochenschwelle zur Moderne. Er schreibt erfahrungsbezogen von seinen Freuden und Leiden; der sinnlichvitale Lebensbereich ist nicht ausgegrenzt, sondern eine wichtige Quelle der Inspiration und Erkenntnis. Er formuliert kein abstraktes philosophisches Gebäude. Er läßt seine Leserinnen und Leser teilnehmen an dem Heraustasten aus einem mittelalterlichen Lebensgehäuse, an dem positiven Nutzen von Verunsicherungen, an der Suche nach Selbstgewißheit und selbstdefinierter Identität.

Warum hat sich die Philosophie – und in ihrem Fahrwasser auch die Psychologie – in der Weltsicht Descartes' paradigmatisch eingerichtet, und warum hatte das Programm von Montaigne und anderen Denkern der Renaissance mit ihrem Blick auf den Alltag und ihrem Interesse am Menschen in seiner sinnlich-vitalen Bedürftigkeit und Widersprüchlichkeit gegen das Programm der »cartesianischen Rationalität« keine Chance? Beide Programme führen aus dem Mittelalter heraus und enthalten die Konturen einer »modernen Gesellschaft«. Die cartesianische Wende erfolgt erst über ein Jahrhundert nach der Renaissance mit Aufklärern wie Erasmus, Mirandola, Shakespeare, Macchiavelli und eben Montaigne. Wodurch unterscheiden sich diese »beiden Bahnen der Moderne«, und warum hat für mehr als drei Jahrhunderte Descartes gegenüber dem Alternativprogramm der Humanisten unstrittig »das Rennen gemacht«?

Toulmin (1991) empfiehlt eine Gegenüberstellung von Michel de Montaigne und René Descartes, um sich die Dramatik der Richtungsänderung bewußt zu machen, die sich im 17. Jahrhundert vollzog. Montaigne betont das Besondere, Zeit- und Lokalgebundene, das Narrative und Sinnliche, Descartes dagegen setzt auf das Verallgemeinerbare, Logische, das Intellektuelle im Unterschied zum Sensuellen: »Das Dauernde war gefragt, das Vorübergehende galt nichts« (Toulmin 1991, S. 66).

Individualisten waren beide großen französischen Philosophen. »Doch«, so Toulmin, »ihr Individualismus führte die beiden in verschiedene Richtungen. Bei Descartes deutet sich schon ein ›Solipsismus‹ an – die Auffassung, jeder einzelne sei als psychologisches Subjekt (gewissermaßen) in seinem Kopfe gefangen, und der Bereich seines Nachdenkens sei auf die Sinneseindrücke und anderen Daten beschränkt, die sein Bewußtsein erreichen und ihn zu dem Individuum machen, das er ist. Fünfzig Jahre früher schrieb Montaigne auch als Individuum, ging aber immer davon aus, daß seine persönliche Erfahrung typisch für die menschliche Erfahrung im allgemeinen sei, wenn es nicht im Einzelfall einen besonderen Gegengrund gab. In Montaignes Verständnis von Erfahrung gab es also keinerlei Anzeichen des Solipsismus; er zögerte nicht, sich auf die Berichte anderer Menschen zu verlassen (...). Für Montaigne war die ›(Lebens-) Erfahrung‹ die praktische Erfahrung, die jeder Mensch durch den Verkehr mit vielen gleichartigen anderen ansammelt; für Descartes war die ›(geistige) Erfahrung‹ das Rohmaterial, aus dem jeder Mensch ein kognitives Bild der intelligiblen Welt ›in seinem Kopfe‹ herstellt. Um 1580 kam es Michel de Montaigne nicht in den Sinn, er sei ›in sein Gehirn eingesperrt‹. Die Vielheit der Menschen in der Welt mit ihren je eigenen Standpunkten und Lebensgeschichten war nichts Bedrohliches« (S. 77f.).

Für Toulmin lautet die zentrale Frage, warum die »skeptische Anerkennung der Vieldeutigkeit und die Bereitschaft, mit der Ungewißheit zu leben«, die als »lebendige und geachtete Haltungen« bei den Humanisten prägend waren, innerhalb eines Menschenalters ihre Anerkennung verloren. Und warum diese ursprüngliche Haltung, die den endgültigen Bruch mit dem Mittelalter anzeigte, keine Chance hatte, der Moderne ihr Gepräge zu geben. Es kam zu einem allgemeinen Umschwung im »Meinungsklima« mit weitreichenden Konsequenzen für das wissenschaftliche Denken: »... es war das Meinungsklima, das die Leser in den Jahren 1580 und 1590 skeptisch tolerant gegenüber Ungewißheit, Vieldeutigkeit und Meinungsvielfalt machte, aber dann so weit umschlug, daß nach 1640 oder 1650 eine skeptische Toleranz nicht mehr als respektabel galt« (S. 81).

Für einen Wissenschaftstheoretiker ist die Antwort Stephen Toulmins bemerkenswert: Das »moderne Weltbild« ist die philosophische Verarbeitung von »dreißig Jahren des Gemetzels im Namen der Religion« (S. 256). »Das ›Streben nach Gewißheit‹ bei den Philosophen des 17. Jahrhunderts war kein bloßes Programm zur Konstruktion abstrakter und zeitloser theoretischer Schemata, die lediglich als Gegenstände reiner, distanzierter, geistiger Betrachtung erdacht worden wären. Es war vielmehr eine zeitgebundene Antwort auf eine bestimmte historische Herausforderung – auf das politische, gesellschaftliche und theologische Chaos, das sich im Dreißigjährigen Krieg niederschlug« (S. 122). Toulmin zeichnet von Descartes nicht das Bild eines Genies, das zeitlose Wahrheiten begründet hat, sondern das »Bild eines jungen Intellektuellen, dessen Überlegungen den Menschen seiner Zeit eine konkrete Hoffnung auftaten, sich durch Denken aus dem politischen und theologischen Chaos zu befreien, und zwar zu einer Zeit, da sonst niemandem etwas Besseres einfiel, als einen scheinbar nicht mehr beendbaren Krieg weiterzuführen« (ebd.).

Das Programm von Descartes entsprach dem Bedürfnis nach Glaubensgewißheit jenseits der partikularistischen religiösen Interessen, die der Religionskrieg jeder Glaubwürdigkeit beraubt hatte: »Dem Glaubensbedürfnis nach einer Gewißheit jenseits der Religionen oder Ideologien, die durch ihre Legitimation von Kriegen diskreditiert worden sind, entspreche die Dekontextualisierung der Rationalität klassisch-naturwissenschaftlichen Handelns. Kontextbezogene Vernunft oder Weisheit werde so durch eine exklusive Rationalität ersetzt, deren eigene Dekontextualisierung in weltanschaulicher Hinsicht einer Glaubensgewißheit besonderer Art entspreche, dem Glauben in die Gewißheit des Glaubens selbst« (Krüger 1991, S. 27).

»Descartes betrachtete die logische Notwendigkeit der Geometrie als Vorbild der Gewißheit und setzte daher die Rationalität der Wissenschaft mit der Möglichkeit der Bildung eines logischen Systems gleich« (Toulmin, S. 286). Er etablierte damit das rationalistische Baugerüst der Moderne, das die porös gewordenen religiösen Ansprüche universalistisch überwinden sollte und doch so etwas wie ein neues religiöses Fundament schuf. Sein kosmopolitischer Anspruch verdankt sich der »Verbindung theologisch-politischer und wissenschaftlicher Erklärungsmuster im Zeichen der Stabilität« (Krüger 1991, S. 31). Eine »Vergötzung von gesellschaftlicher Stabilität« (Toulmin, S. 218) und intellektueller Sicherheit gingen Hand in Hand. Die Wirkmächtigkeit dieses Erklärungsmusters bis ins 20. Jahrhundert hinein ist darin begründet, daß es auf die große Krise, die zum Dreißigjährigen Krieg geführt hat und durch ihn dramatisch verschärft wurde, eine allseits gewünschte Antwort geben konnte.

In der Philosophie von Descartes ist das einzelne, das einsam denkende Subjekt der Angelpunkt von Erkenntnis und Wahrheit.

Es ist ein Subjekt, das sich auf ein System kognitiver Sicherheiten verlassen kann und sich damit aus dem gesellschaftlichen Chaos einer in Unordnung geratenen und sich grundlegend verändernden Welt herausziehen kann. Der Kognitivismus scheint eines der sichernden Leitseile des bürgerlichen Individuums in einer »heißen Periode« gesellschaftlicher Entwicklung zu sein. Wir begegnen hier dem in sich eingeschlossenen Menschen, der neue Orientierungssysteme nicht in einem kommunikativen Prozeß erwartet. Es ist auch der kognitivistisch reduzierte Mensch, dessen volle Emanzipation in der neu entstehenden gesellschaftlichen Ordnung noch nicht denkbar war.

Aber auch die kognitivistische Selbstbeschränkung des Individuums reichte den Sozialphilosophen noch nicht aus. Das auf die gesellschaftliche Bühne getretene Individuum konnte man sich nur unter strenger Regie, im Zugriff eines starken Staates vorstellen. Das wird vor allem in dem Modell von Thomas Hobbes (1588–1679) deutlich. Dieser starke Staat, Leviathan, steht in diesem Modell nicht in Widerspruch zum vernunftgeleiteten autonomen Subjekt, sondern stellt geradezu seine Konsequenzen dar. Hobbes sieht »in der anarchischen Realität des Bürgerkrieges die Urerfahrung einer ihrer bloßen Natur überlassenen, staatenlos lebenden Menschheit. Im Naturzustand sind die Menschen frei und annähernd gleich. Doch aus gleichem Verlangen und gleicher Stärke, folgert Hobbes, erwachsen Konkurrenz, Feindschaft und Unsicherheit. Niemand kann sicher sein, daß der andere ihn nicht betrügen, bekämpfen, vernichten wird. Aus demselben Wunsch aller, glücklich zu sein, entsteht so der unglückliche Zustand des Bürgerkriegs. Leben im Bürgerkrieg ist ein Leben in und aus wechselseitiger Furcht. (...) Hobbes' Kunstfigur des allmächtigen Leviathan ist ein Produkt der Einsicht. Jeder Mensch vermag seinen Zweck zu begreifen. Insofern ist jeder kraft *Vernunft* an der Konstituierung des starken Staates beteiligt. Wechselseitig kommt jeder mit jedem vertraglich überein, einen absoluten Souverän für vernünftig zu halten. Freiwillig übertragen alle an den großen Leviathan ihre natürlichen Rechte. (...) Deshalb ist die Kopfgeburt der *Zentralgewalt des Absolutismus* zugleich die Geburtsstunde der modernen *Vernunft* und des *autonomen Subjekts*« (Rauschenbach 1994, S. 48). Hobbes verzichtet auf Anleihen bei irgendeiner traditionellen Kosmologie, um soziale Phänomene wie Solidarität oder gemeinsames Handeln zu erklären. Er setzt radikal am Individuum und dessen Selbsterhaltungsbedürfnis an: »Alles, was wir unmittelbar erfahren, beispielsweise positive und konkrete Verbindungen zwischen Menschen wie Liebe, Zusammengehörigkeitsgefühl, Verbundenheit mit Heimat und Gesellschaft, müsse innerhalb dieses Erklärungsmodells als grundlegender individueller Drang nach Selbsterhaltung begriffen werden. Die Gesellschaft wird, ausgehend von grundlegenden Elementen und Triebkräften, rekonstruierend erklärt« (Skirbekk und Gilje 1993, S. 298).

5. Die Psychologie als Wissenschaft des sich selbst genügenden Individuums

Die Bühnen der Neuzeit werden also von den Inszenierungen des seiner selbst bewußten Individuums beherrscht, und die entstehende Psychologie steht im Bann dieses Individuums. Dies kann natürlich nicht verwundern, ist sie doch die Wissenschaft vom Individuum. Aber sie wird diese Wissenschaft in einem spezifischen Sinne und läßt mögliche Alternativen ungenutzt. Die Spur des von Michel de Montaigne als erstem begangenen Weges ist zwar immer wieder aufgenommen worden, hat sich aber nie zur Dominanten des disziplinären Selbstverständnisses der Psychologie entwickeln können. Am Ende des 18. Jahrhunderts hatte etwa Carl Philipp Moritz (1756–1793) mit seinem autobiographisch-psychologischen Roman *Anton Reiser* und mit seinem Journal »Magazin zur Erfahrungsseelenkunde« die psychischen Problemlagen des sich in einer neuen gesellschaftlichen Ordnung suchenden bürgerlichen Individuums ins Zentrum gerückt: Diese Werke stellen Sammlungen authentischer Lebens- und Erfahrungsberichte sozialer Außenseiter dar und knüpften vor allem an der Lebenssituation jener Menschen an, die aus niederen Ständen in die bürgerliche Intelligenz aufsteigen, kein gesichertes Auskommen erwarten können und für die es ein schmerzlicher Prozeß war, die sich neu entwickelnde Individualitätsform zu leben. Die Auflösung der festgefügten ständischen Ordnung schuf ungeheure neue Chancen auf eine selbstbestimmte Lebensform für Schichten, für die das in der Vergangenheit undenkbar gewesen war, aber das Herausgerissensein aus allen traditionellen Bindungen schuf auch leidvolle Situationen der Desorientierung, der Erfahrung, ein Spielball nicht berechenbarer Zufälligkeiten zu sein, und des Sturzes ins Bodenlose, der durch kein soziales Netz aufgefangen wurde. Moritz beschreibt diese psychischen Grunderfahrungen und versucht, »das Leiden an der Gesellschaft mit der Unordnung in der Gesellschaft zu erklären«, und diese Einsicht »führt ihn, da eine gesellschaftliche Alternative in rückwärtsgewandter Perspektive nicht mehr überzeugt, eine Überwindung der gerade erst entstehenden bürgerlichen Gesellschaft noch nicht denkbar ist, zur Konzeption einer Immunisierung des Individuums gegen das Leiden, einer Strategie des Überlebens, bis sich mehr Handlungsmöglichleiten eröffnen« (Jaeger und Staeuble 1978, S. 72).

Diese Art von Psychologie, die sich als Medium der Selbsterfahrung und Selbstreflexion in einer Zeitperiode begriff und anbot, in der alte Normalitäten objektiv dekonstruiert waren und die neuen sich noch nicht stabil etablieren konnten, hat der Hauptstrom der sich entwickelnden Wissenschaft Psychologie links liegen gelassen (Obermeit 1980). Statt dessen hat sie sich in den Spuren von Descartes etabliert, was sich an mindestens drei Trends sichtbar machen läßt:

1. In Zeiten der Krise haben elementare Unterscheidungen die besten Chancen, Ordnung in eine verwirrende Komplexität zu bringen. Binäre Schemata, Dichotomien und polare Gegensätze bieten sich hier in allererster Linie an. Die cartesianische Unterscheidung vom rationalen Geist und der kausalen Materie, von Geist und Körper, von der Welt der rationalen menschlichen Erfahrung und der Welt der mechanischen Naturerscheinungen erfüllte dieses basale Ordnungsbedürfnis in hohem Maße. Diese binäre Differenzierung bildet die Hauptachse der cartesianischen »Meta-Erzählung«, eine »Kosmopolis« (wie sie Toulmin [1991] nennt), die als umfassende Weltsicht, als ein System zusammenhängender Ideen eben als »geistiges Baugerüst« einer neu entstehenden Welt fungierte. Diese Weltbild-Annahmen bestimmten nicht nur das wissenschaftliche Denken, sondern sie »(rückten) bald in den Rang des ›gesunden Menschenver-

standes‹ auf« (S. 178). Und in diesem System wird auch ein Subjektmodell erzeugt, das in der Psychologie bis heute nicht überwunden ist. Es lebt von folgender Dichotomie: »Die Vernunft ist geistig (oder spirituell), die Emotion körperlich (oder fleischlich)« (S. 190). Den eigenen Emotionen ausgeliefert zu sein war für Descartes in seiner Abhandlung über die Leidenschaften die bedrohliche Erfahrung, »daß die Rationalität von den kausalen Kräften des Körpers überrollt wird« (ebd.), und das ist gleichbedeutend mit einer Dehumanisierung, denn: »Das Wesentliche am Menschen ist seine Fähigkeit zu rationalem Denken und Handeln« (S. 187). Also, und das ist die folgerichtige weitere Weltbild-Annahme: »Die Emotionen behindern oder verfälschen die Vernunft« (S. 190). Toulmin betont die imprägnierende Kraft dieser Ideen in allen relevanten gesellschaftlichen Bereichen: Im kirchlichen Einflußfeld, im Bildungswesen und im gesellschaftlichen Alltag: »Das Lob der Vernunft und die Verachtung des Gefühls füllte nicht nur 200 Jahre lang die Predigten, es war auch die Grundlage eines ganzen Systems der moralischen Erziehung und der Gesellschaftsordnung« (ebd.). Die Charakterkunden bis weit in unser Jahrhundert hinein sind noch von diesem Grundgedanken geprägt: Es geht immer um eine »Veredelung« des Charakters über den Weg der »Eindämmung«, »Sublimation«, »Beherrschung« des Körperlich-Triebhaften. Positiv besetzt war die Vorstellung einer »kalkulativen Vorstellung von der Rationalität« (ebd.). Für die kognitive Handlungstheorie ist dies bis heute die Basis ihrer Subjektvorstellungen.

2. Die Durchsetzung des cartesianischen Weltbildes war identisch mit der Entstehung neuer normativer Vorstellungen von Normalität und Abweichung: »Die Wandlungen der geistigen Haltung und philosophischen Theorie von 1580 bis 1640 gehen (. . .) Hand in Hand mit größeren Veränderungen der Einstellung gegenüber annehmbarem und unannehmbarem Verhalten« (S. 76). Anschlußfähig zu dieser Toulminschen These wäre Foucaults Analyse zur Etablierung einer neuen Vernunftordnung, die zwangsläufig neue Bezirke der Unvernunft und Verrücktheit zur Folge hatte. Anschlußfähig wäre auch die Zivilisationstheorie von Norbert Elias, der für den gleichen historischen

Zeitraum entscheidende Prägephasen des neuzeitlichen Subjekts unterstellt, in der die Etablierung von »Selbstzwangapparaturen« die naturhaften menschlichen Äußerungsformen »hinter die Kulissen« verbannte. Anschlußfähig wäre schließlich auch Max Webers Analyse des »Geistes des Kapitalismus«, der sich ja letztlich auch ein spezifisches Subjektgehäuse gebaut hat, ein »stahlhartes Gehäuse der Hörigkeit«. Hier stoßen wir auf einen psychologierelevanten »Bestandteil des Gerüsts der Moderne«, den »Gedanken, die geistige Einstellung solle logisch und grundsatztreu, rechnend und nicht von Gefühlen beeinflußt sein. Im Kern bestand das Ethos der modernen Welt von Descartes bis Freud in der Forderung der Selbstbeherrschung« (S. 262).

3. Bis zu Freud hatte die Psychologie kein adäquates theoretisches Modell, um das Vieldeutige, Ambivalente, Polymorphe im menschlichen Erleben und Handeln zu benennen. Es herrschte ein Eindeutigkeitszwang, da es einen Widerstreit zwischen auf Eindeutigkeit zielenden Prinzipien gab, wie er in dem berühmten Buch von Ludwig Klages *Der Geist als Widersacher der Seele* zum Ausdruck kommt. Dieser Eindeutigkeitszwang wurde auch zur Basis von Erziehung, Lebenshilfe und Therapie. Die kognitive Psychologie entwirft das Menschenbild eines Subjekts, das wirklich »Herr im eigenen Haus« ist und kognitive Instrumentarien besitzt oder entwickeln kann, um eine gelingende Kontrolle über sich selbst ausüben zu können. »Die skeptische Anerkennung der Vieldeutigkeit und die Bereitschaft, mit der Ungewißheit zu leben«, sind in diesen Varianten der Psychologie keine »lebendigen und geachteten geistigen Haltungen«, was für Toulmin auf die ungebrochene Wirkmächtigkeit des cartesianischen Baugerüsts zurückzuführen ist.

Die Psychologie konstruiert in ihrer Entstehungsphase als ihren Gegenstand ein »selbstgenügsames Individuum« (Sampson 1993), das sich weitgehend abgekoppelt hat von seiner Kultur und gesellschaftlichen Lebenswelt. Die emanzipatorische Utopie der Autonomie des Individuums hat sich zu einem Konzept des in sich eingeschlossenen Menschen entwickelt. Der Mensch als soziales Wesen bleibt fast auf der Strecke.

Johann Friedrich Herbart (1776–1841) gilt als Begründer der

modernen Psychologie. Er hat den Versuch unternommen, diese als von der Philosophie unabhängige, auf Erfahrung begründete Einzelwissenschaft zu formulieren. Er bemüht sich um eine Geltungsbegründung der Psychologie, und dabei wird das in sich eingeschlossene Individuum konstitutiv: »Weiß jemand anzugeben, unter welchen Bedingungen es allein möglich ist, daß die Totalität eines Gedankenkreises in der Form der Ichheit eingeschlossen *erscheine*: so findet er hiermit die Anfänge der wahren Psychologie« (Herbart, Werke Bd. V, § 31, S. 293). Die »Seele« oder den »Geist« konstruiert Herbart als Maschine, dessen Bestandteile, die »Vorstellungen«, mechanisch zusammenwirken: »Die Konstruktion des Geistes als Maschine erfordert ein mechanistisches Konstruktionsprinzip. Seine (Herbarts, H. K.) psychologische Grundlehre ist daher eine Statik und Mechanik des Geistes aus dem Wirken seiner Grundelemente, der Vorstellungen, aufeinander. Die Statik des Geistes erforscht die Bedingungen, unter denen sich die Vorstellungen das Gleichgewicht halten; die Mechanik des Geistes untersucht die Gesetzmäßigkeiten, die dem Vorstellungsfluß, dem eigentlichen psychischen Geschehen, zugrunde liegen« (Jaeger und Staeuble 1978, S. 187 f.).

Herbart ist auf der Suche nach formalen Grundprinzipien der Seelentätigkeit und hat damit eine Linie der Psychologieentwicklung angelegt, die sich bis heute durchhält. Die »Allgemeine Psychologie« beschäftigt sich mit den allgemeinen Grundfunktionen psychischer Abläufe wie Lernen, Denken, Wahrnehmen und Fühlen, die als universelle Funktionen aufgefaßt werden und unabhängig von Kultur und Gesellschaft in dieser Weise überall gelten. Und genau das war der Anspruch der Herbartschen Theorie. Nach ihr »gelten die Gesetze der Geistesmechanik ganz unabhängig von der Wirklichkeit, in der der Mensch lebt; sie würden auch gelten, wenn die Welt völlig anders wäre, als sie ist« (Jaeger und Staeuble 1978, S. 189).

Aber dieser Konstrukteur einer zeitlos gültigen Geistesmaschine ist nicht der ganze Herbart, dem immerhin attestiert wird, auch »den ersten Schritt zur Begründung der Sozialpsychologie« getan zu haben (Geck 1929, S. 4). Für ihn ist der Mensch Natur- und gesellschaftliches Wesen zugleich. Die »Vorstellungsmechanik« soll die naturhaften formal-allgemeinen Prinzipien der Seelentätigkeit erfassen, aber damit ist der Mensch als soziales Wesen noch nicht erfaßt. Es geht auch darum, »an die eigentümliche Beschaffenheit solcher Vorstellungsreihen (zu) erinnern, die sich im menschlichen Geist unter den vorhandenen menschlichen Verhältnissen unwillkürlich bilden« (Herbart, Werke V, § 102, S. 501).

Ein früher Historiker der Sozialpsychologie zitiert aus dem 1808 erschienenen Herbartschen Werk *Allgemeine praktische Philosophie* folgenden Satz: »Kein Mensch steht allein, und kein bekanntes Zeitalter beruht auf sich selbst; in jeder Gegenwart lebt die Vergangenheit, und was der Einzelne seine Persönlichkeit nennt, das ist selbst im strengsten Sinne des Wortes ein Gewebe von Gedanken und Empfindungen, deren bei weitem größter Teil nur wiederholt, was die Gesellschaft, in deren Mitte er lebt, als ein geistiges Gemeingut besitzt und verwaltet« (Geck 1929, S. 9). In seinem psychologischen Hauptwerk *Psychologie als Wissenschaft* heißt es programmatisch in der Einleitung: »Der Mensch ist Nichts außer der Gesellschaft. Den völlig Einzelnen kennen wir gar nicht; wir wissen nur soviel mit Bestimmtheit, daß die Humanität ihm fehlen würde« (Werke VI, S. 20). Der Sozialpsychologe Herbart hat eine Reihe von Phänomenen begrifflich gefaßt, die heute zum Kernbestand der Sozialpsychologie gehören: soziale Wahrnehmung, soziale Einstellung, Status und Rolle, Sozialisation als lebenslanger Prozeß. Insbesondere hat ihn das Thema Identität beschäftigt: »Zentralthema Herbarts, das wie ein roter Faden seine ganze ›Vorstellungsmechanik‹ durchzieht, ist im Grunde der Prozeß der individuellen *Ich-Entwicklung*. Das ›Ich‹, auch ›Selbstbewußtsein‹, ›Selbst‹ oder ›Identität‹ genannt, ist für Herbart etwas historisch *Gewordenes* und durch soziale Erfahrung *Wandelbares*. So bildet sich das ›Selbstbewußtsein derer, die in Pecking (sic!) oder am Orinoko wohnen, wie derer, die bei uns leben‹, nämlich jeweils *anders*« (Anger 1979, S. 31).

Herbart hat die Psychologie in einer durchaus widersprüchlichen Weise als Natur- und Kultur- bzw. Sozialwissenschaft konzipiert. Er hat einerseits wesentlichen Anteil an einer naturwissenschaftlichen Fundierung der Psychologie, und andererseits hat er die Notwendigkeit betont, den Menschen in seiner kulturell-gesellschaftlichen Prägung zum Gegenstand der Untersuchung zu machen. Das von Descartes angebotene geistige Baugerüst der Moderne und der auf dieser Bahn sich vollziehende Siegeszug der Naturwissenschaften haben die von Herbart noch aufrechterhaltene widersprüchliche Einheit der Doppelperspektive auf den Menschen, als Natur- und Kulturwesen, gesprengt, und die wissenschaftliche Psychologie hat sich immer ausschließlicher auf die experimentelle Analyse des in sich eingeschlossenen Menschen mit den Mitteln der Naturwissenschaften konzentriert.

6. »Völkerpsychologie« als Versuch, den monologischen Ansatz der entstehenden Psychologie zu überwinden

Sind Gesellschaften nur Ansammlungen von in sich gleich strukturierten einzelnen Individuen, deren physisches und psychisches Innenleben auf seine universell gültigen Gesetzmäßigkeiten hin zu untersuchen ist? Diese Frage begleitet die sich in diesem Sinne »monologisch« (Sampson 1993) entwickelnde Psychologie. In ihrer binnenpsychologisch orientierten Perspektive ist die Herbartsche Konzeption des vergesellschafteten Individuums zunehmend verloren gegangen. Als Reaktion hierauf und – wohl auch ideologisch gefördert – durch die nationale Einigungsbewegung entstand in der Mitte des 19. Jahrhundert die **Völkerpsychologie**. Sie steht »für eine ganz bestimmte nationale, das heißt politische, soziale und kulturelle Entwicklung als sich verändernden Kontext sozialen und individuellen Denkens. Kernannahme dieser Tradition war, die primäre Form menschlichen Zusammenlebens sei die kulturelle *Gemeinschaft*, das *Volk*, in dem sich die Erziehung und die Bildung der individuellen Person vollzieht (...) Während heute unter dem abstrakten Begriff ›Gesellschaft‹ der soziale Kontext von Erfahrung, Handlung und Interaktion verstanden wird, war es für die deutschen Gelehrten des 18. und 19. Jahrhunderts die nationale und kulturelle Gemeinschaft des *Volkes*, dessen Seele oder ›Volksgeist‹ als das Einheit stiftende geistige Prinzip angenommen wurde« (Graumann 1990, S. 9). Neben Herbart war es vor allem Johann Gottfried Herder (1744–1803), auf den sich die Begründung einer Völkerpsychologie berief. Für Herder ist die von Montesquieu übernommene Idee wichtig, daß naturgegebene Umstände wie das Klima, die geographischen Verhältnisse oder die spezifische nationale Geschichte die Einzigartigkeit eines Volkes bestimmen. Für Herder hat »jede Epoche und jeder Zeitgeist eine individuelle Prägung. Jede Epoche ist, so gesehen, ›einmalig‹. Der Zeitgeist oder die Mentalität einer Epoche formen die einzelnen Phänomene auf allen Gebieten und verleihen ihnen eine eigentümliche Prägung. (…) Jedes Volk und jede nationale Kultur werden von einem bestimmten Zeitgeist oder Nationalcharakter geformt. Für Herder sind Sprache und Volksdichtung eines Landes ein gutes Beispiel für die Individualität und Besonderheit des Volksgeistes« (Skirbekk und Gilje 1993, S. 554f.).

In kritischer Absetzung vom individualistisch-monologischen Paradigma der entstehenden Psychologie greifen vor allem Moritz Lazarus (1824–1903) und Hajim Steinthal (1823–1899) auf diese Gedanken von Herder zurück und versuchen eine Sozialpsychologie zu formulieren, die die »Gesellschaftsblindheit« der Psychologie überwinden soll. Bei Gustav Adolf Lindner (1828 1887) taucht dann in dem völkerpsychologisch inspirierten Buch *Ideen zur Psychologie der Gesellschaft, als Grundlage der Socialwissenschaft* (1871) der Begriff »Sozialpsychologie« erstmals auf. Lazarus und Steinthal gründen 1860 das Journal »Zeitschrift für Völkerpsychologie und Sprachwissenschaft« und formulieren in ihrem programmatischen Einleitungsaufsatz das Anliegen der Völkerpsychologie. Sie markieren als ihre Position, daß die »Psychologie immer einseitig (bleibt), so lange sie den Menschen als alleinstehend betrachtet« (1860, S. 4), und betonen dagegen die Notwendigkeit einer »Psychologie des gesellschaftlichen Menschen oder der menschlichen Gesellschaft« (S. 5).

Moritz Lazarus (1876) hat etwas später die Notwendigkeit einer sozial-psychologischen Perspektive eindringlich formuliert. Aus seiner – bis heute aktuellen Argumentation – soll etwas ausführlicher zitiert werden:

»Die Wissenschaft, welche sich mit der Natur des menschlichen Geistes beschäftigt, welche die Gesetze seiner Wirksamkeit und Entwicklung zu erforschen sucht, ist die Psychologie; bis auf die neueste Zeit aber hat sie nur von dem einzelnen Geist gehandelt; um seine Zusammenschließung, um den Geist der Gesellschaft oder des Volkes hat sie sich wenig gekümmert. (…) Eine Erkenntnis des Volksgeistes zu erstreben, wie die bisherige Psychologie eine des individuell Geistes bereitet, oder diejenigen Gesetze zu entdecken, welche zur Anwendung kommen, wo immer Viele als eine Einheit zusammen leben und wirken, das ist die Aufgabe einer Wissenschaft, welche unter dem Namen der Völkerpsychologie in der jüngsten Zeit sich zu gestalten beginnt« (S. 326 f.).

Lazarus tritt für eine Psychologie ein, die den Menschen »als soziales Wesen« ernst nimmt:

»Die Psychologie lehrt, daß der Mensch durchaus und seinem Wesen nach gesellschaftlich ist; d. h. daß er zum gesellschaftlichen Leben bestimmt ist, weil er nur im Zusammenhange mit seinesgleichen das werden und das leisten kann, was er soll; so sein und wirken kann, wie er zu sein und zu wirken durch sein eigenstes Wesen bestimmt ist. Auch ist thatsächlich kein Mensch das, was er ist, rein aus sich geworden, sondern nur unter dem bestimmenden Einflusse der Gesellschaft, in der er lebt. (...) Der Geist ist das gemeinschaftliche Erzeugniß der menschlichen Gesellschaft. Hervorbringung des Geistes aber ist das wahre Leben und die Bestimmung des Menschen; also ist dieser zum gemeinsamen Leben bestimmt, und der Einzelne ist Mensch nur in der Gemeinschaft, durch die Theilnahme am Leben der Gattung« (S. 332 f.).

Bis heute aktuell ist auch die Kritik von Lazarus an einer sozialkosmetischen Retusche des abstrakt-allgemein untersuchten Individuums.

»Die Sache ist nun aber damit nicht abgethan, daß man diese Einseitigkeit hinterher durch gewisse Zusätze, durch eine gewisse Rücksicht auf die Verhältnisse des Menschen in der Gesellschaft, zu ergänzen sucht; sondern diese Ergänzung ist überhaupt erst dann möglich, wenn zuvor der Mensch als gesellschaftliches Wesen, d. h. wenn die menschliche Gesellschaft, also ein ganz anderer Gegenstand als der einzelne Mensch, zum Gegenstande einer besonderen Untersuchung gemacht ist. Denn innerhalb des Menschenvereins treten ganz eigenthümliche psychologische Verhältnisse, Ereignisse und Schöpfungen hervor, welche gar nicht den Menschen als Einzelnen betreffen, nicht von ihm als solchem ausgehen« (S. 334 f.).

Lazarus erhebt keinen Alleinvertretungsanspruch für die Psychologie des »gesellschaftlichen Menschen«. Er hält an der

Doppelnatur des Menschen als Natur- und Sozialwesen fest. Die beiden Wesensmomente können nicht ineinander aufgehoben oder aufeinander reduziert werden:

»Es verbleibe also der Mensch als seelisches Individuum Gegenstand der *individuellen Psychologie*, wie eine solche die bisherige Psychologie war; es stelle sich aber als Fortsetzung neben sie die Psychologie des gesellschaftlichen Menschen oder der menschlichen Gesellschaft, die wir *Völkerpsychologie* nennen« (S. 335).

Was aber ist nun der Gegenstand dieser Völkerpsychologie? Was ist dieser »Volksgeist«, der »nicht eine blos addirte Summe von Einzelnen, sondern eine geschlossene Einheit ausmacht, deren Art und Natur wir eben zu erforschen haben« (S. 330). Die »Übersummation« der einzelnen Bestandteile – so hätte es die spätere Gestaltpsychologie bezeichnet – wird hier behauptet, aber dieser Volksgeist wird nicht als »Substanz« begriffen: »Es (gibt) keine substantielle Volksseele, sondern der Träger des Volksgeistes (sind) nur die zum bestimmten Volke gehörenden Individuen« (Steinthal 1864, S. 37).

Das Problem der Völkerpsychologie in der programmatischen Formulierung von Lazarus und Steinthal blieb letztlich eben diese abstrakte Programmatik. Auch wenn sie den »Volksgeist« nicht substantialistisch fassen wollten, ist er oft genauso begriffen worden. Die leere Substanz wurde zunehmend biologistisch aufgefüllt, und mit dem Siegeszug des rassistischen Denkens erhielt sie immer häufiger die Gestalt einer »Rasseseele«. Das beginnt nicht erst bei den nationalsozialistischen Rassepsychologen wie Ferdinand L. Clauß, Hans F. K. Günther oder Bruno Petermann, sondern schon am Ende des 19. Jahrhunderts bei dem renommierten Begründer der »Massenpsychologie«, Gustave Le Bon (1841–1931). In seinem 1896 erstmals erschienenen (und 1922 ins Deutsche übersetzten) Buch *Psychologische Gesetze in der Völkerentwicklung* wird der »Volksgeist« rassistisch gedeutet. Auch Le Bon geht es darum, soziale Zusammenhänge als überindividuelle zu begreifen. Der »soziale Kitt«, der diese Zusammenhänge garantieren soll, ist so etwas wie eine Kollektivseele: »Das Leben eines Volkes, seine Einrichtungen, Glaubenslehren und Künste sind nur der sichtbare Ausdruck seiner unsichtbaren Seele« (S. 5.) Diese etwas mythisch klingende Formulierung wird später klarer und erhält dann eine Form, die durchaus von Lazarus oder Stein-thal stammen könnte: »Die verschiedenen Elemente, aus denen sich eine Kultur zusammensetzt: Sprache, Einrichtungen, Ideen, Glaubenslehren usw. sind als die Offenbarung der Seele der Men-schen, die sie geschaffen haben, zu betrachten. Jedoch kommt, je nach Zeitalter und Rasse, die Wichtigkeit dieser Elemente, soweit sie Ausdruck der Volksseele sind, sehr verschieden zu Erschei-nung« (S. 41). »Dieses Netz von Überlieferungen, Ideen, Gefüh-len, Glaubenslehren und gemeinsamer Denkart« (S. 112), wie Le Bon die »Volksseele« an anderer Stelle bezeichnet, bekommt ihr inneres Fundament letztlich durch die rassischen Besonderheiten eines Volkes: »Sobald wir dagegen die Seele eines Volkes kennen, erscheint sein Leben als regelrechte und notwendige Folgeerschei-nung seiner psychologischen Eigentümlichkeiten. In allen Da-seinsäußerungen einer Nation finden wir immer wieder die unver-änderliche Seele der Rasse, an den Fäden ihres eigenen Geschickes spinnend« (S. 81). »Rasse« ist letztlich biologisch begründet, aber sie hat ebenso einen psychologischen Gehalt: »Eine Rasse besitzt psychologische Eigentümlichkeiten, die fast ebenso ausgeprägt sind, wie ihre körperlichen Eigentümlichkeiten« (S. 139).

Diese rassistische Umdeutung des Kerngedankens der Völker-psychologie kann man Lazarus und Steinthal nicht in die Schuhe schieben. Sie hatten als empirische Phänomene, an denen der »Volksgeist« zu untersuchen wäre, eher Faktoren wie die Sprache, Sitten und Gebräuche, Religionen und Mythen im Sinn.

In gewisser Weise teilen Lazarus und Steinthal die Marxsche Kritik in dessen 6. Feuerbachthese an der Unterstellung eines »ab-strakt-*isoliert*-menschlichen Individuums«. Für Marx ist »das menschliche Wesen kein dem einzelnen Individuum innewohnen-des Abstraktum. In seiner Wirklichkeit ist es das Ensemble der gesellschaftlichen Verhältnisse« (1844; *Marx-Engels-Werke*, Bd. 3, S. 6). Das Konzept vom »Volksgeist« hat sich als zu vage erwiesen, die realen gesellschaftlichen Verhältnisse in ihren Kon-sequenzen auf das individuelle Seelenleben zu untersuchen.

7. Die Doppelnatur des Menschen als Natur- und Kulturwesen spaltet die Psychologie – bis heute

Paradoxerweise hat die Völkerpsychologie ihren Höhe- und Endpunkt in dem zehnbändigen Werk von Wilhelm Wundt (1832 bis 1921) gefunden. Wundt gilt zugleich als zentrale Gründerfigur der experimentellen Psychologie, die sich – immer wieder auf ihn berufend – radikal von jeder kultur-psychologischen Anwandlung freimachte und den naturwissenschaftlichen Weg zur Hauptverkehrsstraße der akademischen Psychologie erklärte. Wundt hat in seiner professionellen Sozialisation über die Medizin und da vor allem über die Physiologie zur Psychologie gefunden. Er bemüht sich, eine »Psychologie vom naturwissenschaftlichen Standpunkt« (so der Titel seiner Vorlesungen von 1862) aus zu entwickeln. Sein Anspruch ist es, aus der Psychologie eine exakte Naturwissenschaft zu machen, und das bedeutet primär, mit naturwissenschaftlicher Methodik zu arbeiten: »Sobald man einmal die Seele als ein Naturphänomen und die Seelenlehre als eine Naturwissenschaft auffaßt, muß auch die experimentelle Methode auf diese Wissenschaft ihre volle Anwendung finden können« (1862, S. XXVII.). Hier wird das Psychische auf seine Naturseite reduziert, denn nur über diesen Weg ist die Voraussetzung für die experimentelle Methodik zu schaffen. Wundts Anspruch zielt darauf, »das Bewußtsein in nicht weiter aufteilbare Bestandteile zu zerlegen; solche kleinstmöglichen Bestandteile nannte Wundt Elemente des Bewußtseins« (Lück 1991, S. 58). Mit der Einrichtung des ersten psychologischen Labors an der Universität Leipzig (1879) wurde Wundt zum ersten Fixstern der sich etablierenden akademischen Psychologie.

Aber für Wundt stellten das natuwissenschaftliche Selbstverständnis und der experimentelle Weg in der Psychologie einen zwar wichtigen, nicht jedoch den ausschließlichen Weg der Psychologie dar. Er hat den kultur- und völkerpsychologischen Ansatz schon ab 1863 in seinem Projekt einer neuen Psychologie integriert und dieses Vorhaben nie aus dem Auge verloren. Ja, er hat sogar in seiner letzten Schaffensperiode fast ausschließlich an seiner monumentalen Völkerpsychologie gearbeitet und sich immer weniger von der experimentellen Psychologie erwartet. Im

Wundt

Feld der Sozialpsychologie sah er die Grenze der experimentellen Methodik erreicht, damit aber war für ihn nicht die Grenze psychologischer Fragestellungen markiert. Er war ein früher Vertreter der »zwei Kulturen« in der Psychologie (vgl. Kimble 1974), die sich gegenseitig nicht ersetzen könnten. In der Einleitung zur fünften Auflage seiner *Grundzüge der Physiologischen Psychologie* schrieb er:

»Glücklicherweise fügt es sich übrigens, daß da, wo die experimentelle Methode versagt, andere Hülfsmittel von *objectivem* Werte der Psychologie ihre Dienste zur Verfügung stellen. Diese Hülfsmittel bestehen in jenen Erzeugnissen des geistigen Gesammtlebens, die auf bestimmte psychische Motive zurückschließen lassen. Zu ihnen gehören vornehmlich Sprache, Mythus und Sitte. Indem sie nicht nur von geschichtlichen Bedingungen, sondern auch von allgemeinen psychologischen Gesetzen abhängen, bilden die auf die letzteren zurückführenden Erscheinungen den Gegenstand einer besonderen psychologischen Disziplin, der *Völkerpsychologie*, deren Ergebnisse nur für die allgemeine Psychologie der zusammengesetzten seelischen Vorgänge das hauptsächliche Hülfsmittel abgeben. Auf diese Weise bilden *experimentelle Psychologie* und *Völkerpsychologie* die beiden Hauptzweige der *wissenschaftlichen Psychologie*« (Wundt 1902, S. 5 f.).

Der kulturpsychologische Zweig der Psychologie hat, in der Fachgeschichte der Psychologie kaum zur Kenntnis genommen, kurz nach der Jahrhundertwende eine intellektuelle Zufuhr besonderer Art erhalten. Der junge Martin Buber (1878–1965) beginnt 1906 die Herausgabe einer vierzig Bände umfassenden Reihe mit dem Titel »Die Gesellschaft« und dem Untertitel »Sammlung sozialpsychologischer Monographien«. In dieser Reihe haben z. B. Georg Simmel (*Religion*), Fritz Mauthner (*Die Sprache*), Ferdinand Tönnies (*Die Sitte*), Martin Buber selbst (*Die Geschlechter*), Werner Sombart (*Das Proletariat*), Eduard Bernstein (*Der Streik*), Gustav Landauer (*Die Revolution*), Willy Hellpach (*Die geistigen Epidemien*), Franz von Liszt (*Das Verbrechen*) oder Hugo Münsterberg (*Die Universität*) Monographien beigesteuert. Im Prospekt zu dieser Reihe wird der Anspruch von Martin Buber so formuliert: »Wurden bisher fast ausschließlich der äußere Aufbau des Lebens der Gesellschaft und die wirtschaftlichen Werte, die es erzeugt, erörtert, so soll hier *seine Bedeutung für die Seele des Menschen, sein seelischer Ursprung und seine seelischen Wirkungen* zum Ausdruck kommen; es soll gezeigt werden, wie aus Empfindungen und Willensregungen das Soziale entsteht und wie es neue Empfindungen und Willensregungen auslöst. Gezeigt soll dies werden nicht in abstrakter Untersuchung der allgemeinen Probleme, sondern *durch eine psychologische Darstellung der einzelnen konkreten Erscheinungen*«. Unternommen wurde hier ein eindrucksvolles Projekt in der Tradition der Völkerpsychologie. Als Ausgangspunkt wurden nicht abstrakt-allgemeine Funktionsprinzipien des Psychischen (die »ewig theoretische Individualpsychologie« nennt das Mauthner (1906, S. 9)) gewählt, vielmehr wurden konkrete gesellschaftliche Phänomeme in ihrer Eigenlogik untersucht und im Verhältnis zu den handelnden und leidenden Subjekten analysiert. Die Wundt-Schüler Hugo Münsterberg, der Begründer der Wirtschaftspsychologie, und Willy Hellpach, sein Leben lang ein eigenwilliger Kopf in der Zunft der Universitätspsychologie, waren die einzigen Psychologen bei diesem Projekt. Vielleicht ein Beleg dafür, daß die wissenschaftliche Psychologie in ihrer weiteren Etablierung nicht bereit war, das Wundtsche Diktum einzulösen.

Die widersprüchliche Einheit der Psychologie als Natur- und Sozialwissenschaft hat sich nicht aufrechterhalten lassen. Das »Soziale« ist der Soziologie überlassen worden, und das »Psychische« ist als etwas Naturhaftes zur Domäne der Psychologie geworden. Die Verwissenschaftlichung fand vor allem über den experimentell-naturwissenschaftlichen Weg statt. Er hatte in der wissenschaftlichen Landschaft nicht nur einen deutlich höheren Kredit (so Jahoda 1992), sondern schien auch derjenige, der der Psychologie politisch-ideologische Verstrickungen zu ersparen schien. Die zwangsläufige Folge war eine »Sozialvergessenheit« oder »Sozialblindheit« der Psychologie. Sie war und ist universellen Prinzipien psychischer Funktionsweisen auf der Spur. Selbst die später auf diesem Wege sich erfolgreich entwickelnde experimentelle Sozialpsychologie schert sich wenig um Wundts Einsichten und teilt – eine Paradoxie besonderer Art – die »Sozialblindheit« ihrer Mutterdisziplin.

Mit dem Zitat von Wilhelm Wundt haben wir die Schwelle zum

20. Jahrhundert genommen. Der »Mensch als soziales Wesen«, das sollte diese Einführung zeigen, war schon in vielfältigen theoretischen Anläufen zum Thema geworden. 1908 wird nicht ganz grundlos, wenn auch etwas willkürlich, als das Geburtsjahr der Sozialpsychologie bezeichnet. Wir haben gesehen, daß es nicht nur den Begriff bereits gab, sondern auch die Problemstellungen längst formuliert waren, teilweise klarer als in vielen zeitgenössischen Einführungen in die Grundlagen der Sozialpsychologie.

Die Weiterführung dieser Grundfragen vom Beginn dieses Jahrhunderts bis in die Gegenwart hinein sollen die in diesem Band zusammengestellten Texte belegen. Sie stammen längst nicht alle von Fachvertretern und Fachvertreterinnen der Sozialpsychologie. Neben dieser sind vor allem Fächer wie Soziologie, Philosophie, Psychoanalyse, Anthropologie und Biologie vertreten. Das hat nicht nur, aber auch mit der beschriebenen Entwicklung zu tun: Die experimentelle Psychologie mit ihrer »Sozialvergessenheit« hat auch ihrem Sprößling, der experimentellen Sozialpsychologie, die Ignoranz gegenüber der Gesellschaftsgeschichte weitergegeben.

III. Orientierungspunkte für eine soziale Sozialpsychologie – für eine Wiedergewinnung gesellschaftsgeschichtlicher Reflexivität

Die Psychologie im allgemeinen und die Sozialpsychologie im besonderen sind durch den Verzicht auf die analytische Durchdringung konkreter gesellschaftlicher und kultureller Phänomene in eine Eiswüste inhaltsleerer Abstraktionen geraten. So haben sie zu den existentiellen Problemen unserer Zivilisation nichts zu sagen bzw. liefern oft nur das Kategoriengeklimper inhaltsleerer Variablen. Das Subjekt wird theoretisch als informationsverarbeitendes Wesen nach den Funktionsprinzipien eines Computers modelliert. Die »instrumentelle Vernunft« hat damit auch in der Theorienbildung der Psychologie ihren Siegeszug angetreten. Hinzu kommt die implizite Verpflichtung auf eine Integrationsmechanik, die in den unterschiedlichsten begrifflichen Verkleidungen als Hauptstrom sozialpsychologischer Theorienbildung die Landschaft theoretisch beherrscht. Sie geht von einer gelungenen Versöhnung individueller Ansprüche und gesellschaftlicher Anforderungen aus.

Die hauptsächlich betriebene Sozialpsychologie ist kognitivistisch und rationalistisch geprägt. Sie unterstellt – weitgehend unausgesprochen – die uneingeschränkte Möglichkeit, »Herr im eigenen Hause zu sein«. Das ist eine »Schönwetterpsychologie«, die jedoch auch bei »schönem« Wetter in hohem Maße verkürzend ist. Letztlich sind für mich der Prüfstein für die Erklärungsbereitschaft sozialpsychologischer Paradigmen ihre Bereitschaft und Fähigkeit, die faktischen und immer wieder drohenden Rückfälle in die Barbarei oder die regressiven Verarbeitungen gesellschaftlicher Belastungen und Krisen erklären zu können oder wenigstens sich ihnen deutend zu nähern.

Gesellschaftliche Brüche, der Verlust bislang gültiger Selbstverständlichkeiten, Situationen »historischer Ungleichzeitigkeit« werfen gerade für die Sozialpsychologie relevante Fragestellungen auf. Besonders in den Brüchen und Ambivalenzen noch nicht erreichter oder prinzipiell nur vorübergehend erreichbarer Synchronisationen zwischen subjektiven und objektiven Lebensbedingungen liegen enorme Chancen für die Analyse psychosozialer Unterströmungen des Alltagslebens. In diesen Unterströmungen liegen beispielsweise die identifizierbaren Ursachen dafür, daß einzelne Personen oder Gruppen Vorurteile und selektive Wahrnehmungsleistungen brauchen, um ihren Alltag lebbar zu machen. In diesen Unterströmungen liegen die Bedingungen für den Umgang mit gesellschaftlich erzeugten Ängsten (z. B. im Zusammenhang mit Umweltzerstörung, atomarer Bedrohung oder den Folgen radikaler gesellschaftlicher Umbrüche). Hier gälte es, »unsichtbare Dinge sichtbar zu machen«, wie es kürzlich Marie Jahoda, die »große alte Dame« der Sozialpsychologie (Fryer 1986), als deren Aufgabe formuliert hat.

In vier Punkten möchte ich mein Verständnis von Sozialpsychologie zusammenfassen (ausführlicher in Keupp und Bilden, 1989, und Keupp, 1993):

1. Subjektive Prozesse des Erlebens und Handelns lassen sich als soziale Phänomene zureichend nur aus ihrer soziohistorischen Spezifität begreifen. Der Gegenstand der Sozialpsychologie und

diese selbst sind an Voraussetzungen spezifischer Vergesell-
schaftungsprozesse gebunden, mit deren Veränderungen sich
auch das Gegenstandsfeld der Sozialpsychologie und mit ihnen
die theoretischen Aneignungsbemühungen (dies ist die Position
des »sozialen Konstruktivismus«) wandeln.

2. Das »Soziale«, das der Sozialpsychologie im Rahmen der
   Psychologie ihre disziplinäre Identität verleiht, läßt sich nicht als
   additive Verknüpfung individueller Prozesse begreifen, sondern erfordert einen gesellschaftswissenschaftlichen Zugang.
   Die konzeptuelle Verknüpfung individuellen und sozialen Ge-
   schehens verlangt von der Sozialpsychologie interdisziplinäre
   Offenheit und Vermittlungsarbeit.

3. Das im Alltag Selbstverständliche, die Herstellung von Normalität, Konformität und Ordnung werden zum zentralen Untersu-
   chungsgegenstand der Sozialpsychologie. In der krisenhaften
   Erschütterung alltäglicher Selbstverständlichkeiten werden am
   ehesten jene psychosozialen Prozesse sichtbar und analysierbar,
   welche die Ordnungsunterstellungen im Alltag ermöglichen.

4. Die Erforschung psychosozialer Prozesse in der Alltagswelt erfordert eine methodische Zugangsweise, welche die historisch-
   spezifischen Konstruktionsleistungen der Subjekte unter den
   Bedingungen von Alltäglichkeit zu erfassen vermag. Entsprechend dieser Einsicht wächst das Interesse an den methodischen
   Ressourcen der qualitativ-hermeneutischen Tradition der Sozialforschung.

Literatur

Anger, Hans: »Die historische Entwicklung der Sozialpsychologie«. In:
A. Heigl-Evers (Hg.): *Lewin und die Folgen*. Band VIII von »Die Psychologie des 20. Jahrhunderts«. Zürich: Kindler 1979, S. 29–50.

Breysig, Kurt: *Persönlichkeit und Entwicklung*. Stuttgart: J. G. Cotta 1925.

Buber, Martin: Geleitwort zur Sammlung »Die Gesellschaft. Sammlung sozialpsychologischer Monographien. In: Werner Sombart: *Das Proletariat*.
Frankfurt a. M.: Rütten und Loening 1906, S. V–XIV.

Danzinger, Kurt: *Constructing the subject. Historical origins of psychological
research*. Cambridge: Cambridge University Press 1990.

Elster, Jon: *The cement of society. A study of social order*. Cambridge: Cambridge University Press 1989.

Falk, Gunter & Steinert, Heinz: »Über den Soziologen als Konstrukteur von Wirklichkeit, das Wesen der sozialen Realität, die Definition sozialer Situationen und die Strategien ihrer Bewältigung. In: H. Steinert (Hg.): *Symbolische Interaktion: Arbeiten zu einer reflexiven Soziologie*. Stuttgart: Ernst Klett 1973, S. 13–45.

Fryer, David: »The social psychology of the invisible: An interview with Marie Jahoda«. In: *New Ideas in Psychology*, 4, 1986, S. 107–118.

Geck, L. H. A.: *Sozialpsychologie in Deutschland. Eine Einführung in die Literatur*. Berlin: Dr. Walther Rothschild 1929.

Graumann, Carl-Friedrich: »Einführung in eine Geschichte der Sozialpsychologie«. In: W. Strobe et al. (Hg.): *Sozialpsychologie*. Berlin: Springer 1990, S. 4–20.

Hellpach, Willy: *Die geistigen Epidemien*. Band XI der Reihe »Die Gesellschaft« (hg. von Martin Buber). Frankfurt a. M.: Rütten u. Loening 1906.

Herbart, Johann Friedrich: *Sämtliche Werke*. 13 Bände. Hg. von G. Hartenstein. Hamburg 1883–1892.

Hearnshaw, L. S.: *The shaping of modern psychology*. London/New York: Routledge & Kegan Paul 1987.

Hofstätter, Peter R.: *Einführung in die Sozialpsychologie*. Stuttgart: Kröner 1963.

Jaeger, Siegfried & Staeuble, Irmingard: *Die gesellschaftliche Genese der Psychologie*. Frankfurt: Campus 1978.

Jahoda, Gustav: *Crossroads between culture and mind. Continuities and change in theories of human nature*. New York: Harvester-Wheatsheaf 1992.

Keupp, Heiner: *Riskante Chancen. Das Subjekt zwischen Psychokultur und Selbstorganisation*. Heidelberg: Asanger 1988.

Keupp, Heiner (Hg.): *Zugänge zum Subjekt. Perspektiven einer reflexiven Sozialpsychologie*. Frankfurt: Suhrkamp 1993.

Keupp, Heiner & Bilden, Helga (Hg.): *Verunsicherungen. Das Subjekt im gesellschaftlichen Wandel*. Göttingen: Hogrefe 1989.

Kimble, George A.: »Psychology's two cultures«. *American Psychologist*, 39, 1984, S. 833–839.

Kistiakowski, Theodor: *Gesellschaft und Einzelwesen*. Berlin: O. Liebmann 1899.

Kluckhohn, Paul: *Persönlichkeit und Gemeinschaft*. Halle: M. Niemeyer 1925.

Krüger, Hans-Peter: »Postmoderne als moderne Rekonstruktion der Moderne. Stephen Toulmins Kritik moderner Wissenschaften«. In: H.-P. Krüger (Hg.): *Objekt- und Selbsterkenntnis*. Berlin: Akademie-Verlag, 1991, S. 15–41.

Lamprecht, Karl: »Kulturzeitalter und Sozialpsyche«. In: G. Salomon (Hg.): *Individuum und Gesellschaft*. Karlsruhe: G. Braun 1926, S. 109–114.

Lamprecht, Karl: *Einführung in das historische Denken*. Leipzig: R. Voigtländer 1912.

Lazarus, Moritz & Steinthal, Hermann: »Einleitende Gedanken zur Völkerpsychologie und Sprachwissenschaft«. In: *Zeitschrift für Völkerpsychologie und Sprachwissenschaft*, 1, 1860, S. 1–73.

Lazarus, Moritz: *Das Leben der Seele in Monographien über seine Erscheinungen und Gesetze*. Zweite und erweiterte Auflage. Berlin: Ferd. Dümmlers Verlagsbuchhandlung 1878.

Le Bon, Gustave: *Psychologische Gesetze in der Völkerentwicklung*. Leipzig: Hirzel 1922 (Übersetzung nach der 14. Auflage aus dem Französischen).

Lévi-Strauss, Claude: *Das wilde Denken*. Frankfurt: Suhrkamp 1968.

Lindner, Gustav Adolph: *Ideen zur Psychologie der Gesellschaft. Grundlagen der Socialwissenschaft*. Wien: Carl Gerold 1871.

Litt, Theodor: *Individuum und Gemeinschaft*. Leipzig: B. G. Teubner 1919.

Lück, Helmut E.: *Geschichte der Psychologie*. Stuttgart: Kohlhammer 1991.

Lück, Helmut E.: »Sozialpsychologie«. In: H. E. Lück, R. Miller & W. Rechtien (Hg.): *Geschichte der Psychologie. Ein Handbuch in Schlüsselbegriffen*. München: Urban & Schwarzenberg 1984, S. 161–170.

MacIntyre, Alasdair: *Whose justice? Which rationality?* London: Ducksworth 1988.

Macpherson, C. B.: *Die politische Theorie des Besitzindividualismus*. Frankfurt: Suhrkamp 1967.

Marx, Karl: »Thesen über Feuerbach« (1844). In: *Marx-Engels-Werke*. Band 3. Berlin: Dietz 1958, S. 5–7.

Mauthner, Fritz: *Die Sprache*. Band IX der Reihe »Die Gesellschaft« (hg. von Martin Buber). Frankfurt a. M.: Rütten & Loening 1906.

Montaigne, Michel de: *Essais*. Auswahl und Übertragung von Herbert Lüthy. Zürich: Manesse 1953.

Obermeit, Werner: *Das unsichtbare Dinge, das Seele heißt. Die Entstehung der Psyche im bürgerlichen Zeitalter*. Frankfurt: Syndikat 1980.

Plessner, Helmuth: »Die Grenzen der Gemeinschaft« (1924). In: *Gesammelte Schriften*. Band V. Frankfurt: Suhrkamp 1981, S. 7–133.

Quételet, Adolphe: *Zur Naturgeschichte der Gesellschaft*. Hamburg: Hoffmann und Campe 1956.

Rauschenbach, Brigitte: »Die Wiederkehr des Behemoth«. In: *Journal für Psychologie*, 2, 1994, S. 47–60.

Reese-Schäfer, Walter: *Was ist Kommunitarismus?* Frankfurt: Campus 1994.

Salomon, Gottfried (Hg.): *Individuum und Gesellschaft*. Karlsruhe: G. Braun 1926. Band 3 *Soziologische Lesestücke* (hg. Franz Oppenheimer und Gottfried Salomon).

Sampson, Edward E.: »The challenge of social change for psychology. Globalization and psychology's theory of the person«: *American Psychologist*, 44, 1989, S. 914–921.

Sampson, Edward E.: *Celebrating the other. A dialogic account of human nature*. New York: Harvester-Wheatsheaf 1993.

Skirbekk, Gunnar & Gilje, Nils: *Geschichte der Philosophie. Eine Einführung in die europäische Philosophiegeschichte*. 2 Bände. Frankfurt: Suhrkamp 1993.

Staeuble, Irmingard: »Politischer Ursprung und politische Funktionen der pragmatistischen Sozialpsychologie«. In: H. Nolte & I. Staeuble: *Zur Kritik der Sozialpsychologie*. München: Hanser 1972, S. 7–65.

Staeuble, Irmingard: »Entstehen der Psychologie als Wissenschaft«. In: H. E. Lück, R. Miller & W. Rechtien (Hg.): *Geschichte der Psychologie. Ein Handbuch in Schlüsselbegriffen*. München: Urban & Schwarzenberg 1984, S. 10–16.

Steinthal, Hajim: *Philologie, Geschichte und Psychologie*. Berlin: F. Dümmler 1864.

Toulmin, Stephen: *Kosmopolis. Die unerkannten Aufgaben der Moderne*. Frankfurt: Suhrkamp 1991.

Wundt, Wilhelm: *Beiträge zur Theorie der Sinneswahrnehmung*. Leipzig: Winter 1862.

Wundt, Wilhelm: *Grundzüge der physiologischen Psychologie*. Leipzig: W. Engelmann 1902 (5. völlig umgearbeitete Auflage).

I. Aus den Anfängen der Sozialpsychologie: Instinkte – Tabula Rasa – Interaktion

Einleitung

Für die Sozialpsychologie beginnt das 20. Jahrhundert nicht mit dem Jahr 1900, sondern erst acht Jahre später. In der Einführung ist bereits darauf hingewiesen worden, daß dieser Geburtsnachweis artifiziell wirkt, denn die Sozialpsychologie gab es längst, und die Fragen, die in den beiden ersten Lehrbüchern im Zentrum standen, waren ebenfalls nicht neu. Dennoch ist bemerkenswert, daß zwei Lehrbücher zeitgleich auf den amerikanischen Markt kamen, zudem von Repräsentanten zweier verschiedener Disziplinen.

Edward Ross kommt aus der jungen amerikanischen Soziologie, und die Psychologie, die fachliche Heimat von William McDougall, ist auch nicht sehr viel traditionsreicher. Jedenfalls wurde in den beiden Lehrbüchern dieser Autoren für viele Lehrende und Studierende erstmals ein systematischer Überblick des Faches unternommen. Der wahrscheinlich einflußreichste Autor der folgenden Textgruppe, George Herbert Mead, hat selbst nie ein Lehrbuch geschrieben; zwar sollte von ihm im Jahre 1908 auch ein Buch erscheinen (als *Essays on Psychology* war es angekündigt), aber er hat die Fahnen nie an den Verlag zurückgeschickt. Gerade in dieser Zeit hat sich sein Denken stark verändert, so daß er möglicherweise nicht mehr zu seinem Text stehen konnte. Mead hat mit großer Aufmerksamkeit die Produktionen seiner Kollegen verfolgt, sie kritisch kommentiert und in der Auseinandersetzung mit ihnen seinen Blick geschärft und seine eigene Theorie des »Symbolischen Interaktionismus« (wie er später genannt wurde) entwickelt. Mead hat sich auch mit zwei anderen Autoren aus diesem Textblock auseinandergesetzt.

Bei seinem Berlin-Aufenthalt 1889 dürfte Mead auch bei Georg Simmel Vorlesungen gehört haben, die ein großes Publikum angezogen haben. Jedenfalls hat er Simmels im Jahre 1900 erschienenes Buch *Philosophie des Geldes* rezensiert. Dieser Georg Simmel hat im Jahre 1908 den hier aufgenommenen Aufsatz zur Sozialpsychologie publiziert, und in seinem großen Werk *Soziologie*, das ebenfalls 1908 erschien, gibt es ebenfalls einen »Exkurs zur Sozialpsychologie«.

Eine enge Beziehung verband Mead mit John B. Watson; beide waren sie eine Reihe von Jahren Kollegen an der Universität Chicago. Daß eine gute Freundschaft auch fachliche Differenzen verträgt, zeigt diese Beziehung, gibt es doch wohl kaum größere Unterschiede im Menschenbild als die zwischen dem Interaktionisten Mead und dem Behavioristen Watson.

Die in diesem Abschnitt arrangierte Versammlung früher Fachgrößen repräsentiert höchst unterschiedliche Positionen. Sie werden nicht durch differenzierende Details unterscheidbar; da geht es schon ums »Eingemachte«. Wie alle Sozialwissenschaften geht auch die Sozialpsychologie von der klassischen Frage aus, wie so etwas wie soziale Geordnetheit im Alltagsleben möglich ist. Wie entstehen die alltäglichen Feinabstimmungen zwischen den einzelnen Subjekten, zwischen Gruppen und zwischen größeren sozialen Einheiten? Und was ist los, wenn diese Austarierungen nicht mehr funktionieren, wenn einzelne Subjekte nicht mehr einbezogen sind und zur Quelle von Irritationen werden, wenn die Selbstverständlichkeiten von Gruppen und Gesellschaften ihre Bindekraft verlieren und sich Verunsicherungen und Orientierungskrisen ausbreiten. Die Antworten auf diese Grundfragen sind höchst unterschiedlich ausgefallen. Die Sozialpsychologie stellt diese Frage mit dem spezifischen Blick auf das Subjekt: Wie wird ein Subjekt vergesellschaftet? Woher weiß es, wie ein komplexes soziales Leben funktioniert, und wie findet es darin seinen Platz? Wie erlebt und verarbeitet es krisenhafte Erfahrungen unter den Bedingungen gesellschaftlicher Selbstverständlichkeiten?

An diesen Nahtstellen von Subjekt und Gesellschaft ist der systematische Ort der Sozialpsychologie angesiedelt. Sie fragt in sehr allgemeiner Form nach dem Erleben und Handeln der Subjekte im gesellschaftlichen Kontext.

William McDougall, der Psychologe, entwarf einen Ansatz, der radikal vom Individuum ausging. Er fragte nach den »angeborenen Neigungen und Fähigkeiten des individuellen menschlichen Geistes«, die Voraussetzungen für ein geordnetes soziales Leben sind. Für ihn sind elementare soziale Instinkte die Gewähr dafür, daß es so etwas wie soziale Geordnetheit im Alltag gibt. Sie bilden eine Art »soziale Grundausstattung des Menschen«. McDougall hat sich zunächst auf ein Dutzend angeborener Instinkte beschränkt, die Zahl aber später variiert. Wie viele andere Autoren seiner Zeit (etwa William James) greift McDougall auf die Idee der Instinktsicherung zurück. Sie zielt darauf, die Verschränkung von Subjekt und Gesellschaft aus einer letztlich biologischen Grundausstattung zu erklären. Bis heute ist diese Richtung durchaus lebendig: Die Ethologie und die Soziobiologie fragen noch immer nach biologischen Prinzipien der Ordnung der Dinge. Die Bedingungen sozialen Zusammenlebens werden in einer natürlichen Ordnung gesehen, die in die biologische Grundstruktur eingelassen ist.

Der deutsche Soziologe Georg Simmel enthält sich jeder Spekulation über biologische Mechanismen. Er formuliert die grundlegende Fragestellung der Sozialpsychologie so: »Welche Modifikationen erfährt der seelische Prozeß eines Individuums, wenn er unter der seelischen Beeinflussung durch die gesellschaftliche Umgebung verläuft?... Diese Tatsache der seelischen Beeinflussung durch das Vergesellschaftet-Sein« ist »der einzige, aber freilich unermeßlich ausgedehnte Gegenstand der Sozialpsychologie«. Mead geht es um die Mikroorganisation der Handlungsverschränkungen in alltäglichen Situationen. Die erfolgt als ein symbolvermitteltes Wechselspiel zwischen sozialen Reizen und Reaktionen. Daher sind vor allem soziale Situationen, in denen sich diese Interaktionen vollziehen, zu untersuchen.

Zu den biologisch argumentierenden Instinkttheoretikern bildet Watson den absoluten Gegenpol. Für ihn sind soziale Prozesse bis hin zur Ausbildung der Kulturfähigkeit des Menschen Lernprozesse. Die Vertreter dieser Richtung halten es für absolut unnötig, Annahmen über biologisch gesicherte Basisstrukturen menschlichen Verhaltens zu machen. Die menschliche Natur sehen sie am ehesten als leere Prägefläche, in die eine Gesellschaft in Form von Konditionierungsprozessen einschreibt, was sie an sozial nützlichen Verhaltensweisen und Normen benötigt.

William McDougall:
Instinkte regeln das soziale Leben

Anstatt vor den Tatsachen der vererblichen seelischen Ausrüstung die Augen zu verschließen, weil wir sie nicht erklären können, wollen wir lieber versuchen, den Bereich der angeborenen Begabungen möglichst vollständig zu ermitteln und deren Natur genauer zu bestimmen, als es bisher geschehen ist. Denn solches Wissen muß von großem theoretischen und praktischen Werte sein, selbst wenn es uns auch weiterhin nicht gelingen wird, die Tatsache der Vererbung von Begabungen zu verstehen. (...)

Die angeborene Ausrüstung der menschlichen Gattung

Fassen wir (...) die Ergebnisse unseres vergleichenden Überblicks zusammen und betrachten sie unter dem Gesichtspunkte der großen Streitfrage nach Natur und Umfange der angeborenen Ausrüstung der Menschen.

Jeder der großen Tiergruppen sind bestimmte Grundtriebkräfte angeboren, den niederen Gruppen weniger, den höheren mehr. In jeder Gruppe wirkt sich jede Grundtriebkraft, wie etwa die des Suchens nach Nahrung, nach dem Partner, nach Schutz, in gewissen angeborenen Fähigkeiten aus und richtet sich auch in den besonderen Formen ihrer Auswirkung nach solchen Fähigkeiten, die etwa dazu dienen, bestimmte Objekte und Situationen zu erfassen und sie zum Nutzen des Individuums oder der Gattung zu verwerten.

Während nun innerhalb jeder großen Tiergruppe (wie der Vögel oder der Säugetiere) die einzelnen Arten mit sehr ähnlichen Triebkräften ausgestattet sind (grob ausgedrückt könnte man sagen, daß alle Arten einer jeden solchen Gruppe oder Familie die gleichen Triebkräfte besitzen), unterscheiden sie sich weitgehend in

Hinsicht auf Art, Zahl und Komplexität der Fähigkeiten, in denen ihre Triebkräfte sich äußern und durch die sie ihre natürlichen Ziele erreichen. Bei einigen niederen Arten gibt es nur wenige Fähigkeiten, und jede von ihnen ist mit bloß einer bestimmten Triebkraft eng verbunden, und zwar derart, daß sie nur in ihrem Dienste verwandt wird; dagegen sind alle höheren Arten mit viel mehr Fähigkeiten ausgestattet, und keine von ihnen ist ausschließlich mit einer einzigen Triebkraft verbunden; vielmehr kann hier jede Fähigkeit, je nach den Forderungen der augenblicklichen Situation, abwechselnd allen Triebkräften dienstbar werden.

Vielleicht muß noch hinzugefügt werden, daß die Fähigkeiten der höheren Arten plastischer sind als die der niederen Arten; aber diese größere Plastizität ist wahrscheinlich zur Hauptsache – und vielleicht sogar gänzlich – der langsameren Reifung zu verdanken, die durch die elterliche Pflege ermöglicht wird. Denn beides zusammen, die langsame Reifung und die elterliche Fürsorge, schafft eine Periode der Jugend, d. h. eine Periode tätiger Unreife, eine Zeit also, in der die Reifung fortschreitet, während gleichzeitig das junge Wesen unter dem elterlichen Schutz ein tätiges Leben führt und damit zu mannigfacher Anpassung gelangt bzw. vielerlei lernt, wobei denn dieses Lernen entweder in einer weiteren Differenzierung und Spezialisierung der Fähigkeiten oder in ihrer neuen funktionalen Zuordnung zu den Triebkräften besteht.

Nun sind sich die Biologen darin einig, den Menschen als die höchst entwickelte Art der Säugetiere anzusehen; sie stimmen weiterhin in der Annahme überein, daß die Unterschiede zwischen dem Menschen und den Anthropoiden (also den Säugetieren, die dem Menschen in der Stufenleiter des Lebens am nächsten stehen) von derselben Art sind (wenn auch dem Grade nach viel größer) wie diejenigen, welche die Affen von den niederen Säugetieren trennen. Wenn nun diese allgemein angenommenen Grundsätze zu Recht bestehen, dann müssen wir erwarten, daß der Mensch alle oder die meisten der Triebkräfte besitzt, die den übrigen Säugetieren gemeinsam sind, und darüber hinaus, als ihm spezifisch eigen, vielleicht noch gewisse besondere Triebkräfte, die sich erst in einem späteren Stadium der Entwicklung herausgebildet haben. Auch ist zu erwarten, daß die menschliche Art reicher an angeborenen Fähigkeiten ist und daß ihre Fähigkeiten plastischer sind als die der Tiere und leichter in den Dienst irgendeiner einzelnen oder auch aller Triebkräfte gestellt werden können.

So führt die vergleichende Untersuchung ganz eindeutig zur Ablehnung der Lehre Lockes von der Tabula rasa. Diese Lehre annehmen, hieße behaupten, daß die Beziehung des Menschen zu den anderen Arten der Säugetiere vollkommen verschieden sei von den Beziehungen, die zwischen diesen Arten untereinander herrschen. Sie würde uns nötigen, entweder die evolutionistische Auffassung vom Ursprung des Menschen überhaupt zurückzuweisen oder aber anzunehmen, daß die Entwicklung des Menschen aus einer gewissen Affenart völlig verschieden war von der Entwicklung der höheren Säugetiere aus den niederen. Ferner würde uns die Leugnung des Reichtums und der Komplexheit der angeborenen Anlage des Menschen zu der Annahme zwingen, daß die ganze reiche Ausstattung der höheren Säugetiere an Triebkräften und Fähigkeiten (die sie durch lange Stadien der Entwicklung hindurch erworben haben und die ihre Überlegenheit über die niederen Formen begründet) aus der Konstitution der menschlichen Art sozusagen herausgefegt worden ist, um durch eine einzige, unbestimmte und abstrakte Wesenheit, nämlich die ›Vernunft‹ oder eine ›höhere Intelligenz‹ ersetzt zu werden.

Wenn die ›Intelligenz‹ des Menschen in jeder Hinsicht etwas vollkommen Neues wäre, wenn sie nichts Gemeinsames mit den Begabungen der Tiere zeigte, dann allerdings würde die Lockesche Lehre plausibel sein. Aber selbst wenn wir unser Urteil zurückhalten in der Frage, ob die menschliche Ausstattung irgend etwas spezifisch anderes, irgend etwas von neuer Art oder Ordnung einschließt, können wir uns doch nicht gegen die Tatsache verschließen, daß das tierische Verhalten viele von den Funktionen umfaßt, die wir bei uns selbst als Formen oder Züge intelligenter Tätigkeit erkennen. Da gibt es, wenn auch verhältnismäßig einfach und primitiv, Unterscheidung, Vorwegnahme, Gedächtnis, Vorstellung, Urteil und vielleicht sogar eine gewisse niedere Art des Schließens.

Die angeborene Ausrüstung der höheren Säugetiere ist also nicht etwa aus der menschlichen Gattung entfernt worden, um einer Ausrüstung von gänzlich anderer Ordnung Platz zu machen.

Vielmehr ist die angeborene Ausrüstung des Menschen dieselbe wie die der höheren Säugetiere, nur auf eine höhere Stufe der Differenziertheit und Plastizität gerückt und möglicherweise durch gewisse spezifisch neue Beigaben bereichert.

Die angeborenen Triebkräfte

Im Lichte der wohlbegründeten Schlußfolgerungen der vorhergehenden Abschnitte können wir nunmehr versuchen, in kurzem Umriß die angeborene Ausstattung des Menschen festzustellen. Unser vergleichender Überblick legt den Leitgrundsatz nahe, daß es sich bei den angeborenen Triebkräften des Menschen um solche handelt, die allen höheren Säugetieren gemeinsam sind, zusammen mit noch einigen wenigen, die für ihn allein typisch oder bei anderen Gattungen nur zu schwach entwickelt sind, um bei ihnen mit Sicherheit nachgewiesen werden zu können. 30 Jahre langes Ringen um die empirische Beweisführung hat mich von der Richtigkeit dieser Annahme, dieser anfangs nur deduktiv gewonnenen Hypothese überzeugt. Die folgende Liste erhebt keineswegs Anspruch darauf, erschöpfend oder über Verbesserungen erhaben zu sein; sie ist vielmehr als ein Versuch und eine annähernde Lösung gedacht. Wir stellen bei der menschlichen Gattung folgende angeborenen Triebkräfte fest:

1. Nahrung zu suchen und vielleicht aufzuspeichern (Triebkraft zur Nahrungssuche).
2. Bestimmte schädliche Stoffe abzuweisen und zu meiden (Triebkraft des Ekels).
3. Zu werben, den Hof zu machen und sich zu paaren (Geschlechtstriebkraft).
4. Zu fliehen, um sich gegen gewaltsame Einwirkungen zu schützen, die Unlust oder Schaden zufügen oder androhen (Triebkraft der Furcht).
5. Fremde Situationen und Dinge zu erforschen (Triebkraft der Neugier).
6. Die Kinder zu ernähren, zu beschützen und ihnen Obdach zu geben (Triebkraft der Fürsorge oder die elterliche Triebkraft).

7. Mit seinen Mitmenschen in Gemeinschaft zu bleiben und, falls man einsam ist, Gesellschaft zu suchen (Herden- und Geselligkeitstriebkraft).
8. Sich seinen Mitmenschen überlegen zu zeigen, sie zu führen, sich ihnen gegenüber zu behaupten oder sich vor ihnen auszuzeichnen (Triebkraft der Selbstbehauptung).
9. Nachzugeben, zu gehorchen, zu folgen oder sich in Gegenwart anderer, die überlegene Kräfte entfalten, unterwürfig zu zeigen (Triebkraft der Unterwürfigkeit).
10. Sich zu ärgern oder mit Gewalt ein Hindernis zu beseitigen oder einen Widerstand zu brechen, der sich der freien Entfaltung irgendeiner anderen Tendenz entgegenstemmt (Triebkraft des Zornes).
11. Laut nach Hilfe zu rufen, wenn unsere Bemühungen hoffnungslos vereitelt werden (Triebkraft des Hilfesuchens).
12. Obdach und Gerät zu schaffen (Triebkraft des Schaffensdranges).
13. Alles, was man nützlich oder sonst anziehend findet, erwerben, besitzen und verteidigen zu wollen (Triebkraft des Besitzenwollens).
14. Sich über die kleinen Unzulänglichkeiten und Fehler unserer Mitmenschen lustig zu machen (Triebkraft des Lachens).
15. Unbequemes zu beseitigen oder sich selbst von Dingen zu befreien, die Unbehagen hervorrufen, z. B. durch Kratzen oder durch Veränderung der Stellung und der Lage (Triebkraft zur Behaglichkeit).
16. Wenn man müde ist, sich niederzulegen, zu ruhen und zu schlafen (Triebkraft zum Ausruhen oder Schlafen).
17. Immer neue Plätze aufzusuchen (Wandertriebkraft).
18. Eine Gruppe von sehr einfachen Triebkräften, die die rein körperlichen Notwendigkeiten fördern, z. B. Husten, Niesen, Atmen, Entleerung.

Diese Aufstellung der natürlichen Triebkräfte wird nicht etwa als endgültig oder als in jeder Beziehunge hieb- und stichfest vorgebracht. Es mag sein, daß ich unter einem Punkt zwei oder mehrere ähnliche Tendenzen zusammengefaßt habe; es ist z. B. möglich, daß ›Triebkraft dreizehn‹ unseres Verzeichnisses in zwei oder mehrere Triebkräfte aufzulösen ist, eine, Besitz zu ergreifen, und eine andere, Besitz aufzuspeichern oder anzusammeln. Es ist ferner möglich, daß in Punkt 15 mehrere verschiedene Triebkräfte zusammengefaßt sind. Es ist auch nicht ausgeschlossen, daß Triebkraft 17 unserer Aufstellung in Wirklichkeit keine den Gattungen angeborene Triebkraft ist. Schließlich wäre denkbar, daß bei der menschlichen Gattung, die lange vor der Härte der natürlichen Zuchtwahl bewahrt gewesen ist, die angeborenen Triebkräfte weniger gleichförmig sind als bei den Tieren. Bei Einzelindividuen und selbst bei ganzen Rassen der Menschheit können mehrere Triebkräfte fehlen, die den übrigen eigen sind.

Aber trotz dieser Ungewißheiten und der Meinungsverschiedenheiten unter den Autoren, wodurch wir gezwungen werden, dieses Verzeichnis als der ständigen Nachprüfung unterworfen anzusehen, besteht kein Zweifel darüber, daß an sich derartige von Geburt mitgegebene Triebkräfte die eigentliche Grundlage unseres gesamten Seelenlebens sind. Sie liefern die treibenden Kräfte, die hormischen Energien, die in all unserem Tun zutage treten, von der einfachsten bis zur kompliziertesten Tätigkeit.

Georg Simmel:
Über das Wesen der Sozialpsychologie

Der Psychologie des Individuums hat man die der »Gesellschaft«
(der Massen, der Gruppen, der Nationalitäten, der Zeiten) als ein
dem Wesen und dem Träger nach heterogenes Gebilde gegenübergestellt; wodurch sie aber gerade zu einem gleichwertigen Gegenstück jener werden sollte. Wenn ich diese Meinung nun für
irrtümlich halte, so genügt – bei der Bedeutung der Psychologie als
Mittel und Material der sozialwissenschaftlichen Forschung – als
Beweis dafür nicht, daß seelische Prozesse nur im Individuum und
nirgends anders stattfinden. Statt dieser unfruchtbar negativen
Kritik muß vielmehr klar werden, wieso es trotz der augenschein-
lichen Beschränkung des Seelenlebens auf individuelle Träger zu
jenem Begriff der Sozialpsychologie kommen konnte. –

Die Entwicklung der Sprache wie des Staates, des Rechtes wie
der Religion, der Sitten wie der allgemeinen Geistesformen überhaupt weist weit über jede Einzelseele hinaus; an solchen seelischen Inhalten können die Einzelnen wohl teilhaben, ohne daß
aber das wechselnde Maß dieses Teilhabens den Sinn oder die Notwendigkeit jener Gebilde alterierte. Weil sie nun aber doch in ihrer Ganzheit einen Produzenten und Träger haben müssen, der
kein Einzelner sein kann, so scheint nur übrig zu bleiben, daß die
Gesellschaft, die Einheit aus und über den Einzelnen, dies Subjekt
ist. Hier könnte die soziale Psychologie meinen, ihr spezifisches
Gebiet zu haben: Produkte von unbestrittener Seelenhaftigkeit, in
der Gesellschaft existierend und doch nicht von Individuen als solchen abhängig; sodaß, wenn sie nicht vom Himmel gefallen sind,
nur die Gesellschaft, das seelische Subjekt jenseits der Individuen,
als ihr Schöpfer und Träger anzusehen ist. Dies ist der Gesichtspunkt, von dem aus man von einer Volksseele, einem Bewußtsein
der Gesellschaft, einem Geist der Zeiten als von realen, produktiven Mächten gesprochen hat. Diesen Mystizismus, der seelische

Vorgänge außerhalb von Seelen, die immer einzelne sind, stellen will, beheben wir, indem wir die konkreten geistigen *Vorgänge*, in denen Recht und Sitte, Sprache und Kultur, Religion und Lebensformen entstehen und wirklich sind, von den ideellen, für sich gedachten *Inhalten* derselben unterscheiden. Von dem Wortschatz und den Verbindungsformen der Sprache, wie sie in Wörterbuch und Grammatik vorliegen, von den rechtlichen, im Gesetzbuch niedergelegten Normen, von dem dogmatischen Gehalt der Religion, kann man sagen, daß sie *gelten* – wenn auch nicht in dem überhistorischen Sinn, in dem Naturgesetze und die Normen der Logik »gelten« –, daß sie eine innere Dignität, unabhängig von den einzelnen Fällen ihrer Anwendung durch Individuen, besitzen. Aber diese Gültigkeit ihres Inhalts ist keine seelische Existenz, die eines empirischen Trägers bedürfte, so wenig, den eben angedeuteten Unterschied vorbehalten, der Pythagoreische Lehrsatz eines solchen bedarf. Gewiß ist auch dieser geistigen Wesens und in dem physisch bestehenden Dreieck liegt er nicht, denn er spricht ein *Verhältnis* seiner Seiten aus, das wir an keiner derselben in ihrer Existenz für sich finden. Andererseits ist diese Unkörperlichkeit des Pythagoreischen Satzes aber auch nicht gleich seinem Gedachtwerden durch einzelne Seelen; denn er bleibt *gültig*, völlig unabhängig davon, ob er überhaupt von solchen vorgestellt wird oder nicht, wie die Sprache, die Rechtsnormen, die sittlichen Imperative, die Kulturformen ihrem Inhalte und Sinne nach bestehen, unabhängig von der Vollständigkeit oder Unvollständigkeit, Häufigkeit oder Seltenheit, mit der sie in den empirischen Bewußtseinen erscheinen. Hier liegt eine besondere Kategorie vor, die sich zwar nur historisch verwirklicht, aber in derjenigen Totalität und Geschlossenheit ihrer Inhalte, in der sie einen überindividuellen Schöpfer und Bewahrer zu fordern scheint, nicht historisch, sondern nur ideell bestehend – während die psychologische Realität immer nur Bruchstücke davon schafft und weiterträgt oder jene Inhalte als bloße Begriffe vorstellt. Der empirische Ursprung der einzelnen Sprachteile und -formen, sowie ihre praktische Verwendung in jedem einzelnen Falle; die Wirksamkeit des Rechtes als psychologischen Elementes im Kaufmann, im Verbrecher, im Richter; Maß und Art, wie die Kulturinhalte von einem Individuum dem andern überliefert und in jedem weitergebildet werden – das sind durchaus Probleme der individuellen Psychologie, die ihnen freilich nur sehr unvollständig gewachsen ist. Aber in jener Gelöstheit von den *individuellen* Realisierungsprozessen sind Sprache, Recht, allgemeine Kulturgebilde usw. nicht etwa Produkte des Subjektes: Gesellschaftsseele, weil die Alternative: wenn das Geistige nicht individuellen Geistern einwohnt, so müsse es eben einem sozialen Geiste einwohnen – brüchig ist. Es gibt vielmehr ein Drittes: den objektiv geistigen *Inhalt*, der nichts Psychologisches mehr ist, so wenig wie der logische Sinn eines Urteils etwas Psychologisches ist, obgleich er nur innerhalb und vermöge der seelischen Dynamik eine Bewußtseinsrealität erlangen kann.

Nun aber läßt der absehbar nicht zu behebende Mangel an Einsicht in jenes seelische Schaffen und Nachschaffen diese individualpsychischen Aktionen zu einer undifferenzierten Masse zusammenrinnen, zu der Einheit eines seelischen Subjekts, das sich verführerisch nahe zum Träger jener, in ihrem Ursprung so dunklen Gebilde darbietet. In Wirklichkeit ist ihr Ursprung individualpsychologisch, aber kein einheitlicher; umgekehrt, soweit sie als Einheit betrachtet werden, haben sie überhaupt keinen *Ursprung*, sondern sind ein ideeller Inhalt, wie der Pythagoreische Lehrsatz seinem Inhalte nach keinen Ursprung hat. Darum ist gegenüber ihnen als Einheiten, in Abstraktion von ihrer zufälligen und teilweisen Wirklichkeit in Einzelseelen, die Frage nach einem psychischen Träger überhaupt falsch gestellt, und gilt nur wieder, wenn sie nachträglich zu Begriffen in Einzelgeistern werden, wie jetzt, wenn wir von ihnen sprechen.

Das Motiv nun, das eine besondere soziale Seelenhaftigkeit jenseits der individuellen aufzudrängen scheint, wirkt nicht nur, wo sich objektiv geistige Gebilde als ein idealer Gemeinbesitz bieten, sondern auch, wo eine unmittelbare, sinnliche Aktion einer Masse die Verhaltungsweisen der Einzelnen in sich einzieht und zu einer spezifischen, in diese Einzelakte nicht zerlegbaren Erscheinung formt. Dies Motiv ist, daß – nicht sowohl das Handeln als – das *Resultat* des Handelns als ein einheitliches auftritt. Wenn eine Menschenmenge ein Haus zerstört, ein Urteil fällt, in ein Geschrei ausbricht – so summieren sich die Aktionen der einzelnen Subjekte in ein Geschehnis, das wir als *eines*, als die Verwirklichung *eines*

Begriffes bezeichnen. Und hier nun tritt die große Verwechslung ein: das einheitliche äußere Ergebnis vieler subjektiver Seelenvorgänge wird als das Ergebnis eines einheitlichen Seelenvorganges gedeutet – nämlich eines Vorganges in der Kollektivseele. *Die Einheitlichkeit der resultierenden Erscheinung spiegelt sich in der vorausgesetzten Einheit ihrer psychischen Ursache!* Das Trügerische dieses Schlusses aber, auf dem die ganze Kollektivpsychologie in ihrem generellen Unterschied gegen die Individualpsychologie beruht, liegt auf der Hand: die Einheit der Kollektivhandlungen, die nur auf der Seite des sichtbaren Ergebnisses liegt, wird daraufhin für die Seite der inneren Ursache, des subjektiven Trägers, erschlichen.

Aber ein letztes Motiv scheint doch noch eine soziale Psychologie als Gegenstück der individuellen unentbehrlich zu machen: die *qualitative* Unterschiedenheit in den Gefühlen, Handlungen, Vorstellungen der in einer Masse befindlichen Individuen von den seelischen Vorgängen, die sich nicht innerhalb einer Menge, sondern im individuellen Fürsichsein abspielen. Unzählige Male kommt eine Kommission zu andern Beschlüssen, als sie jedes Mitglied für sich gefaßt würde, wird der Einzelne, von einer Menge umgeben, zu Handlungen mitgerissen, die ihm sonst ganz fern gelegen hätten, läßt sich eine Masse Behandlungen und Zumutungen bieten, die sich kein Einzelner aus ihr gefallen ließe, wenn sie gegen ihn allein gerichtet würden, entsteht die »in-corpore-Dummheit« aus solchen, die, »sieht man sie einzeln, leidlich klug und verständig« sind. Hier scheint also aus den Einzelnen eine neue, eigne Einheit zu entstehen, die in qualitativ von jenen verschiedener Weise agiert und reagiert. Genau angesehen indes handelt es sich in solchen Fällen um die Handlungsweisen von *Individuen*, die dadurch *beeinflußt* sind, daß das einzelne von andern umgeben ist; dadurch finden nervöse, intellektuelle, suggestive, moralische Umstimmungen seiner seelischen Verfassung andern Situationen gegenüber statt, in denen solche Einflüsse nicht vorhanden sind. Wenn diese nun, gegenseitig eingreifend, alle Mitglieder der Gruppe in gleicher Weise innerlich modifizieren, so wird ihre Totalaktion allerdings anders aussehen, als die Aktion jedes Einzelnen, wenn er sich in anderer, isolierter Lage befände. Darum aber bleibt dasjenige, was an der Aktion psychisch ist, nicht weniger individuell-psychisch, die Gesamthandlung nicht weniger aus rein individuellen Beiträgen zusammengesetzt. Wenn man hier eine qualitative Differenz finden will, die überhaupt über den Einzelnen hinauswiese, so vergleicht man zwei unter ganz verschiedenen Bedingungen stehende Dinge: das von andern nicht beeinflußte mit dem von andern beeinflußten Verhalten des Individuums – zwei Dinge, deren Verschiedenheit völlig in der Einzelseele Platz hat, so gut wie jede andre Verschiedenheit von Stimmungen und Handlungsweisen, und in keiner Weise zwingt, die eine Seite des Gegensatzes in einer neuen, überindividuellen psychischen Einheit zu lokalisieren. Als sozialpsychologisches Problem also bleibt legitimerweise dieses bestehen: welche Modifikation erfährt der seelische Prozeß eines Individuums, wenn er unter bestimmten Beeinflussungen durch die gesellschaftliche Umgebung verläuft? Dies aber ist ein Teil der allgemeinen psychologischen Aufgabe, die – was ein identischer Satz ist – eine individualpsychologische ist. Als Unterabteilung dieser ist die soziale Psychologie etwa der physiologischen koordiniert, die die Bestimmtheit der seelischen Vorgänge durch ihre Verbindung mit dem Körper, wie jene durch ihre Verbindung mit anderen Seelen, untersucht.

Diese Tatsache der seelischen Beeinflussung durch das Vergesellschaftet-Sein – der einzige, aber freilich unermeßlich ausgedehnte Gegenstand der Sozialpsychologie – verleiht ein gewisses Recht auf diesen Begriff an einen Typus von Fragen, denen an und für sich er nicht zukommt; ich bezeichne ihn, den Hauptsachen nach, einesteils als den statistischen, andrerseits als den ethnologischen. Wo innerhalb einer Gruppe eine psychische Erscheinung sich regelmäßig an einem Bruchteil des Ganzen wiederholt, oder eine andre, etwa ein spezifischer Charakterzug, sich an der ganzen Gruppe oder mindestens ihrer Majorität und ihrem Durchschnitt vorfindet – pflegt man von sozialpsychologischen oder auch soziologischen Phänomenen zu sprechen. Dies ist indes nicht ohne weiteres gerechtfertigt. Wenn in einer bestimmten Epoche unter m Todesfällen jedes Jahr sich n Selbstmörder finden, so ist dieser Satz, so sehr er Wahrheit sein mag, doch nur durch eine Synopsis des Beschauers möglich. Die sozialen Zustände *können* zwar die Kausalität der einzelnen Tat bestimmen oder mitbestimmen, aber sie brauchen es nicht, diese kann vielmehr eine rein personale, innere sein. Ebenso können die durchgehenden seelischen Bestimmtheiten einer Gruppe – nationaler, ständischer oder andrer Art – reine Parallelerscheinungen sein, die vielleicht auf die Gemeinsamkeit der Abstammung zurückgehen, aber durch das soziale Leben als solches nicht ausgewirkt sind. Die angeführten Bezeichnungen solcher Erscheinungen beruhen auf der Verwechslung des Nebeneinander mit dem Miteinander. Soziologisch wären sie nur dann, wenn sie als ein Gegenseitigkeitsverhältnis der Subjekte – das natürlich nicht auf beiden Seiten morphologisch gleiche Inhalte involviert – betrachtet werden könnten, sozialpsychologisch nur, insoweit ihr Auftreten an einem Individuum durch andre Individuen veranlaßt wäre. Aber dies braucht zunächst gar nicht vorzuliegen; wenn etwa die fragliche Erscheinung sich nur an einem einzigen Individuum fände, so würde man sie weder soziologisch noch sozialpsychologisch nennen, obgleich sie vielleicht in diesem Falle die genau gleiche Kausalität hätte, wie in dem andern, wo neben ihr in derselben Gruppe hundert und tausende in derselben Art und Bewirktheit auftreten. Die bloße Multiplikation einer nur an Individuen konstatierbaren Erscheinung macht sie doch noch nicht zu einer soziologischen oder sozialpsychologischen! – obgleich diese Vertauschung einer numerisch vielfachen Gleichheit mit einer dynamisch-funktionellen Verwebung eine dauernd wirksame Vorstellungsweise ist.

Einen analogen Typus kann man den ethnologischen nennen: wenn die Unfähigkeit, die individuellen Geschehensreihen in ihrer Einzelheit zu erkennen, oder der Mangel an Interesse für diese Einzelheit nur einen *Durchschnitt*, eine ganz generelle Bestimmtheit der psychischen Verfassungen oder Vorgänge in einer Gruppe nachzeichnen läßt. Dies liegt auch vor, wenn man z. B. wissen will, wie sich in der Schlacht bei Marathon »die Griechen« benommen haben. Hier wird freilich nicht beabsichtigt – selbst wenn es erreichbar wäre –, den seelischen Prozeß in jedem einzelnen der griechischen Kämpfer psychologisch darzulegen. Sondern ein ganz besonderes Begriffsgebilde wird geschaffen: der durchschnittliche Grieche, der Typus des Griechen, »der Grieche« schlechthin – ersichtlich eine ideelle Konstruktion, von den Bedürfnissen des Erkennens her erwachsen und ohne Anspruch, an irgend einem der konkreten griechischen Individuen ein genau deckendes Gegenbild zu finden. Dennoch ist der eigentliche Sinn dieser Begriffskategorie kein sozialer, denn ihre Pointe liegt in keiner Wechselwirkung, keiner praktischen Verwebung und funktionellen Einheit der Vielen; sondern wirklich »der Grieche«, wenn auch nicht in singulärer Benennbarkeit, soll damit beschrieben werden, die Stimmung und Handlungsweise der bloßen Summe der Kämpfer, projiziert auf eine ideale Durchschnittserscheinung, die so sehr ein Individuum ist, wie der Allgemeinbegriff der in Rede stehenden Griechen, dessen Verkörperung dieser typische »Grieche« ist, eben nur *einer* ist.

Was in all diesen Fällen, wo es sich um eine Summe von Individuen als solchen handelt, wo die gesellschaftlichen Tatsachen nur als Momente in der Bestimmung dieses Individuums, nicht anders als physiologische oder religiöse, wichtig werden – was in diesen dennoch als sozialpsychologisch gelten darf, ruht auf dem Schluß: daß die Gleichmäßigkeit vieler Individuen, durch die sie einen Typus, einen Durchschnitt, ein irgendwie einheitliches Bild zu gewinnen erlauben, nicht ohne gegenseitige Beeinflussung zustande kommen kann. Der Gegenstand der Untersuchung bleibt immer das psychologische Individuum, die Gruppe als ganze kann auch für diese Betrachtungskategorien keine »Seele« haben. Aber die Homogenität vieler Individuen, wie diese Kategorien sie voraussetzen, entsteht in der Regel nur durch deren Wechselwirkungen, mit ihrem Erfolge der Anähnlichung, der identischen Beeinflussung, der einheitlichen Zwecksetzungen, gehört also der Sozialpsychologie an – die sich auch hier nicht als ein nebengeordnetes Pendant der individuellen Psychologie, sondern als ein Teilgebiet eben dieser offenbart.

George Herbert Mead:
Sozialpsychologie als Gegenstück zur physiologischen Psychologie

Unter Psychologen gibt es größte Meinungsverschiedenheiten in bezug auf das Wesen der Sozialpsychologie. Das jüngste Lehrbuch, das diesen Titel trägt, die *Sozialpsychologie* von Ross, beginnt mit dem Satz: »Die Sozialpsychologie untersucht nach Meinung des Verfassers die psychischen Schichten und Strömungen, die zwischen den Menschen in Folge ihrer Vergesellschaftung auftreten.« Das heißt, sie muß sich beschränken auf die »Gleichförmigkeiten des Fühlens, Glaubens oder Wollens – und mithin des Handelns –, die auf die Interaktion menschlicher Wesen zurückzuführen sind«. Wir finden hier also ein bestimmtes Gebiet menschlicher Erfahrung von allem übrigen abgeschnitten, weil Männer und Frauen sich innerhalb dieses Gebiets wechselseitig beeinflussen. Aus ihrer Interaktion entstehen bestimmte Gleichförmigkeiten, und diese bilden den Gegenstand der Sozialpsychologie. In gleicher Weise könnte man die Psychologie von Bergstämmen untersuchen, weil sie dem Einfluß großer Höhen und einer rauhen Landschaft unterworfen sind. Sozialität ist für Ross weder ein Grundzug des menschlichen Bewußtseins, noch eine bestimmende Form von dessen Struktur.

Die *Sozialpsychologie* von McDougall, die nur wenige Monate vor der eben erwähnten Abhandlung erschien, begreift das menschliche Bewußtsein in der Weise, daß es durch soziale Instinkte bestimmt ist, die eine Sozialität nicht als Ergebnis der Interaktion, sondern als das Medium erscheinen lassen, in dem Intelligenz und menschliche Emotionen entstehen müssen.

Wenn wir uns den üblichen Darstellungen der Psychologie zuwenden, so finden wir den sozialen Aspekt menschlichen Bewußtseins überaus unterschiedlich behandelt. Royce macht sowohl in seiner Psychologie wie auch in dem Band *Studies of Good and Evil* das Bewußtsein eines Ich gegenüber anderen zur Quelle aller Reflexion. Das Denken ist in seiner Abhängigkeit von symbolischen Ausdrucksmitteln nach Royce aus dem Umgang der Menschen miteinander entstanden und setzt nicht nur in sprachlichen Formen, sondern auch in deren Bedeutungen selbst ein soziales Bewußtsein voraus. Allein durch die Nachahmung anderer und einen Widerstand gegen sie kann das eigene Verhalten sowie der eigene Ausdruck irgendeine Bedeutung für einen selbst erlangen. In ähnlicher Weise beruht die Deutung des Verhaltens anderer auf eigenen nachahmenden Reaktionen auf ihre Handlungen. Dieses Gebiet ist uns durch Baldwins Untersuchungen über das soziale Bewußtsein vertraut. Das *ego* und der *socius* sind voneinander nicht zu trennen; das Medium ihrer wechselseitigen Differenzierung und Identifizierung ist die Nachahmung. Wir dagegen glauben, daß diese Autoren unterm Gesichtspunkt ihrer psychologischen Darstellungen entweder zuviel oder zuwenig über die Form der Sozialität des Menschen gesagt haben. Wenn wir uns den strukturalistischen Psychologen zuwenden, so finden wir, daß der soziale Aspekt des Bewußtseins nur als eines der Ergebnisse von bestimmten Zügen unserer Affekte und von deren organischer Grundlage erscheint. Die Ich-Identität entsteht im individuellen Bewußtsein aufgrund apperzeptiver Organisation und tritt in Beziehung zu der Identität anderer, an die es durch seine organische Struktur angepaßt ist. James behandelt die Ich-Identität in einem eigenen, überaus brillanten Kapitel. Wir erfahren dort, daß die Identität vollständig in ein soziales Bewußtsein verwoben ist und daß ihr Durchmesser je nach dem Gebiet ihrer sozialen Tätigkeit zunimmt oder abnimmt. Keinerlei Aufschluß erhalten wir dagegen über die Bedeutung der Natur dieser Identität für die kognitiven und emotionalen Phasen des Bewußtseins. In der genetischen Darstellung von Angell ist das letzte Kapitel der Identität gewidmet. Dadurch spürt der Leser, daß das Prinzip der Sozialität den Gipfelpunkt der Entwicklung darstellt. Die Behandlung der Aufmerksamkeit, der Antriebe, Emotionen und schließlich des Wollens führt mit solcher Bestimmtheit auf eine soziale Organisation des Bewußtseins, daß der Leser angesichts des letzten Kapitels das Gefühl hat, eine erneute Lektüre müßte allem, was er zuvor in diesem Werk gelesen hat, eine neue Bedeutung geben. Wenn wir den Standpunkt von Cooley übergehen, den er in *Human Nature and the Social Order* sowie in *Social Organisation* vertreten hat, dann verfügen die Soziologen über keine angemessene Sozialpsychologie, die es ihnen gestatten würde, ihre eigene Wissenschaft zu interpretieren. Zwar schwören die modernen Soziologen nicht mehr in der Nachfolge Comtes jeder Psychologie ab, doch bestimmen sie auch nicht den Wert der Sozialität des menschlichen Bewußtseins in der Psychologie, der sie sich zu bedienen versuchen.

Es sind bisher folgende Gesichtspunkte genannt worden: Im sozialen Bewußtsein sehen manche Autoren nichts als eine Gleichförmigkeit des Verhaltens und Fühlens, die aus der Interaktion von Männern und Frauen entsteht. Andere erkennen ein Bewußtsein an, das durch soziale Instinkte bestimmt wird. Wieder andere sehen in einem Kommunikationsmedium sowie in einem Denken, das von diesem Medium abhängig ist, einen gesellschaftlichen Ursprung des reflexiven Bewußtseins. Wieder andere sehen im sozialen Aspekt der menschlichen Natur nur das Produkt einer bereits ausgebildeten Intelligenz, die auf bestimmte soziale Antriebe reagiert. Dagegen vertreten wieder andere die These, daß eine ausgebildete Intelligenz in Form einer Ich-Identität nur im Zusammenhang mit der Ich-Identität anderer entstehen könnte, die im Bewußtsein eines Subjekts ebenso unmittelbar gegenwärtig sein müßte wie die eigene Identität. Schließlich geben sich andere Autoren damit zufrieden, notwendige soziale Bedingungen für eine Genese des Wollens und einer Identität anzuerkennen, die sich in diesem Wollen ausdrückt.

Nun können wir aber offensichtlich nicht beide Positionen zugleich vertreten. Wir können nicht annehmen, daß die Ich-Identität sowohl ein Produkt wie eine Voraussetzung menschlichen Bewußtseins ist. Wir können nicht zugleich behaupten, daß das reflexive Denken durch ein soziales Bewußtsein entstanden ist und daß der gesellschaftliche Verkehr der Menschen sich dadurch entwickelt hat, daß sie Vorstellungen und Bedeutungen hatten, die sie zum Ausdruck bringen konnten.

Ich möchte auf die Implikationen hinweisen, die die Positionen von McDougall, Royce und Baldwin für die Psychologie haben, wenn sie konsistent vertreten werden. Dabei denke ich an folgende Thesen: Die menschliche Natur ist mit sozialen Instinkten und Antrieben begabt. Das Bewußtsein von Sinn und Bedeutung ist durch gesellschaftliche Kommunikation zwischen den Menschen entstanden. Das Ich bzw. die Ich-Identität, die in jeder Handlung und in allem Wollen impliziert ist und auf die sich unsere frühesten Werturteile beziehen, muß in einem sozialen Bewußtsein existieren, in dem die *socii*, die jeweilige Identität der anderen, ebenso unmittelbar gegeben ist, wie die eigene Identität.

McDougall zählt elf menschliche Instinktregungen auf: Flucht, Abwehr, Neugier, Streitsucht, Unterwerfung, Selbstdarstellung, elterliche Fürsorge, Fortpflanzungstrieb, Herdentrieb, Erwerbstrieb und Aufbautrieb. Von diesen Instinktregungen sind sechs ohne Zweifel gesellschaftlicher Natur: Streitsucht, Unterwerfung, Selbstdarstellung, elterliche Fürsorge, Fortpflanzungstrieb und Herdentrieb. Sie würden wahrscheinlich die breiteste Zustimmung bei denen finden, die bereit sind, so etwas wie menschliche Instinktregungen überhaupt anzunehmen. Vier der übrigen Triebregungen (Abwehr, Neugier, Erwerbstrieb und Aufbautrieb) könnten in bezug auf ihre Existenz bezweifelt oder anderen Instinktregungen zugeordnet werden. McDougall hat seine Lehre von den Instinktregungen so weitgehend mit seiner Theorie der Emotionen und Gefühle verknüpft, daß er offensichtlich gezwungen ist, seine Tafel der Instinktregungen etwas überzogen zu interpretieren, um die entsprechende Zahl von Emotionen unterbringen zu können. Dabei ist der Umstand von Belang, daß ein Psychologe, der Instinkte und Triebregungen anerkennt, unter ihnen überwiegend solche nennt, die gesellschaftlicher Natur sind. Unter einem sozialen Instinkt wird eine genau definierte Handlungsbestrebung verstanden, die durch Reize eines artgleichen Individuums ausgelöst wird. Wenn selbstbewußtes Verhalten aus kontrollierten und organisierten Antrieben entsteht, wenn diese Antriebe ihrerseits auf soziale Instinkte zurückgehen und wenn schließlich die Reaktionen auf soziale Reize ihrerseits eine Reizwirkung auf entsprechende soziale Handlungen bei anderen ausüben, dann vollzieht sich offensichtlich menschliches Verhalten vom Beginn seiner Entwicklung an in einem sozialen Medium. Diese Folgerung ist von großer Bedeutung für eine Theorie der Nachahmung, die, wie oben angedeutet wurde, in der gegenwärtigen Sozialpsychologie eine große Rolle spielt.

Ich möchte auf zwei Implikationen hinweisen, die sich aus der

Theorie ergeben, daß wichtige soziale Instinkte dem entwickelten menschlichen Bewußtsein zugrunde liegen. Zum einen folgt aus dieser Theorie, daß jede Gruppe solcher Instinkte notwendig den Inhalt und die Form einer Gruppe von sozialen Objekten bereitstellt. Eine Instinktregung impliziert zunächst und vor allem eine bestimmte Art von Reiz, auf die ein Organismus eingestellt ist. Dieser sinnliche Inhalt erregt die Aufmerksamkeit des einzelnen Lebewesens so weitgehend, daß andere Reize ausgeschlossen werden. Sein Organismus wird auf ihn durch eine bestimmte Haltung reagieren, die jene Gruppe von Reaktionen darstellt, für die eine solche Instinktregung verantwortlich ist. Ein Objekt unseres Bewußtseins wird also durch zweierlei charakterisiert: durch einen Inhalt, für den das einzelne Lebewesen als Reiz empfänglich ist, und durch eine Reaktionshaltung gegenüber dieser besonderen Art von Inhalt. In unserer Erfahrung verfügen wir zumindest implizit über diesen sinnlichen Bewußtseinsinhalt und unsere Einstellung zu ihm. Unser Bewußtsein verfügt sowohl über den Inhalt eines Objekts als eines bestimmten Gegenstands, wie auch über dessen Bedeutung, sowohl über seine Wahrnehmung, wie auch über seinen Begriff. Die Annahme einer organisierten Gruppe von sozialen Instinkten impliziert die These, daß im unentwickelten menschlichen Bewußtsein sowohl der Stoff wie die Form sozialer Objekte gegenwärtig sind.

Zum anderen hat die Theorie der sozialen Instinkte Implikationen für eine Theorie der Nachahmung. Soziale Instinkte implizieren, daß bestimmte Haltungen und Bewegungen eines Lebewesens Reize darstellen und bei anderen Lebewesen bestimmte Arten von Reaktionen hervorrufen. Diese werden unterschiedlicher Natur sein, je nachdem, ob es sich um einen Kampfinstinkt oder um elterliche Fürsorge handelt. Die Reaktionen werden dem Reiz angepaßt; sie können sich von ihm unterscheiden oder sich ihm nach Form bzw. äußerer Erscheinung annähern. So kann etwa beim Herdentrieb die Handlung eines Lebewesens zum Reiz für ein anderes werden, in gleicher Weise zu handeln. Ein Mitglied der Herde flieht dann in dieselbe Richtung wie ein anderes Herdenmitglied. Wir verfügen über keinerlei Beweise dafür, daß es sich bei einer solchen Reaktion eher um Nachahmung handelt, als wenn die Instinktreaktion darin besteht, vor der Drohung eines

Feindes zu fliehen. Gut organisierte soziale Instinkte werden ein Lebewesen darüber hinaus häufig dazu verleiten, andere Lebewesen dem Einfluß eben der Reize auszusetzen, denen es selbst ausgesetzt ist. So kann etwa ein Tier, das sein Junges mit auf die Jagd nimmt, die Instinkte, die das Jungtier durch Vererbung erworben hat, den gleichen Reizen aussetzen, die in ihm selbst einen Jagdtrieb erwecken. Auf unterschiedliche Art und Weise kann das Handeln eines Lebewesens direkt oder indirekt einen ähnlichen Instinkt in einem anderen Lebewesen hervorrufen. Es handelt sich dabei ebensowenig um Nachahmung, wie wenn eine Handlung eines Lebewesens bei einem anderen eine vollständig entgegengesetzte Reaktion hervorruft, durch die es sein Leben zu schützen versucht. Für eine Deutung der sogenannten Nachahmungsprozesse bei niederen Tieren und Kleinkindern ist ferner etwas anderes von Bedeutung. Ich beziehe mich hier auf das, was Baldwin gern als Zirkulärreaktion bezeichnet. Eine solche Reaktion tritt nach seinem Verständnis immer dann auf, wenn ein Individuum sich selbst nachahmt. Eine Illustration dessen liegt im Beispiel des Kauens vor, das Reize freisetzt, die weitere Kaureflexe hervorrufen. Das Kauen ist aber ein rein mechanischer Zirkel, ähnlich dem, der für die rhythmischen Vorgänge beim Gehen verantwortlich ist, ohne daß es im wesentlichen eine Ähnlichkeit mit Vorgängen wie dem Spracherwerb besitzt. Beim Spracherwerb wiederholt das Kind immer wieder einen Laut, den es gelernt hat, ohne vielleicht durch die Laute um es her vernehmlich beeinflußt worden zu sein. Dadurch kommt es zum da-da-da oder ma-ma-ma der frühesten Artikulationen. Durch sie bildet das Kind Reize aus, die beim gesellschaftlich organisierten Naturwesen Mensch eine Reaktion in Form einer weiteren Artikulation hervorrufen. Wahrscheinlich liegt derselbe Vorgang der eindringlichen Wiederholung zugrunde, mit der ein Vogel seine Töne hervorbringt. Ein Kind unternimmt die ersten unsicheren Anstrengungen zu sprechen, und zwar mit sich selber, indem es auf einen artikulierten Laut, der als Reiz auf seinen Gehörapparat wirkt, unvermeidlich ebenso reagiert, als wäre dieser Laut von anderen hervorgebracht worden. Ein Vogel reagiert auf den Ton, den er selbst singt, ebenso bestimmt, als reagierte er auf den Ton eines anderen Vogels. In beiden Fällen gibt es keinen Beweis dafür, daß ein als Reiz dienender Laut seine Wirkung dadurch erlangt, daß er das Kind oder den Vogel veranlaßt, einen Laut hervorzubringen, der dem gehörten ähnlich ist. Unter dem Einfluß sozialer Instinkte können Tiere, Kinder oder Primitive durch Reize zu vielen Reaktionen veranlaßt werden, die den direkt oder indirekt für diese Reaktionen verantwortlichen Reizen ähnlich sind. Dadurch wird in keiner Weise die Annahme gerechtfertigt, daß es sich bei diesem Vorgang in irgendeinem Sinn, den dieser Begriff in unserem Bewußtsein hat, um Nachahmung handelt. Wenn eine andere Identität im Bewußtsein gegenwärtig ist und etwas Bestimmtes tut, dann kann sie durch jene Identität, die sich ihrer selbst in ihrem Verhalten bewußt ist, nachgeahmt werden. Durch welchen Mechanismus aber, wenn nicht durch ein Wunder, sollte das Verhalten eines Lebewesens ein anderes Lebewesen dazu reizen, nicht das zu tun, was in einer gegebenen Situation erforderlich ist, sondern das, was dem Handeln jenes Lebewesens ähnlich ist. Normalerweise müßte ein solches Nachahmungsverhalten unverständlich bleiben. Verständlich wird die Nachahmung erst, wenn ein Bewußtsein von der Identität anderer gegeben ist. Eine Organisation sozialer Instinkte läßt allerdings viele Situationen entstehen, die den äußeren Anschein von Nachahmung erwecken. In solchen Situationen tut ein Lebewesen unter dem Einfluß sozialer Reize, was die anderen tun. Doch sind solche Situationen in keiner Weise eher dafür verantwortlich zu machen, daß in uns ein Bewußtsein von der Identität anderer erscheint, die unserer eigenen Identität entspricht, als jene Situationen, die andere oder sogar entgegengesetzte Reaktionen hervorrufen. Ein soziales Bewußtsein ist die Voraussetzung der Nachahmung. Royce behauptet sowohl im achten Kapitel seiner *Studies of Good and Evil* wie im zwölften Kapitel seiner *Outlines of Psychology*, die Nachahmung sei ein Mittel, um die Bedeutung dessen zu erfassen, was andere und wir selbst tun. Er scheint damit das Pferd verkehrt herum aufzuzäumen. Denn er scheint zu sagen, daß die Vorstellungen, die wir von den Handlungen anderer haben, in ihrem Wesen motorische Vorstellungen sind. Das aber läßt noch nicht die Nachahmung zu einem Mittel dafür werden, daß diese Vorstellungen motorisch werden. Der Anblick eines Menschen, der einen Stein wirft, wird von uns aufgrund unserer eigenen Neigung, einen Stein zu werfen, in seiner Bedeutung erfaßt. Das jedoch ist weit von der Feststellung entfernt, daß wir zuerst aufgrund einer Nachahmung dieses Menschen die motorische Vorstellung des Steinewerfens erworben haben.

Wichtig ist an der sozialen Organisation des Verhaltens durch Instinkte nicht so sehr, daß ein Lebewesen in einer sozialen Gruppe tut, was die anderen tun, sondern daß das Verhalten eines Lebewesens einem anderen als Reiz zu einer bestimmten Handlung dient, daß diese Handlung ihrerseits jenes erste Lebewesen zu einer bestimmten Reaktion reizt und daß sich diese Wechselwirkung in unablässiger Interaktion fortsetzt. Die Ähnlichkeit der Handlungen ist von geringer Wichtigkeit im Vergleich mit der Tatsache, daß die Handlungen eines Lebewesens implizit die Bedeutung einer bestimmten Reaktion auf Handlungen eines anderen Lebewesens besitzen. Menschliche Kommunikation geht in ihren Anfängen wahrscheinlich nicht auf Nachahmung zurück, sondern auf eine Kooperation, bei der unterschiedliches Verhalten zutage tritt, bei der aber gleichwohl das Handeln des Einen das des Anderen beantwortet und hervorruft. Das Konzept der Nachahmung muß in der Form, in der es bisher in der Sozialpsychologie eingesetzt worden ist, weiterentwickelt werden zu einer Theorie sozialer Reize und Reaktionen sowie zu einer Theorie der sozialen Situationen, welche aus diesen Reizen und Reaktionen entstehen. Mit ihr sind uns Inhalt und Form sozialer Objekte ebenso gegeben wie das Medium von Kommunikation und Reflexion.

Das zweite Theorem, auf das ich aufmerksam machen und dessen Implikationen ich erörtern möchte, besagt, daß ein Bewußtsein von Bedeutungen in seinem Ursprung sozialer Natur ist. Die gegenwärtig herrschende Lehre, die am ausführlichsten Wundt im ersten Band seiner *Völkerpsychologie* dargestellt hat, betrachtet die Sprache als ein Ergebnis von Gebärden, der Lautgebärden. Als Gebärde ist die Sprache zunächst und vor allem Ausdruck eines Gefühls. Eine Gebärde ist an sich eine abgeschnittene, synkopierte Handlung, ein Torso, der den emotionalen Gehalt einer Handlung anzeigt. Aus der emotionalen Zeichenfunktion ist die intellektuelle entstanden. Offensichtlich hätten die Körper- und Lautgebärden ohne die ursprüngliche Situation einer sozialen Interaktion niemals ihre Zeichenfunktion erreichen können. Erst durch eine Beziehung auf andere Individuen ist ein Ausdruck von einem bloßen Ausfluß nervöser Erregung zu einer Bedeutung geworden. Und diese Bedeutung bestand eben im Wert einer Handlung für ein anderes Individuum. Dessen Reaktion auf diesen Ausdruck einer Emotion durch eine weitere synkopierte Handlung mit ihrer sozialen Zeichenhaftigkeit legte die Grundlage der Kommunikation, eines gemeinsamen Verständnisses sowie der wechselseitigen Anerkennung der Haltungen, über die die Menschen auf dem Feld sozialer Interaktion verfügten. Haltungen besaßen eine Bedeutung, wenn sie mögliche Handlungen widerspiegelten. Und Handlungen konnten eine Bedeutung besitzen, wenn sie bestimmte Reaktionen hervorriefen, die ihrerseits weitere angemessene Reaktionen hervorrufen konnten, d. h. wenn der gemeinsame Inhalt einer Handlung in den von einzelnen Individuen übernommenen unterschiedlichen Teilen durch Gebärden, also durch Rumpfhandlungen, widergespiegelt wurde. In diesem Vorgang liegt die Geburt des Symbols und die Möglichkeit des Denkens. Noch in seinen abstraktesten Formen bleibt das Denken sublimierte Konversation. Das reflexive Bewußtsein impliziert also eine soziale Situation, die zugleich seine Vorbedingung gewesen ist. In den Anfängen der menschlichen Gesellschaft und des Lebens eines jeden Kindes, das zu reflexivem Bewußtsein erwacht, muß vor aller Reflexivität ein Zustand der wechselseitigen Beziehung menschlicher Handlungen aufgrund sozialer Instinkte gegeben gewesen sein.

Schließlich hat Baldwin an zahlreichen Beispielen die gegenseitige Abhängigkeit von *ego* und *socius*, von Ich und Anderem nachgewiesen, die wohl richtiger noch als eine Beziehung des Ich und der *anderen*, des *ego* und der *socii*, bezeichnet werden sollte. Wenn die Form des Ich für unser gesamtes Bewußtsein wesentlich ist, dann führt sie notwendig die Form des bzw. der anderen mit sich. Aus welchen Gründen auch immer der Solipsismus metaphysisch unmöglich oder möglich sein mag, psychologisch gibt es ihn nicht. Es muß die Ich-Identität der anderen geben, wenn die eigene Ich-Identität existieren soll. Keine Erinnerung, keine psychologische Analyse und keine Untersuchung von Kindern oder Primitiven geben einen Hinweis auf Situationen, in denen eine Ich-Identität existiert haben könnte, die nicht ihr Gegenstück in der Ich-Identität anderer gehabt hätte. Wir können sogar bemerken, daß Kinder und Primitive, wenn sie in ihrem Bewußtsein eine Ich-Identität definieren, die Umrisse und den Charakter anderer früher definiert haben als ihre eigene Identität. Mit Fug und Recht können wir sagen, daß wir kein anderes Bewußtsein kennen als eines, dessen Struktur die Existenz einer sozialen Gruppe impliziert.

Wenn diese Thesen richtig sind, liegt es auf der Hand, daß wir der Sozialwissenschaft ebenso sehr verpflichtet sind, wenn wir eine soziale Gruppe mit ihren Objekten, ihren inneren Beziehungen und der jeweiligen Identität ihrer Mitglieder als Voraussetzung unserer Reflexivität und unseres Selbstbewußtseins darstellen und analysieren, wie wir der Physiologie bei der Darstellung und Analyse der physischen Grundlagen verpflichtet sind, die die Vorbedingung der Objektbezogenheit unseres Bewußtseins sind. Eine Sozialpsychologie sollte, mit anderen Worten, das Gegenstück der physiologischen Psychologie sein. Auf jeden Fall sollten die Bedingungen, unter denen bestimmte Phasen des Bewußtseins entstehen, von anderen Wissenschaften untersucht werden, weil das Bewußtsein, das der Psychologe analysiert, Objekte und Vorgänge voraussetzt, die ihrerseits Voraussetzung des Bewußtseins und der Vorgänge in ihm darstellen. Gewiß kann unsere Reflexion gerade die physikalischen und sozialen Objekte hinwegfegen, die die Physik und die Sozialwissenschaften ihr darbieten, und sie als bloße psychische Vorstellungen betrachten. Doch wenn wir dies tun, setzen wir in unserer Reflexion einen anderen Verstand voraus, der gerade diese Reflexion leitet. Würde er versagen, dann würde ausgerechnet der Gedanke zusammenbrechen, der den Verstand auf bloße Bewußtseinszustände reduzierte. In ähnlicher Weise können wir den Glauben an die Existenz der *alteri* zerstören, unsere soziale Welt auf unser individuelles Ich reduzieren und die anderen als unsere eigenen Konstruktionen betrachten. Doch wir können dies nur angesichts eines anderen Publikums tun, mit dem sich unser Denken unterhält, auch wenn diese Ich-Identität nur das »*Ich*« und das »*Mich*« unseres gegenwärtigen Denkens ist. Hinter diesen Darstellern steht der Chor der anderen, vor dem wir unsere Argumente mündlich oder schriftlich auf die Probe stellen.

Die evolutionistische Sozialwissenschaft, die die Ursprünge der menschlichen Gesellschaft beschreiben und erklären wird, sowie die Sozialwissenschaften, die die Gesetze des Wachstums und der Organisation von Gesellschaften eines Tages feststellen werden, werden für die Bestimmung der objektiven Bedingungen des sozialen Bewußtseins ebenso wesentlich sein, wie die Biologie für die Bestimmung von Bedingungen des Bewußtseins in der biologischen Welt von Bedeutung ist. Die Psychologie kann keinesfalls das Material der Physiologie und der Sozialwissenschaften zu ihrem eigenen Gegenstand machen, weil das Bewußtsein der psychologischen Wissenschaft innerhalb einer physischen und sozialen Welt entsteht, die Voraussetzung der Psychologie ist. Rein logisch gesehen verhält sich die Sozialpsychologie genau parallel zur physiologischen Psychologie.

John B. Watson:
Verhalten als Ergebnis von Lernprozessen

Aufstellung der These

Der Mensch ist ein Lebewesen, das mit einer bestimmten organischen Struktur geboren wird. Mit dieser Struktur muß er bei seiner Geburt in einer bestimmten Weise auf Reize reagieren (zum Beispiel Atmung, Herzschlag, Niesen usw. Eine ausführliche Liste dieser Reaktionen wird weiter unten aufgestellt). Dieses Repertoire von Reaktionen ist für jeden Menschen im allgemeinen gleich. Doch gibt es ein bestimmtes Maß an Variation – die Variation ist wahrscheinlich nur proportional zu der Variation in der organischen Struktur (wobei zu dieser Struktur natürlich auch der chemische Aufbau gehört). Es ist wahrscheinlich heute das gleiche Repertoire, das auch schon vorhanden war, als vor vielen Millionen Jahren der erste Mensch auftauchte. Wir wollen diese Gruppe von Reaktionen als *ungelerntes Verhalten* des Menschen bezeichnen.

In dieser recht einfachen Liste menschlicher Reaktionen findet sich keine Reaktion, die dem entspricht, was heute von Psychologen und Biologen als »Instinkt« bezeichnet wird. Für uns gibt es also keine Instinkte, wir brauchen diesen Begriff in der Psychologie nicht mehr. Alles, was wir bisher »Instinkt« nannten, ist größtenteils das Ergebnis von Übung und Erziehung – gehört also zum *erlernten Verhalten* des Menschen.

Daraus ziehen wir den Schluß, daß es so etwas wie eine Vererbung von *Fähigkeiten, Begabungen, Temperament, psychischer Konstitution und Merkmalen* nicht gibt. Auch diese Dinge sind von der Erziehung abhängig, einer Erziehung, die vor allem in der frühesten Kindheit vor sich geht. Der Behaviorist sagt nicht: »Er erbt von seinem Vater die Fähigkeit oder das Talent zu einem guten Fechter.« Er sagt: »Dieses Kind hat die schlanke Figur seines Vaters, die gleichen Augen. Seine Gestalt ist so wunderbar wie die seines Vaters. Auch er hat die Figur eines Fechters.« Und weiter sagt er: ».. . und sein Vater ist sehr stolz auf ihn. Er legte ihm einen kleinen Degen in die Hand, als er gerade ein Jahr alt war, und auf allen ihren Spaziergängen spricht er vom Fechten, von Angriff und Verteidigung, von den Regeln des Duells und ähnlichen Dingen.« Eine bestimmte organische Struktur, dazu ein frühes Training sind die Grundlagen für das Verhalten des erwachsenen Menschen.

Das Argument und seine Verteidigung

Zuerst einmal wollen wir feststellen, daß von jetzt an der Mensch für uns ein *ganzes Lebewesen* ist. *Wenn er reagiert, reagiert er mit allen Teilen seines Körpers*. Manchmal reagiert er mit einer Gruppe von Muskeln und Drüsen stärker als mit einer anderen. Dann sagen wir: er tut etwas. Wir haben viele dieser Tätigkeiten erwähnt: Atmen, Schlafen, Krabbeln, Gehen, Laufen, Schreien. Aber man vergesse bitte nicht, daß jede dieser Tätigkeiten den gesamten Körper mit einbezieht.

Wir müssen auch anfangen, den Menschen als ein Säugetier – einen Primaten – zu sehen, als ein zweibeiniges Lebewesen mit zwei Armen und zwei empfindlichen, beweglichen Händen, mit einem neunmonatigen Leben als Embryo, einer langen hilflosen Säuglingszeit, einer langsam verlaufenden Kindheit, einer Jugendzeit von 8 Jahren und einer gesamten Lebensdauer von ungefähr 70 Jahren.

Wir stellen fest, daß dieses Lebewesen in den Tropen nackt und ohne ein Dach über dem Kopf lebt und sich von leicht erlegbaren Tieren und Früchten und Pflanzen, die keinen Anbau erfordern, ernährt. Wir stellen fest, daß es in den gemäßigten Zonen in gut gebauten, dampfbeheizten Häusern wohnt. Wir sehen, daß der Mann stets, auch im Sommer, vollständig bekleidet ist und einen Hut auf dem Kopf (dem einzigen natürlich geschützten Körperteil) trägt. Wir entdecken, daß die Frau dieser Spezies mit den knappsten Kleidern angetan ist und daß der Mann (die Frau nur selten) in fast jeder Berufsart schwer arbeitet: Er gräbt Löcher in die Erde, dämmt das Wasser ein wie die Biber und baut große

Häuser aus Stahl und Beton. In den arktischen Gebieten wiederum finden wir Menschen, die in Pelze gekleidet sind, fette Speisen essen und in Häusern aus Schnee und Eis wohnen.

Überall finden wir Menschen; wir beobachten, wie sie die eigentümlichsten Dinge tun, den verschiedensten Sitten und Gebräuchen anhängen. Wir stellen fest, daß die Schwarzen in Afrika einander aufessen, in Süd-China finden wir Menschen, die Reis mit zierlichen Stäbchen zum Munde führen. In anderen Ländern beobachten wir, wie der Mensch Messer und Gabel aus Stahl benutzt. Das erwachsene Verhalten der primitiven australischen Buschmänner ist so sehr verschieden von dem der Einwohner im inneren China, und beide Gruppen unterscheiden sich in ihrem Verhalten so sehr vom kultivierten Engländer, daß sich uns die Frage aufdrängt: *Beginnen alle diese Glieder der Spezies Mensch, wo immer sie in der Naturgeschichte auftauchen, mit dem gleichen Repertoire von Reaktionen, und werden diese Reaktionen durch die gleiche Gruppe von Reizen hervorgerufen?* Anders ausgedrückt: Ist die *ungelernte* Ausstattung des Menschen bei der Geburt, die wir früher als *Instinkte* bezeichneten, die gleiche, wo immer wir den Menschen auch finden, sei es in Afrika oder in Boston, sei es 6 Millionen Jahre vor Christi Geburt oder im Jahre 1930? Hat der Mensch die gleiche ungelernte Ausstattung, ob er nun in den Baumwollfeldern des Südens, auf der Mayflower oder unter den purpurnen Seidendecken europäischer Königsfamilien geboren ist?

(...)

Strukturelle Unterschiede und Unterschiede in der frühen Erziehung sind für alle Unterschiede im späteren Verhalten verantwortlich

Wir haben bereits erklärt, daß wir trotz der individuellen Variation in der organischen Struktur keinen wirklichen Beweis dafür finden können, daß sich im Laufe der Zeit das Repertoire ungelernter Tätigkeiten des Menschen sehr gewandelt hat oder daß der Mensch jemals mehr oder weniger zu umfassender Übung fähig war als im Jahre 1930. Die Tatsache, daß es bei den Menschen deutliche individuelle Variationen in der Struktur gibt, ist seit den frühesten Zeiten der Biologie bekannt. Doch haben wir diese Kenntnis nie genügend ausgenutzt, wenn wir das menschliche Verhalten untersucht haben. Ich möchte eine andere Tatsache heranziehen, die die Behavioristen und andere Forscher der Psychologie erst kürzlich festgestellt haben. Nämlich, *daß aller Wahrscheinlichkeit nach die Gewohnheitsbildung während des embryonalen Lebens beginnt und – sogar beim menschlichen Baby – die Umwelt das Verhalten so schnell formt, daß alle älteren Vorstellungen darüber, welche Verhaltensweisen vererbt und welche erlernt werden, zusammenbrechen.* Man braucht nur die Strukturunterschiede bei der Geburt und die schnelle Gewohnheitsbildung nach der Geburt anzuerkennen, und man hat eine Basis für die Erklärung vieler sogenannter Tatsachen über die Vererbung »mentaler« Merkmale. Wir wollen diese beiden Punkte noch einmal aufnehmen:

1. Menschen unterscheiden sich durch die Art ihrer strukturellen Zusammensetzung

Beim Studium des Körperaufbaus haben wir eine schwache Vorstellung von der Komplexität der Stoffe und Prozesse bekommen, die beim Aufbau eines Menschen beteiligt sind. Wir konnten auch die Tatsache zugeben, daß es bei der Zusammensetzung dieser komplizierten Gewebe Variationen geben muß. Wir haben gerade erwähnt, daß einige Menschen mit langen Fingern, andere mit kurzen geboren werden; einige mit langen Arm- und Beinknochen, andere mit kurzen; einige mit harten Knochen, andere mit weichen; einige mit überentwickelten, andere mit unterentwickelten Drüsen. Wir wissen auch, daß man Menschen auf Grund der Unterschiede ihrer Fingerabdrücke identifizieren kann. Kein Mensch hat je die gleichen Fingerabdrücke wie ein anderer gehabt, doch kann man die Hand- und Fußabdrücke des Menschen von den Spuren aller anderen Lebewesen deutlich unterscheiden. Es gibt nicht zwei Menschen, die genau die gleichen Knochen haben, und doch kann ein guter vergleichender Anatom einen menschlichen Knochen (von denen es mehr als 200 gibt) aus den Knochen jedes anderen Säugetieres herausfinden. Wenn so simple

Dinge wie Fingerabdrücke bei jedem Individuum verschieden sind, dann haben wir einen absoluten Beweis, daß das allgemeine Verhalten unterschiedlich sein wird und sein muß. Kinder krabbeln unterschiedlich, schreien unterschiedlich, unterscheiden sich in der Häufigkeit der Stuhl- und Urinentleerungen, unterscheiden sich in den ersten Sprachübungen, in ihrem Nahrungsbedürfnis, in der Schnelligkeit, mit der sie ihre Hände gebrauchen – sogar eineiige Zwillinge zeigen diese Unterschiede –, weil sie sich strukturell und auch in ihrem chemischen Aufbau unterscheiden. In gleicher Weise unterscheiden sie sich in den feineren Einzelheiten ihrer Sinnesorgane, in den Details der Gehirn- und Rückenmarksstruktur, in den Herz- und Kreislaufmechanismen und in der Länge, Breite, Dicke und Flexibilität der quergestreiften Muskulatur.

Trotz aller dieser strukturellen Unterschiede – sie machen ja schließlich den Menschen aus – ist er aus den gleichen Stoffen gemacht wie andere Menschen und hat den gleichen allgemeinen Konstruktionsplan – ungeachtet der Gewohnheiten.

2. Unterschiede in der frühen Erziehung machen den Menschen noch unterschiedlicher

Zugegeben, diese geringen, aber wichtigen Unterschiede in der organischen Struktur bestehen zwischen jedem menschlichen Lebewesen und jedem anderen menschlichen Lebewesen. Unterschiede in der Früherziehung sind aber noch wichtiger. Wir wissen bereits, daß die konditionierten Reflexe beim Säugling mit der Geburt beginnen (und wahrscheinlich schon eher), wir wissen, daß es so etwas wie eine gleiche Erziehung für zwei Kinder, auch wenn sie zu derselben Familie gehören, nicht gibt. Ein verliebtes junges Ehepaar hat Zwillinge, einen Jungen und ein Mädchen, die Kinder werden gleich angezogen und gleich ernährt. Aber der Vater streichelt und liebkost das Mädchen, umgibt es mit Zärtlichkeit; die Mutter behandelt den Jungen genauso, doch der Vater möchte, daß der Junge in seine Fußstapfen tritt. Er ist streng mit ihm; er kann nicht anders, als den Jungen auf seine Art zu formen. Die Mutter möchte, daß die Tochter sittsam, bescheiden und mädchenhaft wird. Bald zeigen diese Kinder große Unterschiede im Verhalten. Von frühester Kindheit an werden sie unterschiedlich erzogen. Weitere Kinder werden geboren. Der Vater ist jetzt beruflich mehr beschäftigt, er muß schwerer arbeiten. Die Mutter hat jetzt mehr gesellschaftliche Verpflichtungen; Dienstboten werden angestellt. Die jüngeren Kinder haben Brüder und Schwestern; sie werden erzogen in einer Welt, die von der der älteren Kinder vollkommen verschieden ist. Ein Kind wird krank. Die konsequente Erziehung hört auf, alle Regeln werden bei dem kranken Kind außer acht gelassen. Ein anderes Kind wird in Schrecken versetzt – wird konditioniert –, zeigt allem gegenüber Furcht; es wird ängstlich, und der normale Verlauf seiner kindlichen Aktivität wird gestört. Nehmen wir folgenden Fall an: Zwei Mädchen im Alter von 9 Jahren wohnen in benachbarten Häusern. Sie haben die gleiche Erziehung (die Mütter sind enge Freundinnen und erziehen ihre Kinder nach denselben Richtlinien). Eines Tages machen sie einen Spaziergang. Das Mädchen auf der linken Seite blickte auf die Straße und sah nur das Treiben auf der Straße. Das Mädchen auf der rechten Seite blickte auf die Häuser und sah, wie ein Mann seine Sexualorgane entblößte. Das Mädchen auf der rechten Seite war sehr beunruhigt und verwirrt, und erst nach Monaten langer Gespräche mit seinen Eltern kam es wieder zur Ruhe.

Wie sollen diese beiden Punkte die sogenannten Tatsachen der Vererbung von Begabung oder von mentalen Merkmalen erklären? Nehmen wir einen hypothetischen Fall: Wir haben zwei Jungen, einer ist 7 Jahre, der andere 6 Jahre alt. Der Vater ist ein sehr begabter Pianist, die Mutter ist Künstlerin, malt in Öl und ist eine angesehene Porträtmalerin. Der Vater hat große kräftige Hände, aber lange, bewegliche Finger. (Es ist ein Märchen, daß alle Künstler lange, schmale, feine Finger haben.) Der ältere Sohn hat die gleichen Hände. Der Vater liebt seinen Erstgeborenen, die Mutter den jüngeren Sohn. Dann beginnt der Prozeß des »Schaffens nach dem eigenen Bilde«. Die Welt ist weitgehend so eingerichtet, daß man das Kind, dem man zugetan ist, so formt, wie man selbst geformt worden ist. In diesem Fall wird der ältere Sohn ein hervorragender Pianist, der jüngere ein mittelmäßiger Künstler. Soviel zur unterschiedlichen Erziehung oder Hinneigung in der Jugendzeit. Aber wie steht es mit der unterschiedlichen organischen

Struktur? Man beachte bitte Folgendes: Der jüngere Sohn hätte unter normalen Umständen nicht zu einem Pianisten ausgebildet werden können. Seine Finger waren nicht lang genug, die Handmuskulatur nicht beweglich genug. Aber auch hier sollten wir vorsichtig sein – das Klavier ist ein standardisiertes Instrument, man braucht eine bestimmte Spannweite der Finger und eine bestimmte Kraft in Händen, Gelenken und Fingern. Aber angenommen, der Vater wäre dem jüngeren Kind sehr zugetan gewesen und hätte gesagt: »Ich möchte, daß er Pianist wird, und ich werde ein Experiment machen; seine Finger sind zu kurz, er wird nie eine bewegliche Hand haben, darum werde ich ihm ein Klavier bauen. Ich werde die Tasten schmaler machen, so daß er auch mit seinen kurzen Fingern eine ausreichende Spannweite hat, und ich werde für die Tasten eine andere Hebelvorrichtung konstruieren, so daß keine besondere Kraft oder Beweglichkeit erforderlich ist.« Wer weiß – unter diesen Umständen wäre der jüngere Sohn vielleicht der größte Pianist der Welt geworden.

Solche Faktoren, besonders die der Erziehung und Übung, sind bei den Erblichkeitsuntersuchungen völlig vernachlässigt worden. Wir besitzen keine Fakten, um Statistiken über die Vererbung von speziellen Verhaltensweisen aufzustellen, und bevor nicht die Fakten aus Untersuchungen an Kindern beigebracht worden sind, muß man alle Angaben über die Evolution verschiedener Verhaltensformen des Menschen und über Eugenik mit der allergrößten Vorsicht betrachten.

Wir ziehen daraus den Schluß, daß wir keinen echten Beweis für die Vererbung von Eigenschaften haben. Wenn man ein *gesundes, wohlgestaltetes Baby* mit einem Stammbaum von Schwindlern, Mördern, Dieben und Prostituierten sorgfältig aufzieht, bin ich vollkommen zuversichtlich, daß dieses Unternehmen letztlich günstig ausgeht. Durch den einen oder anderen Erziehungsfehler beginnen jährlich zahllose Kinder aus anständigen Familien, von soliden Eltern widerspenstig zu werden, zu stehlen und Prostituierte zu werden. Noch weit mehr Söhne und Töchter aus verdorbenen Elternhäusern werden wieder verdorben, weil sie in einer solchen Umgebung gar nicht anders werden können. Wenn aber ein adoptiertes Kind, das schlechte Vorfahren hat, auf die schiefe Bahn gerät, wird es gleich als unwiderlegbarer Beweis für die Erb-

84

lichkeit von moralischer Verworfenheit und krimineller Neigung herangezogen. Tatsächlich gibt es nicht einmal mehr als ein Dutzend Fälle in unserer Gesellschaft, über die so sorgfältig Buch geführt worden wäre, als daß man solche Schlüsse ziehen könnte, trotz gegenteiliger Angaben von Testpsychologen, Lombroso und anderen Kriminalitätsforschern. Es ist eine Tatsache, daß adoptierte Kinder nie wie eigene Kinder erzogen werden. Man kann nicht Statistiken, die aus Beobachtungen in Wohlfahrtsorganisationen und Waisenhäusern gewonnen wurden, heranziehen. Um solche Statistiken gering genug einzuschätzen, braucht man nur einmal dorthin zu gehen und eine Zeitlang dort zu arbeiten; ich sage das, ohne damit die Arbeit dieser Organisationen herabmindern zu wollen.

Ich möchte jetzt einen Schritt weiter gehen und sagen: »Gebt mir ein Dutzend gesunder, wohlgebildeter Kinder und meine eigene Umwelt, in der ich sie erziehe, und ich garantiere, daß ich jedes nach dem Zufall auswähle und es zu einem Spezialisten in irgendeinem Beruf erziehe, zum Arzt, Richter, Künstler, Kaufmann oder zum Bettler und Dieb, ohne Rücksicht auf seine Begabungen, Neigungen, Fähigkeiten, Anlagen und die Herkunft seiner Vorfahren.« Ich gehe damit über die Tatsachen hinaus und gebe das auch zu, aber das tun die Vertreter des Gegenteils auch und haben es viele tausend Jahre lang getan. Man beachte bitte, daß man mir bei der Durchführung dieses Experiments zugestehen muß, die Weise, in der die Kinder erzogen werden sollen, und die Umwelt, in der sie zu leben haben, selbst zu bestimmen (...)

Gibt es Instinkte?

Diese Frage ist nicht leicht zu beantworten. Als es noch keine Behavioristen gab, hielt man den Menschen für eine Kreatur mit vielen komplizierten Instinkten. Unter dem Einfluß der neuen Theorien von Darwin wetteiferte eine Gruppe älterer Autoren untereinander, für Mensch und Tier neue und vollständige Instinkte zu finden. William James wählte aus diesen aufgezählten Instinkten sorgfältig aus und wies dem Menschen die folgende Liste zu: *Klettern, Nachahmung, Wetteifern, Rivalität, Kampflust, Wut, Ärger,*

Sympathie, Jagen, Furcht, Besitznahme, Erwerbsinn, Kleptomanie, Produktivität, Spielen, Neugier, Soziabilität, Schüchternheit, Sauberkeit, Bescheidenheit, Scham, Liebe, Eifersucht, elterliche Liebe. James stellt fest, daß kein anderes Säugetier, nicht einmal der Affe, so eine lange Liste für sich in Anspruch nehmen könnte.

Der Behaviorist sieht sich in keiner Weise imstande, James und den anderen Psychologen zuzustimmen, die behaupten, daß der Mensch ungelernte Verhaltensweisen dieser komplizierten Art besitzt. Wir alle sind mit James oder sogar noch einer schlechteren Kost groß geworden, und es ist schwer, gegen ihn anzugehen. James sagt, ein Instinkt ist »eine Tendenz, in einer bestimmten Weise auf bestimmte Zeit hin zu handeln, ohne eine Voraussicht dieser Ziele«. Diese Formulierung paßt natürlich auf eine ganze Menge der frühen Verhaltensweisen von Kindern und jungen Tieren. Auf den ersten Blick erscheint diese Formulierung überzeugend. Aber wenn man sie an der eigenen Beobachtung von jungen Tieren und Kindern prüft, findet man heraus, daß man es hier nicht mit einer wissenschaftlichen Definition, sondern mit einer metaphysischen Annahme zu tun hat. Man geht in der Sophisterei von »Voraussicht« und »Ziel« verloren.

Über kein Thema der Psychologie wird heutzutage mehr geschrieben als über die sogenannten Instinkte. In den letzten Jahren sind viele hundert Artikel über Instinkte geschrieben worden. Im allgemeinen sind die Artikel eine Art Lehnstuhlpsychologie, geschrieben von Leuten, die noch nie den Lebenslauf von Tieren oder die frühe Kindheit eines Menschen sorgfältig beobachtet haben. Die Philosophie kann niemals Fragen über Instinkte beantworten. Hier handelt es sich um Tatsachenfragen, die nur durch entwicklungspsychologische Beobachtungen beantwortet werden können. Ich möchte aber schnell hinzufügen, daß auch das Wissen des Behavioristen über Instinkte unter dem Mangel an Beobachtungsdaten leidet, man kann ihn jedoch nicht bezichtigen, daß er in seinen Folgerungen über die Grenzen der Naturwissenschaft hinausgeht. (...)

Der Begriff des Instinktes
ist in der Psychologie nicht länger nötig

Das bringt uns nun zu unserem Hauptgedanken. Wenn der Bumerang keinen Instinkt (Fähigkeit, Begabung, Tendenz, Eigenschaft) hat, zur Hand des Werfenden zurückzukehren, wenn wir keine geheimnisvolle Erklärung für die Bewegungsweise des Bumerangs benötigen, sondern die Gesetze der Physik sie erklären – kann die Psychologie daraus nicht eine sehr notwendige Lehre von der Einfachheit der Vorgänge ziehen? Kann sie nicht auf die Instinkte verzichten? Können wir nicht sagen, daß der Mensch aus bestimmten Stoffen aufgebaut und in bestimmter komplexer Weise zusammengesetzt ist und daß er *auf Grund der Art seiner Zusammensetzung und des Materials, aus dem er gemacht ist, so handeln muß, wie er handelt (bis er durch einen Lernvorgang umgeformt wird)?*

Man kann nun jedoch einwenden: »Das macht Ihr ganzes Argument zunichte. Sie geben zu, daß der Mensch bei seiner Geburt eine ganze Anzahl von Dingen tut, die er auf Grund seiner Struktur tun muß – und gerade das verstehe ich unter Instinkt.« Meine Antwort darauf lautet, daß wir uns nun den Tatsachen zuwenden müssen. Den Besuch in der Kinderstube können wir nicht mehr länger aufschieben. Ich glaube, daß der Student bei der Untersuchung von Säuglingen und Kleinkindern *nur wenig finden wird, was ihn ermutigen könnte, James' geheiligte Instinktliste aufrechtzuerhalten.*

II. Der Mensch als Mängelwesen: Fähigkeit zur Freiheit oder die Notwendigkeit institutioneller Stützen?

Einleitung

Die im vorhergehenden Kapitel zitierten Instinkttheoretiker postulieren eine biologische Basisausstattung des Menschen, welche die soziale Handlungsfähigkeit absichert und auf die sich letztlich die gesellschaftlichen Institutionen stützen müssen. Ein völlig anderer Bezug auf die biologische Grundkonstellation bei der Spezies Mensch eint die ansonsten höchst unterschiedlichen Autoren in diesem Abschnitt. Konservative und progressive Sozialtheorien treffen sich in der Auffassung, daß Menschen instinktoffene Lebewesen sind. Und gleichzeitig werden daraus höchst unterschiedliche Konsequenzen gezogen.

Der konservative Sozialanthropologe Arnold Gehlen und der Schweizer Biologe Adolf Portmann haben die These vom Menschen als Mängelwesen vertreten. Verglichen mit allen Tieren fehlt ihm eine instinktmäßige Koordination seiner angeborenen Handlungsprogramme mit den Anforderungen seiner jeweiligen Umwelt. Diese arteigenen Mängel werden mit der weiteren These vom Menschen als einer wesensmäßigen Frühgeburt zu erklären versucht. Das neugeborene Kind ist, verglichen mit Säugetierjungen, gestalthaft und in den Funktionen seines Verhaltens unreif. Seine uterine Wachstumsperiode sollte nach Auffassung Portmanns u. a. vergleichsweise 20 bis 22 Monate dauern. Das erste Lebensjahr bezeichnet Portmann deshalb als »die Zeit des sozialen Uterus«, wo die soziale Gruppe »den Mutterkörper zu vertreten und die Rolle des mütterlichen Leibes zu übernehmen hat«. In dieser Zeit reifen die Fähigkeiten zu »aufrechter Haltung, Sprache und einsichtigem Weltverhalten« aus. Und noch einmal Portmann: »Die Zweiteilung unserer wesentlichen Entwicklungsperiode der Frühzeit ist nicht irgendein beliebiger Zufall. Die Ausbildung der menschentypischen Merkmale, die wir eben nannten, steht im schroffsten Gegensatz zum Entwicklungsweg aller höheren Säuger. Während bei den letzteren sich alle wesentlichen Züge in der Eintönigkeit und Geborgenheit des mütterlichen Leibes heranbilden, im Ausreifen von fixierten Erbanlagen, so geschieht bei uns die Entwicklung gerade der wesentlichen Züge in einer ausgesprochenen Mischung von Reifungsprozessen und Lernvorgängen... Die Eigenart dieser extra-uterinen Frühperiode... entspricht der Besonderheit der humanen Weltbeziehung, die wir die geistige oder weltoffene nennen.«

Für Gehlen ist diese Mängelsituation die zentrale Risiko- und Gefährdungslage des Menschen. Er muß sich davon »entlasten«. Er kann dauerhaft nur dann überleben, wenn er die verlorengegangene Bindung von Instinkt und Auslöser auf der höheren Ebene von instinktanalog routinisierten Verhaltensmustern wiederherstellt. Die riskante Weltoffenheit des Menschen werde in Institutionen aufgefangen, die in stabilisierten Weltdeutungen und generalisierten Verhaltensvorschriften seinen prinzipiellen Handlungsspielraum drastisch einengen. Das hat aus Gehlens Sicht nichts mit repressiver Einengung der individuellen Autonomie zu tun, sondern sei überlebensnotwendig. Die Institutionen sind bei Gehlen anzusehen »als geschichtlich bedingte Weisen der Bewältigung lebenswichtiger Aufgaben und Umstände,... als stabilisierende Gewalten und als die Formen, die ein seiner Natur nach riskiertes und unstabiles, affektüberlastetes Wesen findet, um sich selbst und um sich gegenseitig zu ertragen«. Gehlen hat, was auf diesem theoretischen Hintergrund sehr schnell einsichtig wird, alle gesellschaftlichen Zustände positiv bewertet, in denen die Menschen dauerhaft und ohne Debatten fest in die Regie von Institutionen genommen werden. Das begründete seine geistige Nähe zum Faschismus. Auch die autoritär gefügten Strukturen der Adenauerrepublik hat er für überlebensnotwendig gehalten.

Alexander Mitscherlich, der sozialistisch orientierte Psychoanalytiker und Sozialpsychologe, hat aus Portmanns Thesen entgegengesetzte Schlüsse gezogen. Er sieht in der prinzipiellen Weltoffenheit des Subjekts oder in den »noch rätselhaften Eigenarten unserer Offenheit« die »Bedingungen... zur Selbstwahrnehmung und Selbstgestaltung unseres Verhaltens, eben der Ichleistungen«.

Die mangelnden individuell biographisch und kollektiv geförderten kritischen Ich-Fähigkeiten seien die Bedingungen für autoritäre Unterwerfung, für die Unfähigkeit zum »aufrechten Gang«.

Die biologische Plastizität der Menschen bietet also Anknüpfungspunkte für sozialpsychologische Theorien konträren Zuschnitts: Einerseits die theoretische Konstruktion, daß der Mensch möglichst vollständig in das verläßliche Getriebe gesellschaftlicher Institutionen »eingefädelt« werden muß, damit er überhaupt überleben und seine Mangelhaftigkeit gesellschaftlich kompensiert werden kann. Andererseits die theoretische Konstruktion, daß die biologische Grundbeschaffenheit des Menschen das Potential für Reflexion, Selbstorganisation und Freiheit beinhaltet, das aber durch gesellschaftliche Zwänge und durch autoritäre Strukturen in Familie und Gesellschaft um seine positiven Entfaltungsmöglichkeiten gebracht werden kann und häufig genug auch wird.

Adolf Portmann:
Der Mensch – ein Mängelwesen?

Wenn unser Blick, Mensch und Tier vergleichend, sich auf den Gegensatz in der Ausrüstung des Körpers richtet, so vermag leicht der ursprüngliche Mensch als der Zukurzgekommene erscheinen. Oft genug wird er daher als der Mittellose, als ein Mängelwesen dargestellt. Er ist der Erdgebundene, der sich nicht frei wie der Vogel in der Luft erheben kann; an Schnelligkeit ist er gar vielen Wildtieren weit unterlegen, ihm fehlt das schützende Haarkleid, das er erbeuteten Tieren entlehnt, es fehlen ihm gewaltige Waffen, er hat weder die Muskelkraft des Gorillas noch die Pranken und Zähne des Raubtiers. Der Naturforscher könnte diese elegische Besinnung noch um einige neidvolle Feststellungen erweitern: Wir kennen Tiere, die Überschall hören, andere, die mit dem polarisierten Himmelslicht umgehen, die Ultraviolett als Licht zu sehen vermögen; es gibt Fische, die elektrische Felder wahrnehmen – lauter Erlebnisweisen, die uns versagt sind. Hat die Natur, die alle ihre Wesen so reich ausgestattet hat, den Menschen aus diesem Schutz entlassen?

Gewiß, wir denken sofort an die Überlegenheit des Geistes, der alles Fehlende ersetzt und die Mängel ausgleicht. Ja, der Gedanke der natürlichen Auslese hat sich dieser Vorstellung besonders gerne bedient, um zu zeigen, wie der von der Natur im Körperlichen Benachteiligte durch die geistige Kraft alle Schwierigkeiten meistert, seine Mängel überwindet und schließlich heute gar die natürliche Evolution überspielt. Der Mensch als ursprünglich Benachteiligter, das wird ein trefflicher Ausgangspunkt, um das Erreichte zu rühmen: eine Lektion zum kämpferischen Gebrauch der Geisteskraft!

Die Vorstellungen vom Mängelwesen haben sich mit anderen Bildern kombiniert. Ist es nicht so, als bewahre der Mensch in seiner Erscheinung kindliche, ja in gewissem Sinne sogar embryonale

Züge bis in seine Reifeform? Nur an weniges mag kurz erinnert werden: Der Anteil des Gehirns am Aufbau des Kopfes ist im Embryo wie im erwachsenen Menschen besonders groß; die Stirn bestimmt das Gesichtsprofil, im Gegensatz zu den meisten andern Säugern, auch mancher Menschenaffen, deren Schnauze vorsteht. Man hat außerdem hingewiesen auf die Nacktheit der Haut, die gleichsam ein Verharren auf diesem embryonalen Frühzustand bedeute; man hat auch das lange Offenbleiben unserer Schädelnähte beachtet. Auf besonders primitive Züge unserer Organisation wurde hingewiesen, so etwa auf das Bewahren der ursprünglichen Fünfzahl der Finger und Zehen im Vergleich zur extremen Umformung etwa der vorderen Gliedmaßen zum Vogelflügel oder zum Pferde- oder Antilopenbein. Auch die Auflösung vieler Instinkte, die das tierische Leben sichern, spielt im Katalog der menschlichen Mängel eine Rolle. Aus allen diesen Einzelheiten ist in den zwanziger Jahren die Theorie des holländischen Anatomen Louis Bolk entstanden, der wesentliche Züge der Menschengestalt als ein Auswachsen und Reifen auf embryonaler Formstufe zu erklären versucht und zugleich auf die Verlangsamung unserer Entwicklung hinweist. »Fötalisierung« und »Retardation« waren die Stichworte, die eine Zeitlang in der Diskussion der Biologen eine beträchtliche Bedeutung hatten. Diese Idee hat auch das Zukunftsdenken mancher Biologen mächtig inspiriert und zu Bildern geführt, die den kommenden Menschen beinahe als ein wandelndes Gehirn mit kindlichen Zügen darstellen. Man hat den Gedanken weiter ausgesponnen: manche Reifegestalten im Tierreich seien nichts anderes als geschlechtsreif gewordene und vergrößerte Larvenformen, so etwa die Schnecken. Reifwerden auf früher Entwicklungsstufe erschien als ein Mittel, dessen sich die natürliche Evolution für das Umgestalten lebendiger Formen bedient.

Doch halten diese kühnen Gedankenspiele einer genaueren Prüfung nicht immer stand! Sie vereinfachen den äußeren Anblick; die vertiefte Untersuchung führt uns vor sehr schwer faßbare Zusammenhänge. Prüfen wir etwas sorgsamer ein einzelnes Phänomen: die menschliche Nacktheit. Wir brauchen nicht lange zu suchen, um zu erfahren, daß es sich ganz und gar nicht um das Beharren auf einer embryonalen Formstufe handeln kann, sondern um eine in der Stammesgeschichte spät eingetretene Unterdrückung des für Säugetiere üblichen Haarkleides. Mit dieser Unterdrückung geht eine eigenartige Umwandlung gewisser Hautbezirke Hand in Hand. Dort, wo bei niederen Säugetieren kleine Gruppen von besonders langen Sinneshaaren sich ausformen, bilden sich bei uns trotz der Nacktheit des Körpers besondere Restzonen der normalen Behaarung. Es sind die Stellen wie etwa die Augenbrauen, die Oberlippen, das Kinn und die Wangen. Schon diese Verwandlung weist auf sehr komplizierte, im einzelnen unerklärte stammesgeschichtliche Änderungen hin, von denen wir manche auch bei den uns verwandten Affenformen entdecken. Ebenso bedeutsam ist die Tatsache, daß die von Haaren freie Hautfläche eine bedeutende Vermehrung von Sinnesorganen aufweist. Die Nervenzellen dieser Hautsinne liegen in den seitlichen Ganglien des Rückenmarks und des Hirnstammes. Man kann die Zunahme dieser Sinnesfunktion messen, indem man im Querschnitt des Halsmarks die Fläche der Nervenbahnen bestimmt, die mit diesen Sinnesleistungen in Zusammenhang stehen. Bei einem Kaninchen beträgt der Anteil dieser Sinneszellen 21 % der Querschnittfläche, er steigt bei der Katze auf 26 % und bei niederen Affenformen auf 29 %, beim Menschen aber beträgt er 39 %! Es zeigt sich also, daß mit unserer Nacktheit eine gesteigerte Sinnesfunktion der Haut erreicht wird und zugleich eine für das Erscheinungsbild der Menschentypen wichtige Differenzierung der noch verbleibenden Behaarungszonen.

Wie viele Fragen jede Analyse unserer Mängel uns stellt, mag vielleicht ein Blick auf die Beurteilung der menschlichen Hand noch verdeutlichen. Wird doch ihre primitive Anlage auch oft in Gegensatz zu den extremen Spezialisierungen gestellt, wie sie etwa im Vogelflügel, in den wunderbaren Sprungorganen der Pferde vor uns sind. Alle diese Organe gehen auf einen gemeinsamen Grundplan, auf die fünfstrahligen Gliedmaßen der Wirbeltiere zurück; der Mensch bewahrt also in seiner Hand diese ausgesprochen primitive Disposition.

Primitiv ist also sicher die Zahl der Finger und ihre relativ freie Beweglichkeit, aber schon in diesem Punkt zeigt sich der Unterschied von Hand und Fuß. Unser Fuß als Standfläche für ein aufrecht gehendes Wesen weicht sehr stark vom Bau der Hand ab, obschon auch er die ursprüngliche Zahl der Glieder beibehält. Hand und Fuß haben also trotz gewisser Primitivität eine sehr verschiedene Evolution durchgemacht. Die Hand ist ein Instrument geworden, das nicht nur ein ganz besonders vielseitiges Mittel des menschlichen Schaffens darstellt, sondern das auch für das geistige Erleben und Bewältigen unserer Umgebung, für den Aufbau einer erlebten Umwelt von größter Bedeutung ist. Wir machen uns vielleicht kaum eine genügend umfassende Vorstellung von der Rolle, die dem Betasten, dem Greifen, dem Umgang der kleinen Kinderhand mit sämtlichen Gliedern des eigenen Körpers für das Welterleben des werdenden Menschen zukommt. Die Hand für die Vermittlung einer Gebärdensprache und als Mittel des Schreibens und Zeichnens ist ein Ausdrucksorgan von ganz besonderer Bedeutung. Der Umfang dieser Funktionen spiegelt sich denn auch in der Größe der Hirnregion, die im Rindengebiet unseres Vorderhirns die Funktion der Hand repräsentiert. Je länger wir uns mit diesen vielseitigen Leistungen der Hand abgeben, desto blasser wird die ursprüngliche Vorstellung, welche die Auffassung von der Primitivität der menschlichen Hand erzeugt, desto mehr tritt hervor, daß hier in der Bewahrung einer ursprünglichen Disposition etwas ganz Neues, eine Möglichkeit der Freiheit entsteht, die für unsere Betrachtung wichtig wird.

Ich muß auch noch ein Wort zu dem von Louis Bolk so sehr betonten Phänomen der Verlangsamung unserer Entwicklung sagen, zur »Retardation«. Auch hier liegt eine etwas schematisierende Verallgemeinerung vor, die der genauen Prüfung nicht standhält. Es trifft nicht zu, daß die gesamte menschliche Entwicklung, verglichen mit den uns am nächsten verwandten Säugetieren, einfach verlangsamt wäre. Was unser Werden kennzeichnet, ist die klare Gliederung der gesamten Entwicklungszeit in drei Wuchsperioden von sehr verschiedenem Gepräge. Die großen Menschenaffen erzeugen in einer unserer menschlichen Schwangerschaft nahestehenden Entwicklungszeit ein Kind, das bei allen ungefähr 1800 g schwer ist, ob es sich um eine kleinere Schimpansenform oder um einen Gorilla- oder Orang-Säugling handelt. Das Menschenkind ist aber mehr als 3 kg schwer, fast doppelt so gewichtig wie das der Menschenaffen. Das Wachstum ist schon in unserer ganzen Embryonalzeit intensiver als bei unseren nächsten

Verwandten. Und diese Intensität dauert auch im ganzen ersten Lebensjahr nach der Geburt an. Der embryonale Charakter dieses Wachstums ist bereits 1903 durch den Kinderarzt von Lange erkannt worden. Erst am Ende des ersten Jahres nach der Geburt setzt die Verlangsamung ein, die bisher im Vordergrund der Beachtung stand; jetzt wird das Wachstum des Menschenkindes gebremst bis etwa zum 8. oder 9. Jahr, und es ist bezeichnend, daß die Wachstumskurven sämtlicher Menschenaffen in der Zeit des 2. bis 4. Jahres die Kurve des Menschenkindes kreuzen und viel rascher dem Endgewicht zustreben. Dieser verlangsamten Periode folgt der allen vertraute außerordentliche Pubertätsschuß – die innerhalb der Säugetiere einzigartige Erscheinung eines späten, beschleunigten Wuchses, verbunden mit dem Eintritt der Geschlechtsreife. Überblickt man dieses Gesamtbild, so sind zwei starke Wuchsperioden durch eine Zone des geringeren Wachstums getrennt. Die Vorstellung einer Retardation muß auch hier wieder weichen vor der genaueren Prüfung. Wir werden noch sehen müssen, was diese Gliederung bedeutet.

Wir sind auf Tatsachen gestoßen, die bald mit der Begriffsbildung primitiv oder archaisch, bald in einer andern Skala als kindlich oder embryonal benannt worden sind. Wir müssen den Versuch unternehmen festzustellen, in welchen weiteren Zusammenhang die heutige Forschung am Menschen diese Eigenheiten einzuordnen sucht. Wir finden unsern Weg am leichtesten, wenn wir versuchen, die Gesamtheit des menschlichen Welterlebens der Erlebnisform des Tiers entgegenzustellen. Wenn ich es wagen darf, für einen Augenblick etwas schematisch zu verfahren, im Wissen darum, daß feinere Unterscheidungen nötig sind, so können wir die tierische Lebensform im gesamten als instinktgebunden oder instinktgesichert bezeichnen, die menschliche im Gegensatz dazu als eher instinktarm, dafür aber weltfrei oder weltoffen. Wir meinen damit, daß beim Tier die überwiegenden Möglichkeiten alles Verhaltens durch recht festgefügte erbliche Arten des Gebarens gegeben sind, wobei in jedem erblichen Gefüge immer auch offenere Glieder der Anpassung an Situationen eine wichtige Rolle spielen. Demgegenüber ist das Verhalten des Menschen in Hinsicht auf erbliche Voraussetzungen ein ungesichertes, von Erfahrung, Lernen und Beraten abhängig. Gerade dieses Unsichere ist ja mit ein Kennzeichen, das gar oft mehr oder weniger negativ beurteilt wird. So mancher Kritiker der menschlichen Gesellschaft beneidet die Naturwesen um die Sicherheit ihrer Instinktführung, und es ist daher kein Zufall, daß für manchen Theoretiker schließlich der Insektenstaat das Modell eines idealen Sozialwesens wird.

Gerade diese Weltoffenheit ist es aber, welche das Wesen des Menschen am deutlichsten kennzeichnet. Mit ihr hängen sehr viele Eigenarten zusammen, die in den Theorien um das Mängelwesen Mensch eine Rolle spielen.

Es ist allmählich deutlich geworden, daß unser erstes Lebensjahr nach der Geburt seine besondere Eigenart gerade dem Umstand verdankt, daß in diesem Jahr die wichtigsten Kennzeichen des menschlichen Verhaltens sich ausformen: der aufrechte Gang, die Sprache und das einsichtige Handeln. Auch ist deutlich geworden, daß diese Dreiheit des Humanen sich nur vollwertig ausformt, wenn die Mitwirkung der sozialen Gruppe nicht versagt. Für alle höheren Tierformen gilt, daß die wichtigsten Verhaltensweisen weitgehend im mütterlichen Leib heranwachsen, ohne den unmittelbaren Kontakt mit der äußeren Wirklichkeit zu benötigen, und daß sich die Erfahrungen des Einzellebens und die Eingliederung in die Gruppe auf einen verhältnismäßig bescheidenen Anteil beschränken, wie wichtig sie selbst in dieser Reduktion auch sind. Unserer Weltbeziehung mit ihrer Ungesichertheit sind auch die langen Jahre des Lernens, Übens zugeordnet, die der geschlechtlichen Komplikation noch weitgehend entzogen sind. Diese Langsamkeit entscheidender Lernjahre ist ein Ausgleich für unser ungesichertes Dasein, für die Aufhebung der sicheren Enge der Instinkte. Diese Zeit der Schulung ist uns von der Natur gegeben, ein tiefer Sinn regelt den Ablauf der menschlichen Entwicklungszeit. Ungesichert sein ist ein obligatorisches Merkmal unserer Entwicklungsform, die positive Seite ist Weltoffenheit, eine unabsehbare Möglichkeit der Verfügungsfreiheit, der Bereitschaft zur Entdeckungsfahrt ins Reich des Geistes.

Ihr Ergebnis ist nicht nur ein Ausgleich des uns von der Natur Versagten durch Erfindungen, es ist das unablässige Umformen einer wilden Natur in eine unserer Art gemäße zweite Natur, in eine Kulturwelt. Das ist die Lösung für ein keiner bestimmten

Umgebung speziell angepaßtes, ungesichertes Wesen: Sich selbst muß es eine ihm gemäße neue Natur schaffen.

Aber nun begegnet uns das Mängelwesen auf einer neuen Ebene, in einer Weise, wie sie von der frühen kritischen Betrachtung unserer dürftigen Ausrüstung nicht gemeint war.

Denn nun zeigt sich ein neues Ungenügen. Wir Menschen standen einst unter dem harten Gesetz der natürlichen Auslese – der Selektion, wie alle Lebensformen. Jahrtausende waren wir das Opfer von verheerenden Epidemien, des Befalls durch die niedrigsten Lebensstufen, der Viren, Bakterien und anderer Parasiten. Wir zahlten einen hohen Preis mit der Sterblichkeit der neugeborenen Kinder, durch Krankheiten und das Werk der Naturgewalten. Nicht als ob diese Zeit vorbei wäre! Doch sind wir unterwegs, diese Gefahren zu überwinden, sie mächtig einzudämmen.

Aber schon auf diesem Wege schaffen wir uns selbst neue schreckliche Bedrohungen. Wohl haben wir durch die Schaffung einer wissenschaftlich begründeten Technik die Lebensmöglichkeit für alle Daseinsstufen gesteigert, es ist uns aber nicht gelungen, die Vermehrung der Menschheit im Zaum zu halten und in ein Verhältnis zu unseren irdischen Lebensmöglichkeiten zu bringen. Die Überbevölkerung droht; die Ernährung der bevorstehenden Menschenzahl ist nicht nur unsicher, sie ist in der heutigen Sicht bereits als unmöglich erkannt. Tief eingreifende Maßnahmen sind unumgänglich – sie scheitern am Weiterleben der verschiedenen uralten Weltbilder, archaischer Glaubensformen, welche die wirksame Einschränkung der Bevölkerungsvermehrung verhindern. Dazu kommt, daß der Kampf gegnerischer Menschengruppen die Steigerung der Bevölkerungszahl ruchlos als ein wirksames Mittel zur Drohung, zur Machtentfaltung einsetzt.

Wer dieses tragische Ungenügen, diese verhängnisvollen Mängel des hochzivilisierten kulturschaffenden Menschen bedenkt, kann verstehen, daß früh schon dieser kulturschaffende Geist als der Feind des Lebens gesehen worden ist, daß ein Werk wie das von Ludwig Klages ›Der Geist als Widersacher der Seele‹ um 1930 viele Gemüter tief erschüttern mußte – und Klages war nicht der einzige Mahner bereits in den zwanziger Jahren dieses Jahrhunderts nach dem ersten mörderischen Weltkrieg –, lange vor dem Atomzeitalter!

Der Geist, der die natürlichen Instinkte aufhebt, erscheint als der schließliche Vernichter der großen lebendigen Harmonie, als die manche Denker die außermenschliche Natur sehen wollten. Haben wir uns nicht auch in unserer Zeit als unfähig erwiesen, die Elemente der Natur, auf die unser Leben angewiesen ist, richtig zu bewahren: Luft und Wasser, unser Grundwasser, die Flüsse und Seen und die Ozeane so zu bewahren, daß unser Leben sicher ist?

Die extreme technische Entfaltung nach dem Zweiten Weltkrieg hat aber in allen höchst technisierten Ländern die pessimistischen Ansichten vielfach verdrängt zugunsten positiver Zukunftsvisionen von einem Menschentypus, der sich radikal in die Hand nimmt, bereit, sich auf wissenschaftlichem Grund selber umzubauen bis ins Erbgut hinein, nicht nur die Technik sich dienstbar zu machen, sondern sich selbst den neuesten technischen Forderungen gemäß umzumodeln.

Und nun tritt ein drittes Mal die alte geringschätzige Taxierung der heutigen Menschen als Mängelwesen in einer ganz neuen Variante auf: Nun sind wir nicht mehr nur die ungenügend gerüsteten Naturmenschen der ersten Phase, auch nicht mehr die Zivilisierten, die vor den selbstgeschaffenen Sozialsituationen versagt haben – diesmal erteilt der Mensch des Abendlandes, der Technik sich selbst von seinen eigenen Zukunftsansprüchen her die Note »ungenügend«; ist er nicht von den Weltraumtechnikern bereits als »Fehlkonstruktion« abgeschätzt worden? Wer weiß, vielleicht ist er sogar eine Fehlkonstruktion im Hinblick auf die sozialen Zukunftsparadiese, die manche Sozialtheorien uns ausmalen, unfähig, das geplante Herdenglück unter Diktatur recht zu genießen! Einst war die Einschätzung unserer körperlichen Mittellosigkeit ein geistreiches Spiel, um die Größe der geistigen Weltsicht, das Wunder des Geistes hervorzuheben, dann aber wurden Mängel des evoluierten Kulturmenschen erkannt, die unseren Fortbestand in Frage stellen. Unsere Ohnmacht vor vielen schweren Aufgaben, die der selbst bestimmende Mensch zu lösen hat, wird ein Anlaß zu pessimistischen Zukunftsbildern, und dies in täglich wachsendem Maße.

Zur gleichen Zeit erfahren wir, daß eine optimistische Lebenstechnik die Veränderung, den Umbau des Menschen in die Planungen der Zukunft einbezieht – eine neue Variante des Unbefriedigtseins ist im Anzug: Wir sind nun Mängelwesen, weil wir uns noch nicht durch chirurgische Technik, durch Eingriffe ins Erbgut, durch gelenkte Erziehung für die technische Welt der Zukunft sinngemäß vorbereiten. Viele unentwegt optimistische Helfer bieten ihre Mitwirkung an!

Diesen Wandlungen der Auffassungen können weitere folgen. Es ist nicht unsere Aufgabe, zu prophezeien. Es könnte aber sinnvoll sein, einige Konstanten herauszuheben, welche unser Denken in diesem Auf und Ab der Meinungen zu bestimmen vermöchten. Es ist ja nicht schwer, das Mängelwesen Mensch zu schildern, um schließlich das Lob des Geistes zu singen; es ist heute leichter denn je, das Urteil über die geistige Entwicklung der Menschen im Zeichen der abendländischen Technik zu sprechen. Statt dieser Kritik soll eine nüchterne Feststellung versucht werden:

Die vormenschliche Evolution, deren entscheidende Etappe wir gerade im wichtigsten Teil, im Werden der geistigen Weltbeziehung, ungenügend kennen und wohl vielleicht nie ergründen werden, diese vormenschliche Evolution hat den Typus des geschichtlich lebenden Jetztmenschen seit Jahrtausenden schon geformt. Sie hat unter Wahrung mancher sehr ursprünglicher Gestaltsmerkmale eine Weltbeziehung geschaffen, die durch eine Beliebigkeit der Interessen ausgezeichnet ist, durch Offenheit der Weltzuwendung, welche an die Stelle einer engen, sichernden Umweltbindung des Tieres getreten ist.

Diesem Wesen eignet eine Freiheit der Verfügung, eine Fähigkeit zum Gebrauch der Naturkräfte, die ebenso zu seinem Verderben wie zu seinem Heil eingesetzt werden kann. Diese Unsicherheit ist nicht ein Mangel, ist doch ihr Anlaß eine ungeheure Eigenständigkeit und Auszeichnung dieses einen Wesens – diese Unsicherheit fordert von uns das Wissen um Verantwortung, das Wissen darum, daß Führung des Daseins eine nie endende Aufgabe ist.

Diese Führung aber kann nur vollwertig sein, wenn auch die Besinnung auf das Geheimnis allen Ursprungs lebendig ist und damit die Ehrfurcht vor dem Gewordenen, das nicht wir selbst geschaffen haben. Diese Feststellung gibt auch meine Antwort auf alle Versuche, den Menschen umzuformen, den wir nicht selbst geformt haben!

Arnold Gehlen:
Mensch und Institutionen

Die philosophische Anthropologie ging in ihrem Aufbau seit Max Scheler zunächst von allgemeinen Aussagen über den abstrakt gedachten Menschen aus, sie gewann aber die Deutlichkeit vieler bestimmter Behauptungen aus dem Vergleich des Menschen mit dem Tier. Das Tier diente sozusagen als der Hintergrund, mit dem die Figur des Menschen wirkungsvoll kontrastierte. So war zunächst einmal seine Sonderstellung im Reiche des Lebendigen abgesichert, und zwar fiel der spezifische Unterschied nach alter und ehrwürdiger Überzeugung in den *Geist*.

· Damit aber lenkte Schelers in allen Einzelheiten neuartige und lebensvolle Darstellung doch wieder in eine starre und zweigleisige Problematik zurück, deren geringe Ergiebigkeit für weitere Einsichten sich schon seit Descartes herausgestellt hatte: in einen Dualismus von Körper und Geist. Wollte man in der Anthropologie weiterkommen, dann mußte man hier ansetzen. Nun besteht die Kunst der wissenschaftlichen Forschung sehr oft in einer Art Strategie, nämlich in dem bewußten Absehen von Themen, die sich als unergiebig erwiesen haben und die man nicht aufzuwerfen gedenkt. Man muß dann die Prioritäten der Fragestellung neu verteilen und jene verhärteten Formeln im Rücken lassen. So habe ich versucht, dieses Problem des Geistes aus seiner subjekthaften Selbständigkeit herauszulösen und es einem anderen Zusammenhang einzugliedern, wo es sozusagen prädikativ behandelt werden konnte, d. h. in irgendeiner mitgedachten Weise. Die Möglichkeit dazu ergibt sich, wenn man nicht Aussagen über den Geist macht, sondern über das intelligente Verhalten des Menschen.

Es läßt sich nämlich schon mit Mitteln beschreibender Sachforschung zeigen, daß der Mensch in seiner gegebenen biologischen Konstitution sich innerhalb der unmittelbaren, rohen Natur erster Hand gar nicht halten könnte, daß er mithin von der *Veränderung*, der praktischen, realen Veränderung irgendwelcher beliebiger vorgefundener Naturtatsachen leben muß. Sein intelligentes Handeln ist in erster Linie konstruktive Veränderung der Außenwelt aus barer organischer Bedürftigkeit. So z. B. muß er sich die ihm organisch versagten Waffen erst selbst herstellen und bearbeiten, oder wenn er in kalte Zonen vordringt, dann hängt er sich den Pelz um, der ihm nicht wächst.

An dieser Stelle empfiehlt sich die Überlegung, daß gerade ganz einfache Gedanken, mit denen man sofort fertig zu sein glaubt, eine eingehende Überlegung lohnen. Der Ansatz hat nämlich mehrere Pointen.

Denn erstens wird klar, warum es auf der ganzen Welt den Menschen geben kann, der verbreiteter ist als jede Tierart. Weltoffen, aber instinktarm, in seiner organischen Ausstattung mittellos, lebt er von der intelligenten Handlung, d. h. von der Veränderung *beliebiger* Naturdaten ins Zweckdienliche, er lebt folglich bis zum Rande der Eis- und Sandwüste, wo überhaupt nichts mehr sich seiner Phantasie und Geschicklichkeit anbietet. Zweitens waren die Fragen des Geistes in prädikativer Weise gestellt, es war von intelligentem Verhalten die Rede, vom Menschen wurde es ausgesagt, nicht galt der Geist seinerseits als ein Subjekt, von dem Aussagen zu machen wären. Drittens entsprach der Ansatz in der Simplizität seiner Daten in der Tat den uns bekannten Ausgangszuständen menschlicher Kultur überhaupt, den prähistorischen Belegen. Und er gestattet endlich ohne grundsätzliche Änderung des Schemas eine Ausweitung an Inhalten. Denn einer philosophischen Anthropologie sollen ja nicht die Worte wegbleiben, wenn man sie an die neuesten Außenweltexperimente erinnert, an die transterrestrischen Raumnahmen und die Umweltdurchbrüche jenseits des Schwerefeldes: Die Philosophie hat sich dem zu stellen.

Die Entlastungsfunktion der Institutionen

Hatte man aber jetzt einmal den Boden kulturwissenschaftlicher Forschungen betreten, so mußte sich jenseits der einfachsten Vorstellungen bald eine bekannte Fragestellung ergeben, nämlich die nach dem Recht, der Sitte, der Familie, dem Staate – also diejenige Thematik, die Hegel unter dem Begriff des ›objektiven Geistes‹ behandelt hatte. Dies war ja wieder eine subjektivierende Setzung gewesen, der Geist als Subjekt aller möglichen Aussagen. Damit ließ sich innerhalb des erwähnten Neuansatzes nichts anfangen.

Dagegen erschien es als aussichtsreich, sich die abstrakten Menschen der Anthropologie gegenseitig in Beziehungen tretend zu denken, sie gegeneinander oder auf die Umstände handeln zu lassen, wobei sich aus ihrem gegenseitigen Verhalten heraus bestimmte Formen oder Regeln niederschlagen und verfestigen würden, sozusagen stereotype Modelle von Verhaltensfiguren. Rechtsbeziehungen oder Eigentumsbeziehungen oder Herrschaftsbeziehungen würden so als Modellmuster abhebbar sein, und das Thema der *Institutionen* an die Stelle des Themas ›objektiver Geist‹ treten.

Hierbei ergaben sich Einsichten, die auf einem anderen Wege nicht angefallen wären, zunächst nämlich eine frappante Hinsicht auf eine der wichtigsten menschlichen Grundeigenschaften. Gemeint ist die Reduktion und Verunsicherung des Instinktlebens, die Plastizität und Flüssigkeit auch der Instinktqualitäten. Um den Zusammenhang zwischen dieser Unbestimmtheit und Unvoraussagbarkeit des menschlichen Verhaltens, von den Antrieben her gesehen, und den Institutionen klarzumachen, zitiere ich am besten die kurze Formel von Ilse Schwidetzki in dem Fischer-Lexikon ›Anthropologie‹: ›Die Instinkte bestimmen beim Menschen nicht, wie beim Tier, einzelne festgelegte Verhaltensabläufe. Statt dessen nimmt jede Kultur aus der Vielheit der möglichen menschlichen Verhaltensweisen bestimmte Varianten heraus und erhebt sie zu gesellschaftlich sanktionierten *Verhaltensmustern*, die für alle Glieder der Gruppe verbindlich sind. Solche kulturellen Verhaltensmuster oder *Institutionen* bedeuten für das Individuum eine *Entlastung* von allzu vielen Entscheidungen, einen Wegweiser durch die Fülle von Eindrücken und Reizen, von denen der weltoffene Mensch überflutet wird.‹

Unter diesen Gesichtspunkten erscheinen die Institutionen einmal als die Formen der Bewältigung lebenswichtiger Aufgaben oder Umstände, so wie die Fortpflanzung oder die Verteidigung oder die Ernährung ein geregeltes und dauerndes Zusammenwirken erfordern; sie erscheinen von der anderen Seite als die *stabilisierenden* Gewalten: Sie sind die Formen, die ein seiner Natur nach riskiertes und unstabiles, affektüberlastetes Wesen findet, um sich gegenseitig und um sich selbst zu ertragen, etwas, worauf man in sich und den anderen zählen und sich verlassen kann. Auf der einen Seite werden in diesen Institutionen die Zwecke des Lebens gemeinsam angefaßt und betrieben, auf der anderen Seite orientieren sich die Menschen in ihnen zu endgültigen Bestimmtheiten des Tuns und Lassens, mit dem außerordentlichen Gewinn einer Stabilisierung auch des Innenlebens, so daß sie nicht bei jeder Gelegenheit sich affektiv auseinanderzusetzen oder Grundsatzentscheidungen sich abzuzwingen haben.

Der einzelne erlebt nun in der Tat eine Institution wie das Eigentum oder die Ehe als ein überpersönliches vorgefundenes Muster, dem er sich einordnet; oder in anderen Fällen tritt er in eine Institution seines Berufes, eine Behörde, eine Fabrik ein in dem Bewußtsein, daß sie als dieselbe seit langem bestand und bestehen wird, im Wechsel der Menschen, die in sie ein- oder wieder austreten. Diese Thematik führt in sehr interessante und schwierige Überlegungen, wenn man sich im einzelnen klarmachen will, wie eigentlich die Handlungen der Menschen zu so etwas wie einer Eigennorm umschlagen und sich nun wie eine objektive Ordnung über ihnen verfestigen, die der einzelne als ein Geltendes vorfindet.

Um mit wenigen Worten zusammenzufassen: Die Formen, in denen die Menschen miteinander leben oder arbeiten, in denen sich die Herrschaft ausgestaltet oder der Kontakt mit dem Übersinnlichen – sie alle gerinnen zu Gestalten eigenen Gewichts, den *Institutionen*, die schließlich den Individuen gegenüber etwas wie eine Selbstmacht gewinnen, so daß man das Verhalten des einzelnen in der Regel ziemlich sicher voraussagen kann, wenn man seine Stellung in dem System der Gesellschaft kennt, wenn man weiß, von welchen Institutionen er eingefaßt ist. Die Forderungen des Berufes und der Familie, des Staates oder irgendwelcher Verbände, denen man angehört, regeln uns nicht nur in unserem Verhalten ein, sie greifen bis in unsere Wertgefühle und Willensentschlüsse durch, und diese verlaufen dann ohne Bremsung und Zweifel wie von selbst, d. h. selbstverständlich, ohne daß eine andere Möglichkeit vorstellbar wäre, also schließlich mit der Überzeugungskraft des Natürlichen. Vom Inneren der Einzelperson her gesehen bedeutet das die ›*bienfaisante certitude*‹, die wohltätige Fraglosigkeit oder Sicherheit, eine lebenswichtige Entlastung, weil auf diesem Unterbau innerer und äußerer Gewohnheiten die geistigen Energien sozusagen nach oben abgegeben werden können; sie werden für eigentlich *persönliche*, einmalige und neu zu erfindende Dispositionen frei. Man kann anthropologisch den Begriff der *Persönlichkeit* nur im engsten Zusammenhang mit dem der Institutionen denken, die letzteren geben der Personqualität in einem anspruchsvolleren Sinne überhaupt erst die Entwicklungschance. Unter Persönlichkeit verstehe ich dabei aber nicht die protestlerische Selbstbetonung derjenigen, die durch den in der Tat ganz außerordentlichen Disziplinierungsdruck industrieller Massengesellschaften überanstrengt werden. Ich will sagen: wenn auch die Institutionen uns in gewisser Weise schematisieren, wenn sie mit unserem Verhalten auch unser Denken und Fühlen durchprägen und typisch machen, so zieht man doch gerade daraus die Energiereserven, um innerhalb seiner Umstände die Einmaligkeit darzustellen, d. h. ergiebig, erfinderisch, fruchtbar zu wirken. Wer nicht innerhalb seiner Umstände, sondern unter allen Umständen Persönlichkeit sein will, kann nur scheitern.

Jetzt gehen wir einen Schritt weiter und stellen die Frage, was eigentlich vor sich geht, wenn Institutionen gesprengt oder erschüttert werden. Das geschieht jedesmal bei geschichtlichen Katastrophen, bei Revolutionen oder Zusammenbrüchen von Staatsgebilden oder Gesellschaftsordnungen oder ganzen Kulturen, auch bei gewaltsamer Intervention aggressiver Kulturen in friedlichere. Der unmittelbare Effekt besteht in einer *Verunsicherung* der betroffenen Personen, und zwar bis in die Tiefe hinein: Die Desorientierung ergreift die moralischen und geistigen Zentren, weil auch dort die Gewißheit des Selbstverständlichen gestrandet ist. So bis in die Kernschichten durchgreifend, nötigt die Verunsicherung die Menschen gerade dort zu improvisieren, sich Entscheidungen *contre cœur* abzuzwingen oder mit geschlossenen Augen ins Ungewisse abzuspringen, vielleicht auch um jeden Preis an irgendwelchen Grundsätzen festzuhalten, um überhaupt auf Linie zu kommen. Dazu tritt die affektive Verarbeitung der Unsicherheit als Angst oder Trotz oder Reizbarkeit.

Das Ganze ergibt eine Belastung gerade *der* Schichten im Menschen mit Kontroll- und Entscheidungsaufwand, wo man in einem selbstverständlichen Schonverständigtsein in problemlosen Kontakten leben muß, wenn man anspruchsvolleren Situationen gewachsen sein will, mit wenigen Worten gesagt: Die Querschiebungen in den Menschen als Resultate der Erschütterung ihrer Institutionen wirken sich als Primitivisierung aus, ihr Verhalten erinnert an die angestrengten Verständigungsbemühungen der Taubstummen. Wir haben in der modernen Literatur, zumal der besonders zeitnahen englischen, überall ein Nebeneinander primitivster Situationen und Affekte mit aufgestöberten Reflexionsmassen: es gibt in dem Bilde wesentlich auch das, was Vico die ›Barbarei der Reflexion‹ nannte.

Man hat seit vielen Jahrzehnten überreiche Gelegenheit, solche Erfahrungen an sich selbst und in Großexperimenten zu machen. Ich habe wie alle Menschen meines Alters zwei Weltkriege, drei Revolutionen und vier Staatsformen erlebt, und nimmt man zu diesen Erfahrungen die Kunst und Literatur der Zeit hinzu, dann kennt man alle Möglichkeiten affektiver Entformung: Von der Verhärtung bis zur Überanpassung und Gleichgewichtslosigkeit, vom Haß bis zum Hohn, vom Unglauben bis zur Glaubensgläubigkeit. Man begreift auch die Notwendigkeit und sogar Anständigkeit dieses allgemeinen Zurückschwingens auf das Naheliegende, Reelle und unmittelbar Darstellbare, wie es sich jetzt in der Jugend zeigt, als eine ehrliche Reaktion.

Um aber wieder die Betrachtung ins Allgemeine zu bringen, so haben sich solche Katastrophen ja nur wie Gipfel auf einer dauernden, ununterbrochenen Bewegung abgezeichnet, die seit zwei Jahrhunderten läuft und die mit dem Weltprozeß der Industrialisierung gegeben ist. In ihm werden mehr oder weniger langsam, aber gleich gründlich wohl alle Lebensformen, Ideale und Normgesinnungen der vorindustriellen Hochkulturwelt neu definiert oder umgestaltet oder gar aus der Welt geschafft, zerbrochen und zerkrümelt. Er ist daher am leichtesten übersehbar da, wo keine massiven Widerstände der Umschmelzung entgegenstehen, also in den Bereichen der Kunst und Literatur, wo man in wenigen Jahren erlebte, wie jahrhundertealte Gestaltungsgesetze zertrümmert wurden und überall ein Neuanfangen erfolgte, wozu sich jeder sein

Alphabet zusammensuchen mußte. Unverkennbar war die Primitivität dieser Gestaltungen, bewußt wird sie mitgeführt und festgehalten, so wie die Soldaten Castros ihre Urwaldbärte nicht ablegen, und jeder weiß um die Verunsicherung und das tastende Zögern des Publikums angesichts dieser Künste. Überdeutlich ist auch in den Bildern und Literaturwerken, wie z. B. bei Kafka, der Verlust der Schwerpunkte und das Herumtaumeln der Zentren – das alles hat seine Notwendigkeit und innere Logik.

So ist auch das Zeitalter der Könige nach 5000jähriger Dauer zu Ende gegangen, sein Institutionsgefüge, seine Ethik erwiesen sich als nicht vereinbar mit den Bedingungen der Industriegesellschaft, in der man jedes Ethos ausleben kann, auch das der höchsten Humanität, bloß nicht das Ethos des Kampfes von Mann zu Mann und folglich auch nicht das der Vornehmheit. Jedes Lebensgebiet ändert von Grund aus seine Verfassung, selbstverständlich bleiben auch die Wissenschaften von dieser langwährenden Revolution nicht unergriffen. So ist z. B., kaum haben wir es bemerkt, etwas Außerordentliches vor sich gegangen, als aus der Philosophie die Vernünftigkeit vertrieben wurde, deren Asyl diese Philosophie 2000 Jahre lang gewesen war. Vielleicht ist die Vernünftigkeit heute in den Industrieprozeß selbst abgewandert oder zu einigen Schriftstellern, so wie man ja den Eindruck hat, daß die großen antiken Haltungen des Skeptizismus und Stoizismus ihre Renaissance in der Philosophie vergebens erwarten. Um so besser waren sie bei Gottfried Benn aufgehoben.

Mit diesen notwendig nur andeutenden Bemerkungen bin ich aber in meinem Thema doch schon weitergekommen, und ich will einmal die höchst bedenkliche und bedenkenswerte, auch fast allein von den zeitgenössischen angelsächsischen Dichtern gesehene Frage im Rücken lassen, ob diese Uferlosigkeit der Desorientierung nicht über kurz oder lang in allen höheren Problemen überhaupt zum Schweigen nötigen könnte – ein Gedanke, der bei Samuel Beckett ja doch immerfort anklingt.

Übersteigerung der Subjektivität durch Institutionsabbau

Ich will vielmehr den Gedankengang mit der Frage fortsetzen, wie sich der langsame, entwicklungshafte oder der plötzliche, katastrophale Abbau der Institutionen auf die einzelnen Menschen auswirkt, die in ihnen verfaßt waren, und hier gibt es eine zweifelsfreie Antwort: der Ausfällungsbestand ist der *Subjektivismus*. Hierunter will ich keineswegs so etwas wie Ichbezogenheit oder Egozentrik verstehen, jedenfalls nicht in dem gewöhnlichen Sinne, wohl aber eine Ichverhaftetheit derart, daß der einzelne seine zufälligen inneren Vereigenschaftungen, seine gerade ihm zugewachsenen Überzeugungen und Gedanken und seine Gefühlsreaktionen ohne weiteres und unmittelbar so erlebt, als ob sie überpersönlich belangvoll wären. Von den Institutionen im Stich gelassen und auf sich zurückgeworfen, kann man wohl nicht anders reagieren als mit dieser Überhöhung des jetzt noch vorhandenen Inneren zur allgemeinen Gültigkeit, und dies kommt heute mit einer selbstverständlichen, in seiner Naivität fast überzeugenden Weise zutage. Hand in Hand damit geht ein ebenso unmittelbarer Anspruch auf Öffentlichkeit eben dessen, das Benn das ›persönliche Gewoge‹ nannte. Ich wünsche aber dieser Überlegung jede Andeutung von Ironie fernzuhalten, möchte nur die Aufmerksamkeit auf diese Ungehemmtheit des Beachtlichkeitsanspruchs der Subjektivität richten, die sich aus der institutionellen Verarmung und dem normativen Durcheinander ebenso ergibt wie die auffallende Wehrlosigkeit und Empfindlichkeit eben derselben Subjekte. Nie waren die Menschen entschiedener als heute auf die geringen Reserven ihrer zufälligen Voreigenschaften zurückgeworfen, nie waren diese Reserven stärker beansprucht und folglich in eben diesem Zustande verletzbarer. Es liegt in der Natur der Dinge, daß sich in den eigentlich geistigen, künstlerischen und literarischen Bereichen der hier beschriebene Sachverhalt greifbarer zeigt als sonst, aber ich glaube, daß er sich verallgemeinern läßt. Die Empfindlichkeiten und subjektiven Reibungen sind in Institutionen, die gut funktionieren, neutralisiert, weil man sich von den Sachen her verständigt. Treten sie jetzt heraus, so sind sie aber durch sogenannte offene Diskussion keineswegs behebbar. Es ergibt sich so die Paradoxie, daß, je mehr die Menschen von der fundamentalen Freiheit der Meinungsäußerung Gebrauch machen, sich also zu ihrem Subjektivismus bekennen, um so weniger echter Kontakt herauskommt. Sondern, wenn man in Kontakt bleiben will, muß man die Diskussion auf Nebenfragen abschieben, Kommunikation entsteht da, wo sie am Wesentlichen vorbeigeführt wird, und eben deswegen scheitert sie auch wieder – eine Situation, die Jonesco, ins Groteske übersteigert, doch genau ausspricht.

Ich will aber jetzt wieder auf die allgemeinen Probleme kommen und mich dem Schluß meiner Ausführungen nähern. Die hier vertretene These, die Exaltation der Subjektivität sei sozusagen der Verdampfungsniederschlag des institutionellen Elementes, es gebe mithin also keine Institutionalisierung des Subjektiven, ist, nachdem ich sie in einem Buche im Jahre 1956 ausgeführt hatte, von Helmut Schelsky bestritten worden. Er behauptete, es gebe gerade auch sekundäre Institutionen dieser Art, nämlich sozusagen Einrichtungen, deren Sinn die Fruktifizierung jener Beweglichkeit, Buntheit und Folgenlosigkeit des Subjektiven sei. Ich glaube heute, daß er recht hat und daß sich daraus interessante Einsichten ergeben können. So sind z. B. zweifellos in der bildenden Kunst unserer Tage die früheren Rahmenbedingungen des gesamten Kunstzweiges verschwunden: es gibt keine Ideenbestände mehr, deren selbstverständliche Geltung der Künstler bei sich und dem Publikum voraussetzen könnte und die die Kunst vor Augen zu halten und zu vergegenwärtigen hätte; keine herrschaftliche Gesellschaft, die sie als Demonstration oder Ausstrahlung kultivierte, keine langhin durchgehaltenen und von vielen Generationen angereicherten Könnensregeln, es gibt kein ›métier‹ mehr und kein Dienenwollen. Alles das ist verschwunden, dafür aber hat sich ein Funkenregen von Einfällen und Erfindungen befreit, der seit Jahrzehnten sprüht, jeder Einfall ist subjektiv, also außerhalb des Erfindens von rein zufälligem oft so schlagendem Reizwert. Und diese ganz luftige Welt wird gehalten und versteift von einem neu entstandenen Institutionsgefüge, das es vor fünfzig Jahren noch nicht gab, von etwas wie einer interkontinentalen Loge, die sich zwischen New York, Paris und London etabliert hat, in der Kunsthändler, *amateurs marchands*, Museumsleiter, spekulative Sammler, Ausstellungsunternehmer, Kunstschriftsteller, Verleger usw. kooperieren, ein erregendes Milieu, in dem buchstäblich jede menschliche Leidenschaft ihre Chance findet. Ich möchte also sagen: eine sekundäre Institutionalisierung des Subjektivismus gibt es schon, allerdings auf der Basis, daß Besitz an Kunstwerken nicht Reichtum bedeutet, sondern Reichtum ist. Auf diese Weise erklärt es sich, daß künstlerische Tendenzen, die vor Jahrzehnten aus der Sprengung der Traditionen und der schrankenlosen Befreiung der Subjektivität heraus entstanden, heute zu weltweiten Einrichtungen geworden sind, in einer durchaus kapitalistischen Entwicklung von beispielloser Ungeniertheit, weil der Erwerb von Originalen belangvoller Künstler für Menschen ohne sehr große Mittel einfach gesperrt ist.

Idee und Institution

Zum Schluß will ich aber noch einen Gedankengang andeuten, den man jungen Intellektuellen nicht vorenthalten sollte, gerade weil er ihren Vorstellungen widerspricht. Meine These ist die, daß Ideensysteme jeder Art ihre Stabilität, ihren zeitüberdauernden Geltungsrang, ja ihre Überlebenschance den Institutionen verdanken, in denen sie inkorporiert sind. Daß, mit anderen Worten, ein gedanklicher Zusammenhang als solcher, ein Ideenkomplex sich zwar kraft eigener Evidenz auszubreiten vermag, wenn er den Bedürfnissen einer Zeit und Kultur entgegenkommt, daß er sich aber nicht aus eigenen Mitteln halten kann. Seine Idealität hat also das Recht als Rechtssystem und Zusammenhang von Rechtsregeln und Rechtstraditionen; und dieses Rechtssystem hat seine Realität als stabiles Gefüge, also als reelle Geltung in den Einrichtungen des Rechtslebens, den Gerichten, den Verwaltungsbehörden, den Anwaltsbüros, den Juristenfakultäten, den Rechtsausschüssen der Parlamente und den Rechtsabteilungen der Industriewerke. Dort lebt das Recht als ein wirksamer und sich fortbildender Zusammenhang und in der Form, daß man ihm dienen kann, ohne sich auf dem schwankenden Terrain des Subjektiven bewegen zu müssen; würde man diese Institutionen abschaffen, so wäre das Rechtsgefühl zwar noch im Menschen vorhanden, aber als eine unzuverlässige, bloß affektive und ausdrucksarme Instanz. Auf religiösem Gebiete erteilt die Geschichte der Sekten eine überreiche Lehre von der Vergänglichkeit enthusiastischer Bewegungen, die bloß von den Evidenzen ihrer Gründer und deren persönlicher Durchsetzungskraft in ihrer Umwelt lebten und denen es nicht gelang, zu einer kirchenähnlichen Organisation zu kommen. (...)

Es widerspricht sicherlich gerade in Deutschland tiefsitzenden Selbstverständlichkeiten, aber ein Soziologe kommt nicht um die Einsicht herum, daß Ideen allein aus sich selbst heraus wenig Chancen haben. Sie brauchen Menschen, die sich für ihre Verbreitung einsetzen, die ihnen bei der Durchsetzung helfen, Menschen, die selbst wieder untereinander diese ihre Wirksamkeit koordinieren. Der bloß literarische Schreib- und Leseverkehr hat dabei nur eine sekundäre Bedeutung. Vorstellungen wie die, Ideen Rousseaus oder Voltaires hätten ›sich in Frankreich verbreitet‹ und hätten schließlich ›zur Revolution geführt‹, sind weltfremd, sie unterstützen den Irrtum, als ob die eigentlich bewegenden Kräfte in der Geschichte die Schriftsteller wären. Man muß stets nach den konkreten Verbänden suchen, die sich die Propagierung von Ideen, ihre Durchsetzung und Demonstration zum Ziel machten, im Falle unseres Beispiels waren das über ganz Frankreich verbreitete, gut koordinierte Clubs radikaler bürgerlicher Aktivisten, von denen wir in einzelnen Fällen, z. B. in Dijon, noch die Namen, die Berufe und die Operationsregeln kennen. Ideen sprechen sich nicht nur herum, sie *werden* verbreitet, sie wirken nur dann, wenn man für sie wirkt, sie setzen nur dann die Menschen in Bewegung, wenn andere Menschen nachhelfen, und im konkreten Falle sind das angebbare Kreise. Es gibt keine falschere und irreführendere Lehre als die Hegelsche von der Selbstbewegung der Idee, und den Hang der Deutschen, Idealismus mit Weltfremdheit zu verbinden, hat sie sicher erheblich gefördert. Eine empirische Philosophie wie die hier vorgetragene kommt also, wenn sie das Wort Erfahrung in anspruchsvollem Sinne nimmt, durchaus auch zu praktischen, letztlich also ethischen Folgerungen, z. B. zu der: Es kommt nicht so sehr darauf an, Ideen zu diskutieren, als darauf, ihnen zu einer gerechten und dauerhaften Wirklichkeit zu verhelfen.

Alexander Mitscherlich:
Kritische Ich-Fähigkeiten
als Bedingungen der Freiheit

Da uns menschliches Wesen nur als gesellschaftlich geformtes und damit als gebildetes bekannt wird, müssen wir zuerst einige Unterscheidungen an jenen formenden Vorgängen treffen. Jeder kann zu dem, was er jeweils ist, nur durch *Bildung* geworden sein. Und der *Bildungsprozeß* beginnt beim Menschen einzigartig früh, in einer Periode, die bei den ihm verwandten Tieren noch als intrauteriner *Wachstumsprozeß* verläuft.

»Wachstum« und »Bildung« haben gemeinsam, daß sie dynamische Entwicklungsvorgänge sind. Während Wachstum auf ein definitives Ziel hin geschieht – die Verwirklichung der arthaften Gestalt –, ist Bildung zwar ebenfalls Aneignung einer Gestalt, als des Habitus einer Gruppe oder Gesamtgesellschaft, aber diese Gestalt ist keineswegs in sich als Ziel arteigentümlich festgelegt. Die Konstante ist demnach die *Aneignung*, nicht der angeeignete Inhalt. Die Bildbarkeit des Menschen ist offen für die unterschiedlichsten Inhalte, welche die soziale Mitwelt anbietet; zugleich ist sie eine Fähigkeit, sich nicht nur passiv bilden zu lassen, sondern *sich selbst zu bilden*. Und damit schließt sie die Möglichkeit zur Transzendierung, zur Überschreitung der angebotenen Bildungsinhalte in Richtung auf die Wahrheit ein. Da Wahrheit – sehr kursorisch formuliert – ein Symbol für ein Definitivum ist, dem man sich nur annähern, das man nicht erreichen kann, ist Bildung in diesem Aspekt dynamisch, unabgeschlossen und unabschließbar. Pragmatisch bedeutet das, daß ich durch Bildung versuchen kann, den Täuschungen über die Welt, über die anderen und vor allem über mich selbst zu entgehen.

Bildung ist Koordination des Suchens

Schon wegen der außerordentlichen Gefahr der Täuschungsmöglichkeiten – vor allem über sich selbst – kann Bildung im menschlichen Leben nie abgeschlossen sein. Es gibt eine abgeschlossene Schulbildung, aber es gibt keine abgeschlossene Bildung und Selbsterziehung. Der Gebildete ist als ein Mensch zu charakterisieren, der seine jugendliche Ansprechbarkeit auf Neues und Unbekanntes behalten hat. Er ist auf der Suche nach Wissen und nach den Methoden, Erfahrung zu prüfen. Was er über die Welt und den Menschen, seine Geschichte erfährt, soll ihn der Wahrheit über sich selbst nähern. Die Wahrheit über sich selbst hat man nicht, man sucht sie und ist unbefriedigt bis zum Ende des Lebens.

Die dynamische Definition von Bildung sagt uns, daß sie *Suchbewegung* und zunehmend *koordiniertes Suchen* ist. Wo sie in ein der Befragung unzugängliches, selbstgewisses »Wissen« umschlägt, hebt sie sich selbst auf. Alles dogmatisch Gewisse ist das Ende der Bildung (davon werden wir auch die religiöse Bildung nicht ausnehmen). Der Bildungsphilister ist so ungebildet wie der, der gar nichts weiß.

Wenn man Bildung in diesem Sinn als ein Begehren, als Wissensdurst versteht und nicht allein mit der Kategorie des Wissensbesitzes – so angenehm dieser auch ist – messen will, muß man erkennen, daß die Bildung unter Menschen eine Rarität, mindestens eine Kostbarkeit ist und daß die Gesellschaften sehr Verschiedenes dafür beziehungsweise sehr Intensives dagegen tun, daß eine solche Bildung unter Menschen entstehen kann.

Die Faktoren, die zum Festfahren der Bildung (zum Beispiel einem »Bildungs-l'art por l'art«) führen, sind vielfältige. Alle enden damit, daß Vorurteile den weiteren Erkenntnisweg versperren. Die Intensität des Erkenntniswunsches und die Intensität des Suchverbotes, etwa in geheiligten Tabus, liegen miteinander im Kampf. Wo das vom Kollektiv verhängte Verbot, zu suchen und zu fragen, stärker ist, wird Angst im Fragenden erweckt. An dieser Stelle endet Bildung und beginnt »sozialer Gehorsam« als Richtschnur des Verhaltens. Breite oder Enge der Bildung, das Fortdauern des Bildungshungers oder sein Erlöschen hängen sowohl von der Begabungsstärke des einzelnen als auch ebenso von der gruppenspezifischen Einstellung ab, und zwar von der Bereitschaft, die eigenen kollektiven Urteilsschemata kritisch ins Bewußtsein rücken zu lassen. Keine Gesellschaft ist hierin sehr tolerant, was wiederum mit der Aufgabe zusammenhängt, die Individuen durch Anerkennung dieser Werte in die Gruppe eingegliedert zu erhalten.

Betrachtet man diese Einschüchterung des einzelnen bei seinen Versuchen, den Dingen, vor allem den sakrosankten Selbstverständlichkeiten in der eigenen Familie, im eigenen Stand, in der Politik und so weiter auf die Spur zu kommen, so kann man sich nicht einem Eindruck verschließen: Es gibt offenbar sehr viel mehr Menschen, die durch früh übernommene Vorurteile in ihren Neigungen zerstört und in ihrer natürlichen Neugier, in ihrem Suchen nicht angesprochen oder gar niedergeschrien wurden, als von der Anlage her unbegabte und unbewegliche.

Drei Bildungsebenen

Erst nach diesem Versuch, das dynamische Element der Bildung hervorzuheben, können wir jetzt weitere Unterscheidungen an ihr treffen. Man wird eine im Leben des einzelnen frühe, vorkritische, relativ bewußtseinsarme Bildung von einer zunehmend des kritischen Bewußtseins sich bedienenden unterscheiden können. *Imitation* und fraglose Erfahrung stehen am Anfang unseres Weges. Es folgen *Identifikationen* mit Vorbildern, denen wir nachstreben, sowohl in Sachkenntnis wie in der Eigenart ihrer Selbstgestaltung und im Umgang mit anderen Menschen. Schließlich können wir diese unsere Entwicklung begleitenden Aneignungen, bei denen wir Vorbildliches in unser Wesen einbilden, nochmals ein Stück weit in der Richtung auf *Selbstverwirklichung* überschreiten.

An welche Fähigkeiten kann der Bildungsanspruch anknüpfen, und welche Äußerungsformen der Persönlichkeit sollen geformt werden? Beim Wort »Bildung« denkt man zuerst an die intellektuellen Fähigkeiten des Erlernens von Sachwissen; *Sachbildung* wird am leichtesten assoziiert, wenn man von einem gebildeten Menschen spricht. Die *Bildung der Affektäußerungen* im Sinne einer Selbstformung des Verhaltens – zuerst in Identifikation und schließlich in einer ungehinderteren Selbsterfahrung – ist ein zweiter unerläßlicher Bildungsweg, den wir zurücklegen müssen. Mit der Affektbildung eng verknüpft, aber doch nicht mit ihr identisch ist die *Sozialbildung*. Damit ist unsere Fähigkeit gemeint, die Andersartigkeit der mit uns lebenden Menschen kritisch aufnehmen, anerkennen und uns auf ein gemeinsames Leben mit ihnen einstellen zu können.

Diese Formel ist freilich trügerisch, obgleich sie die kooperativen Leistungen in der »Sozialbildung« beschreibt. Denn sie berücksichtigt nicht die aktuellen Machtverhältnisse, das faktische Übergewicht der Bräuche, der wertenden Einschätzungen und des kollektiven Zwanges, sich auf sie einzustimmen. Die passive Anpassung zur Konformität wird meist mit wenig Einfühlung in die Eigenwelt des anderen erzwungen, in die individuelle Variante und ihre probierenden Versuche, sich zu entfalten. *Erziehung* ist unendlich öfter Terror als Führung zur Selbständigkeit. Die unüberschaubare Vielschichtigkeit und Widersprüchlichkeit der gegenwärtigen Großgesellschaften wird in der öffentlichen Meinung kunstvoll verdeckt und verniedlicht. Die öffentliche Meinung gibt sich aufgeklärt, aber in Wahrheit übt sie eine andere Funktion aus (wie seit je): über die Abgründe, das heißt über Widersprüche, Unkenntnis, das Sinnlose vieler Anstrengungen hinwegzutäuschen, aber doch zugleich so viel Angst zu erwecken, daß sich das Individuum zur Masse hält. (. . .)

Sozialbildung

Bisher haben wir von der *Sach*- und *Affektbildung* (oder *Gemütsbildung*) gesprochen. Im folgenden widmen wir uns der *Sozialbildung*, in welcher die effektiven Verhaltensweisen der einzelnen Mitglieder aneinander Form gewinnen. Hier entscheidet sich der soziale Stil einer Gruppe. Hier wird das Gewissen geformt, und hier wurzeln auch Vorurteile aller Art. Was in der Sittenerziehung absichtlich angestrebt wird, die Sachkenntnisse und vor allem die Affektäußerungen in den Gruppenstil einzufangen, geschieht im Medium des täglichen Zusammenlebens wie von allein.

Die Problematik der *Sozialbildung* wird uns in den weiteren Kapiteln immer wieder beschäftigen. Im Augenblick soll nur ein leicht zu beobachtendes Phänomen herausgegriffen werden, und zwar die allgemein tief verankerte Ablehnung jeder strukturkritischen Annäherung an die großen Gruppenbildungen, etwa der Schule und schulähnlichen Institutionen, der politischen Körperschaften, unter ihnen vor allem der Parteien und ihrer Bürokratien. Am ehesten werden noch betriebspsychologische Untersuchungen gestattet, weil sich hier ökonomische Überlegungen zu Worte melden; obwohl auch im Bereich industrieller Organisationen immer noch eine psychologiefeindliche Einstellung vorherrscht. Persönliche Erfahrung, gesunder Menschenverstand scheinen zur Bewältigung der Lage auszureichen. Notwendigkeiten, zwingende Umstände, sachliche Erfordernisse treiben hier ihr Wesen, als wären sie Naturgesetze ohne Bezug zu psychischen Erfahrungen, zu inneren Vorgängen im Menschen, der das Gruppenmilieu zu bewältigen hat. Als hätte man sich diesen Regulationen mit Umsicht, Schläue, Taktik anzupassen und als spielten persönliche Strebungen neben solcher »Sachlichkeit«, Dienlichkeit, bei pflichtschuldigem Gehorsam, bei Strebsamkeit und Unterordnung, im Kräftespiel der Gruppe keine Rolle; als gäbe es keinen rücksichtslosen Ehrgeiz, keine Angst, als seien erlebte Enttäuschung, Aufsässigkeit keine natürlichen Regungen, sondern gleichsam strafwürdige Abirrungen. Sie werden in der offiziellen Darstellung schlicht verleugnet oder mit Autorität unterdrückt, wie die schlechten Gewohnheiten der Kinder, wie kriminelle Neigungen. Was übrigbleibt, ist das Vorstellungsskelett eines konformistischen Verhaltensaggregates mit einer gewissen bedauerlichen Störungsquote durch normunfähige Individuen.

Gruppenpsychologie ist für den Lehrer, wenn dabei die Auswirkung seines Verhaltens auf das »Klassenziel« untersucht werden sollte, lange eine unbekannte und abgelehnte Wissenschaft geblieben. Praktisch wäre eine gruppenpsychologische Selbstanalyse der Lehrer zur Erforschung der wirksamen Verhaltenselemente im Lehrkörper durchaus nicht unmöglich. *Study groups*, Forschungs- und Lehrgruppen dieser Art sind in der dynamischen Gruppenpsychologie wohlbekannt. Eine solche Selbstuntersuchung der Wirkung ihrer Haltungs- und Wertstereotype aufeinander und auf ihre Schüler würde in der Regel vom durchschnittlichen Lehrergremium einer Schule mit Entrüstung abgelehnt werden.

Daß die Wissenschaft von der Politik etwas mit den Gesetzen affektiven Gruppenverhaltens, mit Verhaltensstereotypen, Vorurteilsverankerung und ähnlichen seelischen Prozessen zu tun haben könnte, kann man aus Studienplänen und Publikationen nur selten entnehmen; und wenn, dann meist nur in der herabsetzenden globalen Behauptung von »Massenseele«, »Vermassung« und ähnlichem. Was bewegt einen Politiker zu seiner Parteiwahl, was zur Wahl seiner Mittel, wie stellt sich ihm als erlebender Persönlichkeit die Welt dar, wo ist seine Entscheidung von umsichtiger, distanzierter Realitätseinschätzung, wieweit von seiner Erziehung, sozialen Herkunft, seiner eigenen Charakterproblematik bestimmt? Fragen, die tabu zu sein scheinen, weil sie, wie wir in späteren Kapiteln sehen werden, mit dem Rollenprestige in Konflikt geraten. Einen Lehrer, einen Professor, einen Minister, Industriellen auf seine kooperativen Fähigkeiten in der Gruppe hin zu untersuchen wird als eine Art grober Ungehörigkeit und nicht als Hilfe für die Gesamtgruppe angesehen. Man hat eben das Zeug zu einer führenden Position oder nicht; daß dabei aber oft die störendsten persönlichen Eigenschaften »von oben« ertragen werden müssen und nicht die besten Eigenschaften »unten« mobilisiert werden, wird fatalistisch hingenommen. Die Bemerkung E. H. Eriksons, es stecke immer eine besondere Psychologie hinter einer ausdrücklichen Antipsychologie, trifft im allgemeinen zu, im besonderen auf die deutsche Situation; hier nimmt die Relation von Befehlen und Gehorchen einen höchsten Wert der Sittenerziehung ein. Diesem Aspekt der Sozialordnung wird dann die erwähnte Interpretation der sachlichen Notwendigkeit zuteil, mit der man sich weit über den Niederungen der Psychologie weiß.

Soziale Bildung wird in Gesellschaften relativer Rollenstabilität, überschaubarer und wenig bezweifelter Machtverhältnisse ein Eingewöhnungsvorgang sein, der unausweichlich in Stagnation und Repetition des Gleichen übergeht, sobald der einzelne seine Persönlichkeit mit der definitiven Rolle verschmilzt. Unsere gesellschaftliche Situation läßt sich – auch bei ausgesprochener Vorliebe für die Erfolge restaurativer und traditionalistischer Tendenzen – nicht als gesichert bezeichnen, wenn man etwa als Vergleich das gesellschaftliche Selbstgefühl des Bürgertums auf der Höhe seiner imperialen Strukturbildung heranzieht. Zwar funktioniert die Gesellschaft trotz einer durch Vermehrung und Produktions- und Verwaltungskomplizierung außerordentlich erhöhten Interdependenz. Bei allem Recht zur Klage mögen die Mißstände nicht größer sein, als sie eben bei der Unvollkommenheit menschlicher Einrichtungen immer fühlbar werden. Was die eigentliche Beunruhigung schafft, ist die Konkurrenzierung unserer grundsätzlichen Wertorientierung durch rivalisierende aufstrebende neue Gesellschaftsordnungen, die sich alle der gleichen naturforschenden Technik als Werkzeug bedienen. Sie werden, wenn nicht heute, so doch in absehbarer Zukunft, den gleichen materiellen Lebensstandard anbieten. An welchen gemeinsam erfahrenen Werten wird in einem zukünftigen Zeitpunkt, wenn die Angleichung der materiellen Befriedungsmöglichkeiten eingetreten ist, unsere Gesellschaft sich orientieren, und welche wird sie als *kollektive Identität* verteidigen? Wobei »verteidigen« weder ein defensives noch ein aggressives Gewalthandeln bezeichnen muß, sondern ebenso einen Vorgang der inneren Sicherung im Sinne der Erhöhung der Kultureignung bedeuten kann, das heißt eines Beharrens auf kritischer Prüfung der Wirklichkeit und auf der gesellschaftlich garantierten Freiheit dazu. Es läßt sich jetzt schon voraussehen, daß viele Mitglieder unserer Gesellschaft nicht für die religiöse Glaubensgewißheit und viele andere nicht für die Besitzordnung auf die Barrikaden steigen, um so weniger als die Machtkämpfe, von denen hier die Rede ist, ganz im Gegensatz zur öffentlichen Meinung in Wirklichkeit nicht durch Drohgebärden und kriegerische Auseinandersetzungen, sondern vielmehr durch Angleichung administrativer Praktiken, durch Werbefeldzüge und Sprach- beziehungsweise Symbolkorruption (zum Beispiel des Wortes »Freiheit« oder »Frieden« oder »Partei« und »Parlament«) entschieden werden.

Es wäre doch unrealistisch, um nicht zu sagen töricht, nun zu glauben, man könne vom Mann auf der Straße, der weder hungert noch friert, weder um seine Altersversorgung bangt noch auf die Nutzung seiner Begabungen verzichten muß, sondern in Maßen am Überfluß teilhat, verlangen, rot für rot zu erklären, wenn seine Gesellschaft gebietet, daß er rot grün nenne. Es muß schon ein entschlossener Wahrheitskämpfer sein, der einer Konvention um den Preis des Verlustes von Brot und Stellung entgegentritt; und die Konvention muß schon drückend sein, damit er anderen mit seiner Opposition Mut macht. Aber müssen denn die Konventionen für das Identitätsgefühl des sozial geborgenen einzelnen in den Überflußgesellschaften drückend sein? Welcher Hunger wird hier und welcher dort trotzdem ungestillt bleiben?

Stellt man die Fragen einer Sozialpsychologie so, dann muß man sich damit bescheiden, daß wir sie nur insoweit behandeln können, als die Konstante in diesen unabsehbaren Entwicklungen in Frage steht: die menschliche Natur selbst mit ihrer offenen, unabgeschlossenen Anpassungsfähigkeit.

So wichtig, so unersetzlich uns der Halt ist, den uns im Augenblick das System von Werten (und Vorurteilen) unserer Gesellschaft gibt, so müssen wir doch auch unser kritisches Bewußtsein aufrufen, das uns sagt, wie vergänglich menschliche Ordnungen sind, wie die natürlichen Triebkräfte des Menschen das Bestehende immer wieder unterhöhlt und zugleich zur Etablierung neuer Ordnungen beigetragen haben. Nennt man dies ein »kritisches Bewußtsein«, so ist es durchaus kein Katastrophenbewußtsein; aber dieses kritische Bewußtsein kann uns die Einsicht nicht ersparen, daß jene Leistungen, die zur Entfaltung des Bewußtseins in der Geschichte geführt haben, gegen die Aushöhlung nicht besser gesichert sind, als es Sozialordnungen waren, die überwiegend einem magischen Denken entsprangen. Wir wissen um die Paradoxien, an die uns die Erfahrungen der Psychoanalyse gewöhnt haben, daß sowohl im einzelnen wie in Kollektiven ein hoher Grad technischer Fähigkeit und Findigkeit – also Sachkenntnis, vielleicht sogar Sachbildung – und magische Weltorientierung durchaus gleichzeitig nebeneinander bestehen können. Ein Staat, in dem es gemäß der Orwellschen Vision höchst rational und höchst wahnhaft zugleich zugeht, ist keine Utopie, sondern ein Gebilde mit einer Fülle historischer Anklänge und mit hohem Grad der Wahrscheinlichkeit einer oder vieler Wiederholungen.

Der Gewinn dieser unserer Überlegung ist aber trotz aller Einsicht in die Relativität sozialer Werte nicht gering. Die Alternative, die sich geschichtlich immer wieder herstellen wird, ist in sich doch wieder eine Konstante, die an die Existenz des Menschen geknüpft ist. Sie lautet nicht, ob diese oder jene Ordnung »besser«, »möglicher« – »besser«, »nützlicher« für wen? – ist, sondern ob und wo sie »wahrer« und wo sie »unwahr« ist. Unter Wahrheit verstanden wir ein Symbol, an dem sich der Erkenntniswille, die kritische Ichleistung mißt, keinen endgültigen Besitz, dessen wir in einem überhistorischen Sinn habhaft werden können. Übt, fordert also eine Gesellschaft in ihrer Sozialbildung von ihren Mitgliedern die Akte kritischer Wahrheitssuche: gegen eigene Affekte, gegen Magie, gegen Allmachtswahn, oder macht sie ihnen dabei Angst, um sie im Zaum, in Gehorsam zu halten? Das wird die entscheidende Wahlfrage sein, die auch in der Überflußgesellschaft über ihren Rang entscheidet. Aber, um es zu wiederholen: Woher soll der so abhängige Mensch dieser unserer Mammutgesellschaften den Impetus, die Kraft nehmen, um die Wahrheitsfrage zu stellen, wenn seine Gesellschaft diese Frage nicht oder nur in genau abgezirkelten Grenzen vorsieht? Wo ist der Unterschied zwischen Personenkult in offen totalitären Systemen und in solchen, die sich neben totalitären Bereichen auch andere der kritischen Freiheit erhalten haben? Es ist sicher kein prinzipieller Unterschied, sondern einer der Begrenzung. Solche Grenzen verwischen sich aber rasch in der Geschichte.

Wir haben in dieser Apologie für Wahrheit nicht einer ihrer physischen Grenzen gedacht: des Hungers. Je deutlicher er als Körpergefühl ein Großkollektiv begleitet, desto wesenloser wird der Einfluß der Wahrheit. Die pädagogische Absicht dieses Buches ist es, dem antipsychologischen Affekt in unserer Sozialbildung entgegenzuarbeiten. Unsere Prämisse beruht darauf, daß nur die Stärkung wachen, kritischen Denkens das Erlöschen der europäischen Tradition verhindern kann. Diese Tradition verlangt seit den Anfängen der Aufklärung Selbstverantwortung neben dem kollektiven Gehorsam – ehrfurchtsloses Fragen angesichts von Tabus, welche fragwürdige Herrschaftsansprüche sichern. Hier liegt die Chance des einzelnen, mehr zu sein als ein »Knoten oder ein relativ ausgezeichneter Punkt in einem superindividuellen Netzwerk« (Gardner Murphy). Es mag eine seltene Lebenslage sein, die diesen Einsatz erfordert, aber es muß in ihr legitim sein, sich gegen die herrschende Meinung zu entscheiden, ohne von Tod und Ächtung bedroht zu werden. Wir sehen voraus, daß um diese Freiheit der Entscheidung hinter den großen ideologischen Auseinandersetzungen gerungen werden wird. (...)

Geschichtlicher Wandel und Informationszwang

Das erste Fazit unserer Überlegungen, was *Anpassung* im Hinblick auf *Bildung* sei, zeigt, daß sie von zwei Organisationsformen in uns bewerkstelligt wird, die Adolf Portmann als »erblich fixierte Struktur der Erhaltung« und als »Zuwendungsstruktur« formuliert. »Zuwendung«, affektiver Kontakt, spielt bei allen höheren Lebewesen eine wichtige Rolle. Er beruht immer auf einem Ineinandergreifen relativ unveränderlicher Momente, der Erbkoordination, und veränderungsfähiger Komponenten. Portmann illustriert die verschiedenen Mischungsformen »von Fixiertem und Offenem« im tierischen beziehungsweise im menschlichen Verhalten an einem einfachen Beispiel. Die am Tage fliegenden Zugvögel orientieren sich bei ihren großen Herbst- und Frühjahrswanderungen nach dem Sonnenstand. »Sie fliegen zu jeder Tagesstunde in einem ganz bestimmten Winkel und ›rechnen‹ also die Wanderung der Sonne in ihre Bewegung ein.« Auch wir können die gleiche Methode der Orientierung anwenden, aber unter ganz anderen Voraussetzungen. »Ein kompliziertes Orientierungssystem, über Kontinente hinwegleitend, in einem Fall völlig ererbt, in unserm Dasein aber mühsam durch Generationen von Kenntnissen und durch gewaltige Anstrengungen unseres Geistes individuell erworben« (Adolf Portmann). Nicht nur unsere räumliche Orientierung beruht auf einer »offenen Erbstruktur«, das gleiche gilt für fast alle schwierigen Orientierungsaufgaben, vor die wir uns gestellt sehen, vor allem, wenn wir uns unserer sozialen Umwelt zuwenden. Der mächtige Triebanteil unseres Wesens drängt auf Befriedigung der Lebensbedürfnisse. Die triebhafte vitale Unruhe ist im menschlichen Dasein nicht durch Erbkoordinationen in der Zuwendung zur Außenwelt fest eingefangen, gleichsam ritualisiert. Die Rituale, Zeremonien, Gesetze, ja, die Gewohnheitsformen unseres alltäglichen Verhaltens sind in kollektiver Einstimmung *gesetzt* und müssen individuell erlernt werden. Das schwierigste Stück dieses Lernens liegt in der Befolgung des Erlernten.

Unsere Rituale sind geschichtlich – im Sinne erinnerbarer Zeit-
räume – und sind wandelbar. Die Instanz, welcher die Formung
und Koordinierung der Zuwendung zu unserer mitmenschlichen
Umwelt, zur Welt überhaupt zufällt, ist im psychologischen
Sprachgebrauch das »Ich«. Um es zu wiederholen: Das »Ich« als
regulative Instanz des Verhaltens – das ja und das nein sagende Ich
– ist eine neue Funktion des Lebendigen, die den Menschen charakterisiert. Man kann deshalb sagen, daß seine Leistungen in
einem ungleich größeren Ausmaß als bei den Tieren auf *Informa-
tionszwang* (P. Brückner) beruhen. Die Appetenz zum Unbekannten, das Neugierverhalten, das auch bei den Tieren, besonders im Jugendalter, stark ausgeprägt ist, muß beim Menschen länger wachbleiben, wenn ihm nicht Irrtümer, unter Umständen tod-
bringende Irrtümer unterlaufen sollen. Da er sich selbst unbekannt genug ist, findet er in Vorurteilen aller Art Halt. Der prinzipiell nicht auflösbare Konflikt liegt in der Funktion dieser Vorurteile: Welche sind verläßlich, welche irrtümlich – aber beruhi-
gend? Die Aufgabe des Ichs bleibt unabgeschlossen.

Aspekte des Ichs

Bei der Schwierigkeit, ihres Gegenstandes habhaft zu werden, ist
in der Psychologie die Gefahr der Verdinglichung, der unzulässi-
gen Vereinfachung ihrer Begriffe besonders naheliegend und
schwer zu vermeiden. Wenn wir soeben vom Ich als Instanz sprachen, so können wir das nur im Sinne einer Annäherung an etwas
tun, was wir selbst als Wirklichkeit erfahren. Aber wir dürfen dabei nicht vergessen, daß dieses Ich keineswegs gleichbedeutend ist
mit dem, was wir von uns selbst bewußt als »ich bin...« wissen.
Die Reaktionen unseres Partners in einem Gespräch können uns
zeigen, daß wir an uns selbst mancherlei nicht beobachten, nicht
wahrnehmen können – zum Beispiel eine Fülle von affektiven Tö-
nungen unseres Verhaltens –, was anderen augenfällig ist. Wenn
Freud deshalb feststellt, daß vieles am Ich unbewußt bleibt, »gerade das, was man den Kern des Ichs nennen darf«, so verweist uns
dies auf seelische Prozesse, die in ihrer Wirkungsweise dem ver-
erbten Verhalten ähnlich sind, auf Äußerungsweisen, die das Indi-

viduum zwar erworben hat, zu denen es aber dann nicht mehr *kritisch* beeinflussend oder doch nur nach großer Anstrengung Stellung nehmen kann; sie geschehen vielmehr. Und doch ist dieser Unterschied der entscheidende, daß wir im Gegensatz zu den Tieren lernen können, unser soziales Verhalten kritisch, reflexiv zu kontrollieren und zu verändern.

Das »Ich« hat sich genetisch aus dem »Es« entwickelt, jener Gesamtheit psychischer Vorgänge, die zum organismischen Leben gehören und denen – nimmt man den evolutionistischen Standpunkt ein – als Regulativ des Verhaltens eine arterhaltende Funktion zufällt. Die realitätskritischen und selbstkritischen Leistungen des Ichs sind demgegenüber außerordentlich jung. Sie sind an die Erscheinungsform des Lebens in der Art »Mensch« geknüpft. Der Mangel an erbgenetisch festgelegten Auslösungen für ein *artspezifisches* Verhalten wird durch *gruppenspezifisch* erworbene Verhaltensweisen ersetzt. Die Tatsache, daß den Kulturunterschieden keine »taxonomische« Bedeutung im Sinne der Biologie, sondern eine »zufällige«, »provinzielle« Rolle zufällt, verlangt nach einer psychischen Leistung, welche die so tief voneinander unterschiedenen Verhaltensstile untereinander verstehbar macht und Orientierung erlaubt. Für diese Aufgabe der Orientierung in der Unterschiedlichkeit humaner Verhaltensweisen sind die Ichleistungen unerläßlich. Die Reichweite des Bewußtseins als Voraussetzung der kritischen Erfahrung der Realität wird für Gesellschaften wie die unsere, in der sich die Umweltverhältnisse wie die Strukturierung der Gesellschaft rasch verändern, von immer wachsender, möglicherweise arterhaltender Bedeutung.

Wir kennen nicht die *Ursachen*, wohl aber einige der *Bedingungen* für die »noch rätselhaften Eigenarten unserer Offenheit« zur Selbstwahrnehmung und Selbstgestaltung unseres Verhaltens, eben der *Ichleistungen*. Die wichtigste dieser Bedingungen ist die, an den höheren Säugetieren gemessen, verkürzte Tragzeit im Mutterkörper. Das neugeborene Kind ist, verglichen mit den Säugetierjungen, gestalthaft und in den Funktionen seines Verhaltens, wie wir andeuteten, unreif. Seine uterine Wachstumsperiode sollte nach Bolk, Portmann und anderen vergleichsweise 20 bis 22 Monate dauern. Das erste Lebensjahr des Menschen bezeichnet Portmann deshalb als »die Zeit des sozialen Uterus«, wo die soziale Gruppe »den Mutterkörper zu vertreten und die Rolle des mütterlichen Leibes zu übernehmen hat«. In dieser Zeit reifen die Fähigkeiten zu »aufrechter Haltung, Sprache und einsichtigem Weltverhalten« aus, also die leib-seelischen Voraussetzungen des menschlichen Daseins. Um Portmann zu zitieren: »Die Zweiteilung unserer wesentlichen Entwicklungsperiode der Frühzeit ist nicht irgendein beliebiger Zufall. Die Ausbildung der menschtypischen Merkmale, die wir eben nannten, steht in schroffstem Gegensatz zum Entwicklungsweg aller höheren Säuger. Während bei den letzteren sich alle wesentlichen Züge in der Eintönigkeit und der Geborgenheit des mütterlichen Leibes heranbilden, im Ausreifen von fixierten Erbanlagen, so geschieht bei uns die Entwicklung gerade der wesentlichen Züge in einer ausgesprochenen Mischung von Reifungsprozessen und Lernvorgängen... die Eigenart dieser extrauterinen Frühperiode... entspricht der Besonderheit der humanen Weltbeziehung, die wir die geistige oder weltoffene nennen.«

Die Konsequenz dieser biologischen Voraussetzungen ist, daß wir uns vom frühesten Lebensanfang an nur bilden können im Wechselspiel mit unserer menschlichen Mitwelt. Das Erlernen des Verstehens anderer Ich-Wesen ist die Voraussetzung unseres so begrenzten Selbstverstehens und rückt deshalb in den Mittelpunkt unserer humanen Aufgaben. Reifung zu einem Wesen, das sich als ein von anderen abgegrenztes Ich zu erleben vermag, setzt also ein hohes Maß von Anpassung voraus. Erst wenn ich mich lernend anzupassen verstehe, erfahre ich mich, hingebend an den anderen und empfangend von ihm. Ob und wieweit dieser Vorgang durch die Gefühlserfahrungen, die mit ihm verknüpft sind, offen bleibt, gerne vollzogen oder gemieden wird, das ist eigentlich der Maßstab für die tatsächliche Humanität, die einer erreichen konnte.

III. Der Mensch als Träger der Kultur oder als Barbar

Einleitung

Die Einschätzungen des Menschen schwanken je nach historischem Anlaß zwischen zwei Extrempolen: Einerseits wird er als der Träger von Kultur und Zivilisation beschrieben, wobei es auch genügend gute Belege für diese Sichtweise gibt. Andererseits gibt es immer wieder Anlässe, an der Kulturfähigkeit des Menschen zu zweifeln, wenn sich in destruktiven Handlungen, in Kriegen und brutalen Roheiten Menschen als Bestien erweisen.

Unter »Enkulturation« wird in den Sozialwissenschaften die biographische Einpflanzung der Kulturtechniken, der Ziele und Normen einer jeweiligen Kultur verstanden. Bei einigen Sozialwissenschaftlern erscheint dieser Prozeß als harmonische Integration des Naturwesens Mensch in einen kulturellen Rahmen, der dann von den so kultivierten Menschen weitergeführt und im Sinne eines zivilisatorischen Fortschritts auf ein höheres Niveau gehoben wird. Gegenüber einem solchen harmonisch gedachten Modell (vertreten z. B. durch Talcott Parsons) hat vor allem Sigmund Freud in seinen kulturkritischen Schriften eine provokative Gegenposition gesetzt: Er zweifelte fundamental die »Kultureignung« des Menschen an. Kultur war für ihn im Kern eine gesellschaftlich notwendige Zwangsgestalt, der sich aber das triebbestimmte Subjekt bei jeder sich bietenden Gelegenheit zu entziehen versucht. Max Horkheimer und Theodor W. Adorno haben in ihrem großen Werk *Dialektik der Aufklärung* aufzuzeigen versucht, welchen Preis wir für die Fortschrittsoption im Sinne instrumentaler Vernunft zu zahlen haben: Die latente Produktion eines barbarischen Potentials, das immer wieder eruptiv durchbricht.

Das jeweilige Selbstverständnis von Sozialpsychologie läßt sich danach ordnen, wie das Ineinandergreifen von subjektiven und gesellschaftlichen Prozessen begriffen wird. Die beiden Hauptpole sind das »Synchronisations-« oder »Integrationsmodell«, in dem das Einfügen des Subjekts in gesellschaftliche Strukturen als normal und normativ erwünscht betrachtet wird, und das »Widerspruchsmodell«, in dem die prinzipielle Unvereinbarkeit naturhaft angelegter, primärer menschlicher Bedürfnisse mit – zumindest den vorherrschenden – gesellschaftlichen Verhältnissen unterstellt und danach gefragt wird, welche Kosten für das Subjekt mit seiner Sozialisation unter spezifischen gesellschaftlichen Bedingungen verbunden sind. Wenn dieser radikale Zweifel nicht theoretisch gesetzt ist, besteht die Gefahr, jeweils historisch erreichte Anpassungsmodi als »natürliche« zu akzeptieren.

Für Parsons und einen Großteil der traditionellen angloamerikanischen Sozialpsychologie wird das Verhältnis von Subjekt und Gesellschaft zu einer gelungenen Integration subjektiver Wünsche und Bedürfnisse in ein System gesellschaftlicher Rollen und Normen. Gegenüber den frühen Instinkttheoretikern, die eine Integration des Subjekts durch die Annahme sozialer Instinkte bereits durch seine Naturausstattung weitgehend als gesichert ansehen, vertritt Parsons die Position einer Vergesellschaftung des Subjekts durch einen ähnlichen Sozialisationsprozeß. In Form von zu erlernenden gesellschaftlichen Regeln und Normen, die wiederum an spezifische gesellschaftliche Rollen und Funktionen gebunden sind, wird der Mensch zum »sozialen Wesen«. Der Mensch wächst in die Gesellschaft hinein, und die Gesellschaft verankert sich über Kultur, Werte, Haltungen, Normen, Regeln und Rollen in den Subjekten. Mit dem Erwachsenwerden ist dieser Prozeß im Normalfall abgeschlossen, die Sozialisation ist vollzogen. Die Synchronisation von Subjekt und Gesellschaft ist gelungen. Natürlich gibt es auf diesem Wege auch Mißerfolge: Bei spezifischen Defiziten in der biologischen Grundausstattung kann eine vollständige Vergesellschaftung scheitern; der Vermittlungsprozeß kann aufgrund unzureichender Vermittlungsinstanzen (z. B. Familie, Schule) defizitär sein. In beiden Fällen gelingt die Normalform der Synchronisation nicht. Es kommt zu »abweichendem Verhalten«, für dessen Kontrolle eine Reihe von Sonderinstitutionen zuständig ist. Im Grunde bestätigen diese Abweichungen aus der Sicht der Integrationstheoretiker nur die Regel der Normalität. Die Synchronisation ist auch noch von einer anderen Seite her gefährdet: Gesellschaftlicher Wandel, gesellschaftliche Krisen und Umbrüche können zu einem Zustand führen, in dem Subjekte mit ihrem normalen Sozialisationsgepäck schlecht ausgerüstet sind, in dem sie orientierungslos werden. Es wird dann von einer »anomischen Situation« gesprochen.

Letztlich ist aber der Prüfstein für die Erklärungskraft sozialpsychologischer Paradigmen darin zu sehen, ob sie bereit und fähig sind, die faktischen und immer wieder drohenden Rückfälle in die Barbarei zu erklären oder sich ihnen wenigstens deutend zu nähern. Das zentrale Problem, das sich dann stellt, liegt gerade darin, daß in eine Welt scheinbar gesicherter zivilisierter Rationalität das »Dämonische«, das völlig Irrationale, einbricht, »daß die Zivilisation ihrerseits das Antizivilisatorische hervorbringt und es zunehmend verstärkt«, wie es Adorno so einprägsam formuliert hat. Für ihn ist eine sozialpsychologische Faschismusanalyse auch und gerade heute der Prüfstein für die »Leistungsfähigkeit« von Sozialpsychologie. Es sei nichts gewonnen, wenn sich Sozialpsychologie als theoretische Verdoppelung der gelungenen Ausblendungen und Verkürzungen, der »Pseudokonkretheit« des Alltagsbewußtseins bestätigt. Vielmehr kommt es in den Worten von Marie Jahoda darauf an, »das Unsichtbare sichtbar zu machen«. Zur Bewältigung dieser Aufgabe ist das konzeptuelle Potential der Freudschen Kulturtheorie unverzichtbar. Der in diese Textsammlung aufgenommene Text von Freud stellt eine Art existentieller Wegmarkierung dar, die auch in seinem Werk nachhaltige Spuren hinterlassen hat. Die Brutalität des Ersten Weltkrieges hat Freud tief verstört und bei ihm einen radikalen Zweifel an dem genährt, was im Zentrum des kulturellen Selbstverständnisses der »zivilisierten Menschheit« steht.

Der Text von Stanley Milgram, einem profilierten Vertreter der experimentellen Sozialpsychologie, stellt auch eine wissenschaftliche Reaktion auf eine historisch einmalige Steigerungsform menschlicher Barbarei dar: den Nationalsozialismus. Bei ihm ist das Auffällige, daß Barbarei sehr viel weniger als Triebdurchbruch begriffen werden kann, sondern als Tötungsmaschinerie auf dem damals höchsten technisch-administrativen Niveau. Diese Maschinerie konnte nur funktionieren, weil sich Menschen zu perfekt funktionierenden Rädchen haben machen lassen. Milgram hat die Strukturen solcher Situationen experimentell rekonstruiert, in denen der »administrative Gehorsam« bis zur bedenkenlosen Vernichtung von Menschen geht.

Talcott Parsons:
Die Integration der Persönlichkeit und das Verhältnis individueller Motivation zur Stabilität sozialer Systeme

»Handeln« ist immer eine Sache individuellen Verhaltens, Kollektive stellen nie eine handelnde »Einheit« dar; was gewöhnlich als Einheit kollektiven Verhaltens bezeichnet wird, ist das komplexe Ergebnis der verschiedenen Handlungen der das Kollektiv bildenden Aktoren. Wie hoch integriert oder »harmonisch koordiniert« diese Handlungen auch immer sein mögen, so bleibt dies doch in analytischem Sinn eine unveränderliche Tatsache.

In der Analyse der die Stabilität der sozialen Systeme erhaltenden Bedingungen und Mechanismen gelangt man dann direkt zur Motivation der individuellen Aktoren, ihrer Komponenten. Der Aktor ist wie das soziale System ein »Dauerproblem«. Als solches, als Subsystem des sozialen Handlungssystems, ist er bestimmten funktionalen Bedürfnissen unterworfen, auf die wiederum dieselbe Art von Analyse angewandt werden kann, die gerade für das umfassendere soziale System vorgenommen wurde. Diese funktionalen Bedürfnisse zwingen ihn zur Orientierung an zwei grundlegenden Ordnungsdimensionen von »Bedingungen«, ohne die der Fortbestand seiner Funktionsfähigkeit nicht zu gewährleisten ist. Die eine Dimension ist das System der »Überlebens«-Bedingungen, dem er als eine analytisch von sozialen Beziehungen unabhängige Einheit unterworfen ist. Die andere Dimension besteht aus der Menge von Bedingungen, die ihm gerade durch seine Teilnahme an solchen Beziehungen auferlegt sind, dadurch nämlich, daß er entweder eine funktional bedeutsame Rolle in der »Ökonomie« des in seiner Gesamtheit betrachteten sozialen Systems spielt oder daß es sich für das Kollektiv als funktional notwendig erweist, ihn daran zu hindern, die Ausübung von potentiell desintegrierend wirkenden Rollen zu weit zu treiben.

Es bedarf kaum der Erläuterung, daß der Aktor als ein »Dauerproblem« durch einen Modus der »Integration« charakterisiert ist, der logisch dem sozialer Systeme ähnlich ist. Die verschiedenen Elemente seiner »Persönlichkeit«, die analytisch unterschieden wurden, müssen »harmonisch« zusammenwirken, ohne Konflikt und daraus resultierende Spannungen zu verursachen, zumindest jedoch ohne sich gegenseitig ernsthaft zu beeinträchtigen. Die Entwicklung der Theorie der Psychopathologie in der vergangenen Generation hat eindrucksvolles Beweismaterial für die Bedeutung der in diesem Sinn integrierten Persönlichkeit geliefert. Denn alle Schulrichtungen scheinen sich über die fundamentale Bedeutung von Konflikt als einem Faktor abnormalen Verhaltens und abnormaler Zustände im wesentlichen einig zu sein; sicherlich kann die Existenz »ungelöster« Konflikte, sobald diese einen bestimmten Grad emotionaler Intensität und damit besonderes Gewicht für das Individuum erlangen, durchaus als eines der bedeutendsten Kriterien der »pathologischen« Persönlichkeit gelten.

Personale Integration erfordert demnach ein zureichendes Maß an Koordination zwischen den verschiedenen Orientierungsmodi, so daß die aus ihnen jeweils hervorgehenden Handlungstendenzen passend aufeinander abgestimmt sind. Fragt man sich, wie sich das auf das Problem der Motivation auswirkt, ist es wichtig, dabei zu berücksichtigen, daß jeder Aktor in Hinsicht auf alle drei grundlegenden Modi zugleich und innerhalb einer jeden Orientierungskategorie in Hinsicht auf alle relevanten untergeordneten Gesichtspunkte orientiert ist. Der Aktor ist infolgedessen zugleich an einer Reihe normativer Muster und an einer bestehenden Situation orientiert. Seine kognitive Orientierung an der bestehenden Situation enthält sowohl empirische wie nichtempirische Elemente, die in gewissem Grad miteinander konsistent sein müssen; soweit eine Integration auf der kognitiven Ebene besteht, kann er keine nichtempirische Theorie vertreten, die offenkundig einen Widerspruch zu seinem empirischen Wissen darstellt. Wenn solche Widersprüche existieren, sind sie potentielle Belastungspunkte, an denen spezifische, reintegrierende Mechanismen ansetzen können. Überdies muß seine nichtempirische kognitive Orientierung derart beschaffen sein, daß sie seinen normativen Mustern Sinn verleiht, während die normativen Muster wiederum solcherart sein müssen, daß er in ausreichendem Maß in der Lage ist, sie in der empirischen Situation, wie sie ihm bekannt ist, zu verwirklichen.

130

Darüber hinaus muß seine nichtempirische kognitive Auffassung in zureichendem Maß eine plausible Erklärung für die Fälle geben, in denen die Verwirklichung der relevanten Wünsche und normativen Muster vor unüberwindliche Hindernisse gestellt ist und zu schweren Enttäuschungen führt.

Die normativen Muster bestimmen zum Teil die Ziele und Zwecke seiner teleologischen Orientierung und die »normativen Bedingungen«, unter denen diese verfolgt werden können oder sollten, ferner die Regeln, im besonderen hinsichtlich der Respektierung der »Rechte« anderer, denen sein Handeln unterliegt. Zudem stellen sie den Gehalt der moralischen Standards bereit, die für die Beurteilung von Richtigkeit und Wünschbarkeit der Handlungen anderer, aber auch der eigenen Handlungen verantwortlich sind und die auch einige seiner Einstellungen gegenüber jener Situation und den Objekten darin prägen, der keine Mitmenschen angehören. Hier ist die nichtempirische kognitive Orientierung in erster Linie dafür bedeutsam, teleologischen Orientierungen Sinn zu verleihen, während die empirische kognitive Orientierung die praktische Ausführung teleologischer Handlungstendenzen fördert und überflüssige Anstrengungen vermeidet, indem sie auf Hindernisse und Unmöglichkeiten aufmerksam macht. Im Kontext aktueller oder potentieller Enttäuschungen hilft sie wiederum dabei, die Situation zu definieren, in der die nichtempirische Erklärung des Sinns solcher Enttäuschungen gesucht wird.

Schließlich müssen alle drei affektiven Orientierungsmodi ausreichend mit dieser ganzen Struktur integriert sein. Angenehme Gefühle müssen durch Dinge und Situationen hervorgerufen werden, die alles in allem mit den anerkannten normativen Mustern konsistent sind. Impulse, die auf Lustgewinn abzielen, dürfen nicht andauernd um den Preis übermäßiger Enttäuschung mit völlig Unmöglichem kollidieren. Der Aktor muß wissen, wie er seine Beteiligung an unangenehmen Situationen auf ein Minimum beschränkt. Deshalb muß für die Bindung an Objekte und Personen gewährleistet sein, daß sie in Hinsicht auf die relevanten normativen Muster zulässig, hinsichtlich der nichtempirischen kognitiven Orientierung sinnvoll, für eine Verwirklichung einigermaßen geeignet und in der Regel nicht zu unangenehm ist. Umgekehrt müssen auch seine negativen Affekte, seine Haßgefühle und Abneigungen, mit diesen anderen Elementen integriert sein. Schließlich müssen die beiden anderen affektuellen Modi mit dem System moralischen Empfindens integriert sein. Letzteres bezeichnet in erster Linie die affektuelle Orientierung des Aktors zumindest an einem wesentlichen Aspekt des für ihn maßgeblichen Systems normativer Muster. Es kann jedoch Konflikte geben, weil man das liebt, was man mißbilligt, weil man sich seiner Lust bei Handlungen schämt, die moralisch tabuisiert sind usw.

Aus dieser Perspektive befindet sich die individuelle Persönlichkeit in einem empfindlichen Gleichgewicht all dieser Orientierungsmodi, ein Gleichgewicht, das deren relative Integration miteinander impliziert, soweit nicht ein extrem »pathologischer Fall« vorliegt. Wie ist dieses ins Gleichgewicht gebrachte System mit dem umfassenderen sozialen System verbunden, dessen Bestandteil es ist?

Das primäre funktionale Bedürfnis eines sozialen Systems in diesem Kontext ist klar; negativ ausgedrückt liegt es darin, daß die Integration der individuellen Persönlichkeit nicht auf breiter Front zu Aktivitäten führen sollte, die desintegrierend auf die Stabilität des sozialen Systems wirken; positiv kann man es so ausdrücken, daß diese Integration teleologische Tendenzen zeigen sollte, die der Förderung funktional wichtiger Handlungsmuster unmittelbar dienlich sind. Die Erfüllung dieser notwendigen Koordinationsaufgabe allein durch »externe« Zwänge führt nicht nur zu schwer lösbaren Problemen, die darin bestehen, sich die dafür notwendige soziale Organisation vorzustellen; angesichts des Gewichts, das die Integration der individuellen Persönlichkeit besitzt, scheint dies auch höchst unwahrscheinlich zu sein. Wenn die dominierenden teleologischen Handlungstendenzen der meisten Individuen tatsächlich gegenüber den normativen Mustern, die der »Fürst« durchsetzt, relativ zufällig wären, dann würde diese Durchsetzung Enttäuschungen in einem derart großen Umfang nach sich ziehen, der zu Recht wohl kaum gebilligt werden könnte; es würde sich soviel Explosivstoff im sozialen System anhäufen, daß keine fürstliche Autorität denkbar wäre, die stark genug ist, Stabilität durch solche Zwangsmittel zu erhalten.

Der zentrale Verbindungspunkt besteht in einer Reihe gemeinsamer normativer Muster. Diese können durchaus verschiedenartig sein, hier sind jedoch jene, die moralische Autorität verkörpern, von entscheidender Bedeutung. Soziale Integration impliziert in dieser Hinsicht primär zwei wesentliche Punkte, die in wechselseitiger Beziehung zueinander stehen. Zunächst konstituieren die moralischen Normen, mit denen die verschiedenen Individuen als Personen integriert sind, ein gemeinsames System. Das heißt nicht, daß all diese moralischen Standards in jeder Hinsicht gleich sind, denn die Individuen können entsprechend ihrer sozialen Rolle differenziert sein. Es bedeutet jedoch, daß da, wo ihre Handlungssysteme in Kontakt kommen, Integration besteht. Das heißt, daß die einzelnen Standards alle in gewissem Sinn derselben Menge allgemeiner »Prinzipien« untergeordnet sind bzw. ihr untergeordnet werden können. Sehr oft sind die Prinzipien entweder völlig implizit oder höchstens im besonders geschärften Bewußtsein einer kleinen Minderheit zu ausdrücklicher Klarheit gebracht.

Der zweite Aspekt, der Aspekt der Reziprozität in der Integration, verweist darauf, daß die individuellen Persönlichkeiten im großen und ganzen mit dem gemeinsamen moralischen Muster integriert sind. Dies ist für das Problem der Motivation entscheidend. Es genügt nicht, daß das durchschnittliche Individuum der moralischen Autorität einer Norm bloß »zustimmen« sollte. Die meisten Mörder würden bereitwillig dem Ersten Gebot zustimmen. Die Normen und die entsprechenden moralischen Gefühle müssen in die Struktur einer integrierten Persönlichkeit in einer Weise eingebaut werden, die das Gegenteil des »pathologischen Falls« kennzeichnet.

Obwohl das meiste Material in diesem Zusammenhang schon erörtert worden ist, würde die Analyse, die zeigt, wie dies vor sich geht, doch zu weit ab führen. Ein sehr wichtiger Aspekt des Problems sollte jedoch kurz erwähnt werden. Die historische Diskussion um das Problem der »sozialen Kontrolle« wurde großenteils mit den Begriffen »Egoismus« bzw. »Eigeninteresse« vs. »Altruismus« geführt. Bestimmte Merkmale der Tradition westlichen Denkens begründeten eine starke Tendenz, diese Dichotomie so aufzufassen, als hätte sie typische, konkrete Motive einzelner Handlungen oder Handlungsketten zum Gegenstand. Gerade Hobbes' klassische Version des »Ordnungsproblems« ging begrifflich von der Schwierigkeit aus, die »egoistischen« Verhaltenstendenzen der Menschen, oder die »Leidenschaften«, wie er sie nannte, zu zügeln. Man hat sogar oft dazu geneigt, wie das bei Kant der Fall ist, moralische Normen als etwas zu begreifen, das den Aktor zur Konformität mit einem Muster gegen seine »natürlichen« Neigungen »zwingt«.

Die vorliegende Analyse führt zu einer anderen Auffassung. Sie geht davon aus, daß die »menschliche Natur« große Plastizität aufweist und keine spezifischen »Motive« oder Verhaltenstendenzen besonders auszeichnet. Im langen Prozeß sozialer »Konditionierung« von Geburt an wird sie allmählich zur konkreten Persönlichkeitsstruktur des Erwachsenen geformt, die entsprechend den konditionierenden Einflüssen, denen sie ausgesetzt war, ganz unterschiedlich ausfallen kann. Welche Richtung die Entwicklung auch immer einschlägt, so besteht doch die grundlegende Tendenz darin, relativ integrierte Persönlichkeiten auszubilden, die sowohl intern als System wie auch mit den Erfordernissen und Mustern des umfassenderen sozialen Systems integriert sind. In der reziproken Interaktion mit dem sozialen System wird das Individuum relativ stabile teleologische Orientierungsrichtungen entwickeln, die mit den passenden kognitiven Systemen und Affekten integriert sind. Es wird weitgehend seine kognitive Orientierung und seine normativen Muster mit den anderen Aktoren im selben sozialen System gemein haben. Die anderen werden zugleich »Erwartungen« daraufhin ausbilden, was für ein Individuum in einer Situation jeweils die richtige oder »vernünftige« Handlungsweise ist.

Auf *beiden* Seiten der reziproken Beziehung besteht tendenziell eine Integration von *allen* grundsätzlichen Motivationselementen. Das normale Individuum neigt im großen und ganzen dazu, das zu »wollen«, was mit den normativen, speziell moralischen Mustern übereinstimmt, die in die Bildung seiner Persönlichkeit eingegangen sind, »Befriedigung« in der Erfüllung der entsprechenden Zwecke, im Besitz der entsprechenden Eigenschaften usw. zu empfinden. Seine Motivation baut sich jeweils sowohl aus eigennützigen wie auch aus uneigennützigen Elementen auf. Doch dasselbe gilt auch weitgehend für andere Individuen in demselben sozialen System. Daher werden diese dazu neigen, eine Handlungsweise in Übereinstimmung mit ihren normativen Mustern zu billigen und ein Verhalten, das diese verletzt, zu mißbilligen.

Dieser Umstand ermöglicht eine erhebliche Verstärkung der »uneigennützigen« Motivationselemente des Individuums in ihrer verhaltenskontrollierenden Wirksamkeit, indem es die Folgen davon unmittelbar an sich erfährt, daß auch andere über solch uneigennützige Motivationselemente verfügen. Denn aus der Sicht des individuellen Aktors gehören zu den wichtigsten Quellen der »Befriedigung« dessen, was mit Recht die eigennützigen Elemente seiner Motivation genannt wird, Dinge, die vom »guten Willen« anderer abhängen, vor allem von deren Bereitschaft, ihn beim Lustgewinn zu unterstützen oder ihn zumindest nicht dabei zu behindern, dann auch von deren Erwiderung seiner Affekte, von der Anerkennung, die sie ihm zollen. Handelt er derart, daß sie ihm diese Befriedigungen nicht gewähren, kann in der Folge Unzufriedenheit entstehen. Der andere kann Schmerzen zufügen, er kann nicht nur eine positive Erwiderung versagen, sondern dem Aktor Haßgefühle entgegenbringen, oder er kann über die Verweigerung von Anerkennung hinausgehen und aktiv dessen Ruf schädigen. In all diesen Fällen spielt der Umstand eine große Rolle, daß solche Gefühle normalerweise mit den teleologischen Tendenzen integriert sind. Denn ein Individuum hat nicht nur affektive Haltungen gegenüber dem anderen, es neigt auch dazu, diesen Haltungen entsprechend zu handeln, »seine Empfindungen durch äußere Akte zu manifestieren«, wie Pareto sagt. Positive affektuelle Haltungen werden normalerweise von Handlungen begleitet, die für die Interessen ihres jeweiligen Objekts günstig sind, negative Affekte von solchen, die dessen Interesse zum Nachteil gereichen.

Die Auswirkung all dessen auf den Aktor zeigt sich nicht nur in den Mechanismen rationaler »Kenntnisnahme«, sondern auch auf verschiedenen nichtlogischen Wegen. Im allgemeinen kann man jedoch sagen, daß jede ernsthafte Handlungstendenz, die ersichtlich zu einer Abweichung von den akzeptierten normativen Mustern führt, eine ganze Reihe von Kräften in Gang setzt, die sich dem Eigennutz des abweichenden Aktors entgegensetzen und das Gleichgewicht wieder herzustellen suchen, indem sie ihm genügend Motive zur Verfügung stellen, einerseits Übereinstimmung mit seinem eigenen »Gewissen«, andererseits zugleich Übereinstimmung mit der Erwartung anderer herzustellen, bei denen er um Hilfe, Lust, Erwiderung und Anerkennung nachsucht.

Es sollte hier nicht weiter erläutert werden müssen, daß die obige Erörterung primär den »Idealtyp« sowohl einer integrierten menschlichen Persönlichkeit wie auch eines integrierten sozialen Systems betrifft. Dies heißt keinesfalls, daß Persönlichkeiten und soziale Systeme diesem Typ tatsächlich weitgehend entsprechen; offensichtlich tun sie dies nur in sehr unterschiedlichem Maß und nie auf perfekte Weise. In einem gewissen Sinn »neigen« sie jedoch dazu, in Übereinstimmung damit zu sein. Es ist genau derselbe Sinn, in dem ein Organismus dazu »neigt«, in Übereinstimmung mit einem Zustand der »Gesundheit« zu sein und eine »Krankheit« zu überstehen oder sich von ihr zu erholen. In der Biologie oder der Medizin ist es durchaus möglich, die Begriffe Gesundheit und Krankheit zu benutzen, ohne daß dem Betreffenden unterstellt wird, er meine damit, daß alle Organismen bei perfekter Gesundheit seien und es so etwas wie Krankheit nicht gebe. Auf einer allgemeinen methodologischen Ebene sind die Schwierigkeiten mit dem Begriff der »Integration«, wie er auf soziale Systeme und Persönlichkeiten angewandt wird, auch nicht größer oder geringer als jene, die mit dem Begriff der Gesundheit in Biologie und Medizin verbunden sind. Darauf verweist in beiden Fällen jede Analyse der Arten und Mechanismen von »mangelhafter Integration« bzw. von »pathologischen« Zuständen und Verhaltensweisen mit logischer Notwendigkeit. Nichtsdestoweniger sollte die empirische Bedeutung dieser pathologischen Phänomene nicht unterschätzt werden.

Sigmund Freud:
Zweifel an der Kultureignung des Menschen

(...) Wenn ich von Enttäuschung rede, weiß jedermann sofort, was damit gemeint ist. Man braucht kein Mitleidsschwärmer zu sein, man kann die biologische und psychologische Notwendigkeit des Leidens für die Ökonomie des Menschenlebens einsehen und darf doch den Krieg in seinen Mitteln und Zielen verurteilen und das Aufhören der Kriege herbeisehnen. Man sagte sich zwar, die Kriege könnten nicht aufhören, solange die Völker unter so verschiedenartigen Existenzbedingungen leben, solange die Wertungen des Einzellebens bei ihnen weit auseinandergehen, und solange die Gehässigkeiten, welche sie trennen, so starke seelische Triebkräfte repräsentieren. Man war also darauf vorbereitet, daß Kriege zwischen den primitiven und den zivilisierten Völkern, zwischen den Menschenrassen, die durch die Hautfarbe voneinander geschieden werden, ja Kriege mit und unter den wenig entwickelten oder verwilderten Völkerindividuen Europas die Menschheit noch durch geraume Zeit in Anspruch nehmen werden. Aber man getraute sich etwas anderes zu hoffen. Von den großen weltbeherrschenden Nationen weißer Rasse, denen die Führung des Menschengeschlechtes zugefallen ist, die man mit der Pflege weltumspannender Interessen beschäftigt wußte, deren Schöpfungen die technischen Fortschritte in der Beherrschung der Natur wie die künstlerischen und wissenschaftlichen Kulturwerte sind, von diesen Völkern hatte man erwartet, daß sie es verstehen würden, Mißhelligkeiten und Interessenkonflikte auf anderem Wege zum Austrage zu bringen. Innerhalb jeder dieser Nationen waren hohe sittliche Normen für den einzelnen aufgestellt worden, nach denen er seine Lebensführung einzurichten hatte, wenn er an der Kulturgemeinschaft teilnehmen wollte. Diese oft überstrengen Vorschriften forderten viel von ihm, eine ausgiebige Selbstbeschränkung, einen weitgehenden Verzicht auf Triebbefriedigung. Es war ihm vor allem versagt, sich der außerordentlichen Vorteile zu bedienen, die der Gebrauch von Lüge und Betrug im Wettkampfe mit den Nebenmenschen schafft. Der Kulturstaat hielt diese sittlichen Normen für die Grundlage seines Bestandes, er schritt ernsthaft ein, wenn man sie anzutasten wagte, erklärte es oft für untunlich, sie auch nur einer Prüfung durch den kritischen Verstand zu unterziehen. Es war also anzunehmen, daß er sie selbst respektieren wolle und nichts gegen sie zu unternehmen gedenke, wodurch er der Begründung seiner eigenen Existenz widersprochen hätte. (...)

Der Krieg, an den wir nicht glauben wollten, brach nun aus und er brachte die – Enttäuschung. Er ist nicht nur blutiger und verlustreicher als einer der Kriege vorher, infolge der mächtig vervollkommneten Waffen des Angriffes und der Verteidigung, sondern mindestens ebenso grausam, erbittert, schonungslos wie irgend ein früherer. Er setzt sich über alle Einschränkungen hinaus, zu denen man sich in friedlichen Zeiten verpflichtet, die man das Völkerrecht genannt hatte, anerkennt nicht die Vorrechte des Verwundeten und des Arztes, die Unterscheidung des friedlichen und des kämpfenden Teiles der Bevölkerung, die Ansprüche des Privateigentums. Er wirft nieder, was ihm im Wege steht, in blinder Wut, als sollte es keine Zukunft und keinen Frieden unter den Menschen nach ihm geben. Er zerreißt alle Bande der Gemeinschaft unter den miteinander ringenden Völkern und droht eine Erbitterung zu hinterlassen, welche eine Wiederanknüpfung derselben für lange Zeit unmöglich machen wird. (...)

So mag der Kulturweltbürger, den ich vorhin eingeführt habe, ratlos dastehen in der ihm fremd gewordenen Welt, sein großes Vaterland zerfallen, die gemeinsamen Besitztümer verwüstet, die Mitbürger entzweit und erniedrigt!

Zur Kritik seiner Enttäuschung wäre einiges zu bemerken. Sie ist, streng genommen, nicht berechtigt, denn sie besteht in der Zerstörung einer Illusion. Illusionen empfehlen sich uns dadurch, daß sie Unlustgefühle ersparen und uns an ihrer Statt Befriedigung genießen lassen. Wir müssen es dann ohne Klage hinnehmen, daß sie irgend einmal mit einem Stücke der Wirklichkeit zusammenstoßen, an dem sie zerschellen.

Zweierlei in diesem Kriege hat unsere Enttäuschung rege gemacht: die geringe Sittlichkeit der Staaten nach außen, die sich nach innen als die Wächter der sittlichen Normen gebärden, und die Brutalität im Benehmen der Einzelnen, denen man als Teilnehmer an der höchsten menschlichen Kultur ähnliches nicht zugetraut hat.

Beginnen wir mit dem zweiten Punkte und versuchen wir es, die Anschauung, die wir kritisieren wollen, in einen einzigen knappen Satz zu fassen. Wie stellt man sich denn eigentlich den Vorgang vor, durch welchen ein einzelner Mensch zu einer höheren Stufe von Sittlichkeit gelangt? Die erste Antwort wird wohl lauten: Er ist eben von Geburt und von Anfang an gut und edel. Sie soll hier weiter nicht berücksichtigt werden. Eine zweite Antwort wird auf die Anregung eingehen, daß hier ein Enwicklungsvorgang vorliegen müsse, und wird wohl annehmen, diese Entwicklung bestehe darin, daß die bösen Neigungen des Menschen in ihm ausgerottet und unter dem Einflusse von Erziehung und Kulturumgebung durch Neigungen zum Guten ersetzt werden. Dann darf man sich allerdings verwundern, daß bei dem so Erzogenen das Böse wieder so tatkräftig zum Vorschein kommt.

Aber diese Antwort enthält auch den Satz, dem wir widersprechen wollen. In Wirklichkeit gibt es keine »Ausrottung« des Bösen. Die psychologische – im strengeren Sinne die psychoanalytische – Untersuchung zeigt vielmehr, daß das tiefste Wesen des Menschen in Triebregungen besteht, die elementarer Natur, bei allen Menschen gleichartig sind und auf die Befriedigung gewisser ursprünglicher Bedürfnisse zielen. Diese Triebregungen sind an sich weder gut noch böse. Wir klassifizieren sie und ihre Äußerungen in solcher Weise, je nach ihrer Beziehung zu den Bedürfnissen und Anforderungen der menschlichen Gemeinschaft. Zuzugeben ist, daß alle die Regungen, welche von der Gesellschaft als böse verpönt werden – nehmen wir als Vertretung derselben die eigensüchtigen und die grausamen – sich unter diesen primitiven befinden.

Diese primitiven Regungen legen einen langen Entwicklungsweg zurück, bis sie zur Betätigung beim Erwachsenen zugelassen werden. Sie werden gehemmt, auf andere Ziele und Gebiete gelenkt, gehen Verschmelzungen miteinander ein, wechseln ihre Objekte, wenden sich zum Teil gegen die eigene Person. Reaktionsbildungen gegen gewisse Triebe täuschen die inhaltliche Verwandlung derselben vor, als ob aus Egoismus – Altruismus, aus Grausamkeit – Mitleid geworden wäre. Diesen Reaktionsbildungen kommt zugute, daß manche Triebregungen fast von Anfang an in Gegensatzpaaren auftreten, ein sehr merkwürdiges und der populären Kenntnis fremdes Verhältnis, das man die »Gefühlsambivalenz« benannt hat. Am leichtesten zu beobachten und vom Verständnis zu bewältigen ist die Tatsache, daß starkes Lieben und starkes Hassen so häufig miteinander bei derselben Person vereint vorkommen. Die Psychoanalyse fügt dem zu, daß die beiden entgegengesetzten Gefühlsregungen nicht selten auch die nämliche Person zum Objekte nehmen.

Erst nach Überwindung all solcher »Triebschicksale« stellt sich das heraus, was man den Charakter eines Menschen nennt, und was mit »gut« oder »böse« bekanntlich nur sehr unzureichend klassifiziert werden kann. Der Mensch ist selten im ganzen gut oder böse, meist »gut« in dieser Relation, »böse« in einer anderen oder »gut« unter solchen äußeren Bedingungen, unter anderen entschieden »böse«. Interessant ist die Erfahrung, daß die kindliche Präexistenz starker »böser« Regungen oft geradezu die Bedingung wird für eine besonders deutliche Wendung des Erwachsenen zum »Guten«. Die stärksten kindlichen Egoisten können die hilfreichsten und aufopferungsfähigsten Bürger werden; die meisten Mitleidsschwärmer, Menschenfreunde, Tierschützer haben sich aus kleinen Sadisten und Tierquälern entwickelt.

Die Umbildung der »bösen« Triebe ist das Werk zweier im gleichen Sinne wirkenden Faktoren, eines inneren und eines äußeren. Der innere Faktor besteht in der Beeinflussung der bösen – sagen wir: eigensüchtigen – Triebe durch die Erotik, das Liebesbedürfnis des Menschen im weitesten Sinne genommen. Durch die Zumischung der *erotischen* Komponenten werden die eigensüchtigen Triebe in *soziale* umgewandelt. Man lernt das Geliebtwerden als einen Vorteil schätzen, wegen dessen man auf andere Vorteile verzichten darf. Der äußere Faktor ist der Zwang der Erziehung, welche die Ansprüche der kulturellen Umgebung vertritt, und die dann durch die direkte Einwirkung des Kulturmilieus fortgesetzt wird. Kultur ist durch Verzicht auf Triebbefriedigung gewonnen worden und fordert von jedem neu Ankommenden, daß er denselben Triebverzicht leiste. Während des individuellen Lebens findet eine beständige Umsetzung von äußerem Zwange in inneren Zwang statt. Die Kultureinflüsse leiten dazu an, daß immer mehr von den eigensüchtigen Strebungen durch erotische Zusätze in altruistische, soziale verwandelt werden. Man darf endlich annehmen, daß aller innere Zwang, der sich in der Entwicklung des Menschen geltend macht, ursprünglich, d. h. in der *Menschheitsgeschichte* nur äußerer Zwang war. Die Menschen, die heute geboren werden, bringen ein Stück Neigung (Disposition) zur Umwandlung der egoistischen in soziale Triebe als ererbte Organisation mit, die auf leichte Anstöße hin diese Umwandlung durchführt. Ein anderes Stück dieser Triebumwandlung muß im Leben selbst geleistet werden. In solcher Art steht der einzelne Mensch nicht nur unter der Einwirkung seines gegenwärtigen Kulturmilieus, sondern unterliegt auch dem Einflusse der Kulturgeschichte seiner Vorfahren.

Heißen wir die einem Menschen zukommende Fähigkeit zur Umbildung der egoistischen Triebe unter dem Einflusse der Erotik seine *Kultureignung*, so können wir aussagen, daß dieselbe aus zwei Anteilen besteht, einem angeborenen und einem im Leben erworbenen, und daß das Verhältnis der beiden zueinander und zu dem unverwandelt gebliebenen Anteile des Trieblebens ein sehr variables ist.

Im allgemeinen sind wir geneigt, den angeborenen Anteil zu hoch zu veranschlagen, und überdies laufen wir Gefahr, die gesamte Kultureignung in ihrem Verhältnisse zum primitiv gebliebenen Triebleben zu überschätzen, d. h. wir werden dazu verleitet, die Menschen »besser« zu beurteilen, als sie in Wirklichkeit sind. Es besteht nämlich noch ein anderes Moment, welches unser Urteil trübt und das Ergebnis im günstigen Sinne verfälscht.

Die Triebregungen eines anderen Menschen sind unserer Wahrnehmung natürlich entrückt. Wir schließen auf sie aus seinen Handlungen und seinem Benehmen, welche wir auf *Motive* aus seinem Triebleben zurückführen. Ein solcher Schluß geht notwendigerweise in einer Anzahl von Fällen irre. Die nämlichen, kulturell »guten« Handlungen können das einemal von »edlen« Motiven herstammen, das anderemal nicht. Die theoretischen Ethiker heißen nur solche Handlungen »gut«, welche der Ausdruck guter

Triebregungen sind, den anderen versagen sie ihre Anerkennung. Die von praktischen Absichten geleitete Gesellschaft kümmert sich aber im ganzen um diese Unterscheidung nicht; sie begnügt sich damit, daß ein Mensch sein Benehmen und seine Handlungen nach den kulturellen Vorschriften richte, und fragt wenig nach seinen Motiven.

Wir haben gehört, daß der *äußere Zwang*, den Erziehung und Umgebung auf den Menschen üben, eine weitere Umbildung seines Trieblebens zum Guten, eine Wendung vom Egoismus zum Altruismus herbeiführt. Aber dies ist nicht die notwendige oder regelmäßige Wirkung des äußeren Zwanges. Erziehung und Umgebung haben nicht nur Liebesprämien anzubieten, sondern arbeiten auch mit Vorteilsprämien anderer Art, mit Lohn und Strafen. Sie können also die Wirkung äußern, daß der ihrem Einflusse Unterliegende sich zum guten Handeln im kulturellen Sinne entschließt, ohne daß sich eine Triebveredlung, eine Umsetzung egoistischer in soziale Neigungen, an ihm vollzogen hat. Der Erfolg wird im groben derselbe sein; erst unter besonderen Verhältnissen wird es sich zeigen, daß der eine immer gut handelt, weil ihn seine Triebneigungen dazu nötigen, der andere nur gut ist, weil, insolange und insoweit dies kulturelle Verhalten seinen eigensüchtigen Absichten Vorteile bringt. Wir aber werden bei oberflächlicher Bekanntschaft mit den Einzelnen kein Mittel haben, die beiden Fälle zu unterscheiden, und gewiß durch unseren Optimismus verführt werden, die Anzahl der kulturell veränderten Menschen arg zu überschätzen.

Die Kulturgesellschaft, die die gute Handlung fordert und sich um die Triebbegründung derselben nicht kümmert, hat also eine große Zahl von Menschen zum Kulturgehorsam gewonnen, die dabei nicht ihrer Natur folgen. Durch diesen Erfolg ermutigt, hat sie sich verleiten lassen, die sittlichen Anforderungen möglichst hoch zu spannen und so ihre Teilnehmer zu noch weiterer Entfernung von ihrer Triebveranlagung gezwungen. Diesen ist nun eine fortgesetzte Triebunterdrückung auferlegt, deren Spannung sich in den merkwürdigsten Reaktions- und Kompensationserscheinungen kundgibt. Auf dem Gebiete der Sexualität, wo solche Unterdrückung am wenigsten durchzuführen ist, kommt es so zu den Reaktionserscheinungen der neurotischen Erkrankungen. Der sonstige Druck der Kultur zeitigt zwar keine pathologischen Folgen, äußert sich aber in Charakterverbildungen und in der steten Bereitschaft der gehemmten Triebe, bei passender Gelegenheit zur Befriedigung durchzubrechen. Wer so genötigt wird, dauernd im Sinne von Vorschriften zu reagieren, die nicht der Ausdruck seiner Triebneigungen sind, der lebt, psychologisch verstanden, über seine Mittel und darf objektiv als Heuchler bezeichnet werden, gleichgültig ob ihm diese Differenz klar bewußt geworden ist oder nicht. Es ist unleugbar, daß unsere gegenwärtige Kultur die Ausbildung dieser Art von Heuchelei in außerordentlichem Umfange begünstigt. Man könnte die Behauptung wagen, sie sei auf solcher Heuchelei aufgebaut und müßte sich tiefgreifende Abänderungen gefallen lassen, wenn es die Menschen unternehmen würden, der psychologischen Wahrheit nachzuleben. Es gibt also ungleich mehr Kulturheuchler als wirklich kulturelle Menschen, ja man kann den Standpunkt diskutieren, ob ein gewisses Maß von Kulturheuchelei nicht zur Aufrechterhaltung der Kultur unerläßlich sei, weil die bereits organisierte Kultureignung der heute lebenden Menschen vielleicht für diese Leistung nicht zureichen würde. Anderseits bietet die Aufrechterhaltung der Kultur auch auf so bedenklicher Grundlage die Aussicht, bei jeder neuen Generation eine weitergehende Triebumbildung als Trägerin einer besseren Kultur anzubahnen.

Den bisherigen Erörterungen entnehmen wir bereits den einen Trost, daß unsere Kränkung und schmerzliche Enttäuschung wegen des unkulturellen Benehmens unserer Weltmitbürger in diesem Kriege unberechtigt waren. Sie beruhten auf einer Illusion, der wir uns gefangen gaben. In Wirklichkeit sind sie nicht so tief gesunken, wie wir fürchten, weil sie gar nicht so hoch gestiegen waren, wie wirs von ihnen glaubten. Daß die menschlichen Großindividuen, die Völker und Staaten, die sittlichen Beschränkungen gegeneinander fallen ließen, wurde ihnen zur begreiflichen Anregung, sich für eine Weile dem bestehenden Drucke der Kultur zu entziehen und ihren zurückgehaltenen Trieben vorübergehend Befriedigung zu gönnen. Dabei geschah ihrer relativen Sittlichkeit innerhalb ihres Volkstumes wahrscheinlich kein Abbruch.

Wir können uns aber das Verständnis der Veränderung, die der Krieg an unseren früheren Kompatrioten zeigt, noch vertiefen und empfangen dabei eine Warnung, kein Unrecht an ihnen zu begehen. Seelische Entwicklungen besitzen nämlich eine Eigentümlichkeit, welche sich bei keinem anderen Entwicklungsvorgang mehr vorfindet. Wenn ein Dorf zur Stadt, ein Kind zum Manne heranwächst, so gehen dabei Dorf und Kind in Stadt und Mann unter. Nur die Erinnerung kann die alten Züge in das neue Bild einzeichnen; in Wirklichkeit sind die alten Materialien oder Formen beseitigt und durch neue ersetzt worden. Anders geht es bei einer seelischen Entwicklung zu. Man kann den nicht zu vergleichenden Sachverhalt nicht anders beschreiben als durch die Behauptung, daß jede frühere Entwicklungsstufe neben der späteren, die aus ihr geworden ist, erhalten bleibt; die Sukzession bedingt eine Koexistenz mit, obwohl es doch dieselben Materialien sind, an denen die ganze Reihenfolge von Veränderungen abgelaufen ist. Der frühere seelische Zustand mag sich jahrelang nicht geäußert haben, er bleibt doch soweit bestehen, daß er eines Tages wiederum die Äußerungsform der seelischen Kräfte werden kann, und zwar die einzige, als ob alle späteren Entwicklungen annulliert, rückgängig gemacht worden wären. Diese außerordentliche Plastizität der seelischen Entwicklungen ist in ihrer Richtung nicht unbeschränkt; man kann sie als eine besondere Fähigkeit zur Rückbildung – Regression – bezeichnen, denn es kommt wohl vor, daß eine spätere und höhere Entwicklungsstufe, die verlassen wurde, nicht wieder erreicht werden kann. Aber die primitiven Zustände können immer wieder hergestellt werden; das primitive Seelische ist im vollsten Sinne unvergänglich.

Die sogenannten Geisteskrankheiten müssen beim Laien den Eindruck hervorrufen, daß das Geistes- und Seelenleben der Zerstörung anheimgefallen sei. In Wirklichkeit betrifft die Zerstörung nur spätere Erwerbungen und Entwicklungen. Das Wesen der Geisteskrankheit besteht in der Rückkehr zu früheren Zuständen des Affektlebens und der Funktion. Ein ausgezeichnetes Beispiel für die Plastizität des Seelenlebens gibt der Schlafzustand, den wir allnächtlich anstreben. Seitdem wir auch tolle und verworrene Träume zu übersetzen verstehen, wissen wir, daß wir mit jedem Einschlafen unsere mühsam erworbene Sittlichkeit wie ein Gewand von uns werfen – um es am Morgen wieder anzutun. Diese Entblößung ist natürlich ungefährlich, weil wir durch den Schlafzustand gelähmt, zur Inaktivität verurteilt sind. Nur der Traum kann von der Regression unseres Gefühllebens auf eine der frühesten Entwicklungsstufen Kunde geben. So ist es z. B. bemerkenswert, daß alle unsere Träume von rein egoistischen Motiven beherrscht werden. (...)

Es kann also auch die Triebumbildung, auf welcher unsere Kultureignung beruht, durch Einwirkungen des Lebens – dauernd oder zeitweilig – rückgängig gemacht werden. Ohne Zweifel gehören die Einflüsse des Krieges zu den Mächten, welche solche Rückbildung erzeugen können, und darum brauchen wir nicht allen jenen, die sich gegenwärtig unkulturell benehmen, die Kultureignung abzusprechen, und dürfen erwarten, daß sich ihre Triebveredlung in ruhigeren Zeiten wieder herstellen wird.

Vielleicht hat uns aber ein anderes Symptom bei unseren Weltmitbürgern nicht weniger überrascht und geschreckt als das so schmerzlich empfundene Herabsinken von ihrer ethischen Höhe. Ich meine die Einsichtslosigkeit, die sich bei den besten Köpfen zeigt, ihre Verstocktheit, Unzugänglichkeit gegen die eindringlichsten Argumente, ihre kritiklose Leichtgläubigkeit für die anfechtbarsten Behauptungen. Dies ergibt freilich ein trauriges Bild, und ich will ausdrücklich betonen, daß ich keineswegs als verblendeter Parteigänger alle intellektuellen Verfehlungen nur auf einer der beiden Seiten finde. Allein diese Erscheinung ist noch leichter zu erklären und weit weniger bedenklich als die vorhin gewürdigte. Menschenkenner und Philosophen haben uns längst belehrt, daß wir Unrecht daran tun, unsere Intelligenz als selbständige Macht zu schätzen und ihre Abhängigkeit vom Gefühlsleben zu übersehen. Unser Intellekt könne nur verläßlich arbeiten, wenn er den Einwirkungen starker Gefühlsregungen entrückt sei; im gegenteiligen Falle benehme er sich einfach wie ein Instrument zu Händen eines Willens und liefere das Resultat, das ihm von diesem aufgetragen sei. Logische Argumente seien also ohnmächtig gegen affektive Interessen, und darum sei das Streiten mit Gründen, die nach Falstaffs Wort so gemein sind wie Brombeeren, in der Welt der Interessen so unfruchtbar. Die psychoanalytische Erfahrung hat diese Behauptung womöglich noch unterstrichen. Sie kann alle Tage zeigen, daß sich die scharfsinnigsten Menschen plötzlich einsichtslos wie Schwachsinnige benehmen, sobald die verlangte Einsicht einem Gefühlswiderstand bei ihnen begegnet, aber auch alles Verständnis wieder erlangen, wenn dieser Widerstand überwunden ist. Die logische Verblendung, die dieser Krieg oft gerade bei den besten unserer Mitbürger hervorgezaubert hat, ist also ein sekundäres Phänomen, eine Folge der Gefühlserregung, und hoffentlich dazu bestimmt, mit ihr zu verschwinden.

Wenn wir solcher Art unsere uns entfremdeten Mitbürger wieder verstehen, werden wir die Enttäuschung, die uns die Großindividuen der Menschheit, die Völker, bereitet haben, um vieles leichter ertragen, denn an diese dürfen wir nur weit bescheidenere Ansprüche stellen. Dieselben wiederholen vielleicht die Entwicklung der Individuen und treten uns heute noch auf sehr primitiven Stufen der Organisation, der Bildung höherer Einheiten, entgegen. Dementsprechend ist das erziehliche Moment des äußeren Zwanges zur Sittlichkeit, welches wir beim Einzelnen so wirksam fanden, bei ihnen noch kaum nachweisbar. Wir hatten zwar gehofft, daß die großartige, durch Verkehr und Produktion hergestellte Interessengemeinschaft den Anfang eines solchen Zwanges ergeben werde, allein es scheint, die Völker gehorchen ihren Leidenschaften derzeit weit mehr als ihren Interessen. Sie bedienen sich höchstens der Interessen, um die Leidenschaften zu *rationalisieren*; sie schieben ihre Interessen vor, um die Befriedigung ihrer Leidenschaften begründen zu können. Warum die Völkerindividuen einander eigentlich geringschätzen, hassen, verabscheuen, und zwar auch in Friedenszeiten, und jede Nation die andere, das ist freilich rätselhaft. Ich weiß es nicht zu sagen. Es ist in diesem Falle gerade so, als ob sich alle sittlichen Erwerbungen der Einzelnen auslöschten, wenn man eine Mehrheit oder gar Millionen Menschen zusammennimmt, und nur die primitivsten, ältesten und rohesten, seelischen Einstellungen übrig blieben. An diesen bedauerlichen Verhältnissen werden vielleicht erst späte Entwicklungen etwas ändern können. Aber etwas mehr Wahrhaftigkeit und Aufrichtigkeit allerseits, in den Beziehungen der Menschen zueinander und zwischen ihnen und den sie Regierenden, dürfte auch für diese Umwandlung die Wege ebnen.

Theodor W. Adorno:
Zivilisation und Barbarei

Die Forderung, daß Auschwitz nicht noch einmal sei, ist die aller-
erste an Erziehung. Sie geht so sehr jeglicher anderen voran, daß
ich weder glaube, sie begründen zu müssen noch zu sollen. Ich
kann nicht verstehen, daß man mit ihr bis heute so wenig sich abgegeben hat. Sie zu begründen hätte etwas Ungeheuerliches angesichts des Ungeheuerlichen, das sich zutrug. Daß man aber die
Forderung, und was sie an Fragen aufwirft, so wenig sich bewußt
macht, zeigt, daß das Ungeheuerliche nicht in die Menschen einge-
drungen ist, Symptom dessen, daß die Möglichkeit der Wiederholung, was den Bewußtseins- und Unbewußtseinsstand der Menschen anlangt, fortbesteht. Jede Debatte über Erziehungsideale ist
nichtig und gleichgültig diesem einen gegenüber, daß Auschwitz
nicht sich wiederhole. Es war die Barbarei, gegen die alle Erziehung geht. Man spricht vom drohenden Rückfall in die Barbarei.
Aber er droht nicht, sondern Auschwitz *war* er; Barbarei besteht
fort, solange die Bedingungen, die jenen Rückfall zeitigten, wesentlich fortdauern. Das ist das ganze Grauen. Der gesellschaftliche Druck lastet weiter, trotz aller Unsichtbarkeit der Not heute.
Er treibt die Menschen zu dem Unsäglichen, das in Auschwitz
nach weltgeschichtlichem Maß kulminierte. Unter den Einsichten
von Freud, die wahrhaft auch in Kultur und Soziologie hineinrei-
chen, scheint mir eine der tiefsten die, daß die Zivilisation ihrerseits
das Antizivilisatorische hervorbringt und es zunehmend verstärkt.
Seine Schriften *Das Unbehagen in der Kultur* und *Massenpsychologie und Ich-Analyse* verdienten die allerweiteste Verbreitung
gerade im Zusammenhang mit Auschwitz. Wenn im Zivilisations-
prinzip selbst die Barbarei angelegt ist, dann hat es etwas Despera-
tes, dagegen aufzubegehren.

Die Besinnung darauf, wie die Wiederkehr von Auschwitz zu
verhindern sei, wird verdüstert davon, daß man dieses Desperaten

sich bewußt sein muß, wenn man nicht der idealistischen Phrase verfallen will. Trotzdem ist es zu versuchen, auch angesichts dessen, daß die Grundstruktur der Gesellschaft und damit ihrer Angehörigen, die es dahin gebracht haben, heute die gleichen sind wie vor fünfundzwanzig Jahren. Millionen schuldloser Menschen – die Zahlen zu nennen oder gar darüber zu feilschen, ist bereits menschenunwürdig – wurden planvoll ermordet. Das ist von keinem Lebendigen als Oberflächenphänomen, als Abirrung vom Lauf der Geschichte abzutun, die gegenüber der großen Tendenz. (...)

Man wird weiter die Erwägung nicht von sich abweisen können, daß die Erfindung der Atombombe, die buchstäblich mit einem Schlag Hunderttausende auslöschen kann, in denselben geschichtlichen Zusammenhang hineingehört wie der Völkermord. Die sprunghafte Bevölkerungszunahme heute nennt man gern Bevölkerungsexplosion: es sieht aus, als ob die historische Fatalität für die Bevölkerungsexplosion auch Gegenexplosionen, die Tötung ganzer Bevölkerungen, bereit hätte. Das nur, um anzudeuten, wie sehr die Kräfte, gegen die man angehen muß, solche des Zuges der Weltgeschichte sind.

Da die Möglichkeit, die objektiven, nämlich gesellschaftlichen und politischen Voraussetzungen, die solche Ereignisse ausbrüten, zu verändern, heute aufs äußerste beschränkt ist, sind Versuche, der Wiederholung entgegenzuarbeiten, notwendig auf die subjektive Seite abgedrängt. Damit meine ich wesentlich auch die Psychologie der Menschen, die so etwas tun. Ich glaube nicht, daß es viel hülfe, an ewige Werte zu appellieren, über die gerade jene, die für solche Untaten anfällig sind, nur die Achseln zucken würden; glaube auch nicht, Aufklärung darüber, welche positiven Qualitäten die verfolgten Minderheiten besitzen, könnte viel nutzen. Die Wurzeln sind in den Verfolgern zu suchen, nicht in den Opfern, die man unter den armseligsten Vorwänden hat ermorden lassen. Nötig ist, was ich unter diesem Aspekt einmal die Wendung aufs Subjekt genannt habe. Man muß die Mechanismen erkennen, die die Menschen so machen, daß sie solcher Taten fähig werden, muß ihnen selbst diese Mechanismen aufzeigen und zu verhindern trachten, daß sie abermals so werden, indem man ein allgemeines Bewußtsein jener Mechanismen erweckt. Nicht die Ermordeten sind schuldig, nicht einmal in dem sophistischen und karikierten Sinn, in dem manche es heute noch konstruieren möchten. Schuldig sind allein die, welche besinnungslos ihren Haß und ihre Angriffswut an ihnen ausgelassen haben. Solcher Besinnungslosigkeit ist entgegenzuarbeiten, die Menschen sind davon abzubringen, ohne Reflexion auf sich selbst nach außen zu schlagen. Erziehung wäre sinnvoll überhaupt nur als eine zu kritischer Selbstreflexion. Da aber die Charaktere insgesamt, auch die, welche im späteren Leben die Untaten verübten, nach den Kenntnissen der Tiefenpsychologie schon in der frühen Kindheit sich bilden, so hat Erziehung, welche die Wiederholung verhindern will, auf die frühe Kindheit sich zu konzentrieren. Ich nannte Ihnen Freuds These vom Unbehagen in der Kultur. Sie ist aber umfassender noch, als er sie verstand; vor allem, weil unterdessen der zivilisatorische Druck, den er beobachtet hat, sich bis zum Unerträglichen vervielfachte. Damit haben auch die Tendenzen zur Explosion, auf die er aufmerksam machte, eine Gewalt angenommen, die er kaum absehen konnte. Das Unbehagen in der Kultur hat jedoch – was Freud nicht verkannte, wenn er dem auch nicht konkret nachging – seine soziale Seite. Man kann von der Klaustrophobie der Menschheit in der verwalteten Welt reden, einem Gefühl des Eingesperrtseins in einem durch und durch vergesellschafteten, netzhaft dicht gesponnenen Zusammenhang. Je dichter das Netz, desto mehr will man heraus, während gerade seine Dichte verwehrt, daß man herauskann. Das verstärkt die Wut gegen die Zivilisation. Gewalttätig und irrational wird gegen sie aufbegehrt.

Ein Schema, das in der Geschichte aller Verfolgungen sich bestätigt hat, ist, daß die Wut gegen die Schwachen sich richtet, vor allem gegen die, welche man als gesellschaftlich schwach und zugleich – mit Recht oder Unrecht – als glücklich empfindet. Soziologisch möchte ich wagen, dem hinzuzufügen, daß unsere Gesellschaft, während sie immer mehr sich integriert, zugleich Zerfallstendenzen ausbrütet. Diese Zerfallstendenzen sind, dicht unter der Oberfläche des geordneten, zivilisatorischen Lebens, äußerst weit fortgeschritten. Der Druck des herrschenden Allgemeinen auf alles Besondere, die einzelnen Menschen und die einzelnen Institutionen, hat eine Tendenz, das Besondere und Einzelne samt seiner Widerstandskraft zu zertrümmern. Mit ihrer Identität und mit ihrer Widerstandskraft büßen die Menschen auch die Qualitäten ein, kraft deren sie es vermöchten, dem sich entgegenzustemmen, was zu irgendeiner Zeit wieder zur Untat lockt. Vielleicht sind sie kaum noch fähig zu widerstehen, wenn ihnen von etablierten Mächten befohlen wird, daß sie es abermals tun, solange es nur im Namen irgendwelcher halb- oder gar nicht geglaubter Ideale geschieht.

Spreche ich von der Erziehung nach Auschwitz, so meine ich zwei Bereiche: einmal Erziehung in der Kindheit, zumal der frühen; dann allgemeine Aufklärung, die ein geistiges, kulturelles und gesellschaftliches Klima schafft, das eine Wiederholung nicht zuläßt, ein Klima also, in dem die Motive, die zu dem Grauen geführt haben, einigermaßen bewußt werden. Ich kann mir selbstverständlich nicht anmaßen, den Plan einer solchen Erziehung auch nur im Umriß zu entwerfen. Aber ich möchte wenigstens einige Nervenpunkte bezeichnen. Vielfach hat man – etwa in Amerika – den autoritätsgläubigen deutschen Geist für den Nationalsozialismus und auch für Auschwitz verantwortlich gemacht. Ich halte diese Erklärung für zu oberflächlich, obwohl bei uns, wie in vielen anderen europäischen Ländern, autoritäre Verhaltensweisen und blinde Autorität viel zäher überdauern, als man es unter Bedingungen formaler Demokratie gern Wort hat. Eher ist anzunehmen, daß der Faschismus und das Entsetzen, das er bereitete, damit zusammenhängen, daß die alten, etablierten Autoritäten des Kaiserreichs zerfallen, gestürzt waren, nicht aber die Menschen psychologisch schon bereit, sich selbst zu bestimmen. Sie zeigten der Freiheit, die ihnen in den Schoß fiel, nicht sich gewachsen. Darum haben dann die Autoritätsstrukturen jene destruktive und – wenn ich so sagen darf – irre Dimension angenommen, die sie vorher nicht hatten, jedenfalls nicht offenbarten. Denkt man daran, wie Besuche irgendwelcher Potentaten, die politisch gar keine reale Funktion mehr haben, zu ekstatischen Ausbrüchen ganzer Bevölkerungen führen, so ist der Verdacht wohl begründet, daß das autoritäre Potential nach wie vor weit stärker ist, als man denken sollte. Ich möchte aber nachdrücklich betonen, daß die Wiederkehr oder Nichtwiederkehr des Faschismus im Entscheidenden keine psychologische, sondern eine gesellschaftliche Frage ist. Vom Psychologischen rede ich nur deshalb soviel, weil die anderen, wesentlicheren Momente dem Willen gerade der Erziehung weitgehend entrückt sind, wenn nicht dem Eingriff der Einzelnen überhaupt.

Vielfach wird von Wohlmeinenden, die nicht möchten, daß es noch einmal so komme, der Begriff der Bindung zitiert. Daß die Menschen keine Bindung mehr hätten, sei verantwortlich für das, was da vorging. Tatsächlich hängt der Autoritätsverlust, eine der Bindungen des sadistisch-autoritären Grauens, damit zusammen. Für den gesunden Menschenverstand ist es plausibel, Bindungen anzurufen, die dem Sadistischen, Destruktiven, Zerstörerischen Einhalt tun durch ein nachdrückliches »Du sollst nicht«. Trotzdem halte ich es für eine Illusion, daß die Berufung auf Bindungen oder gar die Forderung, man solle wieder Bindungen eingehen, damit es besser in der Welt und in den Menschen ausschaue, im Ernst frommt. Die Unwahrheit von Bindungen, die man fordert, nur damit sie irgend etwas – sei es auch Gutes – bewirken, ohne daß sie in sich selbst von den Menschen noch als substantiell erfahren werden, wird sehr rasch gefühlt. Erstaunlich, wie prompt selbst die törichtesten und naivsten Menschen reagieren, wenn es ums Aufspüren von Schwächen des Besseren geht. Leicht werden die sogenannten Bindungen entweder zum Gesinnungsspaß – man nimmt es an, um sich als ein zuverlässiger Bürger auszuweisen – oder sie produzieren gehässige Rancune, psychologisch das Gegenteil dessen, wofür sie aufgeboten werden. Sie bedeuten Heteronomie, ein Sichabhängigmachen von Geboten, von Normen, die sich nicht vor der eigenen Vernunft des Individuums verantworten. Was die Psychologie Über-Ich nennt, das Gewissen, wird im Namen von Bindung durch äußere, unverbindliche, auswechselbare Autoritäten ersetzt, so wie man es nach dem Zusammenbruch des Dritten Reichs auch in Deutschland recht deutlich hat beobachten können. Gerade die Bereitschaft, mit der Macht es zu halten und äußerlich dem, was stärker ist, als Norm sich zu beugen, ist aber die Sinnesart der Quälgeister, die nicht mehr aufkommen soll. Deswegen ist die Empfehlung der Bindungen so fatal. Menschen, die sie mehr oder minder freiwillig annehmen, werden in eine Art von permanentem Befehlsnotstand versetzt. Die einzig wahrhafte Kraft gegen das Prinzip von Auschwitz wäre Autonomie, wenn ich den Kantischen Ausdruck verwenden darf; die Kraft zur Reflexion, zur Selbstbestimmung, zum Nicht-Mitmachen. (...)

Was (...) Auschwitz hervorbringt, die für die Welt von Auschwitz charakteristischen Typen, sind vermutlich ein Neues. Sie bezeichnen auf der einen Seite die blinde Identifikation mit dem Kollektiv. Auf der anderen sind sie danach zugeschnitten, Massen, Kollektive zu manipulieren, so wie die Himmler, Höss, Eichmann. Für das Allerwichtigste gegenüber der Gefahr einer Wiederholung halte ich, der blinden Vormacht aller Kollektive entgegenzuarbeiten, den Widerstand gegen sie dadurch zu steigern, daß man das Problem der Kollektivierung ins Licht rückt. Das ist nicht so abstrakt, wie es angesichts der Leidenschaft gerade junger, dem Bewußtsein nach progressiver Menschen, sich in irgend etwas einzugliedern, klingt. Anknüpfen ließe sich an das Leiden, das die Kollektive zunächst allen Individuen, die in sie aufgenommen werden, zufügen. Man braucht nur an die eigenen ersten Erfahrungen in der Schule zu denken. Anzugehen wäre gegen jene Art folk-ways, Volkssitten, Initiationsriten jeglicher Gestalt, die einem Menschen physischen Schmerz – oft bis zum Unerträglichen – antun als Preis dafür, daß er sich als Dazugehöriger, als einer des Kollektivs fühlen darf. Das Böse von Gebräuchen wie die Rauhnächte und das Haberfeldtreiben und wie derlei beliebte bodenständige Sitten sonst heißen mögen, ist eine unmittelbare Vorform der nationalsozialistischen Gewalttat. Kein Zufall, daß die Nazis solche Scheußlichkeiten unter dem Namen »Brauchtum« verherrlicht und gepflegt haben. Die Wissenschaft hätte hier eine höchst aktuelle Aufgabe. Sie könnte die Tendenz der Volkskunde, die von den Nationalsozialisten begeistert beschlagnahmt wurde, energisch umwenden, um dem zugleich brutalen und gespenstischen Überleben dieser Volksfreuden zu steuern.

In dieser gesamten Sphäre geht es um ein vorgebliches Ideal, das in der traditionellen Erziehung auch sonst eine erhebliche Rolle spielt, das der Härte. Es kann auch noch, schmachvoll genug, auf einen Ausspruch von Nietzsche sich berufen, obwohl er wahrhaft etwas anderes meinte. Ich erinnere daran, daß der fürchterliche Boger während der Auschwitz-Verhandlung einen Ausbruch hatte, der gipfelte in einer Lobrede auf Erziehung zur Disziplin durch Härte. Sie sei notwendig, um den ihm richtig erscheinenden

Typus vom Menschen hervorzubringen. Dies Erziehungsbild der Härte, an das viele glauben mögen, ohne darüber nachzudenken, ist durch und durch verkehrt. Die Vorstellung, Männlichkeit bestehe in einem Höchstmaß an Ertragenkönnen, wurde längst zum Deckbild eines Masochismus, der – wie die Psychologie dartat – mit dem Sadismus nur allzu leicht sich zusammenfindet. Das gepriesene Hart-Sein, zu dem da erzogen werden soll, bedeutet Gleichgültigkeit gegen den Schmerz schlechthin. Dabei wird zwischen dem eigenen und dem anderer gar nicht einmal so sehr fest unterschieden. Wer hart ist gegen sich, der erkauft sich das Recht, hart auch gegen andere zu sein, und rächt sich für den Schmerz, dessen Regungen er nicht zeigen durfte, die er verdrängen mußte. Dieser Mechanismus ist ebenso bewußt zu machen wie eine Erziehung zu fördern, die nicht, wie früher, auch noch Prämien auf den Schmerz setzt und auf die Fähigkeit, Schmerzen auszuhalten. Mit anderen Worten: Erziehung müßte Ernst machen mit einem Gedanken, der der Philosophie keineswegs fremd ist: daß man die Angst nicht verdrängen soll. Wenn Angst nicht verdrängt wird, wenn man sich gestattet, real so viel Angst zu haben, wie diese Realität Angst verdient, dann wird gerade dadurch wahrscheinlich doch manches von dem zerstörerischen Effekt der unbewußten und verschobenen Angst verschwinden.

Menschen, die blind in Kollektive sich einordnen, machen sich selber schon zu etwas wie Material, löschen sich als selbstbestimmte Wesen aus. Dazu paßt die Bereitschaft, andere als amorphe Masse zu behandeln. Ich habe die, welche sich so verhalten, in der *Authoritarian Personality* den manipulativen Charakter genannt, und zwar zu einer Zeit, als das Tagebuch von Höss oder die Aufzeichnungen von Eichmann noch gar nicht bekannt waren. Meine Beschreibungen des manipulativen Charakters datieren auf die letzten Jahre des Zweiten Weltkrieges zurück. Manchmal vermögen Sozialpsychologie und Soziologie Begriffe zu konstruieren, die erst später empirisch ganz sich bewahrheiten. Der manipulative Charakter – jeder kann das an den Quellen kontrollieren, die über jene Naziführer zur Verfügung stehen – zeichnet sich aus durch Organisationswut, durch Unfähigkeit, überhaupt unmittelbare menschliche Erfahrungen zu machen, durch eine gewisse Art von Emotionslosigkeit, durch überwertigen Realismus. Er will um jeden Preis angebliche, wenn auch wahnhafte Realpolitik betreiben. Er denkt oder wünscht nicht eine Sekunde lang die Welt anders, als sie ist, besessen vom Willen *of doing things*, Dinge zu tun, gleichgültig gegen den Inhalt solchen Tuns. Er macht aus der Tätigkeit, der Aktivität, der sogenannten *efficiency* als solcher einen Kultus, der in der Reklame für den aktiven Menschen anklingt. Dieser Typ ist unterdessen – wenn meine Beobachtungen mich nicht trügen und manche soziologische Untersuchungen Verallgemeinerung gestatten – viel weiter verbreitet, als man denken könnte. Was damals nur einige Nazimonstren exemplifizierten, wird man heute feststellen können an sehr zahlreichen Menschen, etwa jugendlichen Verbrechern, Bandenführern und ähnlichen, von denen man jeden Tag in der Zeitung liest. Hätte ich diesen Typus des manipulativen Charakters auf eine Formel zu bringen – vielleicht soll man es nicht, aber zur Verständigung mag es doch gut sein –, so würde ich ihn den Typus des *verdinglichten Bewußtseins* nennen. Erst haben die Menschen, die so geartet sind, sich selber gewissermaßen den Dingen gleichgemacht. Dann machen sie, wenn es ihnen möglich ist, die anderen den Dingen gleich. Der Ausdruck »fertigmachen«, ebenso populär in der Welt jugendlicher Rowdies wie in der der Nazis, drückt das sehr genau aus. Menschen definiert dieser Ausdruck »fertigmachen« als im doppelten Sinn zugerichtete Dinge. Die Folter ist nach der Einsicht von Max Horkheimer die in Regie genommene und gewissermaßen beschleunigte Anpassung der Menschen an die Kollektive. Etwas davon liegt im Geist der Zeit, sowenig es auch mit Geist zu tun hat. Ich zitiere bloß das vor dem letzten Krieg gesprochene Wort von Paul Valéry, die Unmenschlichkeit habe eine große Zukunft. Besonders schwer ist es, dagegen anzugehen, weil jene manipulativen Menschen, die zu Erfahrungen eigentlich nicht fähig sind, eben deshalb Züge von Unansprechbarkeit aufweisen, die sie mit gewissen Geisteskranken oder psychotischen Charakteren, den Schizoiden, verbinden.

Bei Versuchen, der Wiederholung von Auschwitz entgegenzuwirken, schiene es mir wesentlich, zunächst Klarheit darüber zu schaffen, wie der manipulative Charakter zustande kommt, um dann durch Veränderung der Bedingungen sein Entstehen, so gut es geht, zu verhindern. Ich möchte einen konkreten Vorschlag machen: die Schuldigen von Auschwitz mit allen der Wissenschaft verfügbaren Methoden, insbesondere mit langjährigen Psychoanalysen, zu studieren, um möglicherweise herauszubringen, wie ein Mensch so wird. Das, was jene an Gutem irgend noch tun können, ist, wenn sie selbst, in Widerspruch zu ihrer eigenen Charakterstruktur, etwas dazu helfen, daß es nicht noch einmal so komme. Das würde nur dann geschehen, wenn sie mitarbeiten wollten bei der Erforschung ihrer Genese. Allerdings dürfte es schwierig sein, sie zum Reden zu bringen; um keinen Preis dürfte irgend etwas ihren eigenen Methoden Verwandtes angewendet werden, um zu lernen, wie sie so wurden. Einstweilen jedenfalls fühlen sie – eben in ihrem Kollektiv, im Gefühl, daß sie allesamt alte Nazis sind – sich so geborgen, daß kaum einer auch nur Schuldgefühle gezeigt hat. Aber vermutlich existieren auch in ihnen, oder wenigstens in manchen, psychologische Anknüpfungspunkte, durch die sich das ändern könnte, etwa ihr Narzißmus, schlicht gesagt ihre Eitelkeit. Sie mögen sich wichtig vorkommen, wenn sie hemmungslos von sich sprechen können, so wie Eichmann, der ja offenbar ganze Bibliotheken von andern einsprach. Schließlich ist anzunehmen, daß auch in diesen Personen, wenn man tief genug gräbt, Restbestände der alten, heute vielfach in Auflösung befindlichen Gewissensinstanz vorhanden sind. Kennt man aber einmal die inneren und äußeren Bedingungen, die sie so machten – wenn ich hypothetisch unterstellen darf, daß man das tatsächlich herausbringen kann –, dann lassen sich möglicherweise doch praktische Folgerungen ziehen, daß es nicht noch einmal so werde. Ob der Versuch etwas hilft oder nicht, wird sich erst zeigen, wenn er unternommen ward; ich möchte ihn nicht überschätzen. Man muß sich vergegenwärtigen, daß aus derlei Bedingungen Menschen nicht automatisch erklärt werden können. Unter gleichen Bedingungen wurden manche so und manche ganz anders. Trotzdem wäre es der Mühe wert. Ein aufklärendes Potential dürfte allein schon in der Fragestellung liegen, wie man so wurde. Denn es gehört zu dem unheilvollen Bewußtseins- und Unbewußtseinszustand, daß man sein So-Sein – daß man so und nicht anders ist – fälschlich für Natur, für ein unabänderlich Gegebenes hält und nicht für ein Gewordenes. Ich nannte den Begriff des verdinglichten Bewußtseins. Das ist aber vor allem eines, das gegen alles

Geworden-Sein, gegen alle Einsicht in die eigene Bedingtheit sich abblendet und das, was so ist, absolut setzt. Würde dieser Zwangsmechanismus einmal durchbrochen, wäre – so dächte ich – doch einiges gewonnen.

Weiter sollte man im Zusammenhang mit dem verdinglichten Bewußtsein auch das Verhältnis zur Technik genau betrachten, und zwar keineswegs nur bei kleinen Gruppen. Es ist so doppeldeutig wie das zum Sport, mit dem es im übrigen verwandt ist. Einerseits produziert jede Epoche diejenigen Charaktere – Typen der Verteilung von psychischer Energie –, die sie gesellschaftlich braucht. Eine Welt, in der die Technik eine solche Schlüsselposition hat wie heute, bringt technologische, auf Technik eingestimmte Menschen hervor. Das hat seine gute Rationalität: in ihrem engeren Bereich werden sie weniger sich vormachen lassen, und das kann auch ins Allgemeinere hinein wirken. Andererseits steckt im gegenwärtigen Verhältnis zur Technik etwas Übertriebenes, Irrationales, Pathogenes. Das hängt zusammen mit dem »technologischen Schleier«. Die Menschen sind geneigt, die Technik für die Sache selbst, für Selbstzweck, für eine Kunst eigenen Wesens zu halten und darüber zu vergessen, daß sie der verlängerte Arm des Menschen ist. Die Mittel – und Technik ist ein Inbegriff von Mitteln zur Selbsterhaltung der Gattung Mensch – werden fetischisiert, weil die Zwecke – ein menschenwürdiges Leben – verdeckt und vom Bewußtsein der Menschen abgeschnitten sind. Solange man das so allgemein sagt, wie ich es eben formulierte, dürfte das einleuchten. Aber eine solche Hypothese ist noch viel zu abstrakt. Keineswegs weiß man bestimmt, wie die Fetischisierung der Technik in der individuellen Psychologie der einzelnen Menschen sich durchsetzt, wo die Schwelle ist zwischen einem rationalen Verhältnis zu ihr und jener Überwertung, die schließlich dazu führt, daß einer, der ein Zugsystem ausklügelt, das die Opfer möglichst schnell und reibungslos nach Auschwitz bringt, darüber vergißt, was in Auschwitz mit ihnen geschieht. Bei dem Typus, der zur Fetischisierung der Technik neigt, handelt es sich, schlicht gesagt, um Menschen, die nicht lieben können. Das ist nicht sentimental und nicht moralisierend gemeint, sondern bezeichnet die mangelnde libidinöse Beziehung zu anderen Personen. Sie sind durch und durch kalt, müssen auch zuinnerst die Möglichkeit von

Liebe negieren, ihre Liebe von anderen Menschen von vornherein, ehe sie sich nur entfaltet, abziehen. Was an Liebesfähigkeit in ihnen irgend überlebt, müssen sie an Mittel verwenden. Die vorurteilsvollen, autoritätsgebundenen Charaktere, mit denen wir es in der *Authoritarian Personality* in Berkeley zu tun hatten, lieferten manche Belege dafür. Eine Versuchsperson – das Wort ist selber schon ein Wort aus dem verdinglichten Bewußtsein – sagte von sich: »I like nice equipment« (Ich habe hübsche Ausstattungen, hübsche Apparaturen gern), ganz gleichgültig, welche Apparaturen das sind. Seine Liebe wurde von Dingen, Maschinen als solchen absorbiert. Das Bestürzende ist dabei – bestürzend, weil es so hoffnungslos erscheinen läßt, dagegen anzugehen –, daß dieser Trend mit dem der gesamten Zivilisation verkoppelt ist. Ihn bekämpfen heißt soviel wie gegen den Weltgeist sein; aber damit wiederhole ich nur etwas, was ich zu Eingang als den düstersten Aspekt einer Erziehung gegen Auschwitz vorwegnahm.

Ich sagte, jene Menschen seien in einer besonderen Weise kalt. Wohl sind ein paar Worte über Kälte überhaupt erlaubt. Wäre sie nicht ein Grundzug der Anthropologie, also der Beschaffenheit der Menschen, wie sie in unserer Gesellschaft tatsächlich sind; wären sie also nicht zutiefst gleichgültig gegen das, was mit allen anderen geschieht außer den paar, mit denen sie eng und womöglich durch handgreifliche Interessen verbunden sind, so wäre Auschwitz nicht möglich gewesen, die Menschen hätten es dann nicht hingenommen. Die Gesellschaft in ihrer gegenwärtigen Gestalt – und wohl seit Jahrtausenden – beruht nicht, wie seit Aristoteles ideologisch unterstellt wurde, auf Anziehung, auf Attraktion, sondern auf der Verfolgung des je eigenen Interesses gegen die Interessen aller anderen. Das hat im Charakter der Menschen bis in ihr Innerstes hinein sich niedergeschlagen. Was dem widerspricht, der Herdentrieb der sogenannten *lonely crowd*, der einsamen Menge, ist eine Reaktion darauf, ein Sich-Zusammenrotten von Erkalteten, die die eigene Kälte nicht ertragen, aber auch nicht sie ändern können. Jeder Mensch heute, ohne jede Ausnahme, fühlt sich zuwenig geliebt, weil jeder zuwenig lieben kann. Unfähigkeit zur Identifikation war fraglos die wichtigste psychologische Bedingung dafür, daß so etwas wie Auschwitz sich inmitten von einigermaßen gesitteten und harmlosen Menschen hat abspielen können.

Was man so »Mitläufertum« nennt, war primär Geschäftsinteresse: daß man seinen eigenen Vorteil vor allem anderen wahrnimmt und, um nur ja nicht sich zu gefährden, sich nicht den Mund verbrennt. Das ist ein allgemeines Gesetz des Bestehenden. Die Kälte der gesellschaftlichen Monade, des isolierten Konkurrenten, war als Indifferenz gegen das Schicksal der anderen die Voraussetzung dafür, daß nur ganz wenige sich regten. Das wissen die Folterknechte; auch darauf machen sie stets erneut die Probe. (...)

Lassen Sie mich zum Ende nur noch mit wenigen Worten eingehen auf einige Möglichkeiten der Bewußtmachung der subjektiven Mechanismen überhaupt, ohne die Auschwitz kaum wäre. Kenntnis dieser Mechanismen ist not; ebenso auch die der stereotypen Abwehr, die ein solches Bewußtsein blockiert. Wer heute noch sagt, es sei nicht so oder nicht ganz so schlimm gewesen, der verteidigt bereits, was geschah, und wäre fraglos bereit zuzusehen oder mitzutun, wenn es wieder geschieht. Wenn rationale Aufklärung auch – wie die Psychologie genau weiß – nicht geradewegs die unbewußten Mechanismen auflöst, so kräftigt sie wenigstens im Vorbewußtsein gewisse Gegeninstanzen und hilft ein Klima bereiten, das dem Äußersten ungünstig ist. Würde wirklich das gesamte kulturelle Bewußtsein durchdrungen von der Ahnung des pathogenen Charakters der Züge, die in Auschwitz zu dem Ihren kamen, so würden die Menschen jene Züge vielleicht besser kontrollieren. (...)

Stanley Milgram:

Gehorsam bis in den Tod

Gehorsam gehört zu den offenkundigsten Grundelementen der Struktur gesellschaftlichen Lebens. Ein gewisses Autoritätssystem ist für jegliches Gemeinschaftsleben nötig, und nur der isoliert hausende Mensch ist nicht gezwungen, auf die Befehle anderer – durch Weigerung oder Unterwerfung – zu reagieren. Gehorsam als eine Verhaltensdeterminante ist für unsere Zeit von ganz besonders großer Bedeutung. Es ist eine gesicherte Tatsache, daß von 1933 bis 1945 Millionen unschuldiger Menschen auf Befehl systematisch umgebracht wurden. Es wurden Gaskammern gebaut, Todeslager bewacht, tägliche Leichenquoten mit der gleichen Effizienz produziert wie Geräte auf dem Fließband. Derart unmenschliche Prozeduren entsprangen vielleicht dem Gehirn eines einzelnen, doch konnten sie in solchem Ausmaß nur durchgeführt werden, wenn eine große Zahl von Menschen seinen Befehlen gehorchte.

Gehorsam ist der psychologische Mechanismus, durch den individuelles Handeln an politische Zwecke gebunden wird. Er ist der Zement, der die Menschen schon von ihrer Anlage her an Autoritätssysteme bindet. Tatsachen der jüngeren Geschichte und Beobachtungen im Alltagsleben legen die Vermutung nahe, daß Gehorsam für viele eine tiefverwurzelte Verhaltenstendenz darstellt, ja möglicherweise einen vorherrschenden Impuls, der das anerzogene ethische Empfinden und Mitgefühl und das Moralverhalten über den Haufen wirft. C. P. Snow weist darauf hin (1961), wenn er über die Bedeutung des Gehorsams schreibt: »Wenn man sich die lange und düstere Geschichte der Menschheit ansieht, entdeckt man, daß mehr scheußliche Verbrechen im Namen des Gehorsams begangen worden sind als jemals im Namen der Rebellion. Wer dies bezweifelt, sollte William Shirers *Aufstieg und Fall des Dritten Reiches* lesen. Das deutsche Offizierskorps wurde nach einem äußerst rigorosen Gehorsamskodex ausgebildet... Im Namen des Gehorsams waren diese Leute an den übelsten Massenaktionen der Weltgeschichte beteiligt und unterstützten sie.«

Die nazistische Vernichtungsaktion gegen die europäischen Juden ist das extremste Beispiel für ein abscheuliches und unmoralisches Verhalten, das Tausende im Namen des Gehorsams an den Tag legten. Doch in geringerem Maß tritt dieser Verhaltenstypus immer wieder auf: Gewöhnliche Bürger erhalten den Befehl, andere Menschen zu vernichten – und sie tun es, weil sie es als ihre Pflicht ansehen, Befehlen zu gehorchen. Auf diese Weise gewinnt die Gehorsamsbereitschaft gegenüber Autorität – die so lange Zeit als eine Tugend gepriesen wurde – neue Aspekte, da sie einer üblen Sache dient; keineswegs mehr mit dem Anschein der Tugend behaftet, verwandelt sie sich in eine verabscheuenswerte Sünde. Oder? (...)

Die juristischen und die philosophischen Aspekte des Komplexes Gehorsam sind äußerst wichtig, doch der empirisch arbeitende Wissenschaftler kommt gelegentlich an einen Punkt, an dem er von der abstrakten Diskussion zur sorgfältigen Beobachtung konkreter Bespiele übergehen möchte. Um den Akt des Gehorchens eingehend zu untersuchen, baute ich an der Yale University ein einfaches Experiment auf. Mit der Zeit waren mehr als tausend Teilnehmer an diesem Experiment beteiligt, und es wurde später an mehreren Universitäten wiederholt. Meine Anfangskonzeption war recht einfach. Eine Person kommt in ein psychologisches Laboratorium und erhält den Befehl, eine Reihe von Handlungen auszuführen, die sie in wachsendem Maß in Gewissenskonflikte stürzen. Die Kernfrage ist, wie lange sich die Versuchsperson den Anordnungen des Versuchsleiters fügt, bevor sie sich weigert, die von ihm geforderten Handlungen auszuführen.

Allerdings muß man dem Leser etwas mehr Detailinformation über dieses Experiment geben. Zwei Leute betreten ein Psychologie-Labor, um an einer Untersuchung über Erinnerungsvermögen und Lernfähigkeit teilzunehmen. Einer von ihnen wird zum »Lehrer« bestimmt, der andere zum »Schüler«. Der Versuchsleiter erklärt ihnen, daß sich die Untersuchung mit den Auswirkungen von Strafe auf das Lernen befaßt. Der Schüler wird in einen Raum gebracht, auf einen Stuhl gesetzt, seine Arme werden festgebunden, um übermäßige Bewegungen zu verhindern, und an seinem Handgelenk wird eine Elektrode befestigt. Man erklärt ihm, daß er eine Reihe von Wortpaaren zu lernen habe und daß er bei jedem Fehler einen Elektroschock von wachsender Stärke erhalten werde.

Im Mittelpunkt des Experiments steht die Versuchsperson als »Lehrer«. Nachdem sie zugesehen hat, wie der Schüler festgeschnallt wird, bringt man sie in den Hauptexperimentierraum und läßt sie vor einem eindrucksvollen Schockgenerator Platz nehmen. Dessen Hauptcharakteristikum ist eine horizontale Anordnung von dreißig Schaltern, die bei einer Steigerung von jeweils 15 Volt mit 15 Volt bis 450 Volt bezeichnet sind. Darunter stehen noch Aufschriften, die von »leichtem Schock« bis zu »bedrohlichem Schock« reichen. Der Lehrer-Versuchsperson wird erklärt, daß sie den Schüler im anderen Raum einem Lerntest zu unterziehen habe. Wenn der Schüler eine richtige Antwort gibt, soll die Lehrer-Versuchsperson zum nächsten Fragepunkt übergehen; wenn er eine falsche Antwort gibt, soll die Versuchsperson ihm einen elektrischen Schock versetzen. Sie soll mit der niedrigsten Schockstärke (15 Volt) beginnen und sie graduell bei jedem Fehler erhöhen, also auf 30 Volt, 45 Volt und entsprechend weiter.

Der »Lehrer« ist eine echte, uninformierte Versuchsperson; sie kommt ins Labor, um an einem Experiment teilzunehmen. Der Schüler (oder »das Opfer«) *spielt* nur seine Rolle und erhält selbstverständlich keinerlei Schock. Ziel des Experiments ist es, herauszufinden, wieweit ein Mensch in einer konkreten, meßbaren Situation geht, in der ihm befohlen wird, einem protestierenden »Opfer« zunehmende Qualen zuzufügen. An welchem Punkt wird sich die Versuchsperson weigern, dem Versuchsleiter weiter zu gehorchen?

Die Konfliktsituation wird deutlich, wenn das Opfer (der »Pseudo-Schüler«) beginnt, Unbehagen auszudrücken. Bei 75 Volt murrt es, bei 120 Volt beklagt es sich ausdrücklich, bei 150 Volt bittet es darum, aus dem Experiment entlassen zu werden. Seine Proteste steigern sich, je höher die zugefügten Schocks steigen. Die Proteste werden heftiger und stärker emotional gefärbt. Bei 285 Volt kann die Reaktion nur noch als qualvolles Schreien bezeichnet werden.

Beobachter dieser Experimente äußerten übereinstimmend, daß ihre überzeugende Eindringlichkeit in der schriftlichen Darstellung nicht genügend zum Ausdruck komme. Für die Versuchsperson ist die gegebene Situation kein Spiel; ihr Konflikt ist heftig und deutlich erkennbar. Einerseits drängt die offenkundige Qual des Schülers sie dazu, die Sache aufzugeben. Andererseits befiehlt ihr der Versuchsleiter – also eine legitimierte Autorität, der sie sich in gewisser Weise verpflichtet fühlt –, das Experiment fortzusetzen. Jedesmal wenn sie zögert, den Schockknopf zu drücken, befiehlt ihr der Versuchsleiter fortzufahren. Um sich aus dieser Situation freizumachen, muß die Versuchsperson einen klaren Bruch mit der Autoritätsperson herbeiführen. Es war die Absicht meiner Untersuchung, herauszufinden, wann und auf welche Weise Menschen sich unter dem Eindruck eines deutlichen moralischen Imperativs gegen die Autorität auflehnen würden.

Es bestehen selbstverständlich enorme Unterschiede zwischen der Befolgung von Befehlen eines kommandierenden Offiziers in Kriegszeiten und dem Ausführen von Befehlen eines Versuchsleiters. Dennoch bleiben in beiden Fällen gewisse Beziehungen bestehen, da man die allgemeine Frage stellen kann: Wie verhält sich ein Mensch, wenn ihm eine legitimierte Autoritätsperson befiehlt, gegen eine Drittperson zu handeln? Wir können bestenfalls damit rechnen, daß die Machtbefugnis des Versuchsleiters beträchtlich geringer ist als die des Generals, da er über kein Machtmittel verfügt, um seine Anordnungen durchzusetzen, und da die Beteiligung an einem psychologischen Experiment wohl kaum Gefühle der Dringlichkeit und Hingabe hervorruft, wie dies die Teilnahme an einem Krieg bewirkt. Trotz dieser Einschränkungen hielt ich es für der Mühe wert, mit sorgfältigen Untersuchungen über Gehorsam selbst unter diesen bescheidenen Umständen zu beginnen, weil ich hoffte, neue Erkenntnisse anzuregen und zu allgemeinen Schlußfolgerungen zu gelangen, die auf eine Vielzahl von Umständen anwendbar sein könnten.

Die erste Reaktion des Lesers auf das Experiment ist möglicherweise die Verwunderung, daß ein Mensch mit gesundem Verstand überhaupt die ersten Schocks erteilen kann. Würde sich die Versuchsperson nicht vielmehr einfach weigern und das Laboratorium verlassen? Tatsache ist, daß keine dies jemals tut. Da die Versuchsperson in das Labor gekommen ist, um dem Experimentator zu helfen, ist sie durchaus bereit, mit der Prozedur zu beginnen. Daran ist gar nichts ungewöhnlich, besonders da die Person, der die Schocks verabreicht werden sollen, zunächst kooperativ, wenn auch ein wenig ängstlich wirkt. Aber überraschend ist, wie lange sich durchschnittliche Menschen den Anordnungen des Versuchsleiters fügen. Die Ergebnisse des Experiments sind so überraschend wie bestürzend. Trotz der Tatsache, daß viele Versuchspersonen Streßerfahrungen durchmachen, trotz der Tatsache, daß viele von ihnen gegenüber dem Versuchsleiter protestieren, macht doch ein bemerkenswerter Prozentsatz bis zum höchsten Schock auf dem Generator weiter.

Viele gehorchen dem Versuchsleiter, gleichgültig, wie heftig das Opfer unter Schock auch fleht, gleichgültig, wie schmerzhaft die Schocks zu sein scheinen, gleichgültig, wie sehr es darum bittet, erlöst zu werden. Dies zeigte sich bei unseren Untersuchungen immer wieder und wurde auch an anderen Universitäten, die das Experiment wiederholten, festgestellt. Diese Bereitschaft bei Erwachsenen, auf den Befehl einer Autoritätsperson nahezu alles zu tun – wie sie das Hauptergebnis unserer Studie zeigt –, ist eine Tatsache, die dringend der Erklärung bedarf.

Eine oft angebotene Erklärung lautet, daß die Versuchspersonen, die dem Opfer die Höchststufe an Schock zumuteten, Ungeheuer gewesen seien, sadistische Randerscheinungen der Gesellschaft. Aber wenn man bedenkt, daß beinahe zwei Drittel der Teilnehmer in die Kategorie der »gehorsamen« Versuchspersonen fallen und daß sie Durchschnittsmenschen aus Arbeiter- und Angestelltenkreisen und freien Berufen waren, dann wird diese Behauptung recht zweifelhaft. In der Tat fühlt man sich stark an die Streitfrage erinnert, die sich nach der Veröffentlichung von Hannah Arendts Buch *Eichmann in Jerusalem* (1963) erhob. Frau Arendt behauptete, die Anstrengungen der Staatsanwaltschaft, Eichmann als ein sadistisches Ungeheuer zu zeichnen, hätten sich als fundamental falsch erwiesen; Eichmann sei viel eher ein fantasieloser Bürokrat gewesen, der einfach an seinem Schreibtisch saß und seine Arbeit erledigte. Für diese Ansicht zog sich Hannah Arendt beträchtliche Verachtung zu, man verleumdete sie sogar. Irgendwie hatten die Leute das Gefühl, die monströsen Taten, die

Eichmann verübte, könne nur eine brutale, perverse, sadistische Persönlichkeit, eine Inkarnation des Bösen begangen haben. Nachdem ich in unseren Experimenten gesehen habe, daß sich Hunderte normaler Durchschnittsmenschen der Autorität unterordneten, gelange ich zwangsläufig zu dem Schluß, daß Hannah Arendts Konzept von der *Banalität des Bösen* der Wahrheit näherkommt, als man sich vorzustellen wagen würde. Die Durchschnittsperson, die dem Opfer Schocks versetzte, tat dies aus einem Gefühl von Verpflichtung heraus – aufgrund eines Konzepts von ihren Pflichten als Versuchsperson –, nicht etwa wegen besonders aggressiver Tendenzen.

Dies ist vielleicht die fundamentalste Erkenntnis aus unserer Untersuchung: Ganz gewöhnliche Menschen, die nur schlicht ihre Aufgabe erfüllen und keinerlei persönliche Feindseligkeit empfinden, können zu Handlungen in einem grausigen Vernichtungsprozeß veranlaßt werden. Schlimmer noch: selbst wenn ihnen die zerstörerischen Folgen ihres Handelns vor Augen geführt und klar bewußt gemacht werden und wenn man ihnen dann sagt, sie sollen Handlungen ausführen, die in krassem Widerspruch stehen zu ihren moralischen Grundüberzeugungen, so verfügen doch nur vereinzelte Menschen über genügende Standfestigkeit, um der Autorität wirksam Widerstand entgegenzusetzen. Eine Vielzahl von Hemmungen gegenüber dem Ungehorsam gegen Autorität spielt mit und sorgt erfolgreich dafür, daß einer nicht aufmuckt. (...)

Was aber veranlaßt die Versuchsperson dazu, dem Versuchsleiter zu gehorchen? Es gibt zunächst einmal eine Reihe von »Bindungsfaktoren«, die sie an die Situation ketten. Dazu gehören Faktoren wie ihre Höflichkeit, ihr Bestreben, das ursprüngliche Versprechen, dem Versuchsleiter zu helfen, wahrzumachen, und die Peinlichkeit des Ausscheidens. Zweitens findet in den Denkprozessen der Versuchsperson eine Reihe von Anpassungen statt, die ihre Entschlossenheit zum Bruch mit der Autorität schwächen. Diese Anpassungsmechanismen helfen ihr, die Beziehung zum Versuchsleiter aufrechtzuerhalten, während sie gleichzeitig den Druck verringern, der sich aus dem experimentellen Konflikt ergibt. Sie sind typisch für Denkprozesse, die bei gehorsamen Personen auftreten, wenn ihnen eine Autoritätsperson Handlungen gegen hilflose Dritte befiehlt.

Einer dieser Mechanismen ist die Tendenz, so stark in den engen technischen Aspekten der Aufgabe aufzugehen, daß man den Überblick über die umfassenderen Konsequenzen verliert. In dem Film »Dr. Seltsam, oder: Wie ich lernte, die Bombe zu lieben« wird in brillanter satirischer Weise dargestellt, wie sehr die Mannschaft eines Bombenflugzeugs von der anspruchsvollen technischen Prozedur des Abwurfs von Atombomben gefesselt ist. Ähnlich werden bei unserem Experiment die Versuchspersonen von den Prozeduren in Anspruch genommen: Sie lesen die Wortpaare mit vorzüglicher Aussprache und drücken die Schalter sehr sorgfältig. Sie wollen eine angemessene Leistung bieten, aber sie zeigen ein parallel verlaufendes Schrumpfen der moralischen Besorgnis und Anteilnahme. Die umfassenderen Aufgaben der Zielsetzung und moralischen Bewertung überlassen sie der Autoritätsfigur des Experiments, dem sie dienen.

Die weitestverbreitete gedankliche Anpassung bei einer gehorsamen Versuchsperson besteht darin, daß sie sich als nichtverantwortlich für ihre eigenen Handlungen betrachtet. Sie streift die Verantwortung ab, indem sie jegliche Initiative dem Versuchsleiter, also der legitimen Autorität zuschreibt. Sie sieht sich nicht als Person, die für ihre Handlungen moralisch haftbar ist, sondern als Werkzeug einer Autorität außerhalb ihrer. Bei den Interviews, in denen die Versuchspersonen im Anschluß an die Experimente gefragt wurden, warum sie weitergemacht hätten, war eine der typischen Antworten: »Ich selber hätte das ja nicht gemacht. Ich habe nur gemacht, was man mir befohlen hat.« Da die Versuchspersonen unfähig sind, sich der Autorität des Versuchsleiters zu widersetzen, übertragen sie alle Verantwortung auf ihn. Es ist die alte Geschichte, »nur seine Pflicht getan« zu haben, die man immer und immer wieder in den Aussagen der in den Nürnberger Prozessen Angeklagten als Verteidigung hören konnte. Es wäre falsch, wollte man dies für eine billige ad hoc zusammengebraute Entschuldigung halten. Es handelt sich eher um einen fundamentalen Denkmodus, den eine große Anzahl von Menschen entwickelt, sobald sie in untergeordneter Stellung in eine Autoritätsstruktur eingespannt ist. Das Verschwinden von Verantwortungsgefühl ist die am weitesten reichende Konsequenz der Unterordnung unter eine Autorität. (...)

Eine weitere psychologische Kraft, die sich in solchen Situationen auswirkt, könnte man als »Gegen-Anthropomorphismus« bezeichnen. Seit Jahrzehnten diskutieren Psychologen über die primitive Tendenz im Menschen, unbeseelten Gegenständen und Kräften Eigenschaften der menschlichen Spezies zuzuschreiben. Andererseits jedoch besteht eine ausgleichende Tendenz, Kräften, die ihrem Ursprung und ihrer Aufrechterhaltung nach wesentlich menschlich sind, unpersönliche Eigenschaften beizumessen. Manche Menschen behandeln Systeme menschlichen Ursprungs, als existierten sie über und jenseits irgendeines menschlichen Täters, jenseits der Kontrolle von Stimmung oder menschlicher Gefühle. Das menschliche Element hinter Behörden und Institutionen wird geleugnet. Wenn also der Versuchsleiter sagt: »Das *Experiment* verlangt, daß Sie weitermachen«, bekommt die Versuchsperson das Gefühl, es handle sich um einen Befehl, der größeres Gewicht habe als eine bloß menschliche Anordnung. Sie stellt die doch so naheliegenden Fragen nicht: »Wessen Experiment? Wieso muß dem Versuchsleiter gehorcht werden, wenn das Opfer dabei leidet?« Die Wünsche eines Menschen – des Gestalters des Experiments – sind Teil eines Schemas geworden, das eine das Denken der Versuchsperson übersteigende Kraft ausübt. »Es *muß* doch weitergehen, es muß doch weitergehen«, sagte eine Versuchsperson immer wieder. Sie konnte sich nicht klarmachen, daß es ein Mensch wie sie selbst war, der wollte, daß es weitergehe. Für sie war der menschliche Beweggrund aus dem Bild verschwunden, und »das Experiment« hatte eine eigene, unpersönliche Macht gewonnen.

Keine Handlung besitzt von sich aus eine unveränderliche psychologische Qualität. Ihre Bedeutung läßt sich ändern, indem man sie in spezifische Zusammenhänge setzt. Vor einiger Zeit wurde in einer amerikanischen Zeitung ein Pilot zitiert, der zugab, daß Amerikaner vietnamesische Männer, Frauen und Kinder bombardierten, aber glaubte, diese Bombardierungen geschähen für einen »edlen Zweck« und seien also gerechtfertigt. Auf ähnliche Weise sehen die meisten Versuchspersonen in unserem Experiment ihr Verhalten in einem größeren Zusammenhang, der positiv und für die Gesellschaft nützlich sei, als Erkundung von wissenschaftlicher Wahrheit. Ein Psychologie-Labor kann einen sicheren Anspruch auf Legitimität erheben und erweckt in Menschen, die es betreten, um dort zu arbeiten, Vertrauen und Selbstsicherheit. Eine Handlung wie etwa die, einem Opfer Elektroschocks zuzufügen, die isoliert als böse erscheinen würde, gewinnt in dieser Umgebung eine vollkommen andere Bedeutung.

Zumindest ein wesentliches Charakteristikum der Situation im Nazideutschland wurde hier nicht betrachtet: die starke Abwertung des Opfers, ehe Aktionen dagegen unternommen werden. Zehn und mehr Jahre lang bereitete eine heftige antijüdische Propaganda die deutsche Bevölkerung darauf vor, die Vernichtung der Juden hinzunehmen. Schritt für Schritt wurden die Juden aus der Kategorie der Bürger und Landsleute ausgeschlossen, bis man ihnen endlich den Rang als Menschen absprach. Die systematische Herabwürdigung des Opfers ist eine Maßnahme der psychologischen Rechtfertigung einer brutalen Behandlung des Opfers und läßt sich stets als Begleiterscheinung bei Massenmord, Pogromen und Kriegen feststellen. Aller Wahrscheinlichkeit nach wäre es unseren Versuchspersonen sehr viel leichter gefallen, dem Opfer die Schocks zuzufügen, wenn dieses Opfer überzeugend als brutaler Krimineller oder als perverser Mensch dargestellt worden wäre.

Jedoch ist die Tatsache von beträchtlichem Gewicht, daß viele Versuchspersonen das Opfer *als Ergebnis* ihrer Handlungen dagegen abwerten. »Er war so dumm und widerspenstig, daß er die Schocks verdiente«, lautete häufig ihr Kommentar. Sobald sie Handlungen gegen das Opfer begangen hatten, fanden sie es nötig, in ihm ein unwürdiges Individuum zu sehen, dessen intellektuelle und charakterliche Mängel die Bestrafung unvermeidlich machten.

Viele Versuchspersonen unseres Experiments waren in gewisser Hinsicht gegen das, was sie dem Schüler antaten, und viele protestierten, noch während sie gehorchten. Aber zwischen Worten und Gedanken und dem entscheidenden Schritt des Ungehorsams gegenüber einer böswilligen Autorität liegt noch etwas anderes, nämlich die Fähigkeit, Überzeugungen und Wertmaßstäbe in Aktion umzusetzen. Manche Versuchspersonen waren vollkommen von der Unrechtmäßigkeit ihres Tuns überzeugt, konnten sich jedoch nicht zu einem klaren Bruch mit der Autoritätsperson entschließen. Andere gaben sich mit ihren gedanklichen Einwänden zufrieden, in der Überzeugung, daß sie – zumindest bei sich selbst – auf der Seite des Guten gestanden hätten. Dabei wurde ihnen nicht klar, daß für das vorliegende moralische Problem subjektive Gefühle weitgehend irrelevant sind, solange sie nicht in Aktion umgesetzt werden. Politische Kontrolle wird durch Aktion bewirkt. Die innere Einstellung der Wachposten in einem Konzentrationslager ist bedeutungslos, sobald sie zulassen, daß vor ihren Augen Unschuldige niedergemetzelt werden. Ähnlich war der sogenannte »geistige oder innere Widerstand« im nazibesetzten Europa – bei dem die Betroffenen durch einen gedanklichen Salto sich einredeten, sie hätten dem Feind Widerstand geleistet – nichts als ein bequemer und beruhigender psychologischer Mechanismus. Willkürherrschaft wird von unsicheren Menschen aufrechterhalten, die nicht genügend Mut besitzen, ihre Überzeugungen in Aktion umzusetzen. In unseren Experimenten mißbilligten die Versuchspersonen immer und immer wieder ihre Verhaltensweise, brachten jedoch nicht die Kraft auf, ihre Wertbegriffe in Aktion umzusetzen.

In einer Variante des Grundexperiments drückt sich ein noch weiter verbreitetes Dilemma aus als das eben beschriebene: Der Versuchsperson wurde nicht befohlen, den Schalter zu betätigen, der dem Opfer den Schock zufügte, sondern sie hatte nur die Aufgabe, eine Hilfeleistung zu erledigen (den Wortpaar-Test vorzunehmen), bevor eine weitere Versuchsperson dann die Schocks zufügte. Unter diesen Bedingungen gingen 37 von 40 Versuchspersonen aus dem Bezirk New Haven bis zum höchsten Schockgrad auf dem Generator. Wie zu erwarten, entschuldigten sie ihr Verhalten damit, die Verantwortung habe bei dem Mann gelegen, der den Schalter betätigte. Dies beleuchtet in etwa eine gefährliche typische Situation in der komplexen Gesellschaft: daß es nämlich psychologisch leicht ist, Verantwortung nicht wahrzunehmen, wenn man nur ein Zwischenglied in einer Kette übler Aktionen ist, sich aber von ihren letzten Konsequenzen weit entfernt befindet. Sogar ein Eichmann empfand Übelkeit, als er die Konzentrationslager besichtigte; doch um sich am Massenmord zu beteiligen, brauchte er nur an seinem Schreibtisch zu sitzen und Papiere hin und her zu schieben. Gleichzeitig konnte jedoch der Mann im Lager, der effektiv das Zyklon-B in die Gaskammer brachte, sein Verhalten mit der Begründung entschuldigen, er befolge ja nur Befehle von oben. Also ergibt sich hier eine Aufsplitterung der menschlichen Gesamtaktion; nicht einer allein beschließt die Durchführung der Untat und wird auch mit ihren Folgen konfrontiert. Der für die Aktion voll Verantwortliche hat sich verflüchtigt. Das stellt wahrscheinlich das am weitesten verbreitete Merkmal des gesellschaftlich organisierten Bösen in der modernen Gesellschaft dar.

Demzufolge ist das Problem des Gehorsams nicht ausschließlich psychologisch, die Form und Gestalt der Gesellschaft und ihre Entwicklungstendenzen spielen ebenfalls eine große Rolle. Vielleicht hat es einmal eine Zeit gegeben, in der der Mensch dazu fähig war, umfassend als Mensch auf jede Situation zu reagieren, weil er als menschliches Wesen umfassend von ihr in Anspruch genommen war. Doch sobald sich unter den Menschen die Arbeitsteilung einbürgerte, änderte sich dies. Von einem bestimmten Punkt an vermindert die Aufteilung der Gesellschaft in Individuen, die engbegrenzte und sehr spezialisierte Aufgaben erfüllen, die Humanqualität in Arbeit und Leben. Der Einzelne überblickt nicht mehr die Gesamtsituation, sondern nur einen kleinen Bereich von ihr und ist deshalb ohne eine Art übergeordneter Lenkung handlungsunfähig. Er beugt sich der Autorität, doch wird er eben dadurch seinen eigenen Handlungen entfremdet.

George Orwell erfaßte den Kern der Sache, als er schrieb: »Während ich dies schreibe, sitzen über mir hochzivilisierte Menschen in Flugzeugen und versuchen mich zu töten. Sie hegen gegen mich als Individuum keinerlei Feindschaft, wie ich nicht gegen sie. Sie ›erfüllen nur ihre Pflicht‹, wie es so schön heißt. Ich zweifle nicht daran, daß die meisten von ihnen gutherzige, gesetzestreue Männer sind, die im Privatleben nicht einmal im Traum daran dächten zu morden. Wenn es aber andererseits einem von ihnen gelingt, mich mit einer gutgezielten Bombe zu zerfetzen, wird er deswegen keineswegs schlechter schlafen.«

IV. Das neuzeitliche Subjekt: Die Moderne schafft sich den Menschen als *homo clausus* und als *homo rationalis*

Einleitung

In den ersten drei Kapiteln ging es eher um grundlegende anthropologische oder sozialontologische Positionen, also um die Frage: Was eigentlich ist die »soziale Menschennatur«? Es sollte auch deutlich geworden sein, daß bei dem Versuch, Aussagen über »das Wesen« zu treffen, die jeweiligen kulturellen Selbstverständlichkeiten eine nicht unwesentliche Rolle spielen. Spezifische individuelle oder soziale Konstellationen werden als so selbstverständlich angesehen, daß sich die jeweiligen Zeitgenossen gar nicht vorstellen können, daß es auch anders sein könnte. Ideologiekritik oder – wie es heute eher genannt würde – Dekonstruktion kann dann häufig die Zeitgebundenheit der »ewigen Wahrheiten« nachweisen. Auch wenn sich die vorherrschende Sozialpsychologie gar nicht mehr bei anthropologischen Fragen aufhält, geht sie – im Gefolge ihrer völker- und kulturpsychologischen gereinigten Mutterdisziplin – von einer universellen psychischen Grundstruktur aus, deren Antworten auf spezifische soziale Reize untersucht werden. Die Frage, ob die vorfindliche Subjektstruktur überhaupt als universell unterstellt werden kann, taucht gar nicht mehr auf.

Vor allem Norbert Elias hat sich an vielen Stellen seines Werkes gegen die in den Sozialwissenschaften generell und vor allem in der Psychologie verbreitete Konzeption des Menschen als *homo clausus* gewandt. In diesem Modell wird zunächst das Individuum als von der Gesellschaft getrennt gedacht, also der in sich eingeschlossene Mensch, der danach aber dann doch zu dieser Gesellschaft in Beziehung gesetzt wird. Dafür werden dann so vage Konzepte wie »Wechselwirkung«, »Beeinflussung« oder »soziale Faktoren« etc. bemüht. Die getrennt gedachten Größen werden nachträglich zusammenmontiert. Elias hat diese Konstruktion immer wieder kritisch kommentiert.

Er zeigt konkret auf, wie sich das Erleben und Verhalten des Menschen im Abendland seit dem Ausgang des Mittelalters verändert hat. Hier geht es nicht um einen sozialgeschichtlich interessanten Prozeß, der den psychischen Strukturen äußerlich bleibt, es geht hier um nichts weniger als den Gegenstand der Psychologie.

Vor allem sozialhistorisch forschende Sozialwissenschaftler haben zeigen können, daß historische Epochen jeweils ihren eigenen Menschentypus erzeugen, der sie in seinen inneren Motiven, Strebungen und Normen trägt. Gerade das Subjekt des bürgerlichen Zeitalters, das sich durch seinen Wunsch nach Autonomie, durch sein Setzen auf Rationalität, durch seine verinnerlichten Verhaltenskontrollen, durch seine spezifischen Schamschwellen und durch einen besonderen Arbeits- und Werksinn auszeichnet, ist besonders genau rekonstruiert worden. Max Weber hat in seiner Analyse des Protestantismus aufgezeigt, wie die Arbeitsbesessenheit des neuzeitlichen Subjekts aus dem Geist der Religion geboren wurde, wie der asketische Habitus aus dem exterritorialen gesellschaftlichen Raum der Klöster in den normalen Alltag Eingang fand und wie er als spezifischer Habitus zu jenem »stahlharten Gehäuse der Hörigkeit« wurde, das dem modernen Berufsmenschen wie zur »zweiten Natur« wurde.

Michel Foucault hat in einer Reihe von Studien aufgezeigt, wie sich mit dem bürgerlichen Zeitalter eine neue Vernunftsordnung durchsetzen konnte, die zugleich neue dunkle Bezirke der Unvernunft und des Wahnsinns schuf. Gerade diese Epochenmarkierung zu Beginn der Neuzeit ist von großer psychologischer Bedeutung. Sie hat aus dem sich neu etablierenden Selbstverständnis des neuzeitlichen Menschen spezifische Erlebnisweisen, Erfahrungen und Impulse ausgeschlossen. Wenn sie sich manifestierten, wurden sie ausgegrenzt und der sich herausbildenden Psychiatrie und Psychopathologie zur Intervention und Verwaltung übertragen. Foucault konfrontiert uns mit der gut begründeten These, daß die als allgemein unterstellte psychische Grundstruktur eine gesellschaftlich begradigte Form hat. Die Abweichung von dieser Form, in anderen Kulturen und auch in der mitteleuropäischen Frühgeschichte durchaus akzeptiert, bedeutet Ausschluß.

Norbert Elias:
Die Entstehung des *homo clausus*

Das heute weit verbreitete Bild von dem Einzelmenschen als einem letztlich von allen andern Menschen absolut unabhängigen und abgeschlossenen, einem ganz für sich stehenden Wesen, läßt sich schwer mit den Fakten, die hier verarbeitet sind, vereinbaren. Es blockiert das Verständnis langfristiger Prozesse, die Menschen auf der individuellen und auf der gesellschaftlichen Ebene gleichzeitig durchlaufen. Parsons gebraucht gelegentlich einmal zur Illustrierung seines Persönlichkeitsbildes die alte Metapher von der Persönlichkeit des Handelnden als »black box«, also als eines verschlossenen schwarzen Kastens, in dessen »Inneren« sich bestimmte individuelle Prozesse abspielen. Die Metapher stammt aus dem Werkzeugkasten der Psychologie. Sie besagt im Grunde, daß alles, was sich wissenschaftlich an einem einzelnen Menschen beobachten läßt, sein Verhalten ist. Man kann beobachten, was der »schwarze Kasten« tut. Aber was im Innern des Kastens vor sich geht, also das, was man auch als »Seele« oder »Geist« bezeichnet, als »ghost in the machine«, wie es ein englischer Philosoph nannte, ist kein Objekt einer wissenschaftlichen Untersuchung. Man kann nicht umhin, einem Bild von dem einzelnen Menschen, das heute in den Menschenwissenschaften eine erhebliche Rolle spielt und das dementsprechend ebenfalls zu der Vernachlässigung langfristiger Veränderungen der Menschen im Zuge der gesellschaftlichen Entwicklung als Forschungsgegenstand beiträgt, in diesem Zusammenhang etwas ausführlicher nachzugehen.

Das Bild des einzelnen Menschen als eines völlig freien, völlig unabhängigen Wesens, als einer »geschlossenen Persönlichkeit«, die »innerlich« ganz auf sich gestellt und von allen andern Menschen abgetrennt ist, geht in der Entwicklung europäischer Gesellschaften auf eine lange Tradition zurück. In der klassischen Philosophie tritt diese Figur etwa als das erkenntnistheoretische Subjekt auf die Szene. In dieser Rolle, als *homo philosophicus*, gewinnt der einzelne Mensch Erkenntnisse über die Welt »außerhalb« seiner ganz aus eigener Kraft. Er braucht sie nicht von andern zu lernen. Von der Tatsache, daß er als Kind auf die Welt gekommen ist, von dem ganzen Prozeß seiner Entwicklung zum Erwachsenen und als Erwachsener, sieht man bei diesem Menschenbild als unwesentlich ab. In der Entwicklung der Menschheit dauerte es viele Tausende von Jahren, ehe Menschen die Zusammenhänge des Naturgeschehens, den Lauf der Gestirne, Regen und Sonnenschein, Donner und Blitz, als Erscheinungsformen eines blinden, unpersönlichen, rein mechanisch und gesetzmäßig verlaufenden Kausalzusammenhangs zu erkennen lernten. Aber die »geschlossene Persönlichkeit« des *homo philosophicus* nimmt die mechanische und gesetzmäßige Kausalverkettung als Erwachsener, ohne daß er etwas darüber von andern zu lernen braucht, ganz unabhängig von dem in seiner Gesellschaft erreichten Stande des Wissens, scheinbar einfach dadurch wahr, daß er die Augen aufmacht. Der Prozeß – der einzelne Mensch als Prozeß im Heranwachsen, die Menschen zusammen als Prozeß der Menschheitsentwicklung – wird in Gedanken auf einen Zustand reduziert. Der einzelne Mensch macht als Erwachsener die Augen auf und erkennt hier und jetzt ganz aus eigener Kraft und ohne von andern zu lernen, nicht allein, was alle diese Objekte sind, die er wahrnimmt, er weiß nicht allein sofort, was er als belebt und als unbelebt, als Stein, als Pflanze oder als Tier zu klassifizieren hat, er erkennt überdies auch ganz unmittelbar hier und jetzt, daß sie kausal und naturgesetzlich miteinander verknüpft sind. Die Frage der Philosophen ist lediglich, ob er diese Erkenntnis der Kausalverknüpfung hier und jetzt aufgrund seiner Erfahrung gewinnt, ob diese Verknüpfung mit anderen Worten eine Eigentümlichkeit der beobachtbaren Tatsachen »außerhalb seiner« ist, oder ob sie eine durch die Eigenart der menschlichen Vernunft vorgegebene Zutat des menschlichen »Inneren« zu dem ist, was von »außen« durch die Sinnesorgane in das »Innere« hineinströmt. Von diesem Bild des Menschen, von dem *homo philosophicus* her, der nie ein Kind war und gleichsam als Erwachsener auf die Welt kam, gibt es keinen Ausweg aus dieser erkenntnistheoretischen Sackgasse. Die Gedanken steuern hilflos zwischen der Scylla irgendeines Positivismus und der Charybdis irgendeines

Apriorismus hin und her – eben weil man das, was sich tatsächlich als Prozeß, als Entwicklung des vielmenschlichen Makrokosmos und der des einzelmenschlichen Mikrokosmos innerhalb der ersteren beobachten läßt, beim Denken auf einen Zustand reduziert, auf einen Erkenntnisakt, der sich hier und jetzt abspielt. Hier hat man ein Beispiel dafür, wie eng das Unvermögen, sich langfristige gesellschaftliche Prozesse, also strukturierte Wandlungen der Figurationen, die viele interdependente Menschen miteinander bilden, ebenso wie der Menschen, die sie bilden, mit einem bestimmten Typ des Menschenbildes und der Selbsterfahrung zusammenhängt. Für Menschen, denen die Vorstellung als selbstverständlich erscheint, daß ihr eigenes Selbst, ihr Ego, ihr »Ich« oder wie immer man es nennen mag, sozusagen in ihrem »Inneren« von allen anderen Menschen und Dingen, von allem, was »draußen« ist, abgeschlossen und ganz für sich existiert, ist es schwer, allen jenen Tatsachen Bedeutung zuzuschreiben, die darauf hinweisen, daß Individuen von klein auf in Interdependenz mit andern leben; es ist schwer für sie, sich Menschen als relativ, nicht als absolut autonome, als relativ, nicht als absolut unabhängige Individuen vorzustellen, die miteinander wandelbare Figurationen bilden. Da diese Selbsterfahrung als unmittelbar einleuchtend erscheint, ist es von ihr her nicht leicht, Tatsachen Rechnung zu tragen, die anzeigen, daß diese Erfahrungsform selbst auf bestimmte Gesellschaften beschränkt ist, daß sie sich im Zusammenhang mit bestimmten Arten der Interdependenzverflechtung, der gesellschaftlichen Bindungen von Menschen aneinander herausbildet, kurzum, daß sie zu den Struktureigentümlichkeiten einer bestimmten Entwicklungsstufe der Zivilisation, einer spezifischen Differenzierung und Individualisierung von Menschenverbänden gehört. Wenn man inmitten eines solchen Verbandes aufwächst, dann kann man sich nicht recht vorstellen, daß es Menschen geben kann, die sich nicht in dieser Weise, als im Innern von allen andern Wesen und Dingen abgeschlossene, völlige auf sich gestellte Individuen erleben; dann erscheint diese Art der Selbsterfahrung als selbstverständlich, als Symptom eines ewigen menschlichen Zustandes, als die schlechthin normale, die natürliche und gemeinsame Selbsterfahrung aller Menschen. Die Vorstellung des einzelnen Menschen, daß er ein *homo clausus* ist, eine kleine Welt für sich, die letzten Endes ganz unabhängig von der großen Welt außerhalb seiner existiert, bestimmt dann das Bild vom Menschen überhaupt. Jeder andere Mensch erscheint ebenfalls als ein *homo clausus*; sein Kern, sein Wesen, sein eigentliches Selbst erscheint ebenfalls als etwas, das in seinem Innern durch eine unsichtbare Mauer, von allem was draußen ist, auch von allen andern Menschen, abgeschlossen ist.

Aber die Natur der Mauer selbst wird kaum je erwogen und nie recht erklärt. Ist der Leib das Gefäß, das in seinem Innern das eigentliche Selbst verschlossen hält? Ist die Haut die Grenze zwischen dem »Innern« und dem »Äußern«? Was ist am Menschen Kapsel und was das Verkapselte? Die Erfahrung des »Innern« und des »Äußern« scheint so unmittelbar einleuchtend, daß man solche Fragen kaum je stellt; sie scheinen keiner Untersuchung zu bedürfen. Man begnügt sich mit den räumlichen Metaphern vom »Innern« und vom »Äußern«, aber man macht keinen Versuch, das »Innere« ernstlich im Raume aufzuzeigen; und obgleich dieser Verzicht auf die Untersuchung der eigenen Voraussetzungen durchaus nicht recht zu dem Verfahren von Wissenschaften paßt, beherrscht dieses vorgefaßte Bild des *homo clausus* nicht nur in der weiteren Gesellschaft, sondern auch in den Menschenwissenschaften in hohem Maße die Szene. Zu seinen Abarten gehört nicht nur der herkömmliche *homo philosophicus*, das Menschenbild der klassischen Erkenntnistheorie, sondern auch der *homo oeconomicus*, der *homo psychologicus*, der *homo historicus* und nicht zuletzt auch in seiner gegenwärtigen Fassung der *homo sociologicus*. Das Bild vom Einzelmenschen des Descartes, des Max Webers oder Parsons und vieler anderer Soziologen, sie alle sind aus dem gleichen Holz geschnitzt. Wie ehemals Philosophen, so akzeptieren heute auch viele Theoretiker der Soziologie diese Selbsterfahrung und das Einzelmenschenbild, das ihr entspricht, unbesehen als Grundlage ihrer Theorien. Sie distanzieren sich noch nicht von ihnen, nehmen sie noch nicht, wenn man es so ausdrücken darf, aus ihrem Bewußtsein heraus, um sie sich gegenüberzustellen und auf ihre Angemessenheit hin zu befragen. Dementsprechend stehen Selbsterfahrung und Einzelmenschenbild dieser Art oft unverändert neben Ansätzen zur Aufhebung der Zustandsreduktion, wie etwa bei Parsons das statische Bild des Ego, des handelnden Einzelmenschen, eines Erwachsenen, von dessen Erwachsenwerden er abstrahiert, unverbunden neben dem psychoanalytischen Gedankengut steht, das er in seine Theorie übernommen hat und das sich gerade nicht auf das Erwachsensein, sondern auf das Erwachsenwerden, auf den Einzelmenschen als offenen Prozeß in unauflöslicher Interdependenz mit andern Einzelmenschen bezieht. Infolgedessen fahren sich die Gedanken von Gesellschaftstheoretikern immer von neuem in einer Sackgasse fest, aus der es anscheinend keinen Ausweg gibt. Das Individuum oder genauer gesagt, das, worauf sich der gegenwärtige Begriff des Individuums bezieht, erscheint immer wieder als etwas, das »außerhalb« der Gesellschaft existiert. Das, worauf sich der Begriff der Gesellschaft bezieht, erscheint immer wieder als etwas, das außerhalb und jenseits der Individuen existiert. Man scheint nur die Wahl zu haben zwischen Theorieansätzen, die so angelegt sind, als ob die Einzelmenschen jenseits der Gesellschaft als das eigentlich Existierende, das eigentlich »Reale« und die Gesellschaft als eine Abstraktion, als nicht eigentlich existierend zu betrachten seien, und andern Theorieansätzen, die die Gesellschaft als »System«, als »soziales Faktum *sui generis*«, als eine Realität eigener Art jenseits der Individuen hinstellen. Allenfalls kann man, wie das neuerdings als ein scheinbarer Ausweg aus der Sackgasse zuweilen geschieht, die beiden Vorstellungen unverbunden nebeneinander stellen, die des einzelnen Menschen als *homo clausus*, als Ego, als Individuum jenseits der Gesellschaft, und die Gesellschaft als ein System außerhalb und jenseits der einzelnen Menschen. Aber damit wird die Unverträglichkeit dieser beiden Vorstellungen nicht aus der Welt geschafft. Um diese Sackgasse der Soziologie und der Menschenwissenschaften überhaupt zu durchbrechen, ist es nötig, die Unzulänglichkeit beider Vorstellungen, der Vorstellung eines Individuums außerhalb der Gesellschaft und die einer Gesellschaft außerhalb der Individuen, gleichermaßen deutlich zu machen. Das ist schwierig, solange das Gefühl der Abkapselung des Selbst im eigenen Innern ungeprüft als Grundlage des Einzelmenschenbildes dient und solange man im Zusammenhang damit die Begriffe »Individuum« und »Gesellschaft« so faßt, als ob sie sich auf unveränderliche Zustände beziehen.

Man vermag die gedankliche Falle, in der man sich bei dieser statischen Fassung der beiden Begriffe »Individuum« und »Gesellschaft« immer wieder von neuem verfängt, nur dann zu öffnen, wenn man sie, wie es hier geschieht, im Zusammenhang mit empirischen Untersuchungen so weiter entwickelt, daß sich beide Begriffe auf Prozesse beziehen. Aber diese Weiterbildung wird zunächst noch durch die außerordentliche Überzeugungskraft blockiert, die, etwa von der Renaissance an, in europäischen Gesellschaften die Selbsterfahrung der Menschen von der eigenen Vereinzelung, von der Abschließung des eigenen »Innern« gegenüber allem, was »draußen« ist, besitzt. Bei Descartes war die Selbsterfahrung der Vereinzelung des Individuums, das sich als denkendes Ich im Innern seines Kopfes der ganzen Welt gegenüber gestellt findet, noch durch den Gottesbegriff etwas abgeschwächt. In der zeitgenössischen Soziologie findet die gleiche Grunderfahrung ihren theoretischen Ausdruck in dem handelnden Ich, das sich den Menschen »draußen« als »Andern« gegenübergestellt findet. Abgesehen von der Leibnizschen Monadologie gibt es in dieser philosophisch-soziologischen Tradition kaum einen Problemansatz, bei dem man grundsätzlich von einer Vielheit interdependenter Menschen ausgeht. Leibniz, der eben das tat, wußte sich nicht anders zu helfen als dadurch, daß er seine Version des *homo clausus*, die »fensterlosen Monaden«, durch eine metaphysische Konstruktion in Verbindung miteinander brachte. Immerhin stellt die Monadologie einen frühen Vorstoß in der Richtung auf Probleme und auf eine Art der Modellbildung dar, die noch heute recht dringlich gerade auch in der Soziologie der Weiterbildung harrt. Der entscheidende Schritt, den er tat, war der einer Selbstdistanzierung, die es ihm ermöglichte, in diesem einen Falle mit dem Gedanken zu spielen, daß man sich selbst nicht als »Ich« allen andern Menschen und Dingen gegenüber, sondern als ein Wesen unter Anderen erleben könne. Für den vorherrschenden Erfahrungstyp der ganzen Periode war es charakteristisch, daß das geozentrische Weltbild der vorangehenden bestenfalls in den Bereichen des unbelebten Naturgeschehens einem Weltbild wich, das, von seiten der erfahrenden Menschen ein höheres Maß von Selbstdistanzierung, ein »Sich-selbst-aus-dem-Zentrum-rücken«, verlangte. Im Denken der Menschen über sich selbst wurde das geozentrische Weltbild weitgehend in einem egozentrischen aufgehoben. Im Mittelpunkt des menschlichen Universums, so erschien es von nun an, steht jeder einzelne Mensch für sich als ein von allen andern letzten Endes völlig unabhängiges Individuum.

Nichts ist charakteristischer für die Selbstverständlichkeit, mit der man auch heute noch beim Denken über Menschen von dem einzelnen Menschen ausgeht, also die Tatsache, daß man nicht von den »*homines sociologiae*« oder »*oeconomiae*« spricht, wenn man sich mit dem Menschenbild der Gesellschaftswissenschaften befaßt, sondern immer wieder von dem Bild des einzelnen Menschen, das in diesen Wissenschaften verankert ist, von dem »*homo sociologicus*« oder »*oeconomicus*«. Von diesem gedanklichen Ausgangspunkt her stellt sich die Gesellschaft letzten Endes als ein Haufen von einzelnen, völlig voneinander unabhängigen Individuen dar, deren eigentliches Wesen in ihrem Innern verschlossen ist und die daher allenfalls äußerlich und von der Oberfläche her miteinander kommunizieren. Man muß, wie es Leibniz tat, eine metaphysische Lösung zu Hilfe rufen, um von dem Ausgangspunkt fensterloser, verschlossener menschlicher und außermenschlicher Monaden her die Vorstellung zu rechtfertigen, daß eine Interdependenz und eine Kommunikation zwischen ihnen oder eine Erkenntnis ihrer durch Menschen möglich ist. Ob es sich um Menschen in ihrer Rolle als »Subjekt« dem »Objekt« gegenüber oder in ihrer Rolle als »Individuum« der »Gesellschaft« gegenüber handelt, in dem einen wie in dem andern Falle ist das Problem so gestellt, als ob ein erwachsener Mensch, der ganz allein und für sich dasteht – also in einer Gestalt, die die in einem objektivierenden Begriff niedergeschlagene Selbsterfahrung vieler Menschen der neueren Zeit widerspiegelt –, den Bezugsrahmen bildet. In Frage steht eine Beziehung zu einem Etwas »außerhalb« seiner selbst, das wie der vereinzelte Mensch, als Zustand gedacht ist, zu der »Natur« oder zu der »Gesellschaft«. Existiert es oder ist es nur etwas, das durch eine Denkoperation zustande kommt, das jedenfalls primär in einer Denkoperation fundiert ist? (...)

Damit kommt man dem Kern der individuellen Struktureigentümlichkeiten, die bei der Selbsterfahrung von Menschen als *homo clausus* Pate stehen, etwas näher. Wenn man von neuem fragt, was eigentlich zu dieser Vorstellung eines »Inneren« des Einzelmenschen Anlaß gibt, das von allem, was außerhalb seiner existiert, abgekapselt ist und was nun eigentlich an Menschen die Kapsel, was das Abgekapselte ist, hier sieht man die Richtung, in der man die Antwort suchen muß. Die festere, allseitigere und ebenmäßigere Zurückhaltung der Affekte, die für diesen Zivilisationsschub charakteristisch ist, die verstärkten Selbstzwänge, die unausweichlicher als zuvor alle spontaneren Impulse daran hindern, sich direkt, ohne Dazwischentreten von Kontrollapparaturen, motorisch in Handlungen auszuleben, sind das, was als Kapsel, als unsichtbare Mauer erlebt wird, die die »Innenwelt« des Individuums von der »Außenwelt« oder je nachdem auch das Subjekt der Erkenntnis von den Objekten, das »Ego« von dem »Anderen«, das »Individuum« von der »Gesellschaft« trennt, und das Abgekapselte sind die zurückgehaltenen, am unmittelbaren Zugang zu den motorischen Apparaturen verhinderten Trieb- und Affektimpulse der Menschen. Sie stellen sich in der Selbsterfahrung als das vor allen Anderen Verborgene und oft als das eigentliche Selbst, als Kern der Individualität dar. Der Ausdruck »das Innere des Menschen« ist eine bequeme Metapher, aber es ist eine Metapher, die in die Irre führt.

Es hat einen guten Sinn, zu sagen, daß das Gehirn des Menschen sich im Inneren seines Schädels befindet und das Herz im Inneren seines Brustkorbes. In diesem Falle kann man klar und deutlich sagen, was der Behälter ist und was das darin Enthaltene, was sich innerhalb seiner Wände, was sich außerhalb ihrer befindet, und woraus die abschließenden Wände bestehen. Aber wenn man die gleichen Redewendungen auf Persönlichkeitsstrukturen bezieht, sind sie nicht am Platze. Die Beziehung von Triebkontrollen und Triebimpulsen, um nur dieses Beispiel zu nennen, ist keine räumliche Beziehung. Die ersteren haben nicht die Gestalt eines Gefäßes, das die letzteren in seinem Inneren enthält. Es gibt unter Menschen Gedankenrichtungen, die die Kontrollapparaturen, die etwa Gewissen oder Ratio für wichtiger halten, es gibt andere, die die menschlichen Trieb- oder Gefühlsregungen für wichtiger halten. Aber wenn man sich nicht um Werte streiten will, wenn man sich in seinem Bemühen auf die Erforschung dessen, was ist, beschränkt, dann findet man keine Struktureigentümlichkeit des Menschen, die es rechtfertigt, zu sagen, daß das eine der Kern des Menschen ist und das andere die Schale. Genau betrachtet handelt es sich bei dem ganzen Komplex der Spannungsachsen, wie Fühlen und Denken, Triebverhalten und Kontrollverhalten, um Tätigkeiten des Menschen. Wenn man statt der üblichen Substanzbegriffe, also etwa statt »Gefühl« und »Verstand«, Tätigkeitsbegriffe gebraucht, läßt es sich leichter verstehen, daß das Bild von dem »Äußeren« und dem »Inneren«, von der Fassade eines Gehäuses, das etwas in seinem Inneren enthält, zwar auf die physischen Teilaspekte eines Menschen, die oben erwähnt wurden, anwendbar ist, aber nicht auf die Struktur der Persönlichkeit, auf die des lebenden Menschen als Ganzem. Auf dieser Ebene gibt es nichts, was einem Behälter ähnelt, – nichts, das Metaphern wie die von dem »Inneren« des Menschen rechtfertigen könnte. Dem Gefühl einer Mauer, die irgendetwas im »Innern« des Menschen von der »Außenwelt« abtrennt, wie echt es auch als Gefühl sein mag, entspricht nichts am Menschen, das den Charakter einer wirklichen Mauer hat. Man erinnert sich daran, daß Goethe einmal dem Gedanken Ausdruck gab, die Natur habe weder Kern noch Schale und es gebe in ihr kein Drinnen und kein Draußen. Das gilt auch von den Menschen.

Auf der einen Seite hilft also die Zivilisationstheorie, um deren Entwicklung sich die folgende Arbeit bemüht, das irreführende Menschenbild der Periode, die wir die Neuzeit nennen, aus seiner Selbstverständlichkeit zu erlösen und Abstand von ihm zu gewinnen, so daß die Arbeit an einem Menschenbild beginnen kann, das weniger an dem eigenen Fühlen und den damit verbundenen Wertungen und in höherem Maße an Menschen als dem Objekt ihres eigenen Denkens und Beobachtens orientiert ist. Auf der andern Seite ist eine Kritik des neuzeitlichen Menschenbildes nötig, um den Prozeß der Zivilisation zu verstehen. Denn im Laufe dieses Prozesses verändert sich die Struktur der einzelnen Menschen; sie werden »zivilisierter«. Und solange man sich den einzelnen Menschen wie einen von Natur verschlossenen Behälter mit einer äußeren Schale und einem in seinem Innern verborgenen Kern vorstellt, muß es unverständlich bleiben, wie ein viele Menschengenerationen umfassender Prozeß der Zivilisation möglich ist, in dessen Verlauf sich die Persönlichkeitsstruktur des einzelnen Menschen wandelt, ohne daß sich die Natur der Menschen wandelt.

181

Max Weber:
Von den religiösen Wurzeln des Arbeitsmenschen

(...) das »summum bonum« dieser »Ethik«: der Erwerb von Geld und immer mehr Geld, unter strengster Vermeidung alles unbefangenen Genießens, so gänzlich aller eudämonistischen oder gar hedonistischen Gesichtspunkte entkleidet, so rein als Selbstzweck gedacht, daß es als etwas gegenüber dem »Glück« oder dem »Nutzen« des einzelnen Individuums jedenfalls gänzlich Transzendentes und schlechthin Irrationales erscheint. Der Mensch ist auf das Erwerben als Zweck seines Lebens, nicht mehr das Erwerben auf den Menschen als Mittel zum Zweck der Befriedigung seiner materiellen Lebensbedürfnisse bezogen. Diese für das unbefangene Empfinden schlechthin sinnlose Umkehrung des, wie wir sagen würden, »natürlichen« Sachverhalts ist nun ganz offenbar ebenso unbedingt ein Leitmotiv des Kapitalismus, wie sie dem von seinem Hauche nicht berührten Menschen fremd ist. Aber sie enthält zugleich eine Empfindungsreihe, welche sich mit gewissen religiösen Vorstellungen eng berührt. Fragt man nämlich: *warum* denn »aus Menschen Geld gemacht« werden soll, so antwortet Benjamin Franklin, obwohl selbst konfessionell farbloser Deist, in seiner Autobiographie darauf mit einem Bibelspruch, den, wie er sagt, sein streng calvinistischer Vater ihm in der Jugend immer wieder eingeprägt habe: »Siehst du einen Mann rüstig *in seinem Beruf*, so soll er vor Königen stehen.« Der Gelderwerb ist – sofern er in legaler Weise erfolgt – innerhalb der modernen Wirtschaftsordnung das Resultat und der Ausdruck der Tüchtigkeit im *Beruf* und *diese Tüchtigkeit* ist, wie nun unschwer zu erkennen ist, das wirkliche A und O der Moral Franklins, wie sie in der zitierten Stelle ebenso wie in allen seinen Schriften ohne Ausnahme uns entgegentritt.

In der Tat: jener eigentümliche, uns heute so geläufige und in Wahrheit doch so wenig selbstverständliche Gedanke der *Berufspflicht*: einer Verpflichtung, die der einzelne empfinden soll und empfindet gegenüber dem Inhalt seiner »beruflichen« Tätigkeit, gleichviel worin sie besteht, gleichviel insbesondere ob sie dem unbefangenen Empfinden als reine Verwertung seiner Arbeitskraft oder gar nur seines Sachgüterbesitzes (als »Kapital«) erscheinen muß: – dieser Gedanke ist es, welcher der »Sozialethik« der kapitalistischen Kultur charakteristisch, ja in gewissem Sinne für sie von konstitutiver Bedeutung ist. Nicht als ob er nur auf dem Boden des Kapitalismus gewachsen wäre: wir werden ihn vielmehr später in der Vergangenheit zurück zu verfolgen suchen. Und noch weniger soll natürlich behauptet werden, daß für den *heutigen* Kapitalismus die subjektive Aneignung dieser ethischen Maxime durch seine einzelnen Träger, etwa die Unternehmer oder die Arbeiter der modernen kapitalistischen Betriebe, Bedingung der Fortexistenz sei. Die heutige kapitalistische Wirtschaftsordnung ist ein ungeheurer Kosmos, in den der einzelne hineingeboren wird und der für ihn, wenigstens als einzelnen, als faktisch unabänderliches Gehäuse, in dem er zu leben hat, gegeben ist. Er zwingt dem einzelnen, soweit er in den Zusammenhang des Marktes verflochten ist, die Normen seines wirtschaftlichen Handelns auf. Der Fabrikant, welcher diesen Normen dauernd entgegenhandelt, wird ökonomisch ebenso unfehlbar eliminiert, wie der Arbeiter, der sich ihnen nicht anpassen kann oder will, als Arbeitsloser auf die Straße gesetzt wird.

Der heutige, zur Herrschaft im Wirtschaftsleben gelangte Kapitalismus also erzieht und schafft sich im Wege der ökonomischen *Auslese* die Wirtschaftssubjekte – Unternehmer und Arbeiter –, deren er bedarf. Allein gerade hier kann man die Schranken des »Auslese«-Begriffes als Mittel der Erklärung historischer Erscheinungen mit Händen greifen. Damit jene der Eigenart des Kapitalismus angepaßte Art der Lebensführung und Berufsauffassung »ausgelesen« werden, d. h.: über andere den Sieg davontragen konnte, mußte sie offenbar zunächst entstanden sein, und zwar nicht in einzelnen isolierten Individuen, sondern als eine Anschauungsweise, die von Menschen*gruppen* getragen wurde.

(...)

Die innerweltliche protestantische Askese – so können wir das bisher Gesagte wohl zusammenfassen – wirkte also mit voller Wucht gegen den unbefangenen *Genuß* des Besitzes, sie schnürte die *Konsumtion*, speziell die Luxuskonsumtion, ein. Dagegen *entlastete* sie im psychologischen Effekt den *Gütererwerb* von den Hemmungen der traditionalistischen Ethik, sie sprengte die Fesseln des Gewinnstrebens, indem sie es nicht nur legalisierte, sondern (in dem dargestellten Sinn) direkt als gottgewollt ansah. Der Kampf gegen Fleischeslust und das Hängen an äußeren Gütern war, wie neben den Puritanern auch der große Apologet des Quäkertums, Barclay, ausdrücklich bezeugt, *kein* Kampf gegen rationalen *Erwerb*, sondern gegen irrationale Verwendung des Besitzes. Diese aber lag vor allem in der Wertschätzung der als Kreaturvergötterung verdammlichen *ostensiblen* Formen des Luxus, wie sie dem feudalen Empfinden so nahe lagen, anstatt der von Gott gewollten rationalen und utilitarischen Verwendung für die Lebenszwecke des einzelnen und der Gesamtheit. *Nicht Kasteiung* wollte sie dem Besitzenden aufzwingen, sondern Gebrauch seines Besitzes für notwendige und *praktisch nützliche* Dinge. Der Begriff des »*comfort*« umspannt in charakteristischer Weise den Kreis der ethisch statthaften Verwendungszwecke, und es ist natürlich kein Zufall, daß man die Entwicklung des Lebensstils, der sich an jenen Begriff heftet, gerade bei den konsequentesten Vertretern dieser ganzen Lebensanschauung: den Quäkern, am frühesten und deutlichsten beobachtet hat. Dem Flitter und Schein chevaleresken Prunkes, der, auf unsolider ökonomischer Basis ruhend, die schäbige Eleganz der nüchternen Einfachheit vorzieht, setzten sie die saubere und solide Bequemlichkeit des bürgerlichen »home« als Ideal entgegen.

Auf der *Seite der Produktion* des privatwirtschaftlichen Reichtums kämpfte die Askese gegen Unrechtlichkeit ebenso wie gegen rein triebhafte Habgier, – denn diese war es, welche sie als »covetousness«, als »Mammonismus« usw. verwarf: das Streben nach Reichtum zu dem Endzweck, reich zu *sein*. Denn der Besitz als solcher war Versuchung. Aber hier war nun die Askese die Kraft, »die stets das Gute will und stets das Böse« – das in ihrem Sinn Böse: den Besitz und seine Versuchungen – »schafft«. Denn nicht nur sah sie, mit dem Alten Testament und in voller Analogie zu der ethischen Wertung der »guten Werke«, zwar in dem Streben nach Reichtum als *Zweck* den Gipfel des Verwerflichen, in der Erlangung des Reichtums als *Frucht* der Berufsarbeit aber den Segen

Gottes. Sondern, was noch wichtiger war: die religiöse Wertung der rastlosen, stetigen, systematischen, weltlichen Berufsarbeit als schlechthin höchsten asketischen Mittels und zugleich sicherster und sichtbarster Bewährung des wiedergeborenen Menschen und seiner Glaubensechtheit mußte ja der denkbar mächtigste Hebel der Expansion jener Lebensauffassung sein, die wir hier als »Geist« des Kapitalismus bezeichnet haben. Und halten wir nun noch jene Einschnürung der Konsumtion mit dieser Entfesselung des Erwerbsstrebens *zusammen*, so ist das äußere Ergebnis naheliegend: *Kapitalbildung* durch *asketischen Sparzwang*. Die Hemmungen, welche dem konsumtiven Verbrauch des Erworbenen entgegenstanden, mußten ja seiner produktiven Verwendung: als *Anlage*kapital, zugute kommen. (...)

Soweit die Macht puritanischer Lebensauffassung reichte, kam sie unter allen Umständen – und dies ist natürlich weit wichtiger als die bloße Begünstigung der Kapitalbildung – der Tendenz zu bürgerlicher, ökonomisch *rationaler* Lebensführung zugute; sie war ihr wesentlichster und vor allem: ihr einzig konsequenter Träger. Sie stand an der Wiege des modernen »Wirtschaftsmenschen«. Gewiß: diese puritanischen Lebensideale versagten bei einer allzu starken Belastungsprobe durch die den Puritanern selbst ja sehr wohlbekannten »Versuchungen« des Reichtums. Sehr regelmäßig finden wir die genuinsten Anhänger puritanischen Geistes in den Reihen der erst im *Aufsteigen begriffenen* Schichten der Kleinbürger und Farmer und die »beati possidentes«, selbst bei den Quäkern, recht oft zur Verleugnung der alten Ideale bereit. Es war das ja das gleiche Schicksal, welchem die Vorgängerin der innerweltlichen Askese: die klösterliche Askese des Mittelalters, immer wieder erlag: wenn die rationelle Wirtschaftsführung hier, an der Stätte streng geregelten Lebens und gehemmter Konsumtion, ihre Wirkung voll entfaltet hatte, so verfiel der gewonnene Besitz entweder direkt – wie in der Zeit vor der Glaubensspaltung – der Veradlung oder es drohte doch die klösterliche Zucht in die Brüche zu gehen und eine der zahlreichen »Reformationen« mußte eingreifen. Ist doch die ganze Geschichte der Ordensregeln in gewissem Sinne ein stets erneutes Ringen mit dem Problem der säkularisierenden Wirkung des Besitzes. Das gleiche gilt in grandiosem Maßstabe auch für die innerweltliche Askese des Puritanismus.

Der mächtige »revival« des Methodismus, welcher dem Aufblühen der englischen Industrie gegen Ende des 18. Jahrhunderts vorangeht, kann mit einer solchen Klosterreformation recht wohl verglichen werden. (...)

Ihre volle *ökonomische* Wirkung entfalteten jene mächtigen religiösen Bewegungen, deren Bedeutung für die wirtschaftliche Entwicklung ja in erster Linie in ihren asketischen *Erziehungs*wirkungen lag, regelmäßig erst, nachdem die Akme des *rein* religiösen Enthusiasmus bereits überstiegen war, der Krampf des Suchens nach dem Gottesreich sich allmählich in nüchterne Berufstugend aufzulösen begann, die religiöse Wurzel langsam abstarb und utilitarischer Diesseitigkeit Platz machte, – wenn, um mit Dowden zu reden, in der populären Phantasie »Robinson Crusoë«, der *isolierte Wirtschaftsmensch*, welcher nebenher Missionsarbeit treibt, an die Stelle des in innerlich einsamem Streben nach dem Himmelreich durch den »Jahrmarkt der Eitelkeit« eilenden Bunyanschen »Pilgers« getreten war. Wenn dann weiterhin der Grundsatz herrschend wurde: »to make the best of *both* worlds«, so mußte schließlich – wie ebenfalls schon Dowden bemerkt hat – das gute Gewissen einfach in die Reihe der Mittel komfortablen bürgerlichen Lebens eingereiht werden, wie dies ja auch das deutsche Sprichwort vom »sanften Ruhekissen« recht hübsch zum Ausdruck bringt. Was jene religiös lebendige Epoche des 17. Jahrhunderts ihrer utilitarischen Erbin vermachte, war aber eben vor allem ein ungeheuer gutes – sagen wir getrost: ein *pharisäisch* gutes – Gewissen beim Gelderwerb, wenn anders er sich nur in legalen Formen vollzog. Jeder Rest des »Deo placere vix potest« war verschwunden. Ein spezifisch *bürgerliches Berufsethos* war entstanden. Mit dem Bewußtsein, in Gottes voller Gnade zu stehen und von ihm sichtbar gesegnet zu werden, vermochte der bürgerliche Unternehmer, wenn er sich innerhalb der Schranken formaler Korrektheit hielt, sein sittlicher Wandel untadelig und der Gebrauch, den er von seinem Reichtum machte, kein anstößiger war, seinen Erwerbsinteressen zu folgen und sollte dies tun. Die Macht der religiösen Askese stellte ihm überdies nüchterne, gewissenhafte, ungemein arbeitsfähige und an der Arbeit als gottgewolltem Lebenszweck klebende Arbeiter zur Verfügung. Sie gab ihm dazu die beruhigende Versicherung, daß die ungleiche Verteilung der

Güter dieser Welt ganz spezielles Werk von Gottes Vorsehung sei, der mit diesen Unterschieden ebenso wie mit der nur partikulären Gnade seine geheimen, uns unbekannten Ziele verfolgte. (...)

Einer der konstitutiven Bestandteile des modernen kapitalistischen Geistes, und nicht nur dieses, sondern der modernen Kultur: die rationale Lebensführung auf Grundlage der *Berufsidee*, ist – das sollten diese Darlegungen erweisen – geboren aus dem Geist der *christlichen Askese*. Man lese jetzt noch einmal den im Eingang dieses Aufsatzes zitierten Traktat Franklins nach, um zu sehen, daß die wesentlichen Elemente der dort als »Geist des Kapitalismus« bezeichneten Gesinnung eben die sind, die wir vorstehend als Inhalt der puritanischen Berufsaskese ermittelten, nur ohne die religiöse Fundamentierung, die eben bei Franklin schon abgestorben war. – Der Gedanke, daß die moderne Berufsarbeit ein *asketisches* Gepräge trage, ist ja auch nicht neu. Daß die Beschränkung auf Facharbeit, mit dem Verzicht auf die faustische Allseitigkeit des Menschentums, welchen sie bedingt, in der heutigen Welt Voraussetzung wertvollen Handelns überhaupt ist, daß also »Tat« und »Entsagung« einander heute unabwendbar bedingen: dies asketische Grundmotiv des bürgerlichen Lebensstils – wenn er eben Stil und nicht Stillosigkeit sein will – hat auf der Höhe seiner Lebensweisheit, in den »Wanderjahren« und in dem Lebensabschluß, den er seinem Faust gab, auch *Goethe* uns lehren wollen. Für ihn bedeutete diese Erkenntnis einen entsagenden Abschied von einer Zeit vollen und schönen Menschentums, welche im Verlauf unserer Kulturentwicklung ebensowenig sich wiederholen wird, wie die Zeit der Hochblüte Athens im Altertum. Der Puritaner *wollte* Berufsmensch sein, – wir *müssen* es sein. Denn indem die Askese aus den Mönchszellen heraus in das Berufsleben übertragen wurde und die innerweltliche Sittlichkeit zu beherrschen begann, half sie an ihrem Teile mit daran, jenen mächtigen Kosmos der modernen, an die technischen und ökonomischen Voraussetzungen mechanisch-maschineller Produktion gebundenen, Wirtschaftsordnung (zu) erbauen, der heute den Lebensstil aller einzelnen, die in dies Triebwerk hineingeboren werden – *nicht* nur der direkt ökonomisch Erwerbstätigen –, mit überwältigendem Zwange bestimmt und vielleicht bestimmen wird, bis der letzte Zentner fossilen Brennstoffs verglüht ist.

Michel Foucault:
Das Zeitalter der Vernunft definiert die Unvernunft

Der Okzident hat dem Wahnsinn erst relativ spät einen Status als Geisteskrankheit zugesprochen.

Man hat – schon zu oft – gesagt, daß bis zur Entstehung der positiven Medizin der Wahnsinnige als ein Besessener betrachtet worden sei. Und alle Geschichten der Psychiatrie bis auf den heutigen Tag haben im »Narren« des Mittelalters und der Renaissance den im engen Netz religiöser und magischer Bedeutungen gefangenen verkannten Kranken darstellen wollen. Es habe erst die Objektivität eines klaren und schließlich wissenschaftlichen medizinischen Blicks kommen müssen, damit die Schädigungen der Natur dort hätten entdeckt werden können, wo man bisher nur übernatürliche Perversionen gesehen habe. Diese Auslegung beruht auf einem Irrtum: daß nämlich die »Narren« als Besessene betrachtet worden wären; auf einem falschen Vorurteil: daß die als Besessene Bezeichneten Geisteskranke gewesen wären; und schließlich auf einer falschen Schlußfolgerung: es wird gefolgert, daß, wenn die Besessenen in Wahrheit Wahnsinnige waren, die Wahnsinnigen auch wirklich wie Besessene behandelt wurden. In Wirklichkeit fällt das komplexe Problem der Besessenheit nicht unmittelbar unter eine Geschichte des Wahnsinns, sondern unter die Geschichte der religiösen Ideen. Zweimal vor dem 19. Jahrhundert war die Medizin mit dem Problem der Besessenheit befaßt: das erste Mal durch eine Reihe von Ärzten, von J. Weyer bis Duncan (1560 bis 1640), als nämlich Parlamente, Regierungen oder sogar die katholische Hierarchie gegen gewisse Klosterorden angingen, die immer noch die Inquisition praktizierten: die Ärzte hatten den Auftrag zu beweisen, daß jeder Pakt mit dem Teufel und alle diabolischen Riten aus der Gewalt einer verstörten Einbildungskraft erklärt werden könnten; das zweite Mal zwischen 1680 und 1740, als die gesamte katholische Kirche und die Regierung Front machten gegen den Ausbruch des protestantischen und jansenistischen Mystizismus, der durch die Verfolgung zu Ende der Regierungszeit Ludwigs XIV. ausgelöst worden war. Damals wurden die Ärzte von den Oberhäuptern der Kirche einberufen, um zu beweisen, daß alle Phänomene wie Ekstase, Inspiration, Prophetismus, Eingebung durch den Heiligen Geist nur (bei den Häretikern natürlich) durch heftige Wallungen der Säfte oder der Geister hervorgerufen würden.

Die Annexion aller dieser religiösen oder parareligiösen Phänomene durch die Medizin ist also, gemessen an der großen Arbeit, die zu einer Definition der Geisteskrankheit geführt hat, nur eine beiläufige Episode; und vor allem ist sie nicht aus einem für die Entwicklung der Medizin wesentlichen Antrieb hervorgegangen; sondern die religiöse Erfahrung hat, um sich durchzusetzen, Bestätigung und Kritik der Medizin zu Hilfe gerufen, und auch dies nur zur Verstärkung. Es gehört zum Schicksal dieser Geschichte, daß diese Kritik von der Medizin nachträglich auf alle religiösen Phänomene übertragen und auf Kosten der katholischen Kirche, die sie doch hervorgerufen hatte, gegen die christliche Erfahrung insgesamt gewendet wurde, um nämlich zu zeigen, daß die Religion aus den phantastischen Mächten der Neurose hervorgegangen ist und daß zugleich und paradoxerweise die von der Religion Verdammten Opfer ihrer Religion *und* ihrer Neurose waren. Aber diese Wendung datiert erst aus dem 19. Jahrhundert, d. h. aus einer Epoche, in der die Definition der Geisteskrankheit im positivistischen Stil bereits fester Besitz war.

Vor dem 19. Jahrhundert war die Erfahrung über den Wahnsinn in der abendländischen Welt sehr polymorph; daß unsere Epoche sie in den Begriff »Krankheit« konfisziert, darf uns über ihren ursprünglichen Reichtum nicht hinwegtäuschen. Zweifellos war schon seit der griechischen Medizin der Bereich des Wahnsinns, wenigstens teilweise, durch die Begriffe der Pathologie und die mit ihr zusammenhängenden Heilmethoden besetzt. Es hat im Okzident zu allen Zeiten eine medizinische Behandlung des Wahnsinns gegeben, und die Spitäler des Mittelalters hatten zum größten Teil, wie das Hôtel Dieu in Paris, Betten für Wahnsinnige bereitstehen (oft geschlossene Betten, eine Art großer Käfige, um die Tobsüchtigen in Gewahrsam zu halten). Aber das war ein kleiner

Sektor, in dem nur die für heilbar gehaltenen Formen des Wahnsinns begriffen waren (Phrenesie, episodisch auftretende Gewalttätigkeit oder Anfälle von »Melancholie«). Rings um diesen Sektor war der Wahnsinn sehr verbreitet, hatte aber keine medizinische Hilfe.

Es gibt jedoch für diese Verbreitung keine festen Maßstäbe; sie variiert je nach den Epochen, zumindest in ihren wahrnehmbaren Ausmaßen; bald ist sie impliziert und gleichsam unterschwellig; bald wieder tritt sie an die Oberfläche, ragt weit hervor und fügt sich ohne jede Schwierigkeit in die kulturelle Landschaft ein. Mit Sicherheit ist das Ende des 15. Jahrhunderts eine jener Epochen, in denen der Wahnsinn erneut die Verbindung mit den wesentlichen Mächten der Sprache anknüpft. Die letzten Äußerungen des Zeitalters der Gotik waren abwechselnd und jeweils durchgängig von der Furcht vor dem Tode und von der Furcht vor dem Wahnsinn beherrscht. Auf den *Totentanz*, der auf dem Friedhof *Des Innocents* dargestellt ist, auf den *Triumph des Todes* auf den Mauern des Campo Santo von Pisa folgen die unzähligen Narrentänze und Narrenfeste, die Europa die ganze Renaissance hindurch so gern gefeiert hat. Da sind die zahlreichen Volksbelustigungen, die von »Narrenvereinen« aufgeführten Schauspiele, wie das *Navire bleu* in Flandern; da ist eine ganze Ikonographie, die von Boschs *Narrenschiff* bis zu Breughel und *Margot la Folle* reicht; da sind auch die gelehrten Texte, die philosophischen und moralkritischen Werke, wie Brants *Narrenschiff* oder das *Lob der Torheit* von Erasmus; da ist schließlich die ganze Literatur des Wahnsinns: im elisabethanischen Theater und im vorklassischen französischen Theater gehören Wahnsinnszenen zur dramatischen Architektur wie die Träume und wie, etwas später, die Geständnisszenen; sie führen das Drama aus der Illusion in die Wahrheit, aus der falschen Lösung zum wahren Ausgang. Sie sind eines der wesentlichen Elemente des Barocktheaters, wie auch der zeitgenössischen Romane: die großen Abenteuer der Rittergeschichten verwandeln sich leicht zu phantastischen Mären in Köpfen, die ihre Chimären nicht mehr im Zaum zu halten wissen. Am Ende der Renaissance bezeugen Shakespeare und Cervantes das große Ansehen dieses Wahnsinns, dessen künftige Herrschaft Brant und Hieronymus Bosch hundert Jahre zuvor angekündigt hatten.

Das bedeutet nicht, daß die Renaissance ihre Wahnsinnigen nicht gepflegt hätte. Im Gegenteil: im 15. Jahrhundert werden, zunächst in Spanien (in Saragossa), dann in Italien, die ersten großen, ausschließlich Irren vorbehaltenen Spitäler eröffnet. Man unterzieht sie dort einer Behandlung, die zweifellos zum größten Teil an der arabischen Medizin orientiert ist. Aber diese Praktiken sind auf einzelne Orte beschränkt. Im wesentlichen ist der Wahnsinn ein Erlebnis im Zustand der Freiheit; er bewegt sich ungehemmt, er ist ein Teil des Schauplatzes und der Sprache aller, er ist für jeden eine alltägliche Erfahrung, die man mehr auf die Spitze zu treiben als zu meistern sucht. Es gibt zu Beginn des 17. Jahrhunderts in Frankreich berühmte Irre, an denen sich das Publikum, und zwar das gebildete Publikum, gern belustigt; manche, wie Bluet d'Arbères, schreiben Bücher, die veröffentlicht und als Werke des Irrsinns gelesen werden. Bis ungefähr 1650 ist die abendländische Kultur für diese Formen der Erfahrung seltsam aufnahmebereit gewesen.

Mitte des 17. Jahrhunderts schlägt das plötzlich um; die Welt des Wahnsinns wird die Welt der Ausgeschlossenen.

Große Internierungshäuser werden geschaffen (und zwar in ganz Europa), die nicht einfach dazu bestimmt sind, Irre aufzunehmen, sondern eine ganze Reihe höchst verschiedenartiger Individuen, zumindest nach den Kriterien unserer Wahrnehmung: eingeschlossen werden arme Invalide, alte Leute im Elend, Bettler, hartnäckig Arbeitsscheue, Venerische, Sünder, Libertins aller Art, Leute, denen ihre Familie oder die königliche Obrigkeit eine öffentliche Bestrafung ersparen möchte, verschwenderische Familienväter, Kleriker im Bannbruch, kurz alle, die hinsichtlich der Ordnung, der Vernunft, der Moral und der Gesellschaft Anzeichen von Zerrüttung zu erkennen geben. In diesem Geist eröffnet die Regierung in Paris das *Hôpital général* mit *Bicêtre* und der *Salpêtrière*; nicht lange zuvor hatte Saint Vincent de Paul die alte Leproserie Saint-Lazare in ein Zuchthaus dieser Art verwandelt, und bald danach wird auch Charenton, das zuerst Spital war, nach dem Modell dieser neuen Institutionen umgebildet. Jede Stadt in Frankreich bekommt ihr *Hôpital général*. Diese Häuser haben keinerlei medizinische Aufgabe; man wird in sie nicht aufgenommen, um behandelt zu werden; man tritt ein in sie, weil man nicht länger

Teil der Gesellschaft sein kann oder darf. Durch die Internierung, die im Zeitalter der Klassik über die Irren und so viele andere verhängt wird, ist nicht das Verhältnis des Wahnsinns zur Krankheit in Frage gestellt, sondern das Verhältnis der Gesellschaft zu sich selbst, zu dem, was sie im Verhalten der Individuen anerkennt oder nicht anerkennt. Die Internierung ist zweifellos eine Maßnahme zur Pflege; die zahlreichen Stiftungen, die diesen Häusern zufließen, sind ein Beweis dafür. Aber es ist ein System, dessen Ideal darin bestünde, vollständig in sich geschlossen zu sein: im *Hôpital général* wie in den englischen *Workhouses*, die ungefähr zur gleichen Zeit entstanden sind, herrscht Zwangsarbeit; man spinnt und webt dort, man stellt die verschiedensten Gegenstände her, die zu niedrigem Preis auf den Markt geworfen werden, damit das Spital vom Erlös unterhalten werden kann. Aber die auferzwungene Arbeit hat auch den Charakter einer Strafmaßnahme und einer moralischen Kontrolle. Denn eben erst war in der entstehenden bürgerlichen Welt ein Hauptlaster, die Sünde par excellence in der Welt des Handels, definiert worden: es ist nicht mehr der Stolz oder die Begierde, wie im Mittelalter: es ist der Müßiggang. Die gemeinsame Kategorie, unter der alle Insassen der Internierungshäuser zusammengefaßt werden, ist die Unfähigkeit, an der Produktion, am Umlauf oder an der Akkumulierung der Reichtümer mitzuwirken (sei es aus Schuld oder aus Zufall). Der Ausschluß, der über sie verhängt wird, erfolgt nach Maßgabe dieser Unfähigkeit, und zeigt an, daß in der modernen Welt eine Zäsur entstanden ist, die es früher nicht gab. Die Internierung ist also in den Ursprüngen und in der anfänglichen Bedeutung an die Umstrukturierung des sozialen Raumes gebunden gewesen.

Dieses Phänomen ist für die Entstehung der damaligen Erfahrung des Wahnsinns in doppelter Hinsicht wichtig gewesen. Einmal, weil der Wahnsinn, der so lange offenbar und gesprächig, der so lange am Horizont anwesend war, nun verschwindet. Er begibt sich ins Schweigen, aus dem er lange Zeit nicht mehr hervortreten wird; er ist seiner Sprache beraubt; und wenn auch über ihn gesprochen werden konnte – ihm ist es unmöglich, über sich selbst zu sprechen. Unmöglich mindestens bis Freud. Freud eröffnet als erster wieder die Möglichkeit einer Kommunikation zwischen der Vernunft und der Unvernunft im Wagnis einer gemeinsamen

Sprache, die jederzeit abbrechen, sich im Unzugänglichen auflösen konnte. Andererseits ist der Wahnsinn in der Internierung neue, seltsame Verwandtschaften eingegangen. Der Raum des Ausschlusses, in dem die Irren mit Venerischen, Libertins und vielen Verbrechern, Schwerverbrechern und harmloseren, in einer Gruppe zusammengefaßt waren, hat zu einer Art obskurer Assimilierung geführt; der Wahnsinn ist mit der Schuld in moralischer oder gesellschaftlicher Hinsicht eine Verwandtschaft eingegangen, aus der er sich so bald vielleicht nicht lösen wird. Wundern wir uns nicht, daß man seit dem 18. Jahrhundert einen engen Zusammenhang zwischen dem Wahnsinn und allen »Verbrechen aus Liebe« entdeckt hat, daß der Wahnsinn seit dem 19. Jahrhundert der Erbe jener Verbrechen geworden ist, die sowohl dafür, daß sie vorhanden sind, als auch dafür, daß sie keine Verbrechen sind, in ihm den Grund finden; daß der Wahnsinn im 20. Jahrhundert tief in sich selbst einen ursprünglichen Kern von Schuld und Aggression entdeckt hat. Dies alles ist nicht die fortschreitende Entdeckung dessen, was der Wahnsinn in der Wahrheit seines Wesens ist, sondern nur die Ablagerung dessen, was die Geschichte des Okzidents seit dreihundert Jahren aus ihm gemacht hat. Der Wahnsinn ist viel historischer, als man gewöhnlich annimmt, aber auch viel jünger. (...)

Die Reformatoren von 1789 und die Revolution selber wollten die Internierung als Symbol der alten Unterdrückung auflösen und gleichzeitig die öffentliche Krankenpflege in Spitälern, da sie auf das Vorhandensein einer Klasse gänzlich Mittelloser hinwies, so weit als möglich einschränken. Man hat eine neue Form finanzieller Unterstützung und ärztlicher Betreuung festzulegen versucht: sie sollte den Armen an ihrem Wohnsitz zugute kommen und ihnen auch die Furcht vor dem Spital nehmen. Aber die Irren haben eben diese Eigenheit, daß sie, in Freiheit gesetzt, für ihre Familie oder die Gruppe, in der sie leben, gefährlich werden können. Daher die Nötigung, sie festzuhalten, und die Gerichtsstrafen für alle, die »Irre und gefährliche Tiere« frei herumlaufen lassen.

Um dieses Problem zu lösen, wurden während der Revolution und im Kaiserreich die alten Internierungshäuser nach und nach den Irren zugeteilt, und zwar *ausschließlich den Irren*. Demnach hat die Philanthropie jener Zeit alle befreit, *außer* den Irren; sie sind die natürlichen Erben geworden, sie haben nun gleichsam einen privilegierten Rechtsanspruch auf die alten Ausschlußmaßnahmen.

Zweifellos gewinnt die Internierung nun eine neue Bedeutung: sie wird eine Maßnahme mit medizinischem Charakter. Pinel in Frankreich, Tuke in England und in Deutschland Wagnitz und Reil haben ihre Namen an diese Reform geknüpft. Und es gibt keine Geschichte der Psychiatrie oder der Medizin, die in diesen Persönlichkeiten nicht die Symbole eines doppelten Ereignisses entdeckte: das Aufkommen eines Humanismus und den Aufbruch einer endlich positiven Wissenschaft.

In Wirklichkeit war es ganz anders. Pinel, Tuke, ihre Zeitgenossen und ihre Nachfolger haben die alten Praktiken der Internierung nicht gelockert, sie haben sie im Gegenteil nur noch fester um den Irren zusammengezogen. In der idealen Irrenanstalt, die Tuke in der Nähe von New York verwirklicht hat, soll der Geistesgestörte mit einer Art Familie umgeben werden, er soll sich wie zuhause fühlen; in Wirklichkeit ist er eben dadurch einer ununterbrochenen moralischen und gesellschaftlichen Kontrolle unterworfen; ihn heilen, sollte heißen, ihm die Gefühle der Abhängigkeit, der Ergebenheit, der Schuld und des Dankes wieder einzuprägen, die das moralische Rückgrat des Familienlebens sind. Als Mittel dazu wurden Drohungen, Bestrafungen, Nahrungsentzug, Demütigungen angewandt, kurz alles, was den Irren *infantil* und *schuldbewußt* machen konnte. Pinel wendet in Bicêtre ähnliche Techniken an, nachdem er »die Gefangenen befreit« hatte, die noch 1793 dort lagen. Die materiellen Fesseln, die den Kranken physisch Zwang antun, hat er fallen lassen (freilich nicht alle). Aber dafür hat er moralische Fesseln rings um sie aufgebaut, die das Asyl zu einer Art ununterbrochenen richtenden Instanz machten: der Irre sollte in seinen Gesten überwacht, in seinen Ansprüchen gedrückt, in seinen Wahnideen widerlegt, in seinen Irrtümern lächerlich gemacht werden: jedem Abweichen vom Normalen sollte die Strafe auf dem Fuße folgen. Und zwar unter Anleitung eines Arztes, dem nicht so sehr eine Therapie als eine ethische Kontrolle oblag. Der Arzt in der Irrenanstalt ist ein Agent der Moralsynthesen.

Doch das ist nicht alles. Trotz der umfänglichen Internierungsmaßnahmen hatte das Zeitalter der französischen Klassik die medizinischen Praktiken zur Behandlung des Wahnsinns bis zu einem gewissen Grad bestehen und sich entwickeln lassen. Es gab in den gewöhnlichen Spitälern eigene Abteilungen für Irre, man unterzog sie einer Behandlung, und die medizinischen Texte des 17. und 18. Jahrhunderts versuchen, vor allem angesichts der immer häufiger auftretenden Vapeurs und nervösen Leiden, die zur Heilung der Irren geeigneten Techniken zu definieren. Diese Behandlungen waren weder psychologisch noch physisch; sie waren das eine und das andere zugleich: die cartesische Unterscheidung zwischen der Ausdehnung und dem Denken war nicht bis in die Einheit der medizinischen Praktiken vorgedrungen; man applizierte dem Kranken die Dusche oder das Bad, um seine Geister oder seine Fibern zu erfrischen; man injizierte ihm frisches Blut, um den gestörten Kreislauf zu erneuern; man versuchte, lebhafte Eindrücke in ihm hervorzurufen, um seiner Einbildungskraft einen anderen Lauf zu geben.

Diese Praktiken nun, die durch den Stand der Physiologie damals durchaus berechtigt waren, haben Pinel und seine Nachfolger in einem rein repressiven und moralischen Zusammenhang übernommen. Die Dusche erfrischt nicht mehr, sie bestraft; man darf sie nicht mehr anwenden, wenn der Kranke »erhitzt« ist, sondern nur, wenn er etwas verbrochen hat; noch mitten im 19. Jahrhundert appliziert Leuret seinen Kranken die eiskalte Dusche auf den Kopf, beginnt im gleichen Augenblick ein Gespräch mit ihnen und zwingt ihnen das Geständnis ab, daß ihr Glaube nur ein Wahn sei. Das 18. Jahrhundert hatte auch eine rotierende Maschine erfunden, auf die man den Kranken plazierte, damit der Lauf seiner starr auf eine Wahnidee fixierten Geister wieder in Bewegung gesetzt würde und in seine natürlichen Bahnen zurückfände. Das 19. Jahrhundert perfektioniert dieses System, indem es ihm ausschließlich strafenden Charakter gibt: bei jeder Äußerung des Wahnsinns wirbelt man den Kranken herum – wenn keine Sinnesänderung erfolgt, bis zur Ohnmacht. Man entwickelt auch einen beweglichen Käfig, der sich auf einer horizontalen Achse um sich selbst dreht und dessen Drehungen um so schneller werden, je unruhiger sich der in ihn eingesperrte Kranke verhält. Alle diese medizinischen Spiele sind Anstaltsversionen alter, auf eine damals schon überholte Physiologie gegründeter Techniken. Wesentlich ist, daß die zu Pinels Zeiten für die Internierung gegründeten Irrenanstalten nicht gleichbedeutend sind mit einer medizinischen Durchdringung eines sozialen Ausschlußraums, sondern mit einer Konfusion der Techniken – innerhalb eines einzigen Moralregimes –, von denen die einen den Charakter sozialer Vorbeugungsmaßnahmen, die andern den Charakter medizinischer Strategie hatten.

Von dieser Zeit an wird der Wahnsinn nicht mehr als ein Gesamtphänomen betrachtet, das durch die Zwischenglieder Einbildungskraft und Wahn Körper und Seele betrifft. In der neuen Welt der Anstalt, in dieser Welt der strafenden Moral, ist der Wahnsinn etwas geworden, das wesentlich die menschliche Seele, ihr Schuldgefühl und ihre Freiheit, betrifft; er ist jetzt in den Bereich der Innerlichkeit verlegt, und dadurch wird der Wahnsinn zum erstenmal in der abendländischen Welt nach Status, Struktur und Bedeutung psychologisch.

Aber diese Psychologisierung ist nur die oberflächliche Folge eines unterschwelligen Vorgangs, durch den der Wahnsinn in das System moralischer Werte und moralischen Drucks eingespannt wird. Er wird in ein Strafsystem einbezogen, in dem sich der Irre, entmündigt, rechtskräftig dem Kind gleichgestellt, und der Wahnsinn, mit Schuld behaftet, ursprünglich mit der Sünde verknüpft sehen. Wundern wir uns also nicht, wenn die ganze Psychopathologie – die mit Esquirol beginnende wie heute die unsere – von drei Themen beherrscht wird, in denen ihre Problematik definiert ist: das Verhältnis zwischen Freiheit und Zwang; die Regressionsphänomene und die Struktur des kindlichen Verhaltens; Aggression und Schuldgefühl. Was man mit der »Psychologie« des Wahnsinns entdeckt, ist nur das Ergebnis der Vorgänge, durch die sie eingesetzt wurde. Diese ganze Psychologie würde nicht bestehen ohne den Moralsadismus, in dem die »Philanthropie« des 19. Jahrhunderts den Wahnsinn unter dem heuchlerischen Anschein einer »Befreiung« eingeschlossen hat. Man wird einwenden, daß jedes Wissen an wesentliche Formen der Grausamkeit gebunden ist. Die Erkenntnis des Wahnsinns bildet keine Ausnahme. Aber zweifellos ist diese Bindung gerade in bezug auf den Wahnsinn besonders schwerwiegend. Nicht nur, weil erst durch sie eine psychologische

Analyse des Wahnsinns möglich geworden ist, sondern vor allem, weil insgeheim die Möglichkeit jeder Psychologie in ihr begründet liegt. Man darf nicht vergessen, daß die »objektive« oder »positive« oder »wissenschaftliche« Psychologie ihren historischen Ursprung und ihren Grund in einer pathologischen Erfahrung gefunden hat. Eine Analyse der Persönlichkeitsspaltungen hat eine Psychologie der Persönlichkeit zugelassen; eine Analyse der Zwänge und des Unbewußten eine Psychologie des Bewußtseins begründet; eine Analyse der Defizite eine Psychologie der Intelligenz ausgelöst. Anders gewendet: der Mensch ist eine psychologisierbare Gattung erst geworden, seit sein Verhältnis zum Wahnsinn eine Psychologie ermöglicht hat, d. h. seit sein Verhältnis zum Wahnsinn äußerlich durch Ausschluß und Bestrafung und innerlich durch Einordnung in die Moral und durch Schuld definiert worden ist. Durch die Zuordnung des Wahnsinns zu diesen beiden fundamentalen Achsen hat der Mensch des beginnenden 19. Jahrhunderts einen Zugriff auf den Wahnsinn und durch ihn eine allgemeine Psychologie möglich gemacht.

Die Erfahrung der Unvernunft, in welcher dem Menschen des Okzidents bis zum 18. Jahrhundert die Nacht seiner Wahrheit und seine absolute Widerlegung entgegentraten, wird nun und bleibt auch für uns noch der Zugang zur natürlichen Wahrheit des Menschen. Und man begreift nun, wie doppeldeutig dieser Zugang ist, daß er uns einerseits zu objektiven Reduktionen auffordert (auf dem Gefälle des Ausschlusses) und daß er andererseits unaufhörlich nach der Rückbeziehung auf sich verlangt (auf dem Gefälle der moralischen Zuordnung). Die ganze epistemologische Struktur der zeitgenössischen Psychologie hat ihre Wurzel an diesem einen Ereignis, das zeitlich mit der Revolution zusammenfällt und das Verhältnis des Menschen zu sich selbst betrifft. Die »Psychologie« ist nur eine dünne Haut über der ethischen Welt, in der der moderne Mensch seine Wahrheit sucht – und verliert. Nietzsche, den man das Gegenteil hat sagen lassen, hatte es gesehen.

Eine Psychologie des Wahnsinns kann demzufolge nur lächerlich sein, und dennoch rührt sie ans Wesentliche. Lächerlich, denn eine Psychologie des Wahnsinns betreiben wollen, hieße von der Psychologie fordern, daß sie ihre eigenen Bedingungen angeht, daß sie auf die Bedingung ihrer Möglichkeit zurückgeht und das für sie schlechthin Unüberschreitbare überschreitet. Niemals wird die Psychologie die Wahrheit über den Wahnsinn sagen können, weil im Wahnsinn die Wahrheit der Psychologie beschlossen liegt. Und dennoch geht eine Psychologie des Wahnsinns unfehlbar auf das Wesentliche zu, weil sie sich dunkel auf den Punkt zu bewegt, in dem ihre Möglichkeiten sich verknüpfen; d. h. weil sie ihren eigenen Weg zurückgeht und sich jenem Bereich zuwendet, wo der Mensch ein Verhältnis zu sich hat und jene Form von Entfremdung einsetzt, die ihn zum *homo psychologicus* werden läßt. Bis in ihre Wurzeln hinabgetrieben, wäre die Psychologie des Wahnsinns nicht Bemeisterung der Geisteskrankheit und damit Möglichkeit ihres Verschwindens, sondern Zerstörung der Psychologie selbst und Zutagefördern jenes wesentlichen, nicht psychologischen, weil nicht moralisierbaren Verhältnisses zwischen der Vernunft und der Unvernunft.

Dieses Verhältnis ist in den Werken Hölderlins, Nervals, Roussels und Artauds gegenwärtig und sichtbar, allen Misèren der Psychologie zum Trotz, und verheißt dem Menschen, daß er eines Tages vielleicht, aller Psychologie ledig, frei sein könnte für die große tragische Begegnung mit dem Wahnsinn.

V. Die Gesellschaft produziert die Menschentypen, die sie braucht: Sozialcharaktere

Einleitung

Die Suche nach der Besonderheit individueller Charakterformen hat die Psychologie geprägt. Sie ist aber bald auch auf die Tatsache gestoßen, daß Menschen in spezifischen Kulturkreisen und in bestimmten Zeitepochen gemeinsame Züge aufweisen. Diese Beobachtung gab schon der Völkerpsychologie einen wesentlichen Impuls. Die von ihr thematisierte »Volksseele« bildete den Versuch, das in einer spezifischen Kultur die Menschen einende und verbindende Muster aufzuspüren. Bis in die Gegenwart hinein werden immer wieder »Volkscharakterologien« vorgelegt. Sie bleiben oft stecken in der essayistischen Auspinselung der Schubladen, die ethnische Vorurteile und Stereotypen anbieten.

Zu einer endgültigen Überwindung naturhafter Begründungsversuche kam es durch Erich Fromms bahnbrechendes Konzept des »Gesellschafts-Charakters«. Bei Fromm erhält das Konzept des Sozialcharakters einen sozialkritischen Akzent. Ihn hat schon in seinen frühen Schriften zur psychoanalytischen Sozialpsychologie Anfang der dreißiger Jahre interessiert, wie es gesellschaftliche Systeme, die Menschen unterwerfen und unterdrücken, eigentlich schaffen, daß sich die Menschen nicht auflehnen und als überflüssig erkannte Herrschaftsformen abwerfen. Oft ist das Gegenteil zu beobachten: Sie identifizieren sich mit der Macht, der sie sich unterwerfen. Die Antwort von Fromm weist in Richtung der Familie, die er als »psychologische Agentur der Gesellschaft« sieht. In frühen familiären Sozialisationsprozessen wird die »libidinöse Struktur« der Menschen so geformt, daß sie zur Fortführung einer gesellschaftlichen Ordnung bereit sind, auch wenn sie noch so repressiv ist. »Untertanen« werden in autoritären Familienstrukturen herangebildet. Heinrich Mann hat diesen Prozeß literarisch in paradigmatischer Weise festgehalten. Es gibt für Erich Fromm nicht nur die ökonomische und politische Reproduktion einer Gesellschaft, sondern auch die psychische. Der »Gesellschafts-Charakter« stellt die psychosoziale Basisstruktur gesellschaftlicher Ordnungen dar.

Als sozialpsychologisches Mitglied der frühen »Frankfurter Schule« hat Erich Fromm sich vor allem um die Formulierung jener spezifischen Sozialcharakterformation verdient gemacht, die autoritäre und vor allem faschistische Gesellschaftsordnungen psychologisch trägt. Er hat den »sadomasochistischen Charakter« ausführlich beschrieben und damit auch die psychologische Basis für das Konzept vom »autoritären Charakter« beschrieben, wie es vor allem die Forschergruppe um Theodor W. Adorno entwickelt hat (vgl. Adornos Text in Kapitel III). Fromm hat aber noch eine Reihe weiterer Formationen von Sozialcharakteren vorgelegt und mit ihnen vor allem auch soziale Wandlungsprozesse bis in die Gegenwart zu erfassen versucht: z. B. der »narzißtische Charakter«, der »nekrophile Charakter« oder der »Marketing-Charakter«.

Einen wesentlichen Einfluß hatten die Überlegungen von Erich Fromm auch auf die Studie *Die einsame Masse* (1950) von David Riesman, die ein moderner Klassiker geworden ist. Riesman interessierten der Übergang vom Mittelalter in die Neuzeit und die Epochenschwelle zur Gegenwart. Für die entstehende bürgerliche Gesellschaft hat Riesman herausgearbeitet, daß sich hier ein Übergang vom »traditionalen« zum »innengeleiteten Charakter« vollzogen hat, und in die Gegenwart führt sein Konzept vom »außengeleiteten Charakter«. Diese drei Charakterformationen stellen qualitativ unterschiedliche Formen der Synchronisation von subjektiven und gesellschaftlich-objektiven Bedingungen dar.

Gerade in einer Phase tiefgreifender gesellschaftlicher Wandlungsprozesse werden die Konzepte, mit denen wir den Zusammenhang zwischen subjektiven und gesellschaftlichen Prozessen zu fassen versuchen, selbst fragwürdig. Das zeigt Herbert Marcuse an der Psychoanalyse auf. Sie hat in ihre theoretischen Kernkonzepte wesentliche Strukturen der entwickelten bürgerlichen Kleinfamilie aufgenommen, die dann allerdings mit deren Veränderung auch ihre Basis verlieren. Gerade im Übergang vom entwickelten Kapitalismus zum Spätkapitalismus kommt es zu einer qualitativen Veränderung der Unternehmensstrukturen und der Rolle der »leitenden Männer«. Sie verlieren ihre Macht zunehmend an »Vorstandsetagen«. In diesem Prozeß verändert sich die ökonomisch begründete väterliche Autorität, die auch im innerfamilialen Machtspiel zunächst ausgehöhlt wird, und allmählich kommt es zu so etwas wie einer realen und psychologischen »Vaterlosigkeit«. Christopher Lasch setzt an diesem Punkt mit seiner Diagnose von der »narzißtischen Kultur« der fortgeschrittenen westlichen Industriegesellschaften an. In dieser »Kultur des Narzißmus« entwickelt sich ein ganz neues Verhältnis von Individuum und Gesellschaft.

Erich Fromm:
Über psychoanalytische Charakterkunde und ihre Anwendung zum Verständnis der Kultur

Seit Freud 1908 die Schrift *Charakter und Analerotik* veröffentlichte, gibt es eine psychoanalytische Charakterkunde. In dieser Arbeit richtete er erstmals die Aufmerksamkeit vom neurotischen *Symptom* weg auf den neurotischen *Charakter*. Freud und seine Mitarbeiter erkannten immer deutlicher, daß jedes Symptom im Charakter eingebettet ist; folglich war es notwendig, zuvor die Gesamtstruktur des Charakters zu verstehen, um ein Symptom verstehen und heilen zu können. Man gelangte so von der Symptomanalyse zur Charakteranalyse. Nicht nur theoretische Erwägungen führten zu dieser Gewichtsverlagerung, vielmehr auch die Tatsache, daß viele Patienten nicht über isolierte Symptome klagten wie Waschzwang, hysterisches Erbrechen, Klaustrophobie etc., sondern über Charakterschwierigkeiten, die sie daran hinderten, innere Sicherheit und Glück zu erlangen. (...)

Eine zunehmende Zahl von Anthropologen und Psychoanalytikern erkannte die Bedeutung der psychoanalytischen Charakterologie für das Verständnis des Problems der Kultur. Wenn die Charakterstruktur das Tun, die Gefühle und Gedanken eines Individuums bestimmt, muß sie den Schlüssel darstellen zum Verständnis kultureller und gesellschaftlicher Erscheinungen, welche letzten Endes nichts anderes sind als das Produkt vieler einzelner. (...)

Jede Gesellschaft hat einen bestimmten Aufbau und handelt auf eine bestimmte Weise, die durch eine Anzahl objektiver Gegebenheiten notwendig wird. Solche Bedingungen sind die Produktionsweise und die Güterverteilung, welche ihrerseits von den Rohmaterialien und Herstellungstechniken, vom Klima usw. abhängen, sowie von politischen und geographischen Faktoren und kulturellen Traditionen und Einflüssen, denen die Gesellschaft ausgesetzt ist. Es gibt keine »Gesellschaft« als solche, sondern nur bestimmte Gesellschaftsstrukturen, welche sich in verschiedenen und feststellbaren Weisen auswirken. Obgleich diese Gesellschaftsstrukturen im Lauf der Geschichte sich ändern, sind sie während eines bestimmten geschichtlichen Zeitabschnitts doch relativ beständig, und eine Gesellschaft kann nur bestehen, insofern sie sich innerhalb des Rahmens dieser bestimmten Struktur bewegt. Die Mitglieder der Gesellschaft und/oder ihrer verschiedenen Klassen oder Stände haben sich derart zu verhalten, daß sie in dem von der Gesellschaft geforderten Sinne funktionieren. Die Aufgabe des Gesellschafts-Charakters besteht darin, die Energien der Mitglieder der Gesellschaft so zu formen, daß ihr Verhalten nicht mehr einer bewußten Entscheidung bedarf, ob sie sich dem Sozialgefüge einordnen sollen oder nicht; daß die Menschen vielmehr so handeln wollen, wie sie handeln müssen, und daß sie gleichzeitig darin eine Genugtuung finden, sich gemäß den Errungenschaften der Kultur zu verhalten. Der Gesellschafts-Charakter formt die menschliche Energie so, daß sie das reibungslose Funktionieren einer gegebenen Gesellschaft garantiert. (Zwischen dieser Auffassung und dem Begriff der *status personality* von Ralph Linton bestehen wesentliche Übereinstimmungen.) Die heutige industrielle Gesellschaft zum Beispiel hätte ihre Zwecke nicht erreicht, wenn sie nicht die Energien freier Menschen in noch nie dagewesenem Maße in die Arbeit eingespannt hätte. Der Mensch mußte in dem Sinne umgewandelt werden, daß er darauf erpicht war, seine Hauptenergie in Arbeit zu verwandeln, Disziplin, insbesondere Ordentlichkeit und Pünktlichkeit zu lernen – und dies in einem Maß, wie es in den meisten anderen Kulturen unbekannt ist.

Es würde nicht ausreichen, wenn jeder einzelne jeden Tag erst gewissenhaft den Entschluß fassen müßte, arbeiten zu wollen, pünktlich zu sein usw., da jeder dieser bewußten Entschlüsse zu viel mehr Ausnahmen führen würde, als das reibungslose Funktionieren der Gesellschaft vertragen könnte. Auch Drohung und Gewalt würden als Motiv zur Arbeit nicht genügen, da die hochdifferenzierten Erzeugnisse der modernen industriellen Gesellschaft nur das Werk freier Menschen und nicht das von Zwangsarbeitern sein können. Die *Notwendigkeit* von Arbeit, der Zwang zu Pünktlichkeit und Gewissenhaftigkeit mußte in einen *Trieb* zu solchen

Eigenschaften verwandelt werden. Das bedeutet, daß die Gesellschaft einen Gesellschafts-Charakter hervorbringen mußte, der diese Strebungen umfaßt.

Die Genese des Gesellschafts-Charakters kann nicht aus der Zurückführung auf eine einzelne Ursache einsichtig werden, sondern nur aus dem Verständnis eines Zusammenwirkens ökonomischer, ideologischer und soziologischer Faktoren. Da die politischen und ökonomischen Faktoren weniger leicht zu verändern sind, haben sie ein gewisses Übergewicht in diesem Zusammenspiel. Gleichwohl sind religiöse, politische und philosophische Ansichten nicht nur durch Projektionen entstandene Systeme. Indem sie im Gesellschafts-Charakter wurzeln, bestimmen sie ihrerseits auch diesen Gesellschafts-Charakter und vor allem systematisieren und stabilisieren sie ihn. Grundlegende menschliche Bedürfnisse, die in der Natur des Menschen verwurzelt sind, spielen ebenfalls eine aktive Rolle in diesem Zusammenspiel. Es stimmt zwar, daß der Mensch sich an beinahe alle Lebensbedingungen gewöhnen kann, trotzdem ist er kein leeres Blatt Papier, auf welches die Kultur ihren Text schreibt. Die seiner Natur eingeborenen Bedürfnisse wie das Streben nach Glück, Harmonie, Liebe und Freiheit sind dynamische Faktoren im Geschichtsprozeß, die psychische Reaktionen hervorrufen, wenn sie auf Versagung stoßen. Mit der Zeit suchen diese Reaktionen neue Bedingungen zu schaffen, die den menschlichen Grundbedürfnissen besser entsprechen. Solange die objektiven Bedingungen einer Gesellschaft und Kultur stabil bleiben, hat der Gesellschafts-Charakter eine vorwiegend stabilisierende Funktion. Ändern sich dagegen die Bedingungen derart, daß sie nicht länger mit der Tradition und dem Gesellschafts-Charakter übereinstimmen, entsteht eine *Unstimmigkeit* zwischen beiden, welche die Charakterfunktion zu einem Element der Desintegration anstatt der Stabilisierung werden läßt, zum Sprengstoff statt zum Mörtel des Sozialgefüges.

Vorausgesetzt, daß diese Auffassung über die Entstehung und Funktion des Gesellschafts-Charakters richtig ist, finden wir uns vor einem verwirrenden Problem. Widerspricht nicht die Annahme, daß die Charakterstruktur durch die Rolle geformt wird, die das Individuum in der Kultur zu spielen hat, jener, wonach der Charakter eines Menschen in seiner Kindheit gebildet wird? Können beide Auffassungen den Anspruch erheben, richtig zu sein angesichts der Tatsache, daß das Kind in seinen ersten Lebensjahren verhältnismäßig wenig Kontakt mit der Gesellschaft als solcher hat? Diese Frage ist nicht so schwierig zu beantworten, wie es auf den ersten Blick erscheint. Wir haben zu unterscheiden zwischen Faktoren, die für die besonderen Inhalte des Gesellschafts-Charakters verantwortlich sind, und den *Methoden*, durch die der Gesellschafts-Charakter geformt wird. Die Gesellschaftsstruktur und die Aufgabe des Individuums in der Gesellschaft können als die Grundlage des Gesellschafts-Charakters angesehen werden. Die Familie andererseits kann als die *psychische Agentur der Gesellschaft* gelten, als Einrichtung, welche die Forderungen der Gesellschaft dem heranwachsenden Kinde nahebringt. Die Familie erfüllt diese Aufgabe auf zwei Weisen. Erstens durch den Einfluß, den der Charakter der Eltern auf die Charakterbildung des Heranwachsenden ausübt. Dies ist der wichtigste Punkt. Da nämlich der Charakter der meisten Eltern ein Ausdruck des Gesellschafts-Charakters ist, übertragen sie auf diese Weise die wesentlichen Merkmale der gesellschaftlich erwünschten Charakterstrukturen auf das Kind. Liebe und Zufriedenheit der Eltern werden ebenso auf das Kind übertragen wie ihre Angst und Feindseligkeit. Im Verein mit dem Charakter der Eltern dient zweitens auch der Stil der Kindererziehung, wie er in einer Kultur gebräuchlich ist, dazu, den Charakter des Kindes in einer gesellschaftlich erwünschten Richtung zu prägen. Allerdings bestehen verschiedene Methoden und Techniken der Kindererziehung, welche zum selben Resultat führen können; andererseits können sich scheinbar identische Methoden trotzdem verschieden auswirken auf Grund der Charakterstruktur jener, welche sie anwenden. Daher läßt sich durch die Betrachtung der Erziehungsmethoden der Gesellschafts-Charakter nie erklären. Erziehungsmethoden sind nur als Mechanismen der Vermittlung bedeutungsvoll, und sie können nur richtig verstanden werden, wenn wir zuvor genau erfassen, welche Art von Persönlichkeiten in einer bestimmten Kultur erwünscht und notwendig sind.

Eine solche Anwendung der Psychoanalyse auf die Kultur wurde stark gefördert durch eine Revision der Libidotheorie Freuds. Wenn die Charakterbildung durch den Einfluß der Umgebung auf die Entwicklung der prägenitalen Sexualität hervorgerufen wird, dann sind tatsächlich die Erziehungsmethoden die *prima causa* des Gesellschafts-Charakters. Eine Theorie aber, die annimmt, der Charakter werde durch die Art der zwischenmenschlichen Beziehung geformt, wie sie in einer bestimmten Kultur existiert und gefordert wird, muß, um mit H. S. Sullivan zu sprechen, eine Theorie der *zwischenmenschlichen Beziehungen* sein.

Freuds Auffassung vom Menschen stand in Übereinstimmung mit dem Materialismus des 19. Jahrhunderts. Er sah das Individuum als isolierte Einheit, ausgestattet mit gewissen Trieben, die in seinem Chemismus wurzeln. Die Theorie der zwischenmenschlichen Beziehungen aber ist eine relationale, sie versteht den Menschen aus der Beziehung des Individuums zu den Menschen, zur Umwelt und zu sich selbst.

Betrachten wir zur Illustration Freuds Ansichten über den analen Charakter. Freud nimmt an, daß die verschiedenen Charakterzüge, die er im Syndrom des Analcharakters vereinigte, entweder Reaktionsbildungen gegen die anale Libido seien oder deren Sublimierung. Sparsamkeit erklärte er als Sublimierung des prägenitalen Wunsches, den Kot zurückzuhalten, Sauberkeit als Reaktionsbildung gegen die Freude am Spiel mit den Faeces, Ordentlichkeit, Pünktlichkeit und Eigensinn als Eigenschaften, die sich von den ersten Kämpfen des Kindes mit der Mutter herleiten, welche auf dem Gebiet der Reinlichkeitsgewöhnung Unterwerfung verlangte. Während meiner Meinung nach die Beschreibung des Analcharakters durch Freud und andere klinisch richtig ist und tatsächlich einen der größten Beiträge auf dem Gebiete der Charakterologie darstellt, kann die theoretische Erklärung nicht aufrechterhalten werden, es sei denn, man verstehe sie symbolisch.

Was Freud den Analcharakter nannte, kann als besondere Art der Beziehung zur Welt verstanden werden. Solche Menschen ziehen sich in eine befestigte Position zurück. Ihr Ziel ist es, alle äußeren Einflüsse abzuwehren und zu verhindern, daß irgend etwas aus ihrer Verschanzung in die Außenwelt getragen werde. Hingegen wollen sie soviel als möglich von außen in ihre autarke Befestigung hineinbringen, um es zu behalten. Für diesen Charakter bedeutet Isolierung Sicherheit, Liebe und Intimität oder Nähe dagegen Gefahr. Geht man von dieser Betrachtungsweise aus, so kann das

Syndrom des analen Charakters nach Freud folgendermaßen verstanden werden: Geiz ist ein Versuch, seine isolierte Stellung zu festigen, sie so stark als möglich zu machen, damit nichts aus dieser Verschanzung verlorengehen kann. Reinlichkeit ist wie in vielen religiösen Ritualen als Versuch zu werten, den Kontakt mit der Außenwelt, die als Gefahr und Drohung empfunden wird, abzuwehren. Ordentlichkeit, im Sinne Freuds als Ordnungszwang verstanden, ist ein Versuch, die Dinge in ihre Schranken zu weisen, sie abzuwehren. Dinge dürfen sozusagen kein Eigenleben besitzen, sie müssen an ihren gebührenden Platz gestellt sein, so daß sie sich nicht störend eindrängen oder die isolierte Stellung dieser »ordentlichen« Persönlichkeit überwältigen.

Was für die Ordentlichkeit gesagt wird, gilt auch für die Pünktlichkeit. Diese weist der Welt ihre zeitliche Ordnung zu, während die Ordentlichkeit sie räumlich in ihre Schranken weist. Eigensinn ist der Ausdruck desselben Abwehrprozesses gegenüber den Menschen wie die Pünktlichkeit und Ordentlichkeit den Dingen gegenüber. Es ist das beständige »Nein« gegen jede Person, die sich eindrängen könnte, und vom Standpunkt dieser isolierten Stellung aus wird jeder Vorschlag, jede Forderung, selbst jede Hoffnung als Störung empfunden.

Während wir theoretische Voraussetzungen für das Studium des Gesellschafts-Charakters besitzen, wurde noch kaum begonnen, die psychoanalytische Charakterologie auf das Studium der Kultur anzuwenden. Ich glaube, daß die Gründe dafür in der Tatsache liegen, daß viele Sozialpsychologen an den entscheidenden Problemen vorübergehen. Einer der Gründe für diese Haltung scheint der Fetischismus zu sein, den man mit der sogenannten wissenschaftlichen Methode treibt. Die Sozialwissenschaftler waren vom Erfolg der exakten Wissenschaften behext und suchten deren Methoden nachzuahmen. Unglücklicherweise geht die Vorstellung von wissenschaftlichen Methoden bei jenen Sozialwissenschaftlern eher auf das zurück, was sie vor 20 Jahren in der Schule gelernt haben, als auf Erfahrungen in den fortentwickelten Forschungsgebieten, etwa der theoretischen Physik. Viele Sozialwissenschaftler glauben, daß die Phänomene überhaupt nicht untersucht werden dürfen, wenn nicht eine exakte und quantitative Analyse möglich ist. Anstatt Methoden für die wesentlichen Probleme zu erfinden, wenden sie lieber ihre Energie weniger wichtigen Problemen zu, die mit ihrer wissenschaftlichen Methode erfaßbar sind. Unser Mangel an Kenntnissen, ja selbst an Untersuchungen, welche darauf abzielen, solche Kenntnisse zu vermitteln ist in der Tat erschreckend.

David Riesman:
Traditioneller, innengelenkter und außengelenkter Sozialcharakter

Ich werde mich mit zwei Revolutionen, die die ›Verhaltenskonformität‹ oder den ›sozialen Charakter‹ des Menschen der westlichen
Welt seit dem Mittelalter beeinflußt haben, befassen. Die erste
dieser Revolutionen schnitt uns ziemlich radikal in den letzten
vierhundert Jahren von der familien- und sippenorientierten traditionellen Lebensweise ab, in der sich die Geschichte der Menschheit im wesentlichen vollzogen hat. In dieser Revolution sind die
Renaissance, die Reformation, die Gegenreformation, die industrielle Revolution und die politischen Revolutionen des 17., 18.
und 19. Jahrhunderts eingeschlossen. Selbstverständlich ist sie
auch noch nicht abgeschlossen, doch beginnt in den fortgeschrittensten Ländern der Erde, insbesondere in Amerika, bereits eine
andere Revolution, die mit einer Reihe sozialer Entwicklungen
und dem Übergang aus dem Zeitalter der Produktion in das Zeitalter des Konsums verbunden ist. (...)
   Da ich versuchsweise gewisse soziale und charakterologische
Entwicklungen mit gewissen Bevölkerungsvorgängen der abendländischen Gesellschaft seit dem Mittelalter ursächlich in Beziehung setzen will, werden einige der von mir verwendeten Begriffe
der Bevölkerungslehre entnommen, jener Wissenschaft, die sich
mit Geburts- und Sterblichkeitsziffern, mit der absoluten Anzahl
von Menschen und den prozentualen Zahlenverhältnissen in einer
Gesellschaft sowie ihrer Aufteilung nach Alter, Geschlecht und
anderen Variablen befaßt.
   Es läßt sich mit einiger Sicherheit nachweisen, trotz fehlender
verläßlicher Zahlen aus früheren Jahrhunderten, daß die Kurve
der Bevölkerungsbewegung seit dem Mittelalter in den westlichen
Ländern in einer S-Form besonderer Art verlaufen ist. (Entsprechend dem Hineinwachsen anderer Länder in das Netz der westlichen Zivilisation zeigen auch diese Völker eine Tendenz, sich

nach der S-förmigen Bevölkerungskurve zu entwickeln.) Die hintere Horizontale des S stellt einen Zustand dar, in dem die Gesamtbevölkerung überhaupt nicht oder nur sehr langsam wächst, da die Geburtenziffer ungefähr der Sterblichkeitsziffer gleich ist und beide sehr hoch sind. In solchen Gesellschaften ist ein hoher Prozentsatz der Bevölkerung jung, die Lebenserwartung ist niedrig und die Generationsfolge äußerst schnell. Man bezeichnet solche Gesellschaften als in einer Phase ›hohen Bevölkerungsumsatzes‹ befindlich. Treten jedoch irgendwelche Ereignisse ein, durch die die sehr hohe Sterblichkeit abnimmt (erhöhte Nahrungsmittelproduktion, neue hygienische Maßnahmen, Entdeckung von Krankheitsursachen u. ä.), so setzt eine ›explosive Bevölkerungszunahme‹ ein, die Bevölkerung wächst sehr schnell. Am markantesten war ein solches plötzliches Anwachsen in Europa und den im 19. Jahrhundert von Europäern besiedelten Ländern. Die Vertikale des S kennzeichnet diesen Vorgang, der von den Bevölkerungswissenschaftlern als die ›Bevölkerungswelle‹ bezeichnet wird. Dann gleichen sich die Geburtenziffern und die rückläufigen Sterblichkeitsziffern wieder einander an. Das Bevölkerungswachstum stagniert, und die Bevölkerungswissenschaftler stellen eine stärkere Besetzung der mittleren und hohen Jahrgänge in der Bevölkerung fest, worin sie die Kennzeichen einer dritten Phase, der ›beginnenden Bevölkerungsschrumpfung‹, sehen. Die obere Horizontale des S kennzeichnet Gesellschaften, die sich in diesem Stadium befinden, wobei wiederum, wie in der 1. Phase, das Wachstum der Gesamtbevölkerung gering ist, was jetzt jedoch darauf zurückzuführen ist, daß die Geburten- und Sterblichkeitsziffern gleich niedrig sind.

Diese S-Kurve soll nun nicht als Theorie über das Bevölkerungswachstum, sondern als empirische Darstellung der Vorgänge dienen, die sich in Europa und in den in der Einflußsphäre Europas liegenden Ländern abgespielt haben. Was geschieht nun, wenn die Phasen der S-Kurve durchlaufen sind? Die in den letzten Jahrzehnten vor sich gegangene Entwicklung in den Vereinigten Staaten und anderen Ländern westlicher Zivilisation scheint eine so bequeme und einfache Zusammenfassung nicht mehr zuzulassen. Die ›beginnende Bevölkerungsschrumpfung‹ ist nicht zu einer Bevölkerungsschrumpfung schlechthin geworden, und die Geburtenrate zeigt eine unbestimmte Tendenz, wieder anzusteigen, was die meisten Bevölkerungswissenschaftler allerdings als vorübergehend bezeichnen.

Es wäre nun wirklich sehr erstaunlich, wenn Veränderungen in den Grundbedingungen der Fortpflanzung, Lebenshaltung und Lebenserwartungen den Charakter unbeeinflußt ließen. Eine Veränderung der Versorgungslage und der Nachfrage nach Arbeitskräften wird zur Folge haben, daß sich der Lebensraum der Bevölkerung, die Größe der Märkte, die Rolle der Kinder, die Gefühle für Vitalität und Senilität in der Gesellschaft und viele andere, nicht ohne weiteres faßbare Faktoren ebenfalls ändern. So geht meine These in der Tat dahin, daß jedem dieser drei Stadien der Bevölkerungskurve eine Gesellschaft entspricht, die jeweils eine bestimmte Art von Verhaltenskonformität erzwingt und einen bestimmten sozialen Charakter formt, und zwar jeweils auf ganz verschiedene, aber durchaus erkennbare Art und Weise.

Die dem ›hohen Bevölkerungsumsatz‹ entsprechende Gesellschaft wird in ihren typischen Vertretern einen sozialen Charakter formen, dessen Verhaltenskonformität durch die Tendenz, der Tradition zu folgen, gesichert wird. Es sind Menschen, die ich im folgenden als ›traditions-geleitet‹ bezeichnen werde, und die Gesellschaft, in der sie leben, ist eine auf ›Traditions-Lenkung‹ beruhende Gesellschaft.

Die Gesellschaft der ›Bevölkerungswelle‹ dagegen entwickelt in ihren typischen Vertretern eine Verhaltenskonformität, die durch die Tendenz, sich frühzeitig ein Schema von verinnerlichten Lebenszielen anzueignen, gesichert wird. Dieser Typ wird von mir als ›innen-geleitet‹ bezeichnet, und die entsprechende Gesellschaft beruht auf ›Innen-Lenkung‹.

Die in der Phase der ›beginnenden Bevölkerungsschrumpfung‹ befindliche Gesellschaft schließlich formt in ihren typischen Vertretern eine Verhaltenskonformität, die durch die Tendenz, für die Erwartungen und Wünsche anderer empfänglich zu sein, gesichert wird. Diese Menschen werde ich mit ›außen-geleitet‹ bezeichnen, die Gesellschaft, in der sie leben, beruht auf ›Außen-Lenkung‹. (...)

Hoher Bevölkerungsumsatz: traditions-geleitete Typen

Mehr als die Hälfte der Erdbevölkerung befindet sich in der Phase des hohen Bevölkerungsumsatzes: Indien, Ägypten und China (die in den letzten Jahrzehnten bereits ungeheuer gewachsen sind) sowie fast alle schriftunkundigen Völker Zentralafrikas, Teile von Mittel- und Südamerika, also fast alle Gebiete der Erde, die bisher verhältnismäßig unberührt von der Industrialisierung geblieben sind. Die Sterblichkeitsziffern sind dort so hoch, daß die Bevölkerung aussterben würde, wenn nicht die Geburtenziffern ebenso hoch wären. (...)

Betrachten wir eine solche Gesellschaft, dann verbinden wir unvermeidlich die relative Stabilität des Verhältnisses zwischen Bevölkerung und Bevölkerungsraum, gleichgültig ob dieses hoch oder niedrig ist, mit der Langlebigkeit der Sitten und der sozialen Struktur. Wir dürfen jedoch nicht die Stabilität der sozialen Struktur innerhalb einer historischen Epoche mit der psychischen Stabilität in der Lebensspanne eines Individuums gleichsetzen, da der einzelne durch subjektive Erfahrungen ein hohes Maß von Gewaltsamkeiten und Zerrüttung erleben kann. Letztlich ist er aber doch dadurch bestimmt, daß er lernt, mit dem Leben auf dem Wege der Anpassung und nicht durch Anwendung neuer Verhaltensweisen fertig zu werden. Die Verhaltenskonformität ergibt sich, abgesehen von einigen Ausnahmen, aus der ›Selbstverständlichkeit‹ der sozialen Situation. Natürlich ist im menschlichen Leben nichts jemals wirklich ›selbstverständlich‹; wenn es so zu sein scheint, dann ist das darauf zurückzuführen, daß der Bewußtheitsgrad durch die kulturelle Überformung eingeengt ist. Da das prekäre Abhängigkeitsverhältnis vom Nahrungsspielraum in den kulturellen Zusammenhang aufgenommen ist, trägt dieses mit zu der Herausbildung einer konventionellen Verhaltenskonformität bei, die bei vielen, ja, vielleicht bei allen Gesellschaften in der Phase des hohen Bevölkerungsumsatzes aufweisbar ist. Diese konventionelle Verhaltenskonformität bezeichne ich mit Traditions-Lenkung.

Definition der Traditions-Lenkung. Da die geschilderte Gesellschaftsordnung verhältnismäßig stabil ist, wird die Verhaltenskonformität des Individuums in hohem Maße durch die verschiedenen

Einflußsphären der Alters- und Geschlechtsgruppen, der Sippen, Kasten, Stände und so fort vorgegeben sein – durch Verhältnisse also, wie sie jahrhundertelang bereits bestanden haben und die nur geringfügig, wenn überhaupt, in der Generationsfolge verändert werden. Das Verhalten wird von der Kultur weitgehend gesteuert, und während die Verhaltensregeln nicht so kompliziert sind, daß die Jungen sie nicht in der Periode ihres schnellen Hineinwachsens in die Gesellschaft lernen könnten, beherrscht ein umfassendes, strenges Zeremoniell die fundamentale Einflußsphäre der Sippen- und Familienbeziehungen. Außerdem liefert die Kultur neben den festgelegten ökonomischen Aufgaben oder als einen Teil davon Ritus, Brauchtum und Religion, denen jeder unterworfen ist und in denen er sich orientiert. Wenig Anstrengung wird verwendet, um neue Lösungen für uralte Probleme zu finden, etwa auf die Technik des Ackerbaus oder auf die ›Medizin‹, da die Kultur gerade in deren Fraglosigkeit besteht.

Man darf sich jedoch nicht dazu verleiten lassen, zu glauben, daß das Individuum in solchen Gesellschaften nicht doch sehr hoch eingeschätzt werden könnte, obwohl der Wirkungsbereich des einzelnen durch das charakterologisch begründete Festhalten an der Überlieferung festgelegt ist. In vielen Fällen wird er ermutigt, seine Fähigkeiten, seine Initiative und sogar, innerhalb kurzer Zeitspannen, eine gewisse Zielstrebigkeit zu entwickeln. In einigen primitiven Gesellschaften wird der einzelne tatsächlich weit mehr gewürdigt und respektiert als in vielen Bereichen der modernen Gesellschaft, da das Individuum in einer auf Traditions-Lenkung beruhenden Gesellschaft in einer wohldefinierten funktionalen Beziehung zu den anderen Mitgliedern der Gruppe steht. Wenn er nicht getötet wird, ›gehört er dazu‹ und ist weder Überschuß, wie die Arbeitslosen in der modernen Gesellschaft, noch Ausschuß, wie die ungelernten Arbeiter in der modernen Gesellschaft. Aber gerade auf Grund dieser Dazugehörigkeit ist der Umfang, in dem eigene Lebensziele das Schicksal des einzelnen nach seinem eigenen Ermessen gestalten, sehr begrenzt, daher hat auch der Fortschrittsgedanke für die Gruppe eine sehr geringe Bedeutung. (...)

Das Mittelalter kann in der abendländischen Geschichte als eine Epoche bezeichnet werden, in der die meisten Menschen traditionsgeleitet waren. Der Begriff ›traditions-geleitet‹ bezieht sich jedoch auf ein generelles Merkmal, wie es nicht nur Völkern des vorkapitalistischen Europa, sondern auch so grundverschiedenen Völkern wie den Hindus, den Hopi-Indianern, den Zulus und den Chinesen, den nordafrikanischen Arabern und den Balinesen gemeinsam ist. Diese Feststellung sehe ich durch ähnliche Einsichten anderer Autoren über eine solche Gemeinsamkeit in der Verschiedenartigkeit bestätigt. Sie führten für die von ihnen gefundenen gemeinsamen Merkmale Termini wie ›Altkultur‹ (im Gegensatz zu ›Zivilisation‹), ›Ständegesellschaft‹ (im Gegensatz zu ›Vertragsgesellschaft‹), ›Gemeinschaft‹ (im Gegensatz zu ›Gesellschaft‹) u. a. ein. So verschieden die durch solche Termini wie Altkultur, Ständegesellschaft und Gemeinschaft bezeichneten Gesellschaften auch sein mögen, sie ähneln einander in Hinsicht auf das verhältnismäßig langsame Tempo, in dem der soziale Wandel vor sich geht, ihrer Abhängigkeit von familien- und sippengebundenen Organisationen und – verglichen mit späteren Epochen – ihrem dichten Netz von sozialen Wertsetzungen. Hinzu kommt, wie dies jetzt auch von der Wissenschaft allgemein anerkannt wird, daß die hohe Geburtenziffer in diesen in der Phase des hohen Bevölkerungsumsatzes befindlichen Gesellschaften nicht nur auf die Unkenntnis empfängnisverhütender Mittel und Techniken zurückgeführt werden kann. Eine ganze Lebensanschauung – die Art der Lebenserwartungen, die Einstellung zu Kindern, zur Sexualität, zur Stellung der Frau, zum Sinn des Lebens – trennt Gesellschaften, in denen die menschliche Fruchtbarkeit zunächst ungehindert ihren Lauf nimmt, um dann durch institutionalisierte Gewaltmaßnahmen aufgefangen zu werden, von jenen, in denen sich die Menschen eine gewisse Fortpflanzungsnorm selber setzen und in denen dann möglicherweise auch, wie z. B. Freud und andere Beobachter annahmen, eine Herabsetzung der sexuellen Energie selbst eintritt.

Die Bevölkerungswelle: innen-geleitete Typen

Außerhalb der abendländischen Geschichte ist uns sehr wenig über die Häufung geringfügiger Veränderungen bekannt, aus der heraus sich ein Zusammenbruch der traditions-geleiteten Gesellschaft erklären ließe und eine solche Gesellschaft zur Ausnutzung ihres hohen Wachstumspotentials führen könnte. Nur im Abendland sind wir zu gewissen Einsichten über den langsamen Verfall der Feudalherrschaft und den darauffolgenden Aufstieg eines Gesellschaftstypus gekommen, in dem die Innen-Lenkung die vorherrschende Art zur Sicherung von Verhaltenskonformität ist.

Kritische Historiker, die die Renaissance immer weiter in das Mittelalter zurückverlegen, scheinen oft die Tatsache ignorieren zu wollen, daß überhaupt irgendeine entscheidende Wandlung vor sich gegangen ist. Man kann sich aber doch wohl der Ansicht nicht verschließen, daß der bedeutendste soziale und charakterologische Wandel der letzten Jahrhunderte tatsächlich eintrat, als die Menschen aus ihren primären Bindungen, die sie an die abendländisch-mittelalterliche Gestalt der traditions-geleiteten Gesellschaft knüpften, herausgerissen wurden. Demgegenüber erscheinen alle späteren Wandlungen, einschließlich des Wandels von der Innen-Lenkung zur Außen-Lenkung, vergleichsweise unbedeutend, wenn auch diese letzte Wandlung selbstverständlich noch im Gange ist und wir nicht sagen können, wie sie sich – wenn sie sich je vollenden sollte – darstellen wird.

Der Wechsel in dem relativ stabilen Verhältnis von Geburten- und Sterbefällen, das die Phase des hohen Bevölkerungsumsatzes auszeichnet, ist gleichzeitig Ursache und Folge anderer tiefgreifender sozialer Veränderungen. In den meisten uns bekannten Fällen findet der Rückgang der Sterblichkeit vor dem Rückgang der Fruchtbarkeit statt; daraus erklärt sich das zu einer gewissen Zeit auftretende rapide Anwachsen der Bevölkerung. Der Rückgang der Sterblichkeitsziffer folgt aus mehreren voneinander abhängigen Faktoren, als da sind: hygienische Maßnahmen, bessere Verkehrsmöglichkeiten (was den Regierungen einerseits einen weiteren Einflußbereich einräumt, andererseits den Transport von Nahrungsmitteln aus Überschuß- in Mangelgebiete ermöglicht), ferner dem auf Grund von Verboten oder anderen Faktoren erfolgenden Rückgang der Kindestötung, des Kannibalismus und anderer überkommener Gewaltmaßnahmen. Durch die verbesserten landwirtschaftlichen Methoden kann das Land mehr Menschen ernähren, die ihrerseits wieder mehr Kinder zeugen.

Diese Bevölkerungswelle ist ziemlich heftig. Plötzlich werden die Geleise, in denen sich das Leben der Gesellschaften vollzog, deren wichtigste Art der Konformitätssicherung die Traditions-Lenkung war, aufgerissen. Durch das gestörte Gleichgewicht von Geburten und Todesfällen weichen die herkömmlichen Verhaltensweisen einem Druck, der ein neues Charaktergefüge erforderlich macht, bzw. findet ein solches nunmehr Gelegenheit, sich in dem rapiden Wechsel der sozialen Organisationen – und in dem Streben nach immer weiteren Veränderungen – zu bewähren.

Definition der Innen-Lenkung. Die mit der Renaissance und der Reformation in der abendländischen Geschichte in Erscheinung tretende und erst jetzt im Schwinden begriffene Gesellschaft dient uns als Beispiel für eine Gesellschaftsform, in der die Innen-Lenkung die vorherrschende Art der Konformitätssicherung darstellt. Ein hohes Maß von sozialer Mobilität, hervorgerufen durch die schnelle Ansammlung von Kapital (welche mit umwälzenden technologischen Entwicklungen einhergeht) und eine geradezu unaufhörliche Expansion, die einmal mit der Produktion von Verbrauchsgütern und Menschen nach innen und mit der Forschung, Kolonisierung und Weltmachtpolitik nach außen wirkt, kennzeichnen diese Gesellschaft. Die größten Chancen, die diese Gesellschaft zu vergeben hat – und die größte Initiative, die sie denen abverlangt, die mit den neuen Problemen fertig werden wollen –, werden von Charaktertypen verwirklicht, denen es gelingt, ihr Leben in der Gesellschaft ohne strenge und selbstverständliche Traditions-Lenkung zu führen. Dieses sind die innen-geleiteten Typen.

Der Begriff der Innen-Lenkung soll hier auf eine ganze Reihe von Typen ausgedehnt werden. Während die Unterscheidung zwischen protestantischen und katholischen Ländern und ihren spezifischen Charaktertypen, zwischen den Auswirkungen der Renaissance und denen der Reformation, zwischen der puritanischen Ethik des europäischen Nordens und Westens und der mehr hedonistischen Ethik des europäischen Ostens und Südens für die Untersuchung gewisser Probleme von größter Bedeutung ist, da sich hieraus berechtigte und wichtige Unterschiede ergeben, erlaubt uns die vorliegende Untersuchung, die sich auf die Entwicklung von verschiedenen Arten der Verhaltenskonformität konzentriert, daß wir sie außer acht lassen. So können wir diese sonst zu unterscheidenden Entwicklungstendenzen hier auf einen gemeinsamen Nenner bringen. Alle weisen auf ein gemeinsames Merkmal hin: *Die Kraft, die das Verhalten des Individuums steuert, wird verinnerlicht, d. h. sie wird frühzeitig durch die Eltern in das Kind eingepflanzt und auf prinzipiellere, aber dennoch unausweichliche Ziele gerichtet.*

Um die Bedeutung dieses Vorgangs zu erfassen, vergegenwärtigen wir uns noch einmal die Gesellschaft, in der die Traditions-Lenkung als Art der Konformitätssicherung dominierte. Hier konzentriert sich die Aufmerksamkeit auf die Sicherstellung einer äußerlich bestimmten Verhaltenskonformität. Wenn die Verhaltensweisen in allen Einzelheiten vorgeschrieben sind, bedarf es keiner stark entwickelten charakterlichen Eigenständigkeit, um den in Ritus und Etikette objektivierten Vorschriften zu folgen – was allerdings einen sozialen Charakter voraussetzt, der gerade der ständigen Beachtung der äußerlichen Verhaltensregeln und einer gewissen Abhängigkeit von diesen fähig ist.

Im Gegensatz dazu kann sich eine Gesellschaft, in der die Innen-Lenkung die Herrschaft übernimmt (und obgleich auch diese ihre Verhaltenskonformität entwickelt), nicht mit der äußerlichen Verhaltenskonformität allein zufriedengeben. Immer wieder ergeben sich neue Situationen, die ein festgelegter Kodex von Regeln nicht im voraus umfassen kann. So wird das Problem des Verhaltens nach eigenem Ermessen, das in der vorangegangenen Periode des hohen Bevölkerungsumsatzes dem Menschen dadurch abgenommen wurde, daß das Verhalten immer durch die starre soziale Ordnung in die richtigen Kanäle geleitet wurde, in der Phase der Bevölkerungswelle dadurch gelöst, daß ein starrer, aber in hohem Maße eigenständiger Charakter das Verhalten ›kanalisiert‹.

Diese Starrheit ist eine komplexe Angelegenheit. Eine Gesellschaft, die auf der Innen-Lenkung beruht, scheint den Menschen eine reiche Auswahl von verschiedenen Zielen zu bieten – wie

Geld, Besitz, Macht, Wissen, Ruhm, Güte –, und doch hängen diese Ziele ideell eng zusammen, und die von einem Individuum einmal getroffene Auswahl bleibt verhältnismäßig unverändert sein ganzes Leben lang bestehen. Ferner sind die Mittel, um diese Ziele zu erreichen, beschränkt, selbst wenn sie nicht durch ein so enges Bezugssystem wie in der auf der Traditions-Lenkung beruhenden Gesellschaft eingegrenzt sind. Neue freiwillige Gruppenbildungen wie z. B. die Quäker, die Freimaurer, die Arbeiter-Gewerkschaften, denen sich die Menschen anschließen, setzten ihnen Grenzen. Der Begriff ›Traditions-Lenkung‹ würde in der Tat falsch verstanden werden, wenn der Leser daraus schließen wollte, daß die Kraft der Tradition nun keinen Einfluß mehr auf den innen-geleiteten Charakter ausüben würde. Er ist im Gegenteil erheblich durch die Traditionen gebunden: sie setzen seinen Zielen Grenzen und hemmen die Wahl seiner Mittel.

Der springende Punkt ist aber der, daß eine Aufsplitterung der Tradition vonstatten geht, was zum Teil mit der zunehmenden Arbeitsteilung und der Klassenteilung innerhalb der Gesellschaft zusammenhängt. Selbst wenn die Übernahme einer Tradition durch das Individuum von dessen Eltern weitgehend bestimmt wird, wie dies meistens der Fall ist, so kann der Mensch sich doch der Erkenntnis mehrerer nebeneinander existierender Traditionen und somit der Existenz des Phänomens Tradition als solchen nicht verschließen. Als Folge davon bringt er ein erhöhtes Maß an Anpassungsfähigkeit für die ständig sich verändernden Gegebenheiten seiner Umwelt auf und kann seinerseits erhöhte Anforderungen an diese Umwelt stellen. Indem der Einfluß durch die primäre Gruppe gelockert wird – jene Gruppe, die einerseits die Jungen sozial prägt, andererseits das Verhalten der Erwachsenen steuert –, wird ein neuer psychologischer Mechanismus ›erfunden‹, der der offeneren Gesellschaft angemessen ist. Diesen möchte ich als einen seelischen ›Kreiselkompaß‹ bezeichnen.

Nachdem dieses Instrument einmal von den Eltern und anderen Autoritäten in Gang gesetzt ist, hält es den innen-geleiteten Menschen ›auf Kurs‹, selbst dann, wenn die Tradition, die seinen Charakter geformt hat, seine Verhaltensweisen nicht mehr diktiert. So ist der innen-geleitete Mensch in der Lage, immer wieder jenes empfindliche Gleichgewicht zwischen den durch seine Lebensziele gestellten Forderungen und den Stößen, die er bei der Auseinandersetzung mit der Außenwelt empfängt, herzustellen. (...)

Beginnende Bevölkerungsschrumpfung:
außen-geleitete Typen

(...) Wenn sich die Geburtenziffer der rückläufigen Sterblichkeitsziffer angleicht, dann tritt die Gesellschaft in die Epoche der beginnenden Bevölkerungsschrumpfung ein. Immer weniger Menschen sind in der Landwirtschaft oder in der Grundstoffindustrie beschäftigt – selbst in der industriellen Güterproduktion nimmt die Beschäftigungsziffer relativ ab. Der Arbeitstag ist kurz, er ermöglicht außerdem materiellen Überfluß und Freizeit. Aber die Menschen zahlen für diese Wandlungen – denn hier wie überall werden die gelösten Probleme durch neue, ungelöste ersetzt –: sie befinden sich nun in einer zentralisierten und bürokratisierten Gesellschaft und in einer durch den (von der Industrialisierung her noch beschleunigten) Kontakt mit anderen Rassen, Nationen und Kulturen zusammengeschrumpften und durcheinandergewirbelten Welt. Beharrlichkeit und Unternehmungsgeist, wie sie der innen-geleitete Mensch besaß, sind unter diesen neuen Gegebenheiten in geringerem Maße erforderlich, dagegen wächst der Umfang, in dem anstelle der materiellen Bedingungen nun *die anderen Menschen* zum Problem werden. Menschen verschiedenster Klassen- und Gesellschaftszugehörigkeit kommen jetzt miteinander in Berührung und stellen sich aufeinander ein, wodurch der Einfluß der noch aus dem Stadium des hohen Bevölkerungsumsatzes überlebenden Traditionen, nachdem er bereits durch den unaufhaltsamen Verlauf der Industrialisierung gewaltsam erschüttert wurde, noch mehr abgeschwächt wird. Die Steuerung des Verhaltens durch den Kreiselkompaß ist jetzt zu starr, und ein neuer psychologischer Mechanismus muß gefunden werden.

Auch müssen jetzt das Sparbedürfnis und das dauernde ›Knappheits-Bewußtsein‹ vieler innen-geleiteter Menschen, die in der Epoche der Kapitalansammlung, die mit der Bevölkerungswelle auftrat, eine Form der sozialen Anpassung darstellten, einem Verbrauchsbedürfnis und dauerndem ›Überfluß-Bewußtsein‹ wei-

219

chen, durch die der Mensch zum verschwenderischen Luxus und Verbrauch seiner Freizeit und des Produktionsüberschusses fähig wird. Wenn die Menschen ihre Überproduktion nicht in Kriegen zerstören wollen (was jedoch noch immer hohe Kapitalinvestitionen erfordert), müssen sie lernen, sich jener Güter zu erfreuen und sich selbst in deren Dienst zu stellen, die viele Arbeitskräfte binden, aber wenig Kapital erfordern, etwa wie Dichtung und Philosophie. In der Tat ist in der Phase der beginnenden Bevölkerungsschrumpfung die Bevölkerungskurve stark mit unproduktiven Verbrauchern besetzt, also der wachsenden Anzahl von alten Menschen und der rückläufigen Anzahl von jungen, noch unausgebildeten, und diesen muß einerseits wirtschaftlich Gelegenheit gegeben werden, an dem Überfluß teilzunehmen, andererseits müssen sie die hierfür erforderliche Charakterstruktur besitzen.

Wird nun heute bereits zugestanden, daß diese Notwendigkeit nach einem neuen Gefüge der Charaktereigenschaften besteht? Für Amerika möchte ich diese Frage auf Grund meiner Beobachtungen bejahen.

Definition der Außen-Lenkung. Der von mir als außen-geleitet bezeichnete Charaktertyp tritt erst seit kurzem in dem gehobenen Mittelstand unserer Städte in Erscheinung, wobei er in den Großstädten deutlicher als in den Kleinstädten zu bemerken ist. Doch weist dieser Typ in mancherlei Hinsicht eine überraschende Ähnlichkeit mit dem Amerika auf, von dem Tocqueville und andere interessierte und erstaunte europäische Besucher, sogar noch vor der Revolution, meinten, daß er einen neuen Menschentypus darstelle. Die Einstimmigkeit solcher Reiseberichte über Amerika ist in der Tat bemerkenswert. Man sagt diesem Amerikaner nach, er sei oberflächlicher, freigebiger, verhaltensunsicherer und weit mehr von der Anerkennung anderer abhängig als der Europäer. (...)

Ich bin jedoch der Auffassung, daß der heutige Amerikaner des Mittelstandes von dem von Tocqueville beschriebenen Amerikaner in erheblichem Maße abweicht, obwohl uns dieser so überraschend zeitgenössisch erscheint. Ferner habe ich den Eindruck, daß die Umstände, auf die, wie ich glaube, die Außen-Lenkung zurückzuführen ist, auf eine ständig wachsende Anzahl von Großstädtern in den hochindustrialisierten Ländern einwirken werden.

So stellt meine Untersuchung des außen-geleiteten Charakters eine Analyse sowohl des Amerikaners als auch des heutigen Menschen überhaupt dar. Vielfach fällt es mir schwer, oftmals ist es mir unmöglich, zu sagen, wo die Grenze zwischen beiden zu ziehen ist. Einerseits neige ich zu der Ansicht, daß die Heimat des außengeleiteten Typus doch wohl in Amerika zu finden ist, und zwar auf Grund gewisser Elemente, die spezifisch für die amerikanische Gesellschaft sind, beispielsweise ihrer europäischen Abstammung und des Fehlens einer feudalherrschaftlichen Vergangenheit. Demgegenüber neige ich dann andererseits dazu, mehr Gewicht auf Kapitalismus, Industrialisierung und Verstädterung, also auf globale Entwicklungstendenzen, zu legen als auf irgendwelche charakterbildende Besonderheiten auf dem amerikanischen Schauplatz. (...)

Will man unsere sozialen Charaktertypen den verschiedenen sozialen Schichten zuordnen, kann man sagen, daß die Innen-Lenkung den Charaktertypus des ›alten‹ Mittelstandes darstellt — es sind der Bankier, der Händler, der kleine Unternehmer, der Ingenieur usw. –, während die Außen-Lenkung zum typischen Charaktermerkmal des ›neuen‹ Mittelstandes wird – personifiziert durch den Bürokraten, den kaufmännischen Angestellten usw. Viele der mit dem jüngsten Aufstieg des ›neuen‹ Mittelstandes zusammenhängenden wirtschaftlichen Faktoren sind uns bekannt. James Burnham, Colin Clark, Peter Drucker und andere haben sie eingehend geschildert. Während die Anzahl der in der Urproduktion und der Grundstoffindustrie – Landwirtschaft, Schwerindustrie, Güterverkehr – Beschäftigten und ihr prozentualer Anteil an der Gesamtzahl der arbeitenden Bevölkerung sinken, steigen die Anzahl und der Prozentsatz der Büroangestellten und der öffentlichen und privaten Dienstleistungsberufe. Des Lesens und Schreibens kundig, gebildet und mit den lebensnotwendigen Gütern durch eine sich immer weiter verbessernde Land- und Maschinenwirtschaft versorgt, wenden sich die Menschen in erhöhtem Maße dem ›tertiären‹ Bereich der Wirtschaft zu. Das Luxus-Gewerbe und andere Arten der öffentlichen und privaten Dienstleistungen florieren auf Grund der Bedürfnisse der Gesamtbevölkerung, während ähnliche Einrichtungen in früheren Zeiten den ›höfischen‹ Kreisen vorbehalten waren.

Dem Konsum von Bildung, Freizeit, Luxus und öffentlichen und privaten Dienstleistungen entspricht die Steigerung des Konsums von Wort und Bild durch die neuen Massenkommunikationsmittel. In der Phase der Bevölkerungswelle begann die Verbreitung des Wortes von städtischen Brennpunkten aus, in der Phase der beginnenden Bevölkerungsschrumpfung wird dieser Fluß zum reißenden Strom. Dieser Prozeß vollzieht sich in allen industrialisierten Ländern, wobei sich allerdings durch tiefliegende nationale und Klassenunterschiede, verbunden mit unterschiedlichen literarischen und rhetorischen Überlieferungen, gewisse Abstufungen ergeben. Die Verbindung mit der Außenwelt und mit dem eigenen Ich wird in zunehmendem Maße durch das Medium der Massenkommunikationsmittel hergestellt. Die politischen Ereignisse werden für die außen-geleiteten Typen durch ein Nachrichtenprisma gebrochen, was zur Folge hat, daß von den Ereignissen gewöhnlich nur noch einzelne Strahlen aufgenommen und diese nun personalisiert bzw. pseudo-personalisiert werden. Der innengeleitete Typ dagegen, der in unserer Epoche ja noch weiter existiert, pflegt den ganzen Nachrichtenstrom in einem Brennglas zu vereinen und dann moralisch zu verarbeiten.

Viele Menschen sehen sich durch diese Entwicklung gezwungen, neue Wege zum Erfolg einzuschlagen und ihr Verhalten noch mehr zu ›sozialisieren‹, um zu Erfolg und besserer Anpassung an den Ehepartner und an andere Menschen zu gelangen. Mit diesen Wandlungen gehen ähnliche in der Familienstruktur und den Methoden der Kindererziehung einher. In den großstädtischen Kleinfamilien – vor allem mit der Ausdehnung der ›verständnisvollen‹ Kindererziehung auf immer weitere Schichten der Bevölkerung – lockern sich die alten Formen der Disziplin. Im Zusammenhang mit den neuen Verhaltensweisen gelangt jetzt die Gruppe der Zeitgenossen, ›Kameraden‹ und ›Kollegen‹ *(peer-group)* zu großer Bedeutung, und die Eltern sehen in dem Vergehen gegen innere Wertsetzungen einen geringeren Fehler, als wenn das Kind unbeliebt oder nicht in der Lage ist, mit den anderen Kindern gut auszukommen. Der Druck, den die Schule und diese Gruppe ausüben, wird darüber hinaus noch verstärkt und weitergeführt – in einer Art und Weise, deren paradoxe Erscheinungsform ich später noch erweitern werde – durch die Massenkommunikationsmittel: Film,

Radio, Kitschliteratur, ja, durch fast alle Arten gegenwärtiger Unterhaltungsmittel. Der unter diesen Bedingungen auftretende Charaktertyp soll hier als außen-geleitet bezeichnet werden. Seiner Behandlung ist der größte Teil dieses Buches gewidmet. *Das gemeinsame Merkmal der außen-geleiteten Menschen besteht darin, daß das Verhalten des einzelnen durch die Zeitgenossen gesteuert wird; entweder von denjenigen, die er persönlich kennt, oder von jenen anderen, mit denen er indirekt durch Freunde oder durch die Massenunterhaltungsmittel bekannt ist. Diese Steuerungsquelle ist selbstverständlich auch hier ›verinnerlicht‹, und zwar insofern, als das Abhängigkeitsgefühl von dieser dem Kind frühzeitig eingepflanzt wird. Die von dem außen-geleiteten Menschen angestrebten Ziele verändern sich jeweils mit der sich verändernden Steuerung durch die von außen empfangenen Signale. Unverändert bleibt lediglich diese Einstellung selbst und die genaue Beachtung, die den von den anderen abgegebenen Signalen gezollt wird.* Indem der Mensch auf diese Weise ständig in engem Kontakt mit den anderen verbleibt, entwickelt er eine weitgehende Verhaltenskonformität, aber nicht wie der traditions-geleitete Mensch durch Zucht und vorgeschriebene Verhaltensregeln, sondern durch die außergewöhnliche Empfangs- und Folgebereitschaft, die er für die Handlungen und Wünsche der anderen aufbringt.

Es kommt selbstverständlich sehr darauf an, wer diese ›anderen‹ sind: ob sie zum engeren Kreis des Individuums oder zu einem ›höheren‹ Kreis gehören oder ob es die anonymen Stimmen der Massenkommunikationsmittel sind; auch ob das Individuum Feindschaft aus zufälligen Bekanntschaften oder nur von jenen, ›auf die es ankommt‹, fürchtet. Aber das Bedürfnis nach Anerkennung und Lenkung durch andere – und zwar vorzugsweise durch seine Zeitgenossen und nicht durch seine Vorfahren – überschreitet bei weitem das begründete Maß, in dem sich die Menschen zu allen Zeiten um das Urteil der anderen gekümmert haben. Während jeder Mensch die Zuneigung einiger seiner Mitmenschen zu gewissen Zeiten wünscht und braucht, macht nur der moderne außen-geleitete Mensch diese zu seiner eigentlichen Steuerungsquelle und zum Zentrum seiner Empfangs- und Folgebereitschaft.

Herbert Marcuse:
Vom Veralten der Psychoanalyse

Der Titel bezieht sich auf das Schicksal einiger Grundannahmen
der Freudschen Theorie und ihrer orthodoxen wie revisionisti-
schen Fortbildung. Ich behaupte, daß sie in dem Maße veraltet
sind, wie ihr Gegenstand, nämlich das »Individuum« als die Verkörperung von Es, Ich und Über-Ich in der gesellschaftlichen
Wirklichkeit veraltet ist. Die Entwicklung der gegenwärtigen Gesellschaft hat das Freudsche Modell durch ein soziales Atom ersetzt, dessen seelische Struktur nicht mehr die Qualitäten aufweist, die Freud dem psychoanalytischen Gegenstand zusprach. In
ihren verschiedenen Schulen hat die Psychoanalyse überdauert
und sich über weite Bereiche der Gesellschaft ausgebreitet; aber
mit der Veränderung ihres Gegenstandes hat sich die Kluft zwischen Theorie und Therapie vertieft, und die Therapie sieht sich
einer Lage gegenüber, in der sie mehr dem Bestehenden zu helfen
scheint als dem Individuum. Die Wahrheit der Psychoanalyse wird
dadurch nicht entkräftet; im Gegenteil, das Veralten ihres Gegenstands offenbart das Ausmaß, in dem Fortschritt in der Wirklichkeit Repression gewesen ist. Die Psychoanalyse wirft so neues
Licht auf die Politik der fortgeschrittenen Industriegesellschaft.
(...)
  Es ist oft gesagt worden, daß Freuds Theorie in ihrer Gültigkeit
in hohem Maße vom Bestehen der bürgerlichen Gesellschaft
Wiens in den Jahrzehnten vor der faschistischen Ära abhing – von
der Jahrhundertwende bis zur Periode zwischen den beiden Kriegen. Diese sich leicht anbietende Zuordnung enthält einen Kern
von Wahrheit, aber ihre geographischen und geschichtlichen
Grenzen sind falsch. Schon zur Zeit ihrer Reife erfaßte die Freudsche Theorie mehr die Vergangenheit als die Gegenwart – ein
verblassendes eher als ein allgemein herrschendes Bild des Menschen, eine verschwindende menschliche Daseinsform. Freud be-

schreibt eine dynamische Seelenstruktur: den Kampf auf Leben und Tod zwischen antagonistischen Kräften – Es und Ich, Ich und Über-Ich, Lustprinzip und Realitätsprinzip, Eros und Thanatos. Dieser Kampf wird letztlich im Individuum und durchs Individuum ausgefochten, in seinem Leib und seiner Seele und durch sie; der Analytiker wirkt als der (stumme!) Sprecher der *Vernunft* – in letzter Instanz der *eigenen* Vernunft des Individuums. Er aktiviert, artikuliert nur, was *im* Patienten ist, seine seelischen Anlagen und Kapazitäten. »Wo Es war, soll Ich werden«: hierin liegt das rationalistische, rationale Programm der Psychoanalyse – Sieg über das Unbewußte, seine »unmöglichen« Triebe und Ziele. Aufgrund und kraft eigener Vernunft gibt das Individuum die kompromißlosen Ansprüche des Lustprinzips preis und unterwirft sich dem Diktat des Realitätsprinzips, lernt es, das prekäre Gleichgewicht zwischen Eros und Thanatos zu halten – lernt es, sich in einer Gesellschaft (Freud sagt »Kultur«) durchzuschlagen, die *zunehmend* außerstande ist, es glücklich zu machen, das heißt seine Triebe zu befriedigen.

Ich möchte zwei Elemente dieser Konzeption herausstellen, die den historischen Faktor kennzeichnen, nämlich die veränderten gesellschaftlichen und politischen Verhältnisse.

1. Freud setzt durchweg einen wesentlichen Konflikt zwischen dem Individuum und seiner Gesellschaft voraus;
2. er setzt voraus, daß das Individuum sich in diesem Konflikt konstituiert und, im Falle des Patienten, das vitale Bedürfnis nach einer Schlichtung hat – ausgedrückt durch die Unfähigkeit, in der gegebenen Gesellschaft normal zu funktionieren.

Der Konflikt hat seine Wurzeln nicht nur in der privaten Krankengeschichte des Patienten, sondern auch (und in erster Linie) im allgemeinen, umfassenden Schicksal des Individuums unter dem etablierten Realitätsprinzip: die ontogenetische Geschichte des Krankheitsfalles wiederholt, in besonderen Formen, die phylogenetische Geschichte der Menschheit. Die Dynamik der Ödipus-Situation ist das verborgene Modell nicht nur jedes Vater-Sohn-Verhältnisses, sondern auch das Geheimnis der fortwährenden Unterdrückung des Menschen durch den Menschen – und der Siege wie Mißerfolge der Zivilisation. In der Ödipus-Situation liegen die individuellen, triebmäßigen Wurzeln des Realitätsprinzips, das die Gesellschaft regiert. In beträchtlichem Umfang hängt die Therapie davon ab, ob das innere Band zwischen individuellem und allgemeinem Unglück anerkannt wird. Das erfolgreich analysierte Individuum bleibt unglücklich, behält ein unglückliches Bewußtsein – aber es wird in dem Maße geheilt, »befreit«, wie es Schuld und Liebe des Vaters, Frevel und Recht jener Autoritäten anerkennt, welche die Arbeit des Vaters fortführen und erweitern. Libidinöse Bande gewährleisten derart weiterhin die Unterwerfung des Individuums unter seine Gesellschaft; es erlangt (relative) Autonomie in einer Welt der Heteronomie.

Worin besteht der historische Faktor, der diese Konzeption zu einer veralteten macht? Nach Freud wird der unheilvolle Konflikt zwischen Individuum und Gesellschaft zunächst und vor allem in der Konfrontation mit dem Vater erfahren und ausgefochten: hier bricht der umfassende Kampf zwischen Eros und Thanatos aus und bestimmt die Entwicklung des Individuums. Und es ist der Vater, der die Unterordnung des Lustprinzips unter das Realitätsprinzip durchsetzt; Rebellion und Erreichen der Reife sind Stufen im Kampf mit dem Vater. So ist die primäre »Vergesellschaftung« des Individuums das Werk der Familie, und welche Autonomie das Kind auch erlangen mag – sein Ich entwickelt sich zunächst in einem Kreis und Refugium des Privaten: es wird ein Selbst mit dem anderen, aber auch *gegen* ihn. Das »Individuum« selber ist der lebendige Prozeß der *Vermittlung*, in dem alle Unterdrückung und alle Freiheit »verinnerlicht«, zum eigenen Tun und Lassen des Individuums werden.

Nun ist diese Situation, in der das Ich und das Über-Ich sich im Kampf mit dem Vater als dem paradigmatischen Vertreter des Realitätsprinzips herausbildeten, eine historische: sie hörte auf zu bestehen mit den Veränderungen der Industriegesellschaft, die in der Periode zwischen den beiden Kriegen Gestalt annahmen. Ich zähle einige der bekannten Daten auf: Übergang von freier zu organisierter Konkurrenz, Machtkonzentration in den Händen einer allgegenwärtigen technischen, kulturellen und politischen Verwaltung, sich automatisch erweiternde Massenproduktion und -konsumtion, Unterwerfung ehedem privater, antisozialer Dimensionen des Daseins unter methodische Schulung, Manipulation und Kontrolle. (...)

Diese Veränderungen schmälern den »Lebensraum« und die Autonomie des Ichs und bereiten der Entstehung von *Massen* den Boden. Die Vermittlung zwischen dem Selbst und dem anderen weicht unmittelbarer Identifikation. In der Gesellschaftsstruktur wird das Individuum zum bewußten und unbewußten Verwaltungsobjekt und erlangt Freiheit und Befriedigung in seiner Rolle *als* ein solches Objekt; in der psychischen Struktur schrumpft das Ich dermaßen, daß es nicht mehr imstande scheint, sich als ein Selbst, unterschieden von Es und Über-Ich, zu erhalten. Die vieldimensionale Dynamik, aufgrund deren das Individuum sein Gleichgewicht zwischen Autonomie und Heteronomie, Freiheit und Unterdrückung, Lust und Schmerz erlangte und erhielt, ist einer eindimensionalen, statischen Identifikation des Individuums mit seinesgleichen und dem verwalteten Realitätsprinzip gewichen. In dieser eindimensionalen Struktur besteht der Raum nicht mehr, in dem die von Freud beschriebenen psychischen Prozesse sich entwickeln können; folglich ist der Gegenstand psychoanalytischer Therapie nicht mehr derselbe, und die gesellschaftliche Funktion der Psychoanalyse ändert sich infolge der Änderungen in der psychischen Struktur – die ihrerseits von der Gesellschaft produziert und reproduziert wird. (...)

Seiner Macht der Negation beraubt, verausgabt sich das Ich in seinem Bestreben, »Identität zu finden«, oft um den Preis von seelischen und Gemütskrankheiten, die zur psychologischen Behandlung kommen, oder es unterwirft sich bereitwillig den erforderten Denk- und Verhaltensweisen, indem es sein Selbst den anderen anähnelt. Die anderen, in der Rolle von Konkurrenten oder Vorgesetzten, rufen triebgesteuerte Feindschaft hervor: die Identifikation mit ihrem Ichideal setzt aggressive Energie frei. Das veräußerlichte Ichideal leitet die Verausgabung dieser Energie: es lenkt nicht das Gewissen als den moralischen Richter des Ich, sondern kehrt Aggression gegen die äußeren Feinde des Ichideals. Die Individuen werden so seelisch und triebmäßig prädisponiert, die politischen und gesellschaftlichen Notwendigkeiten hinzunehmen und zu ihren eigenen zu machen, Notwendigkeiten, welche die fortwährende Mobilisierung mit atomarer Zerstörungskraft und gegen sie erfordern, die organisierte Vertrautheit mit Tod, Grausamkeit und Unrecht.

Das Mitglied dieser Gesellschaft erfaßt und bewertet all dies nicht von sich aus, im Sinne seines Ich und eigenen Ichideals (sein Vater und die von ihm aufgestellten Ideale), sondern durch alle anderen und im Sinne ihres gemeinsamen, veräußerlichten Ichideals: die nationalen oder übernationalen Belange und ihre eingesetzten Sprecher. Das Realitätsprinzip spricht *en masse:* nicht nur aus den täglichen und nächtlichen Medien, die eine Privatsphäre mit der aller anderen koordinieren, sondern auch aus den Kindern, den Kollegen, den Berufsverbänden. Das Ichbewußtsein ist das ihrige; der Rest ist Abweichung, Identitätskrise oder persönliches Pech. Dabei wird das äußerliche Ichideal nicht mit brutaler Gewalt durchgesetzt: es besteht weitgehende Harmonie zwischen Außen und Innen; denn die Koordination beginnt lange, ehe sie bewußt wird: die Individuen bekommen von außen, was sie selbst wünschen würden; die Identifikation mit dem kollektiven Ichideal findet im Kind statt, obgleich die Familie nicht mehr die primäre Agentur der Sozialisierung ist. Die Determination in der Familie ist vielmehr eine *negative*: das Kind lernt, daß *nicht* der Vater, sondern die Spielgefährten, die Nachbarn, der Anführer der Bande, der Sport, die Leinwand die Autoritäten für angemessenes geistiges und körperliches Verhalten sind. Es ist hervorgehoben worden, wie dieser entscheidende Wandel mit den Veränderungen in der ökonomischen Struktur verbunden ist: der Verfall individuellen und familiären Unternehmertums, traditioneller, »ererbter« Fähigkeiten und Berufe, das Bedürfnis nach Allgemeinbildung, die immer lebenswichtiger und umfassender werdende Funktion von Berufs-, Arbeitgeber- und Arbeitnehmerorganisationen – all dies untergrub die Rolle des Vaters – und die psychoanalytische Theorie des Über-Ich als des Erben des Vaters. In den fortgeschrittensten Sektoren der modernen Gesellschaft wird der Bürger nicht mehr ernstlich von Vater*imagines* heimgesucht.

Diese Wandlungen scheinen die Freudsche Interpretation der modernen Massengesellschaft hinfällig zu machen. Freuds Konzeption verlangt einen Führer als vereinigende Kraft sowie Übertragung des Ichideals auf den Führer als Vaterimago. Darüber hinaus sollen die libidinösen Bindungen, die die Glieder der Massen an die Führer und aneinander ketten, eine »idealistische Umarbeitung der Verhältnisse der Urhorde« sein, »in der sich alle Söhne in gleicher Weise vom Urvater verfolgt wußten und ihn in gleicher Weise fürchteten« (S. 139). Aber die faschistischen Führer waren keine »Väter«, und die nachfaschistischen und nachstalinistischen obersten Führer tragen nicht die Züge von Erben des Urvaters – nicht bei kühnster, »idealisierender« Phantasie. Ebensowenig werden die Geführten alle im gleichen Maße verfolgt oder geliebt: diese Art Gleichheit herrscht weder in den demokratischen noch in den autoritären Staaten. Freilich faßte Freud die Möglichkeit ins Auge, daß der Führer »durch eine Idee, ein Abstraktum ersetzt werden kann« oder daß »eine gemeinsame Tendenz« als Ersatz dienen kann, verkörpert in der Figur eines »sekundären Führers« (S. 108, 109). Das nationale ›Anliegen‹ oder der Kapitalismus oder der Kommunismus oder einfach die Freiheit können derartige »Abstrakta« sein; aber sie scheinen sich kaum einer libidinösen Identifikation anzubieten. Und bestimmt werden wir trotz des Zustands permanenter Mobilisierung zögern, die gegenwärtige Gesellschaft mit einer Armee zu vergleichen, für welche der Oberkommandierende als vereinigende Kraft funktionierte. Es gibt freilich Führer genug, und es gibt auch höchste Führer in jedem Staat, aber auf keinen scheint das Bild zuzutreffen, das Freuds Hypothese erheischt. Zumindest in diesem Betracht scheint der Versuch einer psychoanalytischen Theorie der Massen unhaltbar – auch hier ist die Konzeption veraltet. Wir scheinen einer Realität gegenüberzustehen, die in der Psychoanalyse nur am Rande ins Auge gefaßt wurde – die *vaterlose Gesellschaft*. In einer solchen Gesellschaft würde es zu einer ungeheuren Freisetzung zerstörerischer Energie kommen: befreit von den Gefühlsbindungen an den Vater als Autorität und Gewissen, würde Aggressivität um sich greifen und zum Zusammenbruch der Gruppe führen. Es ist klar, daß wir uns nicht (oder noch nicht) in dieser geschichtlichen Lage befinden: eher haben wir eine Gesellschaft, in der die Individuen nicht durch die traditionellen Vater*imagines* gelenkt werden, in der jedoch andere und offenbar nicht weniger wirksame Agenturen des Realitätsprinzips ihre Stelle eingenommen haben. Um welche handelt es sich?

Sie lassen sich wohl nicht mehr mit den Begriffen Freuds feststellen: die Gesellschaft ist über die Stufe hinaus, auf der die psychoanalytische Theorie das Einwandern der Gesellschaft in die seelische Struktur der Individuen erhellen und dadurch die Mechanismen sozialer Kontrolle *in* den Individuen aufdecken konnte. Der Eckstein der Psychoanalyse ist die Vorstellung, daß soziale Kontrollen aus dem Kampf zwischen triebmäßigen und gesellschaftlichen Bedürfnissen hervorgehen; ein Kampf im Ich, der sich gegen persönliche Autorität richtet. Folglich muß selbst die komplexeste, objektivste, unpersönlichste soziale und politische Kontrolle in einer *Person* »verkörpert« sein – »verkörpert« nicht im Sinne einer bloßen Analogie oder eines Symbols, sondern in einem sehr wörtlichen Sinne: Gefühlsbindungen müssen den Herrn an den Sklaven heften, den Chef an den Untergebenen, den Führer an die Geführten, den Souverän ans Volk.

Nun würde niemand leugnen, daß derartige Bindungen noch bestehen: die Wahlkampagnen beweisen das hinlänglich, und die Agenten der Macht wissen nur zu gut, wie man auf diesen Gefühlen spielt. Aber hierbei wird nicht das Bild des Vaters beschworen; die Stars und Starlets von Politik, Fernsehen und Sport sind höchst fungibel (es läßt sich in der Tat die Frage aufwerfen, ob nicht ihre kostspielige Förderung selbst für das Bestehende bereits verschwenderisch ist – verschwenderisch in dem Maße, wie die Auswahl auf eine zwischen Äquivalenten innerhalb derselben Klasse von Gütern sich verengt). Ihre Fungibilität zeigt an, daß wir ihnen keineswegs als *Personen* oder *Persönlichkeiten* die bedeutsame Rolle zusprechen können, die sie beim Herstellen sozialen Zusammenhalts spielen sollen. Diese Star-Führer sowie die zahllosen Unterführer sind wiederum Funktionäre einer höheren Autorität, die sich nicht mehr in einer Person verkörpert: der Autorität des herrschenden Produktionsapparats, der, einmal in Bewegung gesetzt und sich leistungsfähig in der vorgesehenen Richtung bewegend, Führer und Geführte verschlingt – ohne jedoch die radikalen Unterschiede zwischen ihnen, das heißt zwischen Herren und Knechten, zu beseitigen. Dieser Apparat schließt die materielle Anlage von Produktion und Distribution als ein Ganzes ein, die in diesem Prozeß angewandte Technik, Technologie und Wissenschaft sowie die gesellschaftliche Arbeitsteilung, die den Prozeß in Gang hält und beschleunigt. Natürlich wird dieser Prozeß von Menschen gelenkt und organisiert, aber deren Zwecke und die

Mittel, sie zu erreichen, sind determiniert durch die Erfordernisse, den Apparat zu erhalten, zu vergrößern und zu schützen – ein Verlust von Autonomie, der qualitativ verschieden scheint von der Abhängigkeit von den verfügbaren »Produktivkräften«, wie sie für vorangegangene historische Stufen charakteristisch ist. Im Konzernsystem mit seinen umfassenden Bürokratien ist individuelle Verantwortung so mit der anderer vermengt und verfilzt wie das Einzelunternehmen mit der nationalen und internationalen Wirtschaft. In dieser Vermengung setzt sich das allgemeine Ichideal durch, das die Individuen zu Bürgern der Massengesellschaft vereinigt: indem es sich gegenüber den verschiedenen konkurrierenden Macht-Eliten, Führern und Chefs durchsetzt, »verkörpert« es sich in den sehr handfesten Gesetzen, die den Apparat bewegen und das Verhalten des materiellen ebenso wie des menschlichen Objekts bestimmen; der technische Kodex, der moralische Kodex und der einträglicher Produktivität verschmelzen zu dem einen effektiven Ganzen.

Während Freuds Theorie des Führers als eines Erben des Vater-Über-Ich angesichts einer Gesellschaft totaler Verdinglichung hinfällig zu werden scheint, gilt jedoch weiterhin seine These, nach der alle dauerhafte zivilisierte Vereinigung, wird sie nicht durch brutalen Terror aufrechterhalten, durch irgendeine Art libidinöser Beziehung zusammengehalten werden muß – wechselseitige Identifikation. Während nun eine »Abstraktion« nicht wirklich zum Gegenstand libidinöser Besetzung werden kann, kann ein konkreter Apparat zu einem solchen Gegenstand werden: das läßt sich am Beispiel des Automobils verdeutlichen. Wenn aber das Automobil (oder eine andere Maschine) über seinen Gebrauchswert als Fahrzeug oder als Gelegenheit unsublimierter sexueller Befriedigung hinaus libidinös besetzt wird, so liefert es eindeutig Ersatzbefriedigung; und einen armseligen Ersatz obendrein. Nach Freudschen Begriffen müssen wir folglich annehmen, daß die direkte, objektive Durchsetzung des Realitätsprinzips und dessen Auferlegung auf das geschwächte Ich eine Schwächung der Lebensinstinkte (Eros) und ein Anwachsen von triebbestimmter Aggression und zerstörerischer Energie mit sich bringen. Und unter den sozialen und politischen Bedingungen, wie sie in den koexistierenden technologischen Gesellschaften vorherrschen, findet die so aktivierte Angriffsenergie ihr sehr konkretes und *personifiziertes* Objekt im gemeinsamen *Feind* außerhalb der Gruppe. (…)

Ich fasse nunmehr die politischen Implikationen der Freudschen Theorie zusammen:

1. Die gründlichen Veränderungen in der fortgeschrittenen Industriegesellschaft sind von ebenso grundlegenden Veränderungen in der primären seelischen Struktur begleitet. In der Gesellschaft als ein Ganzes führen technischer Fortschritt und die globale Koexistenz der einander entgegengesetzten sozialen Systeme zu einem Veralten der Rolle und Autonomie des ökonomischen und politischen Subjekts. Das Ergebnis ist die Ausbildung des Ich in den Massen und durch sie, Massen, die von der objektiven, verdinglichten Führung der technischen und politischen Verwaltung abhängen. In der seelischen Struktur wird dieser Prozeß befördert durch den Niedergang der Vaterimago, die Trennung des Ichideals vom Ich und seine Übertragung auf ein kollektives Ideal sowie eine Weise von Entsublimierung, die die soziale Kontrolle der libidinösen Energie intensiviert.

2. Die Verminderung des Ich und die Kollektivierung des Ichideals bedeuten eine Regression auf primitive Entwicklungsstufen, auf denen die angestaute Aggression durch periodische *Übertretung* »kompensiert« werden mußte. Auf der gegenwärtigen Stufe scheint solche gesellschaftlich sanktionierte Übertretung durch die normalisierte gesellschaftliche und politische Anwendung von Angriffsenergie im Zustand permanenter Bereitschaft ersetzt worden zu sein.

3. Trotz ihrer durchaus rationalen Rechtfertigung im Sinne von Technik und internationaler Politik setzt die Aktivierung überschüssiger Angriffsenergie Triebkräfte frei, welche die etablierten politischen Institutionen zu untergraben drohen. Die bei der herrschenden Lage erforderliche Sanktionierung von Angriffsenergie bewirkt die Steigerung eines allgemeinen Extremismus in den Massen – das Aufkommen irrationaler Kräfte, welche die Führung mit ihrem Anspruch konfrontieren, befriedigt zu werden.

4. Aufgrund dieser Konstellation bestimmen die Massen unausgesetzt die Politik der Führung, von der sie abhängen, während die Führung ihre Macht erhöht, indem sie den abhängigen Massen

willfährt und auf sie reagiert. Das Entstehen und die Mobilisierung von Massen erzeugt autoritäre Herrschaft in demokratischer Form. Das ist der bekannte plebiszitäre Trend – Freud hat seine triebmäßigen Wurzeln im Fortschreiten der Zivilisation aufgedeckt.

5. Dies sind regressive Tendenzen. Die Massen sind nicht identisch mit dem »Volk«, auf dessen souveräner Rationalität die freie Gesellschaft errichtet werden sollte. Heute hängt die Chance der Freiheit in hohem Maße von der Kraft und Bereitschaft ab, sich der Massenmeinung zu widersetzen, unpopuläre politische Praktiken zu verfechten, die Richtung des Fortschritts zu ändern. Die Psychoanalyse kann keine politischen Alternativen bieten, aber dazu beitragen, private Autonomie und Rationalität wiederherzustellen. Die Politik der Massengesellschaft beginnt zu Hause mit der Verminderung des Ich und seiner Unterwerfung unter das kollektive Ideal. Der Widerstand gegen diesen Trend kann ebenfalls zu Hause beginnen: die Psychoanalyse kann dem Patienten helfen, mit einem eigenen Gewissen und eigenem Ichideal zu leben, was durchaus bedeuten kann – in Absage und Opposition gegenüber dem Bestehenden.

So zieht die Psychoanalyse ihre Stärke aus ihrem Veralten: aus ihrer Insistenz auf den individuellen Bedürfnissen und Möglichkeiten, die von der gesellschaftlichen und politischen Entwicklung überholt worden sind. Was veraltet ist, ist deswegen nicht falsch. Wenn die fortschreitende Industriegesellschaft und ihre Politik das Freudsche Modell des Individuums und seiner Beziehung zur Gesellschaft haben hinfällig werden lassen, wenn sie die Kraft des Individuums, sich von den anderen abzulösen, ein Selbst zu werden und zu bleiben, untergraben haben, dann beschwören die Freudschen Begriffe nicht nur eine hinter uns liegende Vergangenheit, sondern auch eine neu zu gewinnende Zukunft. In seiner kompromißlosen Denunziation dessen, was eine regressive Gesellschaft dem Menschen antut, in seiner Voraussage, daß mit dem Fortschreiten der Zivilisation die Schuld wachsen und Tod und Zerstörung immer wirksamer die Lebensinstinkte bedrohen werden, hat Freud eine Anklage ausgesprochen, die seither erhärtet worden ist: durch die Gaskammern und Arbeitslager, durch die in Kolonialkriegen und Polizeiaktionen praktizierten Foltermethoden, durch das Geschick und die Eilfertigkeit des Menschen, sich auf ein unterirdisches »Leben« vorzubereiten. Es ist nicht die Schuld der Psychoanalyse, wenn sie ohnmächtig ist, gegen diese Entwicklung anzukämpfen. Ebensowenig kann sie ihre Kraft erhöhen, indem sie Moden wie Zen-Buddhismus, Existentialismus usw. in sich aufnimmt. Die Wahrheit der Psychoanalyse liegt darin, daß sie ihren herausforderndsten Hypothesen die Treue hält.

Christopher Lasch:
Das Zeitalter des Narzißmus

Kaum fündundzwanzig Jahre, nachdem Henry Luce das »amerikanische Jahrhundert« proklamiert hat, ist das amerikanische Selbstvertrauen auf einen Tiefstand gesunken. Die jüngst noch von Weltmacht träumten, verzweifeln heute bereits an der Verwaltung der Stadt New York. Die Niederlage in Vietnam, die wirtschaftliche Stagnation und das drohende Versiegen der natürlichen Rohstoffquellen haben in höheren Kreisen eine pessimistische Grundstimmung aufkommen lassen, die sich in der übrigen Gesellschaft in dem Maße verbreitet, wie die Menschen das Vertrauen zu den Führungsschichten verlieren. Diese Krise des Selbstvertrauens ergreift auch andere kapitalistische Länder. In Europa zeigen die wachsende Stärke der kommunistischen Parteien, das Wiederaufleben faschistischer Bewegungen und die Terrorismuswelle auf jeweils verschiedene Weise die Schwäche der etablierten Regierungen und den Verfall der überkommenen Traditionen an. Sogar Kanada, lange eine träge Bastion bürgerlicher Verläßlichkeit, sieht sich angesichts der Separatistenbewegung in Quebec jetzt in seiner staatlichen Existenz bedroht.

Die internationalen Dimensionen der gegenwärtigen Misere machen deutlich, daß sie nicht einfach einer amerikanischen Nervenkrise zur Last gelegt werden kann. Allerorten scheint die bürgerliche Gesellschaft ihren Vorrat an konstruktiven Ideen aufgebraucht zu haben. Sie hat Fähigkeit und Willen eingebüßt, den Schwierigkeiten, die sie zu überwältigen drohen, entgegenzutreten. Die politische Krise des Kapitalismus spiegelt eine allgemeine Krise der westlichen Kultur wider; sie zeigt sich in der Verzweiflung an der Aufgabe, den Lauf der modernen Geschichte zu verstehen oder ihn rational zu steuern. Der Liberalismus, die politische Theorie des aufsteigenden Bürgertums, ist seit langem nicht mehr in der Lage, die Geschehnisse in der Welt des Wohlfahrtsstaats und der multinationalen Konzerne zu deuten. An seine Stelle aber ist nichts getreten. Politisch bankrott, ist der Liberalismus auch intellektuell am Ende. Die Wissenschaften, denen er zur Blüte verholfen hat und die sich ehedem zuversichtlich zeigten, die Finsternis der Zeiten zu vertreiben, liefern heute keine befriedigenden Erklärungen mehr für die Phänomene, die sie zu erhellen vorgeben. Die neoklassische ökonomische Theorie kann das Nebeneinander von Arbeitslosigkeit und Inflation nicht begreiflich machen; die Soziologie verzichtet auf den Versuch, eine allgemeine Theorie der modernen Gesellschaft zu entwerfen, und die akademische Psychologie flüchtet vor der Herausforderung durch Freud in die Messung von Banalitäten. Die Wissenschaften, die früher übertriebene Ansprüche geltend gemacht haben, beeilen sich jetzt zu verkünden, daß die Wissenschaft keine Wunderkuren für gesellschaftliche Probleme anzubieten hat.

In den Geisteswissenschaften hat die Demoralisierung sogar ein solches Ausmaß erreicht, daß allgemein eingeräumt wird, das humanistische Studium habe zum Verständnis der modernen Welt nichts beizutragen. Die Philosophen erklären nicht mehr das Wesen der Dinge und behaupten nicht mehr, uns lehren zu können, wie wir zu leben haben.

Literaturkritiker und -wissenschaftler fassen den Text nicht mehr als Repräsentation der realen Welt, sondern als Widerspiegelung der Innenwelt des Künstlers auf. Die Historiker geben, mit einer Formulierung David Donalds, ein »Gefühl der Irrelevanz der Geschichte und der Öde der neuen Ära« zu, »in die wir eintreten«. Weil aber die liberale Kultur immer aufs stärkste mit historischer Bildung zusammenhing, findet der Zusammenbruch eben dieser Kultur eine besonders drastische Illustration im Zusammenbruch des historischen Vertrauens, das einst die Überlieferung öffentlicher Ereignisse mit der Aura von moralischer Würde, Patriotismus und politischem Optimismus umgab. Früher setzten die Historiker voraus, daß die Menschen aus ihren vergangenen Fehlern lernten. Jetzt, da sich die Zukunft bedrohlich und unsicher ausnimmt, gilt die Vergangenheit als »irrelevant« – sogar bei denen, die ihr Leben ihrer Erforschung widmen. »Das Zeitalter des Überflusses ist vorbei«, schreibt David Donald. »Die ›Lehren‹, die die amerikanische Vergangenheit erteilt hat, sind heute nicht nur bedeutungslos, sondern auch gefährlich... Meine sinnvollste Aufgabe bestünde wahrscheinlich darin, den Reiz der Geschichte für die Studenten zu entzaubern, ihnen dabei zu helfen, der Irrelevanz der Vergangenheit gewahr zu werden... und ihnen in Erinnerung zu rufen, in welch begrenztem Maße die Menschen ihr Geschick selbst zu gestalten vermögen.«

So sieht die Perspektive der Leute an der Spitze aus – die Hoffnungslosigkeit gegenüber der Zukunft, wie sie heute weitgehend von denen geteilt wird, die die Gesellschaft lenken, die öffentliche Meinung mitgestalten und die wissenschaftlichen Forschungen leiten, auf die die Gesellschaft angewiesen ist. Wenn man aber die Frage stellt, wie der Mann auf der Straße seine Zukunftschancen sieht, stößt man wohl auf eine Vielzahl von Beweisen, die den Eindruck bestätigen, daß die moderne Welt der Zukunft ohne sonderliche Hoffnung entgegensieht, findet andererseits aber auch Hinweise, die diesen Eindruck abschwächen und die Überzeugung erkennen lassen, daß die westliche Zivilisation die moralischen Ressourcen schon noch hervorbringen könnte, um ihre gegenwärtige Krise zu überwinden. Das weitverbreitete Mißtrauen gegenüber den Machthabern hat die Gesellschaft zunehmend schwerer regierbar gemacht, worüber die herrschende Klasse unentwegt jammert, ohne einzusehen, wie sehr sie selbst daran schuld ist; doch mag eben dies Mißtrauen auch die Grundlage für eine neue Befähigung zur Selbstbestimmung hervorbringen, die schließlich die Situation beenden könnte, die eine herrschende Klasse überhaupt erst notwendig macht und begründet. Was den Politikwissenschaftlern als Wählerapathie erscheint, kann eine gesunde Skepsis gegenüber einem politischen System darstellen, in dem die öffentliche Lüge grassiert und zur Gewohnheit geworden ist. Ein Mißtrauen gegenüber den Experten mag dazu beitragen, die Abhängigkeit von Experten zu verringern, die die Fähigkeit zur Eigeninitiative verkrüppelt hat.

Die moderne Bürokratie hat frühere Traditionen regionaler bürgerlicher Eigeninitiativen untergraben. Nur wenn sie in erweiterter Form wiederaufleben, besteht Hoffnung, daß aus dem Zusammenbruch des Kapitalismus eine vernünftige Gesellschaft erwachsen wird. Die unangemessenen Lösungen, die von oben herab diktiert werden, zwingen die Menschen heute, von unten her Lösungen zu finden. Und die Desillusionierung ist nicht mehr auf staatliche Bürokratien beschränkt, sie betrifft inzwischen auch die Bürokratie der Firmen und Konzerne – der realen Machtzentren der zeitgenössischen Gesellschaft. In Kleinstädten wie in dichtbesiedelten Großstadträumen, ja sogar in Trabantenstädten, haben Männer und Frauen mit bescheidenen Versuchen begonnen, ihre Rechte gegen Wirtschaftsunternehmen und Staat zu verteidigen. Was der Elite von Politikern und Managern wie eine »Flucht aus der Politik« vorkommt, mag in Wahrheit den wachsenden Unwillen der Bürger anzeigen, am politischen System als bloße Konsumenten vorfabrizierter Schauspiele teilzunehmen. Es geht hier, mit anderen Worten, vielleicht gar nicht um eine Abkehr von der Politik, sondern um den Beginn einer allgemeinen politischen Revolte.

Vieles wäre zu den Zeichen eines neuen Lebensgefühls in den Vereinigten Staaten zu sagen. Das vorliegende Buch beschreibt jedoch einen niedergehenden Lebensstil – die Kultur des vom Konkurrenzdenken geprägten Individualismus, die in ihrem Niedergang die Logik des Individualismus ins Extrem eines Krieges aller gegen alle getrieben und das Streben nach Glück in die Sackgasse einer narzißtischen Selbstbeschäftigung abgedrängt hat. Die narzißtischen Überlebensstrategien geben sich als Emanzipation von den repressiven Lebensbedingungen der Vergangenheit aus und verhelfen so einer »Kulturrevolution« zur Entstehung, die die schlimmsten Eigenschaften eben der zerfallenden Kultur reproduziert, die sie zu kritisieren vorgibt. Linke Kulturkritik ist so modisch-schick und leistet dem *Status quo* unwissend einen so verheerenden Vorschub, daß jede Auseinandersetzung mit der zeitgenössischen Gesellschaft, die unter die Oberfläche zu dringen hofft, zugleich einen Großteil dessen aufs Korn nehmen muß, was gegenwärtig unter dem Begriff einer fortschrittlichen linken Kulturkritik kursiert.

Die emanzipatorische Kritik an der modernen Gesellschaft ist von den Ereignissen überholt worden – und ein Großteil der früheren marxistischen Kritik ist nicht minder hoffnungslos veraltet. Viele Kulturkritiker wenden sich noch immer entrüstet gegen die autoritäre Familie, eine repressive Sexualmoral, die literarische Zensur, die protestantische Arbeitsethik und andere Grundlagen

238

der bürgerlichen Ordnung, die vom entwickelten Kapitalismus selbst längst untergraben oder zerstört worden sind. Diese Kulturkritiker und ihre Gefolgsleute sehen nicht, daß die »autoritäre Persönlichkeit« nicht mehr der Prototyp des »ökonomischen Entscheidungsträgers« ist, und der *Homo oeconomicus* hat seinen Platz seinerseits dem *Homo psychologicus* unserer Tage geräumt, dem Endprodukt des bürgerlichen Individualismus. Der neue Narzißt wird nicht von Schuldgefühlen gequält, sondern von Ängsten. Er versucht nicht, seine eigenen Gewißheiten anderen aufzudrängen, sondern im Leben einen Sinn zu finden. Vom Aberglauben der Vergangenheit befreit, bezweifelt er sogar die Realität der eigenen Existenz. Auf oberflächliche Weise entspannt und tolerant, weiß er mit Dogmen ethischer und rassischer Reinheit wenig anzufangen, geht zugleich jedoch der Sicherheit von Gruppenloyalitäten verlustig und faßt jedermann als Rivalen um die Vergünstigungen auf, die ein paternalistischer Staat zu vergeben hat. Seine sexuelle Einstellung ist ehcr lax als puritanisch, wenn ihm auch die Befreiung von alten Tabus sexuell keine Ruhe schenkt. Einerseits in seinem Verlangen nach Anerkennung und Bewunderung von ungestümem Konkurrenzdenken geprägt, mißtraut er dem Wettbewerb doch, weil er ihn unbewußt mit ungezügeltem Zerstörungsdrang assoziiert. Dementsprechend lehnt er auch die Wettbewerbsideologien ab, die frühere Phasen der kapitalistischen Entwicklung kennzeichneten, und beargwöhnt sogar ihre Ausdrucksformen in Spiel und Sport. Er preist Kooperation und Teamwork an, während er in sich tiefsitzende antisoziale Impulse birgt. Er predigt Achtung vor Regeln und Ordnungsprinzipien in der heimlichen Überzeugung, daß sie für ihn selbst nicht gelten. Habsüchtig in dem Sinne, daß seine Erwartungen und Ansprüche unermeßlich sind, sammelt er keine Güter und Rücklagen für die Zukunft an, wie es der erwerbssüchtige Individualist der politischen Ökonomie des 19. Jahrhundert getan hat, sondern verlangt nach unverzüglicher Befriedigung seiner Wünsche und lebt in einem Zustand ruhelosen, ewig unbefriedigten Begehrens.

Daß der Narzißt kein Interesse an der Zukunft hat, liegt zum Teil daran, daß er so wenig Interesse an der Vergangenheit hat. Es bereitet ihm Schwierigkeiten, glückliche Assoziationen zu verinnerlichen oder sich einen Grundstock von liebevollen Erinnerungen aufzubauen, mit dem er für seine zweite Lebenshälfte gewappnet ist, die für ihn auch im besten Falle stets Trauer und Schmerz bereithält. In einer narzißtischen Gesellschaft – einer Gesellschaft, die narzißtische Charakterzüge fördert und ihnen zunehmend Bedeutung gibt – spiegelt die kulturelle Entwertung der Vergangenheit nicht nur die Dürftigkeit der herrschenden Ideologien, denen die Wirklichkeit entglitten ist und die es aufgegeben haben, sie zu meistern, sondern auch die innere Armut des Narzißten. Eine Gesellschaft, die »Nostalgie« als marktgängiges Konsumgut an der kulturellen Börse handelt, kann sich bald nicht mehr vorstellen, daß das Leben in der Vergangenheit in bedeutsamer Weise besser gewesen sein könnte als heute. Nachdem die Menschen die Vergangenheit insofern trivialisiert haben, als sie sie mit veralteten Konsumgewohnheiten, abgelegten Moden und Verhaltensweisen gleichsetzen, nehmen sie an jedem Anstoß, der ernsthaft auf die Vergangenheit Bezug nimmt oder in ihr Maßstäbe zur Beurteilung der Gegenwart zu finden sucht.

Und das vorherrschende intellektuelle Klima sieht in jeder derartigen Bezugnahme auf die Vergangenheit bereits eine Ausdrucksform von Nostalgie. Wie Albert Parr bemerkt hat, erklärt der Mensch bei solcher Einstellung »alle durch persönliche Erfahrung gewonnenen Einsichten und Wertbegriffe für ungültig, weil solche Erfahrungen immer in der Vergangenheit liegen – und damit im Bereich der Nostalgie«.

Die Vielschichtigkeit unseres Verhältnisses zur Vergangenheit unter dem Motto »Nostalgie« diskutieren, heißt Schlagworte an die Stelle objektiver Gesellschaftskritik setzen, als welche sich diese Einstellung aber gern ausgibt. Das modisch-schicke Hohnlachen, das heute nahezu automatisch jedem liebevollen Umgang mit der Vergangenheit entgegenschlägt, versucht, die Vorurteile einer pseudoprogressiven Gesellschaft zugunsten des *Status quo* auszubeuten. Wir wissen jedoch – dank der Arbeiten von Christopher Hill, E. P. Thompson und anderer Historiker –, daß viele revolutionäre Bewegungen der Vergangenheit ihre Kraft und Ausdauer aus dem Mythos oder der Erinnerung an ein Goldenes Zeitalter in der noch weiter entlegenen Vergangenheit geschöpft haben. Dieser historische Befund bekräftigt die psychoanalytische Erkenntnis, daß liebevolle Erinnerungen für die menschliche

Reife ein unerläßliches psychologisches Kraftfeld bilden und daß, wer sich nicht auf solche positiven Erinnerungen aus der Vergangenheit berufen kann, in der Folge an schwersten Störungen leidet. Die Überzeugung, daß die Vergangenheit eine in mancher Hinsicht glücklichere Zeit gewesen sei, beruht keineswegs auf einer sentimentalen Illusion, noch führt sie zu einer rückwärtsgewandten, reaktionären Lähmung des politischen Willens.

Mein eigenes Verständnis der Vergangenheit ist das genaue Gegenteil der Auffassung von David Donald. Weit entfernt, sie als nutzlose Hypothek aufzufassen, sehe ich die Vergangenheit als politische und psychologische Schatzkammer, aus der wir die Reserven beziehen (wenn auch nicht immer in Form von »Lehren«), die wir brauchen, um uns der Zukunft gewachsen zu zeigen. Die Gleichgültigkeit unserer heutigen Kultur gegenüber der Vergangenheit – die nur allzu leicht in aktive Feindseligkeit oder Ablehnung umschlägt – liefert den schlagendsten Beweis für den Bankrott dieser Kultur.

Die vorherrschende Einstellung, die sich an der Oberfläche so aufgeschlossen und vorausschauend gibt, rührt von einer narzißtischen Verarmung der Psyche und aus der Unfähigkeit, unsere Bedürfnisse in dem Erlebnis von Befriedigung und Zufriedenheit zu verankern. Anstatt uns auf unsere eigenen Erfahrungen zu verlassen, überlassen wir es den Fachleuten und Experten, unsere Bedürfnisse für uns zu formulieren, und sind dann erstaunt, daß diese Bedürfnisse offenbar nie zufriedengestellt werden können. »Da die Menschen gefügige Schüler sind, die sich ihre Bedürfnisse vorformulieren zu lassen lernen«, schreibt Iwan Illich, »wird die Fähigkeit, Wünsche aus selbsterfahrener Befriedigung zu bilden, zu einer seltenen Gabe, die sich nur bei sehr reichen oder ernstlich Unterprivilegierten findet.« Aus allen diesen Gründen ist die Abwertung der Vergangenheit zu einem besonders bedeutsamen Symptom der Kulturkrise geworden, mit der sich das vorliegende Buch befaßt, das selbst häufig auf die Vergangenheit Bezug nimmt, um zu erläutern, was an unseren gegenwärtigen Verfahrensweisen falsch ist. Ein Leugnen der Vergangenheit, das sich oberflächlich progressiv und optimistisch gibt, erweist sich bei genauerem Hinsehen als Ausdruck der Verzweiflung einer Gesellschaft, die der Zukunft nicht ins Auge zu sehen vermag.

VI. Das »Wesen der Geschlechter«: Natur oder Kultur?

Einleitung

In den gesellschaftlich jeweils vorherrschenden Vorstellungen von dem, was denn das Wesen von Frauen und Männern ausmachen würde, läßt sich besonders anschaulich erkennen, wie kulturell geprägte Muster naturalisiert werden; wie sich »Selbstverständlichkeiten« in Vorstellungen verwandeln, nach denen es von Natur aus genau so ist, wie es ist. Es ist sicherlich kein Zufall, daß die dekonstruktiven Konzepte des philosophischen Postmodernismus gerade in der feministischen Sozialwissenschaft besondere Resonanz gefunden haben. In den Köpfen von Männern und Frauen und auch in den Konzepten von Wissenschaftlerinnen und Wissenschaftlern haben sich naturalisierende Vorstellungen vom »Wesen der Geschlechter« so festsetzen können, daß es einer permanenten dekonstruktiven Arbeit bedarf.

Der Text von Philipp Lersch stammt aus einem Buch mit dem Titel *Vom Wesen der Geschlechter*. Er ist von einem der führenden Psychologen der faschistischen und nachfaschistischen Ära verfaßt worden und hat eine breite Publikumsresonanz gefunden. Lersch ist von keinem Zweifel geplagt, was die jeweils typischen Wesensmerkmale der beiden Geschlechter seien. Frauen erhalten die zentrale Rolle im binnenfamiliären Raum, sie sind über ihre spezifische Reproduktionsfunktion als Gebärende und die Nachkommen hegende und pflegende Mutter in einer größeren Nähe zur Natur als Männer, für die die Bewährung ihrer männlichen Funktion im außerfamilialen Raum ansteht: im Beruf, in der ökonomischen Sicherung der Reproduktion, in der Politik, im Kampf.

Die geschlechtsspezifische Arbeitsteilung, auf der die Moderne aufbaut, wird in Texten wie dem von Lersch zu einer anthropologischen Wesensgestalt: So hat es die Natur eingerichtet, und jede

Abweichung davon muß als »widernatürlich« scheinen. Es hat einer Generation von Frauenbewegung und Frauenforschung bedurft, bis solchen Vorstellungen die Basis der naturhaften Selbstverständlichkeit entzogen werden konnte und ein Bewußtsein dafür entstanden ist, daß es sich bei solchen Konstruktionen von Geschlechterrollen um gesellschaftlich produzierte Rollen handelt, für die es eine sozialwissenschaftlich rekonstruierbare Machtgeschichte gibt. Es konnte erst jetzt Klarheit darüber entstehen, daß sich die »Moderne« letztlich nur als »halbierte Moderne« etabliert hat. Fast die gesamte Literatur zur »Psychologie der Frau« (übrigens fast ausschließlich aus der Feder von Männern) liefert hervorragendes Anschauungsmaterial für den »sozialen Konstruktivismus«. In voller Überzeugung, nicht als Ideologen, sondern als der Wahrheit verpflichtete Wissenschaftler zu schreiben, sind in diesen Texten Konstruktionen vom Wesen der »weiblichen Seele« erfunden, weitergegeben und im Bewußtsein der Menschen verfestigt worden, die der real gegebenen Ungleichheit der Geschlechter auch noch eine wissenschaftliche Legitimation verleihen. Viele dieser Texte sind heute, nach zwei Jahrzehnten offensiver Frauenbewegung, nur noch als Kabarettvorlagen geeignet.

An dieser zwangsläufig ironischen Distanz zu den festgefügten Konstruktionen unserer Vorläufergenerationen (Lersch war einer meiner frühen Hochschullehrer) ist zu erfahren, wie die Gesellschaftsgeschichte immer wieder und mit Notwendigkeit die Revision unserer psychologischen Denkformen betreibt. Das Beispiel des Geschlechterverhältnisses müßte eigentlich zu einem zentralen Anstoß werden, unsere Subjektkategorien einer permanenten gesellschaftsgeschichtlichen Reflexion zu unterziehen. Wie die Beiträge von Jane Flax und Jessica Benjamin zeigen, betrifft diese Reflexion auch so zentrale Kategorien wie die der Autonomie. Sie ist immerhin eine Schlüsselkategorie der bürgerlichen Emanzipation, aber sie ist zugleich ein Produkt der »halbierten Moderne«.

Philipp Lersch:
Vom Wesen der Geschlechter

Die Besinnung auf die Unterschiede im leiblichen Erscheinungsbild und in den Ausdrucksformen der Geschlechter, die uns in ihrer gegenständlichen Aufweisbarkeit und Nachprüfbarkeit dem
Perspektivismus subjektiver Wertungen und vorgefaßter Meinungen entheben sollte, hat eine Reihe seelischer Züge bei Mann und
Frau freigelegt. Was damit für die Aufhellung der Unterschiede im
Wesen der Geschlechter geleistet ist, hat aber noch durchaus vor-
läufigen Charakter. Denn die abgeleiteten Wesenszüge stellen lediglich ein *Nebeneinander* einzelner Teile dar; was ihnen fehlt, ist
der innere Zusammenhang eines geschlossenen *Gesamtbildes*.
Seelische Wesensart läßt sich ja niemals zureichend bestimmen
durch die bloße Aufzählung und Nebeneinanderreihung einzelner
Eigenschaften, und zwar deshalb nicht, weil die unterscheidbaren
Wesenszüge immer ein Ganzes darstellen, innerhalb dessen sie zueinander im Verhältnis der Über- und Unterordnung stehen, wodurch jeder einzelne Zug einen besonderen Stellungswert im Zusammenhang des Ganzen erhält. Soll deshalb die Bestimmung der
Wesensart von Mann und Frau über das bis jetzt erreichte, durchaus vorläufige Stadium hinaus gefördert werden, so kommt es darauf an, den *gefügehaften Aufbau* und den *inneren Zusammenhang*
der schon ermittelten Einzelzüge aufzuhellen; und das heißt nichts
anderes, als den archimedischen Punkt zu finden, von dem aus sich
das ganzheitliche Verständnis männlicher und weiblicher Wesensart erschließt.

Wo aber könnte dieser Ausgangspunkt anders zu suchen sein als
dort, wo die Natur die beiden Geschlechter auf verschiedene Aufgaben entworfen hat, also in ihrer biologischen Funktion, die mit
der Begattung beginnt. Schon dort sind, wie zu zeigen war, die
Rollen im Sinne von Aktivität und Passivität, tastendem Einwirken und An-sich-geschehen-lassen, Sich-entäußern und Emp-

fangen, Erwecken und Erwecktwerden verschieden verteilt. Und schon von dort aus sind, über den Bereich der rein biologischen Vorgänge hinaus, Wesenszüge in Lebensform und Daseinsvollzug der Geschlechter vorgezeichnet: Das Stilgesetz der Passivität, unter dem die Rolle der Frau beim Begattungsakt steht, wiederholt sich als weibliche *Pathik* auch in *den* Lebensvollzügen, die nicht unmittelbar im Zusammenhang mit der biologischen Funktion stehen, und äußert sich hier als Fähigkeit des Erduldens und der Geduld, wie andererseits die männliche Aktivität im Begattungsakt ihre Fortsetzung und Verallgemeinerung als das Stilgesetz des männlichen *Aktivismus* findet, unter dem sein Dasein steht.

Wie in dieser Weise die Rollen, die den beiden Geschlechtern beim Vollzuge der Begattung zugeteilt sind, verschiedene Motive in ihre Daseinsthematik bringen, so gilt dies in nicht geringerem Grade auch für die der Begattung folgenden Stadien der biologischen Funktionen, die den Geschlechtern von der Natur zugewiesen sind.

Aus der geschlechtsverschiedenen Lebensaufgabe entspringende Grundmotive der Daseinsthematik

a) Die biologische Aufgabe des Mannes ist nach der Begattung zwar nicht zu Ende – sie tritt später, nach der Geburt der Kinder, wieder in Wirksamkeit –, aber sie erfährt jedenfalls eine Unterbrechung; nicht dagegen die biologische Funktion des weiblichen Wesens. Im Mutterleib beginnt nach der Begattung der geheimnisvolle Prozeß des Wachstums, die Ausbildung der Leibesfrucht bis zu jenem Zeitpunkt, da sie sich vom mütterlichen Leibe trennt. Alles, was das werdende Leben benötigt, wird ihm durch die Tätigkeit des mütterlichen Organismus zur Verfügung gestellt: der Mutterleib ist die Sphäre des keimenden Lebens. Das *Empfangen* beim Begattungsakt findet also seine Fortsetzung in der Funktion des *Bewahrens* und *Hegens* während der Schwangerschaft.

Das sind zunächst rein biologische Vorgänge, die sich unterhalb der Sphäre des Bewußtseins, in der Tiefe des unbewußt bildenden Lebens abspielen; aber sie bleiben nicht ohne Einwirkung auf jene

Vollzüge, in denen das Leben zur Wachheit des Erlebens gelangt, sondern zwingen auch ihnen ihr Stilgesetz auf. (...)

Die der Frau von der Natur zugewiesene Aufgabe, die Leibesfrucht auszutragen, bringt es also mit sich, daß die Frau weniger in die Welt hinausdrängt und in überschüssiger Aktivität nach Gelegenheit zum Einsatz sucht. Das intime Geschehen, das die Reifung der Leibesfrucht darstellt, gibt der Frau ihren Schwerpunkt in sich, was am eindrucksvollsten und unmittelbarsten sinnfällig wird in der Versonnenheit, Versunkenheit und In-sich-Zentriertheit, jenem merkwürdigen In-sich-hineinhorchen, das schwangeren Frauen eigentümlich ist. Weil das entscheidende Erlebnis im Dasein der Frau, das Mutterwerden, in ihr selbst und nicht draußen in der Welt geschieht, in der der Mann sein Dasein verwirklicht, gehört es zur Thematik ihres Lebens, zu *verweilen*. (...)

Die mit der Begattung eingeleitete biologische Funktion und Aufgabe des weiblichen Organismus setzt sich nun aber auch über die Zeit der Keimung des neuen Lebens im Mutterleib hinaus nach der Geburt fort: Das Neugeborene trinkt an der Mutterbrust, und wie die Leibesfrucht im Mutterleib ihre angemessene Nahrung, ja überhaupt die Bedingungen ihres Lebens gefunden hat, so sorgt auch nach der Geburt der weibliche Organismus weitgehend für die notwendigen Lebensbedingungen.

Auch dies sind zunächst rein biologische Vorgänge, die sich in der Tiefe des unbewußt bildenden Lebens vollziehen. Die in ihnen enthaltene Thematik der Lebensfürsorge reicht aber hinein in jene Sphäre, in der das bloße Leben zur Wachheit des Erlebens gelangt ist, und offenbart sich hier als jener seelische Zug, den wir als *Mütterlichkeit* zu bezeichnen gewöhnt sind. Die Rolle der Mutter ist eingestellt auf dienende Fürsorge und Liebe. (...)

Als Grundmotiv weiblichen Daseins und Wesens zeigt sich die Mütterlichkeit lange vor der Geschlechtsreife präludierend im Spiel des Mädchens mit den Puppen und im Bemuttern der jüngeren Geschwister; sie verläßt die Frau eigentlich nie, auch dann nicht, wenn ihre Kinder längst selbständig geworden und ins Leben hinausgetreten sind. Man denke an die liebende Besorgtheit, mit der sich Mütter um ihre erwachsenen Söhne und ihre verheirateten Töchter kümmern und die sie dann auch auf die Enkelkinder übertragen. Die bis zur Selbstaufopferung gehende Hingabe mütterlicher Liebe findet auf der Seite des Vaters nicht ihresgleichen. (...)

So erwächst also der Frau aus ihrem gebärenden Muttertum heraus die natürliche Rolle als *Hüterin* und *Wahrerin* des *Lebens*. Sie, von der R. M. Rilke sagt, daß in ihr »unmittelbarer, fruchtbarer und vertrauensvoller das Leben verweilt und wohnt«, hat eine ursprünglichere und intimere Beziehung zu allem Lebendigen, und dies nicht nur dort, wo das Lebendige menschliches Antlitz trägt, sondern auch dort, wo es ihr als Tier und Pflanze begegnet. Dem Wesen der Frauen eignet etwas *Gärtnerisches*, eine natürliche Neigung und ursprüngliche Bereitschaft zur Pflege und Hegung alles Lebendigen.

Aus der weiblichen Rolle als Hüterin des Lebens findet eine Reihe speziellerer Wesenszüge ihre Erklärung. So die weibliche *Abneigung* gegen den *Krieg*, der nicht nur ihre Söhne tötet, sondern überhaupt Leben zerstört. Die Frau kann den Krieg zwar als Schicksalsfügung hinnehmen, aber sie kann ihn – gemäß ihrem von der Natur erhaltenen Auftrag, zu gebären und Leben zu betreuen – nie wollen und innerlich bejahen. Aus ihrer Rolle als Hüterin und Wahrerin des Lebens, aus ihrer Abneigung gegen zerstörenden Kampf erwächst der Frau ferner ihre Sorge um *Sitte* und *Gesittung* – »nach Freiheit strebt der Mann, das Weib nach Sitte« (Goethe) – um die Kultur des Umgangs, um Vermittlung und Ausgleich. (...)

Die intimere und ursprünglichere Beziehung der Frau zum Lebendigen erklärt schließlich auch ihre Aufgeschlossenheit für alle *soziale* und *caritative* Tätigkeit. Das, was der Begriff der Caritas umschreibt: die Bereitschaft, da zu sein für andere, zu helfen, Fürsorge zu übernehmen, die persönliche Hingabe an andere – all das findet sich natürlich auch bei Männern, wofür vor allem Pestalozzi als Beispiel gelten mag. Dennoch ist beim Manne die soziale Einstellung weniger zentral in der Grundthematik seines Daeins verankert und zwar deshalb, weil er kein so ursprüngliches und unmittelbares, von der biologischen Aufgabe diktiertes Verhältnis zum Lebendigen besitzt, wie dies bei der Frau der Fall ist. Es ist ein Erfahrungssatz, an dem nicht gezweifelt werden kann, daß Frauen sich in viel höherem Grade als der härtere Mann durch Regungen des Mitgefühls, vor allem des *Mitleids*, bestimmen lassen und daß sie leichter gerührt sind. (...)

b) Wir haben den Faden der Betrachtung, die den gefügehaften Aufbau und den inneren Zusammenhang weiblicher Wesenszüge aufhellen soll, angeknüpft an die biologische Funktion der Frau. Empfängnis im Akte der Begattung, Austragung der Leibesfrucht während der Schwangerschaft und Fürsorge für die Nachkommenschaft sind die drei Phasen, in denen sich der weibliche Dienst am Leben vollzieht. Aus den in ihnen zur Erfüllung gelangenden Aufgaben wird eine Reihe weiblicher Wesenszüge verständlich. Es ist nunmehr die Frage zu stellen, ob auch für den Mann solche Aufgaben im Dienste des Lebens bestehen, Aufgaben, aus denen Stilgesetze seiner Lebensform und Grundmotive seiner Daseinsthematik verständlich abzuleiten sind.

Für den Mann ist die biologische Funktion nach der Begattung zunächst beendet, sie ruht während der Schwangerschaft der Frau, tritt aber wieder in Wirksamkeit, sobald die Nachkommenschaft zur Welt gebracht ist, und zwar als Schutz der Familie nach außen. »An Affen ist beobachtet worden, daß das Weibchen hoch im Gezweig das Junge stillt, während das männliche Tier am Fuß des Baumes Wache hält« (W. Schubart). Eine erhöhte und erweiterte Bedeutung gewinnt die männliche Funktion des Lebensschutzes in Front gegen die Umwelt beim Menschen. Sie ist hier mehr als bloßer Schutz vor Gefahren in Verteidigung und Angriff. Der Mensch besitzt ja die Bedingungen seines Daseins nicht ausschließlich in dem, was die Natur ihm zur Verfügung stellt, sondern er muß die Umwelt erst verfügbar machen, er muß sie umschaffen zu tauglichen Mitteln der Lebensfristung. Es geschieht dies vor allem durch die Erfindung von *Werkzeugen* sowohl der Arbeit als des Kampfes, d. h. durch das Ingesamt dessen, was wir als *Technik* im weitesten Sinne zu verstehen gewöhnt sind. Und so wird *technische Bewältigung* und *Beherrschung* der *Umwelt* zu einem Grundmotiv männlicher Daseinsthematik. Das Prinzip der Technik ist wirksam in jeder Bearbeitung, Verarbeitung und Umgestaltung der Umwelt, in allem Machen und Anfertigen. Auch die Frau arbeitet; aber die Bearbeitung der Umwelt, das Machen und Anfertigen von lebensnotwendigen und lebenstauglichen Mitteln, d. h. alles Technische ist die ausschließliche Domäne des Mannes. Hier liegt zweifellos einer der ursprünglichsten Wesensunterschiede zwischen Mann und Frau. Daß die Frau keine unmittelbare Beziehung zur Technik hat, beweist die Erfahrung täglich. Es ist nicht zufällig, daß es Erzieherinnen und Ärztinnen in großer Zahl, aber kaum weibliche Ingenieure gibt. So spricht auch Marianne Weber von dem »auffallend geringen Interesse des weiblichen Geschlechts für alles Technische. Die Konstruktion der Maschine, die schon die Wißbegier des männlichen Kindes zu erwecken pflegt, ist den typischen Frauen jeder Entwicklungsstufe im allgemeinen außerordentlich gleichgültig, und in *dieser* Sphäre des Objektiven mag es deshalb in erster Linie gelten, daß sie als das ausschließliche Werk spezifisch männlichen Geistes, dem Spezifischen der Frau das Wesensfremdeste ist, und daß sie in dieser Welt keine eigenen Wurzeln schlägt. Die Maschinen schaffende und die mütterliche Wesenskraft mögen sich wohl wie Gegenpole zu einander verhalten.« In dieselbe Richtung weist die Bemerkung von Martha Moers über die Abneigung der Mädchen gegen Aufgaben technisch-konstruktiver Art. »Hier liegt der stärkste Begabungsunterschied zwischen Knaben und Mädchen. Es ist erstaunlich, daß das Mädchen im allgemeinen eine Vorliebe und Begabung hat für die Herstellung feiner Spitzenarbeiten, Stickereien u. ä. und eine Abneigung und dadurch oft eine Unfähigkeit für Arbeiten der Feinmechanik, bei denen es doch auch sehr stark auf Geduld, Sorgfalt und Präzision ankommt.«

Aus der dem Manne zugeteilten Rolle, die Außenwelt zu bewältigen und umzuschaffen in ein Verfügungsfeld von Mitteln der Lebensfristung, wird nicht nur seine Beziehung zur Technik verständlich. Überall da, wo die Umwelt nicht schon in *der* Gestalt für die Erhaltung des Lebens verfügbar ist, in der sie von der Natur dargeboten wird, sondern wo sie umgeschaffen werden muß zu Mitteln der Lebensfristung, bereitet sie *Widerstände*, die in eingreifender und angreifender Arbeit überwunden werden müssen. Fällt nun eben diese Aufgabe dem Manne zu, dann ist es verständlich, daß auch seine leiblich-seelische Gesamtorganisation auf die Überwindung von Widerständen in der Begegnung und Auseinandersetzung mit der Umwelt, auf umgestaltendes, wirkendes Eingreifen, auf Bewältigung, auf aktiv vorstoßende und zupackende Bewegungen entworfen ist. In die seelische Thematik des Mannes kommt damit ein Motiv, das seinen gesteigerten Ausdruck im Begriff des *Kampfes* findet. Kampf ist die pointierte Formel für die männliche Art der Begegnung und Auseinandersetzung mit der Welt: Kampf in der Auseinandersetzung mit anderen Menschen, Kampf mit dem Problem, Kampf auch mit der Natur. Wie sehr dies zur weiblichen Einstellung im Gegensatz steht, wird klar, wenn wir uns an das erinnern, was über die vermittelnde Funktion der Frau im menschlichen Zusammenleben gesagt wurde. Aber auch das weibliche Verhältnis zur Natur ist ein anderes. »Seines Willens Herrschersiegel drückt der Mann auf die Natur« (Schiller). Sie ist ihm vorwiegend Gegenstand der Bearbeitung des Machens, für die Frau dagegen Anlaß der hegenden und pflegenden Betreuung. Wo der Mann umgestalten und machen will, da horcht die Frau auf die Tendenzen des sich entfaltenden, wachsenden Lebens.

Damit sind die Grundmotive weiblicher und männlicher Daseinsthematik, soweit sie der biologischen Aufgabe entspringen, hinreichend kenntlich gemacht: Die Frau ist *Hüterin* und *Betreuerin* des *Lebens*; sie ist während der Schwangerschaft der schützende Ort des Keimlings und übernimmt nach der Geburt die pflegerische Betreuung der Nachkommenschaft. Aus dieser ihrer Lebensaufgabe werden ihre größere *Seßhaftigkeit* und *Beharrlichkeit* verständlich, ferner ihre *Mütterlichkeit*, ihre ursprünglichere und intimere *Beziehung* zum *Leben* überhaupt, ihre *Abneigung* gegen *Krieg*, ihre *Sorge* um *Sitte* und *Gesittung*, ihre Bereitschaft und Neigung zu *sozialer* und *caritativer* Tätigkeit. Die dem Manne vom Leben zugewiesene Aufgabe ist wesentlich anderer Art: nicht so sehr pflegerische Betreuung und liebende Fürsorge als vielmehr *Schutz* und *Sicherung* der Nachkommenschaft in Front nach außen, in Auseinandersetzung mit der Umwelt. Dadurch erhält die Thematik seines Daseins das Grundmotiv des *Bewältigen-* und *Beherrschenwollens*. »Der Mann strebt in allem eine direkte Herrschaft über die Dinge an, entweder durch Verstehen oder durch Bezwingen derselben« (Schopenhauer). Aus der ihm zugeteilten Lebensaufgabe erklärt sich seine ursprünglichere Beziehung zur *Technik*, zum Bearbeiten und Verfügbarmachen der Umwelt, zum Anfertigen und Machen überhaupt und seine Einstellung auf Erledigung von *Widerständen* in der Form des *Kampfes*.

Jessica Benjamin:
Anerkennung und Zerstörung:
Die Dialektik von Autonomie und Bezogenheit

(...) Die Ich-Entwicklung vollzieht sich offensichtlich über einen notwendigen Prozeß der Abgrenzung des Subjekts vom Objekt. Aber sie läßt sich hierdurch nicht vollständig beschreiben, denn neben der Abgrenzung ist auch von einem subjektiven Bedürfnis nach gegenseitiger Anerkennung auszugehen. Die gegenseitige Anerkennung der Subjektivität bedeutet, daß die Welt, von der sich die Subjekte als ›Ich‹ abgrenzen, als Erzeugnis anderer Subjekte entmystifiziert werden kann, die fortwährend aufeinander einwirken. Was auf den ersten Blick innere Natur zu sein scheint, ist demnach als eine entfremdete Form des durch einen intersubjektiven Objektivierungsprozeß entstellten Bedürfnisses nach Anerkennung zu begreifen. Die Verdrängung bzw. Ablehnung dieses universellen gegenseitigen Bedürfnisses prägt den Kampf um jeden konkreten Wunsch, durch den Machtbeziehungen konsolidiert werden. Somit erfordert auch das Verständnis von Herrschaft die Untersuchung jenes sozialen Prozesses, durch den dieses Bedürfnis in der frühesten Kindheit entäußert wird.

Bei Freud wird dieser Vorgang mit dem Modell des Ödipus-Komplexes beschrieben, das letztlich im Zentrum seiner Sozialisationstheorie steht. (...) Das ödipale Modell, das seit seinem Bestehen eine Reihe von Sozialisationstheorien stark beeinflußt hat, geht von einem unbedingten Zusammenhang zwischen Autorität und Autonomie sowie zwischen Herrschaft und Differenzierung aus. Die Notwendigkeit dieses Zusammenhangs steht jedoch in Frage, wenn man mit anderen Annahmen über die Natur von Ich und Es operiert und den Individuationsprozeß unter einer intersubjektiven Perspektive beschreibt. Unter dieser Voraussetzung läßt sich meiner Meinung nach zeigen, daß die Kombination von Autonomie und Autorität ein Merkmal jener spezifischen Form von Individualität ist, die sich unter dem Einfluß männlicher Herrschaft entwickelt. Diese Form der Individualität besteht auch unter den Bedingungen einer hochrationalisierten Gesellschaft weiter, in der die Möglichkeiten, für gegenseitige Anerkennung durch weniger persönliche, objektivere Herrschaftsformen erschwert sind. Die abnehmende Bedeutung des Ödipuskomplexes, so meine These, hat keinesfalls die Polarität zwischen Autonomie und Anerkennung und zwischen Unabhängigkeit und Gegenseitigkeit aufgehoben, die ehemals unsere kulturelle, unsere individualistische und unsere geschlechtsspezifische Entwicklung geprägt haben.

Nach dem ödipalen Modell drängt uns das gewaltsame Einschreiten des Vaters die Zivilisation (die Vernunft, das Bewußtsein) auf, verbietet uns eine weitergehende Identifikation mit der Mutter und wird zum Beispiel dessen, was unter Autonomie verstanden wird. Die Identifikation mit dem Vater – als Aggressor, als Besitzer der Mutter – bildet die Basis der Differenzierung. Schematisch gesehen liebt das männliche Kind seine Mutter und möchte sie besitzen; seinen Vater haßt es und möchte ihn umbringen. Doch durch die Angst vor dem Vater und durch Kastrationsdrohungen gibt das Kind seine ursprüngliche Abhängigkeit von der Mutter auf und internalisiert die väterliche Autorität, die diese Forderung gestellt hat. Somit wirkt das väterliche Bestehen auf Verzicht auch als eine Instanz, durch die das Kind autonom wird. Künftig übernimmt das Über-Ich des Jungen die väterliche Funktion innerhalb seiner eigenen Psyche. Die erfolgreiche Auflösung des Ödipuskomplexes bedeutet hiernach die Transformation der autoritativen Bestätigung bzw. der Angst vor äußerer Autorität in eine eigenständige Regulation durch das Über-Ich; Autorität wird durch unabhängiges Bewußtsein, Verbot durch Selbstkontrolle ersetzt.

Zeitgenössische Entwicklungen in der Narzißmustheorie und in der Theorie prä-ödipaler Konflikte haben die alte psychoanalytische Sichtweise des ödipalen Modells in ein neues Licht gerückt. Die klassische psychoanalytische Theorie geht davon aus, daß das Kind in seinem ursprünglichen Stadium narzißtisch ist und sich dabei mit seiner Mutter völlig verschmolzen oder eins fühlt. Das Selbst und die Anderen sind bisher im kindlichen Vorstellungsbereich völlig undifferenziert. Eine primäre psychologische Aufgabe dieser frühen Entwicklungsphase wird nun in der Differenzierung gesehen, d. h. im Gewahrwerden der eigenständigen Existenz Anderer außerhalb des Selbst und in der Erkenntnis des eigenen Selbst als kontinuierlicher Ganzheit mit einem dem Lebensalter entsprechenden Autonomitätsgrad. Bis die Differenzierung auftritt, wird die unbedingte und unfehlbare Unterstützung der Eltern als Teil des Selbst erfahren. Daraus folgt das *Omnipotenzgefühl* des Selbst. Omnipotenz- und Größegefühl sind Bestandteil frühnarzißtischer Erfahrung, die durch den Differenzierungsprozeß modifiziert werden müssen. Neuere Narzißmustheorien haben eine Art Parallele zu Freuds früherem Argument hergestellt, daß das Über-Ich notwendig sei, um die Furcht vor äußerer Autorität zu ersetzen und moralische Urteilsfähigkeit zu entwickeln. Die entscheidende Funktion des Ich-Ideals liegt hiernach in einem Abbau der infantilen Abhängigkeit des Kindes: Die Herausbildung des Überbaus stellt sicher, daß das Kind nicht in Sehnsucht nach einem idealen, omnipotenten Elternteil bzw. nach Allmacht oder in den Verlust der Unterscheidungsfähigkeit zwischen dem Selbst und anderen sekundären Formen des Narzißmus zurückfällt. Zugleich scheint das Über-Ich für die Regulierung innerer Selbstwertgefühle notwendig zu sein, da diese ansonsten gänzlich von außen bestimmt würden. Unter dieser Perspektive stellt sich die Internalisierung heute, kurz gesagt, als eine Entwicklung von Persönlichkeitsstrukturen dar, die dazu führt, daß sich die Selbstdarstellung des Individuums jenseits von Allmachts- und Wertlosigkeitsgefühlen und damit jenseits der beiden Seiten der narzißtischen Störung stabilisiert. (...)

Das Über-Ich ist sowohl ein Teil des Problems als auch ein Teil der Lösung – ein Widerspruch, dessen sich Freud bewußter war als viele seiner Nachfolger. In seiner ausführlichen Abhandlung über die Notwendigkeit der Autorität in *Das Unbehagen in der Kultur* entwickelt er diesen Widerspruch so, daß sich hierin die *Dialektik der Aufklärung* bereits erahnen läßt. Das Ausdrücken von Aggression ermöglicht dem Individuum einerseits eine Befriedigung, die »mit einem außerordentlich hohen narzißtischen Genuß verknüpft ist, indem sie dem Ich die Erfüllung seiner alten Allmachtswünsche zeigt. Gemäßigt und gebändigt, gleichsam zielgehemmt, muß der Destruktionstrieb... dem Ich die Befriedigung seiner Lebensbedürfnisse und die Herrschaft über die Natur verschaffen.« Doch wird anderseits das Über-Ich durch »dieselbe schroffe Aggressivität« genährt, die es gegen das Ich anwendet, wenn es darum geht, die Befriedigung des Omnipotenzwunsches einzuschränken. Weder bei der Suche nach Vollkommenheit noch bei dem Vergnügen, das durch Aggression entsteht, entkommt das Über-Ich diesem Makel. Es repräsentiert keine Heilung, sondern eine Sublimierung der Omnipotenz, denn das Über-Ich wird durch eben den Narzißmus genährt, den es angeblich zügeln soll. Dieselbe Autorität, die die Omnipotenz unter Kontrolle hält, leitet ihre grundlegende Stärke in der Psyche aus dieser Omnipotenzphantasie her. Dies ist die Freudsche Dialektik der Internalisierung.

Die Gefahr, gegen die das Über-Ich schützt, ist allerdings nicht die Omnipotenz schlechthin, sondern die Regression in eine grundlegende Identifikation mit der Mutter. Eben hierauf zielen die beiden anscheinend entgegengesetzten Befehle, die nach Freud als Über-Ich internalisiert werden. (An diesem Punkt wird auch der männliche Charakter seiner Theorie am deutlichsten.) Der Befehl des Vaters »Du sollst nicht wie ich sein« bedeutet, daß das Über-Ich die inzestuöse Vereinigung mit der Mutter verbietet und somit das väterliche erotische Privileg geltend gemacht wird. Der Befehl »Du mußt so wie ich sein« bestärkt die Unterscheidung zwischen der Mutter, die Liebesobjekt ist, und dem Vater, der Identifikationsobjekt ist. Das Liebesobjekt Mutter repräsentiert nun verlorene Abhängigkeit; das Identifikationsobjekt Vater fungiert als Ideal der zukünftigen Autonomie. Die Krux der beiden ödipalen Befehle besteht darin, daß man sich nicht mehr mit der Mutter identifizieren darf. Die Identifikation mit der Mutter, d. h. weiblich sein wie sie, wird jetzt als gefährliche Regression und Entdifferenzierung erfahren. Das Über-Ich verbietet die Omnipotenz nur scheinbar – tatsächlich verspricht es die zukünftige Befriedigung des Wunsches, eines Tages jemanden wie die Mutter zu besitzen und zu kontrollieren. Die erfolgreiche ödipale Auflösung bedeutet nicht das Ende der Omnipotenz an sich, sondern das Ende der mütterlichen Omnipotenz und deren Ersetzung durch die väterliche Omnipotenz, basierend auf der Ablehnung von Weiblichkeit.

Die Stärke des ödipalen Paradigmas liegt in seiner Fähigkeit, gleichzeitig die Entwicklung von geschlechtlicher Identität und von individueller Eigenständigkeit zu erklären. Dies geschieht durch den Zusammenschluß von Individualität und Maskulinität – was eine reale Erscheinung, eine historische Gleichsetzung ist. Der ödipale Vater stellt unsere Form der Individualität dar. Er gibt uns Auskunft darüber, daß uns die, die uns ernährt, nicht befreit und daß der, der uns befreit, uns nicht ernährt, sondern beherrscht. Folglich ist die Polarität zwischen zwei Grundbedürfnissen, nämlich dem nach Pflege bzw. Zuwendung und dem nach Autonomie bzw. Freiheit, institutionalisiert. Zwischen Abhängigkeit und Unabhängigkeit wird eine falsche Antinomie hergestellt. Entweder verleugnen/kontrollieren wir unsere Bedürfnisse, oder wir werden von ihnen versklavt. Der Ödipuskomplex institutionalisiert und verdinglicht diese Polarität, indem er ihr eine soziale Gestalt gibt und jeder Seite ein Geschlecht zuweist. Das utopische Verlangen, die Einheit dieser Bedürfnisse zurückzuerlangen, ist endgültig umdefiniert und als gefährliche Regression verboten.

Um die Polarität zwischen Autonomie bzw. Freiheit und Zuwendung bzw. Pflege so darzustellen, wie es das ödipale Modell erfordert, ist vor allem eine andere Sichtweise von Differenzierung notwendig. Anstatt wie Freud anzunehmen, daß Differenzierung nur unter dem Druck der Außenwelt, nämlich durch das Eingreifen der Autorität auftritt, müssen wir eine Perspektive einnehmen, die auf anderen anthropologischen Annahmen basiert und deren Ausgangspunkt eher intersubjektiv als monadisch ist. Einige Tendenzen in der zeitgenössischen Psychoanalyse, so die Theorie der Objektbeziehungen und zu einem geringeren Teil die Ich-Psychologie, sind durch die klinische Praxis und Entwicklungspsychologie beeinflußt worden und haben sich dadurch von den freudianischen Annahmen entfernt. Die klinische Theorie und Praxis unterstreicht zunehmend die frühe dyadische Erfahrung der Differenzierung in der Entwicklung der psychischen Struktur und wertet Triebe oder intrapsychische Faktoren ab. Die Analyse der präödipalen Erfahrung, die sich auf die Mutter und die Mutter-Kind-Dyade konzentriert, hat es vielen Psychoanalytikern ermöglicht, über die Voraussetzung des Internalisierungskonzeptes hinauszukommen (obwohl dies nicht immer bewußt geschah). Es haben sich mehrere Positionen entwickelt, die es ablehnen, den Menschen als konservativ und daher nicht bereit, alte Befriedigungen zugunsten von neuen aufzugeben, einzuschätzen. Diese Positionen fechten konsequenterweise den Primat der ödipalen Erfahrung bei der individuellen Entwicklung an. Der Kern dieser Herausforderung ist die Behauptung, daß sich der Narzißmus, wird das frühkindliche Bedürfnis nach Widerspiegelung angemessen befriedigt, natürlicherweise von Omnipotenzphantasien zu realer Autonomie entwickelt. Heinz Kohut, der die Psychologie des Selbst aus der Ich-Psychologie entwickelte, geht so weit, den Ödipuskomplex nicht als allgegenwärtig anzusehen. Er führt an, daß dieser eine Fehlleistung der elterlichen Aufgeschlossenheit sein könnte, die zum Vorherrschen ödipalen Verhaltens führt. Somit ist die elterliche Aufgeschlossenheit gegenüber der beginnenden Behauptung eigener Aktivität und Initiative von seiten des Kindes ausschlaggebend und nicht die elterliche Autorität.

Das kohärenteste Konzept einer intersubjektiv begründeten Psychoanalyse ist in der Theorie der Objektbeziehungen entwickelt worden. Hiernach sucht der Primärtrieb oder die Libido keine Freisetzung von Druck oder Vergnügen, sondern das Objekt als andere Person. Ethologische Forschung und Forschungen zur frühen Kindheit des Menschen haben ergeben, daß Menschen ab ihrer Geburt impulsiv motiviert sind, sich an bestimmte Personen zu binden. Diese Bindung läßt sich nicht einfach auf physiologische Bedürfnisse oder Abhängigkeiten (sekundäre Triebe) zurückführen, wie Freud annahm, sondern sie ist ein im wesentlichen sozialer Impuls. Bindungen entwickeln sich durch die aktive Mitwirkung sowohl des Kindes wie auch der Eltern. Sie sind ein Impuls, der zu einem vertieften Bewußtsein der unabhängigen Existenz des anderen führt und dessen Höhepunkt die gegenseitige *Anerkennung* ist.

Die Anerkennung der unabhängigen Existenz des Anderen, die ein Hauptaspekt der Differenzierung ist, geht mit der Entdeckung der eigenen Verschiedenheit und der Behauptung der eigenen Unabhängigkeit Hand in Hand. Die Fähigkeit, signifikante Andere zu erkennen und eine soziale Interaktion mit ihnen zu initiieren und zu regulieren, entwickelt sich ab dem vierten Lebensmonat. Außer seiner Fähigkeit zur Geselligkeit zeigt das Kind die Veranlagung zur Erforschung und Bewältigung der Umwelt. Es scheint deshalb sinnvoll, von zwei fundamentalen Fähigkeiten auszugehen, die zumindest in unserer Kultur die menschliche Entwicklung gestalten: Das Streben zum Anderen, nach persönlicher Beziehung, Bindung, Nähe; und das Streben nach Selbstbehauptung, nach Aktivität, Bewältigung und Erforschung. Diese beiden Fähigkeiten definieren eine menschliche Natur, die danach strebt, sowohl unabhängig zu werden und das Selbst von den Anderen abzugrenzen, als auch mit geliebten und vertrauten Personen durch ein Gefühl der Einheit verbunden zu bleiben und so geschützt zu sein. Diese Bestrebungen oder Fähigkeiten sind seit Lebensbeginn miteinander verflochten und machen erfolgreiche Differenzierungsprozesse aus, obwohl sie beide auch zu erfolgreichen Bindungen beitragen.

Geht man von einer solchen angeborenen Disposition aus, so entsteht das Selbst/Ich nicht durch die Internalisierung der Autorität, sondern durch die Möglichkeit, solche Fähigkeiten zu üben und von anderen Anerkennung zu erhalten. Diese Fähigkeiten sind der Kern des gesunden Narzißmus. Wenn auf die Triebtheorie zugunsten einer Theorie primärer Intersubjektivität verzichtet wird, stellt sich auch jener Widerspruch in einem neuen Licht dar, der bis heute die Basis aller psychoanalytischen Gesellschaftskritik bildet, nämlich der Konflikt Trieb vs. Zivilisation. Hierdurch werden keineswegs, wie die Kritische Theorie in ihrer Kritik des Revisionismus behauptet, alle Konflikte notwendigerweise heruntergespielt. Ich habe bereits darauf hingewiesen, daß die Polarität zwischen Autonomie und Gegenseitigkeit bzw. Freiheit und Pflege in unserer Kultur zentral ist. Die Aufspaltung dieser beiden Tendenzen in Objekt- und Aktivitätsstreben ist der psychologische Schlüssel zu dieser Polarität. Sie tritt auch in der Spaltung zwischen den beiden Objektformen des Ödipuskomplexes auf; dort in der Form der Polarität zwischen Liebes- und Identifikationsobjekt. Diese Polarität wird in unserer Kultur zum größten Differenzierungshemmnis, so sehr sie auch als deren Träger erscheinen mag. Die Erforschung der präödipalen Erfahrung legt nahe, daß dasselbe Objekt idealiter beide Bestrebungen anerkennt und auf diese reagiert, was dazu führt, daß diese eher integriert werden, als daß sie einander widersprechen.

Der Prozeß, durch den die Objekt- und Aktivitätsantriebe polarisiert werden, kann nicht auf die Objektbeziehung allein zurückgeführt werden. Die Natur dieser Bestrebungen und die Art, wie sie sich entwickeln, muß ebenso mitwirken. Die Polarisierung ereignet sich, so meine These, durch das Paradox der Anerkennung. Die Autonomie entwickelt sich durch die Bestätigung der eigenen Fähigkeiten, andere durch sein Tun zu beeinflussen. Umgekehrt bestärkt fehlende Reaktion auf oder Unempfindlichkeit gegenüber den eigenen Handlungen, wie Fromm ausführte, ein Gefühl der Ohnmacht. Das eigene Gefühl für Wirkung wird durch eine gewisse Objektivierung der Absicht bestätigt, die vom Anderen und vom Selbst bewertet wird. Das heißt, daß menschliche Urheberschaft und Wirkung von intersubjektiver Anerkennung abhängen. Letztlich gipfelt die Notwendigkeit von Anerkennung in dem Paradox, daß man/frau vom Anderen abhängt, um seine/ihre Unabhängigkeit zu bestätigen. In dem eigenen Bemühen, Autonomie zu erlangen, bedarf man des Anderen, der den Wunsch nach Selbstbehauptung bzw. die Fähigkeit dazu anerkennen muß (oft verlangt der Wunsch oder die Absicht die stärkste Anerkennung). Kann dieses paradoxe Gleichgewicht zwischen Autonomie und Abhängigkeit nicht aufrechterhalten werden, so spalten sich die lebensnotwendigen Bedürfnisse. Der/die Betroffene fühlt sich hilflos, verinnerlicht die Erfahrung von Frustration und wird überzeugt, daß Abhängigkeit und Unabhängigkeit miteinander nicht zu vereinbaren sind. Das Paradox der intersubjektiven Anerkennung ermöglicht es dann, den internen Ursprung des psychologischen Konflikts zu sehen, ohne davon auszugehen, daß die primitiven, archaischen, destruktiven Tendenzen (das Es) vorherrschend sind. Der Schaden, der unserem frühen Narzißmus zugefügt wird, die Unfähigkeit der Umgebung, unsere Fähigkeiten anzuerkennen und auf sie zu reagieren, führt zum Ausleben ursprünglicher Regression und Aggression.

Das Paradox der wechselseitigen Anerkennung entspricht der Dynamik, die Margaret Mahler als die *Annäherungskrise* im zweiten und im dritten Lebensjahr identifiziert hat. In der Anerkennungsphase besteht das Kleinkind darauf, daß die Mutter an all seinen neuen Entdeckungen und Darstellungen teilhat, und sucht zu seiner Selbstbehauptung Bestärkung. Der widersprüchliche

Wunsch des Kindes besteht darin »auf der einen Seite selbständig, groß und omnipotent [zu sein] (und so zu erscheinen) und eine Mutter zu haben, die magisch seine Wünsche erfüllt, ohne andererseits erkennen zu müssen, daß die Hilfe tatsächlich von außen kommt«. Das Kind besteht darauf, sich selbst zu bestätigen, doch möchte es von der Mutter konstant die Bekräftigung, daß es tatsächlich diese Bestätigung zurecht erfährt. Das Paradox kommt auch Hegels Diskussion über die Selbständigkeit und Unselbständigkeit des Selbstbewußtseins nahe. Jedes Selbstbewußtsein kämpft darum, sich vor dem Anderen darzustellen. Somit bewegt es sich zwischen dem Wunsch, den Anderen zu negieren, und der Notwendigkeit, von dem Anderen als Gleiches anerkannt zu werden. Kurz gesagt stellt Hegel das Problem so dar: Einerseits ist das Individuum nicht willens, seine absolute Autonomie aufzugeben. Gleichzeitig sieht es sich der Notwendigkeit des Seins gegenüber, nämlich dem Wunsch nach Anerkennung.

Eine »Lösung« des Konflikts zwischen Autonomie und Abhängigkeit liegt natürlich in dem Versuch, Macht über den Anderen zu gewinnen. Das geschieht dadurch, daß er/sie so negiert und unterworfen wird, daß die Abhängigkeit vor ihm/ihr verborgen bleibt. Die andere Fluchtmöglichkeit vor dem paradoxen Bedürfnis ist die Internalisierung. Das Individuum versenkt sich eher in die Macht des Anderen, in diesem Fall des Vaters, als daß es für sich autonom ist. Der erste Fluchtweg wird in bezug auf die Mutter eingeschlagen, von der man/frau hofft, sie zu besitzen. Der zweite läuft über den Vater, der tatsächliche Macht über sie hat. Somit verkörpern die widersprüchlichen Befehle des Ödipuskomplexes die beiden »falschen« Lösungen des Paradoxons der Anerkennung. Diese ödipale Lösung wird durch die gleichzeitige Sehnsucht nach einer früheren Form der Individualität aufgewertet. Die wahre Differenzierung, in der nicht die Dominanz oder die Unterwerfung, sondern die Anerkennung des Anderen als unabhängiges Subjekt zentral ist, erfordert die Aufrechterhaltung des Paradoxons in all seiner schmerzhaften Spannung. Dies bedeutet die Bewußtheit der Trennung zwischen dem Selbst und dem Anderen als gleichzeitig ähnlich und unterschiedlich, d. h. als Individuen mit eigenem, gleichwertigem Persönlichkeitskern. Streng genommen ist Anerkennung die Aktivität des Objektstrebens, während sich das Aktivitätsstreben in der Anerkennung durch das Objekt verwirklicht. Um den Anderen bzw. die Andere auf diese Art zu sehen, muß man/frau bereits selbst so gesehen worden sein. Dies ist nur möglich, wenn die sozialisierenden Personen nicht antagonistisch besetzt werden, sondern beide Aspekte der konstanten Spannung aufweisen.

Letztlich ist es somit die geschlechtsspezifische Arbeitsteilung, die eine wahre Differenzierung verhindert, denn sie spaltet die Grundantriebe in Aspekte geschlechtlicher Identität. Der Punkt, an dem sich die geschlechtsspezifische Arbeitsteilung konsolidiert, ist der Ödipuskomplex, der als Ursache für die Herausbildung der Polarität der Geschlechter gelten kann. Mit dem Vater wird die Identifikation sowie die Bekräftigung der Autonomie in Zusammenhang gebracht, mit der Mutter hingegen Liebe und gegenseitige Anerkennung. Jeder Elternteil wird so zum Objekt eines Strebens und, schwerwiegender noch: der Tribut für die Autonomie liegt in der Preisgabe des Liebesobjekts. Somit wird das Objektstreben selbst zurückgewiesen. Verbindungen, die über Pflege und Liebe definiert sind, werden der Aktivität, Autonomie und Selbstbehauptung untergeordnet. Diese Trennung wird nicht auf der ödipalen Ebene eingeleitet, sondern in der ödipalen Phase als geschlechtsspezifisch institutionalisiert und durch den ödipalen Vater in ihre endgültige Form gebracht. Der springende Punkt der ödipalen Erfahrung ist der Identifikationsbruch mit der Mutter. Sie hört auf, der Spiegel der eigenen Subjektivität und damit die Bestärkerin der eigenen Autonomie zu sein. Somit steht die Autonomie plötzlich in Opposition zur Pflege. Aus diesem Identifikationsbruch mit der Mutter erwächst sowohl die männliche Individualität als auch die männliche Rationalität. Hier müssen wir den Ursprung des instrumentellen Verstandes suchen. Er entwickelt sich vor allem aus der Identifikation mit dem Vater bei der Ablehnung der persönlichen, prozeßorientierten Formen der Sorge, Pflege und Aufrechterhaltung des Wachstums Anderer.

Jane Flax:

Postmoderne und Geschlechter-Beziehungen in der feministischen Theorie

Die Wahrscheinlichkeit nimmt zu, daß sich die westliche Kultur gerade mitten in einer grundlegenden Transformation befindet: eine »Gestalt des Lebens« beginnt alt zu werden. Im Rückblick mag diese Verwandlung genauso radikal (aber auch gleichermaßen allmählich) erscheinen wie der Übergang von der mittelalterlichen zur modernen Gesellschaft. Diese Phase in der Geschichte des Westens ist auch von entsprechender Veränderung, Unsicherheit und Ambivalenz durchzogen, die bisher noch wenig verstanden werden. Ein solches Durchgangsstadium macht bestimmte Formen des Denkens möglich und notwendig und schließt andere aus. Es bringt Probleme hervor, die von einigen Denkrichtungen besser zur Kenntnis genommen und behandelt werden können als von anderen.

Ich glaube, es gibt z. Zt. drei theoretische Richtungen, die unsere Zeit »in Gedanken gefaßt« am besten wiedergeben und repräsentieren: die Psychoanalyse, die feministische Theorie und die postmoderne Philosophie. Diese Denkrichtungen spiegeln Überzeugungen der Aufklärung und sind z. T. durch diese konstituiert – Überzeugungen, die die westliche Kultur (besonders die amerikanische) bestimmen. Gleichzeitig enthalten sie Ideen und Einsichten, die nur dadurch möglich sind, daß die Überzeugungen der Aufklärung unter dem zunehmenden Druck historischer Ereignisse (von der Erfindung der Atombombe über den Holocaust bis zum Vietnamkrieg) zusammenbrechen. (...)

Als eine Richtung postmoderner Philosophie deckt feministische Theorie die zunehmende Unsicherheit auf, die in westlichen intellektuellen Kreisen darüber herrscht, von welcher Basis aus und mit welchen Methoden menschliche Erfahrung zu erklären und/oder zu interpretieren ist. Gleichzeitig trägt die feministische

Theorie zu dieser Verunsicherung bei. Zeitgenössische Feministinnen und andere postmoderne Philosophen haben eines gemeinsam, nämlich daß sie wichtige metatheoretische Fragen über das Wesen von Theorie und ihren Status aufwerfen. Wenn wir ernstnehmen, daß das westliche Selbstverständnis fließend und unsicher wird, dann ist nicht einmal mehr die Basis klar, von der aus zufriedenstellende Antworten auf all die Fragen gefunden werden können, die zu stellen sich die feministische Theorie mit anderen sozialen Theorien einig ist.

Alle postmodernen Diskurse sind insofern »dekonstruktiv«, als sie uns distanziert und skeptisch machen wollen gegenüber dem Glauben an Wahrheit, Wissen, Macht, Subjekt und Sprache, die oft als selbstverständlich vorausgesetzt werden und die Legitimation für die zeitgenössische westliche Kultur sind.

Postmoderne Philosophen wollen all die Überzeugungen radikal in Zweifel ziehen, die sich aus der Aufklärung ableiten und immer noch in der Kultur (besonders in der amerikanischen Kultur) vorherrschend sind. Hierzu gehören:

1. Die Existenz eines abgegrenzten, einheitlichen Subjekts. Zu den angebbaren Eigenschaften dieses Subjekts der Aufklärung gehört u. a. eine Vernunft, die in der Lage ist, ihre eigenen Prozesse wie die »Naturgesetze« zu begreifen.

2. Die Vernunft und ihre »Wissenschaft«, die Philosophie, können eine objektive, zuverlässige und universelle Begründung des Wissens liefern.

3. Das Wissen, das durch den richtigen Gebrauch der Vernunft gewonnen wird, ist »wahr« – so gibt dieses Wissen z. B. Reales und Unveränderliches (Universales) über unser Denken und über die Struktur der natürlichen Welt wieder.

4. Die Vernunft selbst hat transzendentale und universale Qualitäten. Sie existiert unabhängig von der kontingenten Existenz des Ich. – Körperliche, historische und soziale Erfahrungen beeinträchtigen weder die Struktur der Vernunft noch ihre Fähigkeit, überzeitliches Wissen zu produzieren.

5. Zwischen Vernunft, Autonomie und Freiheit gibt es komplexe Beziehungen. Alle Ansprüche auf Wahrheit und legitime Autorität müssen dem Urteil der Vernunft unterworfen werden. Freiheit besteht im Gehorsam gegenüber Gesetzen, die mit den

notwendigen Resultaten des richtigen Gebrauchs der Vernunft übereinstimmen. (Die Regeln, die für mich als vernünftiges Wesen richtig sind, sind für alle anderen vernünftigen Wesen notwendigerweise auch richtig.) Indem ich solchen Gesetzen gehorche, folge ich dem besten, überzeitlichen Teil meiner selbst (der Vernunft); ich erweise mich als autonom und bestätige meine Existenz als freies Wesen. Durch solche Handlungen entkomme ich einer determinierten oder nur zufälligen Existenz.

6. Wenn Autoritätsansprüche durch die Vernunft legitimiert werden, kann der Konflikt zwischen Wahrheit, Wissen und Macht überwunden werden. Die Wahrheit kann der Macht dienen, ohne Schaden zu nehmen, und umgekehrt sind Freiheit und Fortschritt gesichert, wenn Wissen im Dienst der Macht genutzt wird. Wissen kann beides sein: neutral (= universell und nicht in Partialinteressen gegründet) und für die Gesellschaft von Vorteil.

7. Die Wissenschaft, das Paradebeispiel für den richtigen Gebrauch der Vernunft, ist zugleich das Paradigma für jedes wahre Wissen. Die Wissenschaft ist in ihren Methoden und Inhalten neutral, in ihren Ergebnissen aber dient sie dem Gemeinwohl. Denn durch wissenschaftliche Forschung können wir die »Naturgesetze« zum Wohle der Gesellschaft nutzen. Um den wissenschaftlichen Fortschritt zu sichern, müssen Wissenschaftler allerdings frei sein, den Regeln der Vernunft zu folgen, statt sich für »Interessen« einspannen zu lassen, die außerhalb des Diskurses der Vernunft entstehen.

8. In gewisser Hinsicht ist die Sprache transparent. So wie der richtige Gebrauch der Vernunft zu Wissen führt, das Wirkliches repräsentiert, so ist die Sprache nichts als das Medium, in dem und durch das diese Repräsentation erscheint. Es gibt eine Entsprechung zwischen »Wort« und »Ding« (wie zwischen einer wahren Aussage und dem Wirklichen). Gegenstände werden nicht sprachlich (oder sozial) konstruiert, sie werden dem Bewußtsein durch Benennung und richtigen Gebrauch der Sprache nur *präsent gemacht.* (...)

Feministische Theorie hat in dem Moment den postmodernen Diskurs betreten und sich daran beteiligt, in dem wir angefangen haben, die Begriffe »Vernunft«, »Wissen« und »Subjekt« zu dekonstruieren und die Auswirkungen der Geschlechter-Arrangements aufzudecken, die hinter den neutralen und universellen Fassaden verborgen waren. (...) Feministische Theoretikerinnen haben z. B. gespürt, daß das Motto der Aufklärung, »Sapere aude! Habe Mut, dich deines Verstandes zu bedienen« (Kant) z. T. auf zutiefst androzentrischen Bedeutungen von Subjekt und Selbstbewußtsein beruht. Die Vorstellung, daß die Vernunft von der »ausschließlich kontingenten« Existenz unabhängig ist, bestimmt immer noch das zeitgenössische westliche Denken, und es wird deutlich, daß damit das Eingebundensein und die Abhängigkeit des Subjekts von sozialen Beziehungen genauso verdeckt wird wie die Partialität und Geschichtlichkeit der subjektiven Existenz. Kants »reine« Vernunft und die Methoden, mit denen sie sich ihrer Inhalte vergewisserte, sind – so scheint es nun – mitnichten freier von empirischer Zufälligkeit als der sogenannte Alltagsverstand. (...)

In der Tat haben Feministinnen wie andere Postmoderne den Verdacht, daß all diese transzendentalen Behauptungen nur die Erfahrungen weniger Personen reflektieren und vergegenständlichen: die der weißen westlichen Männer. Diese »überhistorischen« Forderungen erscheinen uns z. B. deshalb plausibel, weil sie wichtige Aspekte der Erfahrungen derjenigen widerspiegeln, die unsere soziale Welt dominieren. (...)

Das Denken in Relationen

Der Begriff »Geschlechterverhältnisse« will ein komplexes Gefüge sozialer Beziehungen erfassen und bezieht sich auf ein sich änderndes Ensemble von sozialen Prozessen. Geschlecht ist relational – als Begriff wie als sozialer Prozeß. D. h. Geschlechterverhältnisse sind komplexe, sich in Sprüngen entwickelnde Prozesse (oder, in der Sprache der Dialektik ausgedrückt: historische Totalitäten), die durch aufeinanderbezogene Elemente konstituiert werden und durch diese hindurch wirken. Diese Elemente sind interdependent, d. h. jedes Element ist ohne die anderen bedeutungslos.

Geschlechterverhältnisse sind differenzierte und (bis heute) asymmetrische Aufteilungen von menschlichen Eigenschaften und Fähigkeiten. Durch die Geschlechterverhältnisse werden zwei Arten von Menschen geschaffen: Mann und Frau. Mann und Frau sind sich ausschließende Kategorien. Man kann nur einem Geschlecht angehören, nie dem anderen oder beiden. Der jeweilige Inhalt von Männlichkeit und Weiblichkeit und die Rigidität der Zuordnung sind in verschiedenen Zeiten und Kulturen höchst unterschiedlich. Dennoch waren Geschlechterverhältnisse, so weit wir sie heute verstehen, immer (mehr oder weniger) Herrschaftskategorien. Das bedeutet, die Geschlechterverhältnisse sind stärker von der einen in ihnen enthaltenen Seite definiert und (zwar nicht perfekt) kontrolliert worden: vom Mann.

Der Zusammenhang von Herrschaft und Geschlecht ist auf verschiedene Art verschleiert worden, u. a. indem Frauen als »Rätsel«, als »Sex« oder als »das Andere« definiert wurden und Männer als das Allgemeine (oder zumindest als geschlechtslos). In sehr vielen Kulturen und Diskursen werden Männer tendenziell als frei von Geschlechtsbestimmungen oder als nicht durch diese determiniert angesehen. So erforschen z. B. Wissenschaftler weder die Psychologie des Mannes noch seine Geschichte ausdrücklich. Männliche Wissenschaftler machen sich auch keine Sorge darüber, wie ihr Mann-Sein möglicherweise ihre intellektuelle Arbeit beeinträchtigt, während Frauen, die die Geschlechterverhältnisse untersuchen, für verdächtig gehalten werden (der Trivialität, wenn nicht sogar der Unwissenschaftlichkeit). Erst vor kurzem haben Wissenschaftler angefangen darüber nachzudenken, daß es in jeder Kultur mindestens drei Geschichten geben könnte – »seine«, »ihre« und »unsere«. »Seine« und »unsere« werden gemeinhin für identisch gehalten, obwohl es manchmal in neueren Arbeiten so etwas gibt wie die Anerkennung dieser Abweichung – der Frau. (...) Daß Wissenschaftler nach Auswirkungen der Geschlechterverhältnisse auf alle Aspekte einer Kultur suchen, so wie man sich verpflichtet fühlt, den Einfluß der Macht- und Produktionsverhältnisse zu erforschen, ist jedoch immer noch ausgesprochen selten. Soweit der feministische Diskurs seine ganze Problematik mit »Frau« überschreibt, definiert auch er ironischerweise den Mann als unproblematisch bzw. als ausgenommen von der Determinierung durch Geschlechterverhältnisse. Aus der Perspektive sozialer Beziehungen betrachtet, sind jedoch Männer wie Frauen Gefangene des Geschlechts, wenn auch in sehr verschiedener, allerdings miteinander verknüpfter Weise. Daß Männer als die Wächter oder doch mindestens die Verwalter der sozialen Gegebenheiten erscheinen (und es oft auch sind), sollte uns nicht für das Ausmaß blind machen, in dem auch sie durch die Gesetze des Geschlechterverhältnisses beherrscht werden. (...)

Gefangene des Geschlechts?

Die offensichtlichen Zusammenhänge zwischen Geschlechterverhältnissen und so wichtigen Aspekten der menschlichen Existenz wie Geburt, Reproduktion und Sexualität ermöglichen beides: ein Verschmelzen von Natürlichem und Sozialem und eine offene radikale Unterscheidung zwischen beiden. In der modernen westlichen Kultur und manchmal sogar in feministischen Schriften werden »natürlich« und »sozial« verschmolzen in unserem Verständnis von »Frau«. In nichtfeministischen und einigen feministischen Schriften über Männer wird oft eine radikale Trennung gemacht zwischen dem »Natürlichen« und dem »Sozialen«. Frauen stehen oft für bzw. symbolisieren den Körper, die »Differenz«, das Konkrete. Diese Eigenschaften durchziehen/definieren nach Meinung einiger feministischer wie nichtfeministischer Autoren die Aktivitäten, die am meisten mit Frauen assoziiert werden: Pflege, Bemuttern, Fürsorge für und In-Verbindung-Sein mit anderen, »Behüten«. (...) Ebensooft wird der Verstand der Frauen als Reflex unserer stereotypen weiblichen Aktivitäten und Körper angesehen. Sogar Feministinnen behaupten zuweilen, Frauen dächten und schrieben anders und hätten andere Interessen und Motive als Männer. (...) Von Männern wird behauptet, sie hätten mehr Interesse am Gebrauch der Macht des abstrakten Denkens (Verstand), sie wollten die Herrschaft über die Natur (inklusive der Körper) und seien aggressiv und militaristisch.

Das Wiederauftauchen solcher Behauptungen bedarf einer weiteren Analyse. Ist dies der Anfang einer echten Neueinschätzung von Werten und/oder der Rückzug auf die traditionellen geschlechtsgeordneten Wege, die Welt zu verstehen? Bei unseren Versuchen, willkürliche und geschlechtsdogmatische Unterscheidungen zu korrigieren, landen wir Feministinnen oft bei ihrer Reproduktion. Feministische Diskurse sind voller widersprüchlicher und unvereinbarer Konzepte über das Wesen unserer sozialen Beziehungen, über Männer und Frauen und den Wert und die Eigenart von stereotyp männlichen und weiblichen Tätigkeiten. Diese Konzeptionen so zu postulieren, daß nur *eine* Perspektive »korrekt« (oder feministisch richtig) sein kann, verdeutlicht unter anderem, wie sehr die feministische Theorie in genau jene sozialen Prozesse eingebettet ist, die wir gerade zu kritisieren versuchen, und wie sehr wir eine systematischere und selbstbewußtere theoretische Praxis brauchen. (...)

Das Unternehmen der feministischen Theorie ist mit Versuchungen und Fallstricken befrachtet. Insofern Frauen an allen Arten von Gesellschaft teilhaben, kann unser Denken nicht frei sein von kulturabhängigen Weisen des Selbstverständnisses. Wir internalisieren genauso wie die Männer die Vorstellungen des herrschenden Geschlechts von Männlichkeit und Weiblichkeit. Erst wenn wir Geschlecht als eine *soziale* Beziehung sehen und nicht als einen Gegensatz von inhärent unterschiedlichen Wesen, werden wir in der Lage sein, die Verschiedenheiten und Begrenztheiten von Macht und Unterdrückung bei verschiedenen Frauen (und Männern) innerhalb einzelner Gesellschaften zu identifizieren. Feministische Theoretikerinnen werden mit einer vierfachen Aufgabe konfrontiert: Wir müssen

1. feministische Gesichtspunkte von und in der sozialen Welt entwickeln, in der wir leben;
2. darüber nachdenken, wie wir von diesen Welten beeinflußt werden;
3. in Betracht ziehen, daß die Art, wie wir über sie denken, in den vorhandenen Macht- und Wissensbeziehungen begründet sein kann; und
4. uns Wege einfallen lassen, mit denen diese Welten verändert werden sollten/könnten.

Da innerhalb der westlichen Gesellschaften Geschlechterverhältnisse Herrschaftsverhältnisse gewesen sind, sollten feministische Theorien sowohl einen kompensatorischen wie einen kritischen Aspekt beinhalten. Das heißt, wir müssen jene Aspekte der sozialen Beziehungen wiedergewinnen und erklären, die innerhalb der herrschenden (männlichen) Blickrichtung unterdrückt, nicht ausgesprochen oder verneint worden sind. Wir müssen die Geschichte der Frauen und unserer Aktivitäten wiedererlangen und in jene Rechenschaftsberichte und Geschichten einschreiben, die die Kulturen über sich selbst erzählen. Doch müssen wir ebenso darüber nachdenken, wie die sogenannten weiblichen Tätigkeiten zum Teil erst durch ihre Verortung im Gewebe sozialer Beziehungen geschaffen werden, das jede Gesellschaft ausmacht. Das heißt, wir müssen erkennen, wie weibliche Verhaltensweisen beeinflußt werden, aber ebenso, wie sie ihrerseits die Folgen der männlichen Aktivitäten beeinflussen, ermöglichen oder kompensieren, wie auch ihre Bedeutungen für Klassen- oder Rassenbeziehungen.

Notwendig wäre außerdem eine Umorientierung der Werte – ein Umdenken unserer Vorstellungen von menschlich hervorragend, bewundernswert oder moralisch. Bei solch einer Umwertung müssen wir darauf achten, nicht einfach die Überlegenheit des Gegenteils zu behaupten. Z. B. neigen feministische Theorien manchmal dazu, Autonomie als Gegensatz zu In-Beziehung-Sein zu setzen. So ein Gegensatz trifft aber nicht auf erwachsene Formen des In-Beziehung-Seins zu, die klaustrophobisch werden können ohne Autonomie – eine Autonomie andererseits, die ohne In-Beziehung-Sein leicht zu Herrschaft degenerieren kann.

Unsere Erziehung als Frauen in dieser Kultur ermutigt uns oft, die vielen subtilen Formen der Aggression zu verleugnen, die intime Beziehungen zu anderen hervorrufen und nach sich ziehen können. Z. B. tendiert vieles in der Diskussion über Bemuttern und das spezifisch Weibliche dazu, Zorn und Aggressionen bei Frauen undiskutiert zu lassen – wie wir sie verinnerlichen und beispielsweise gegenüber Kindern oder unserem eigenen Ich zum Ausdruck bringen. (…) Vielleicht sind Frauen überhaupt nicht weniger aggressiv als Männer; wir könnten unsere Aggression nur auf andere, kulturell sanktionierte Weisen (und teilweise verkleidet oder verleugnet) zum Ausdruck bringen.

Da wir in einer Gesellschaft leben, in der Männer mehr Macht haben als Frauen, macht die Annahme Sinn, daß alle bewundernswerten Qualitäten jene sein dürften, die mit Männern assoziiert werden. Als Feministinnen haben wir Grund zu der Annahme, daß selbst die »Bewunderung« des Weiblichen (zumindest teilweise) durch den Wunsch motiviert sein wird, Frauen an einem beschränkten (und einschränkenden) Ort zu halten. In der Tat müssen wir in allen Facetten der Gesellschaft (die feministische Kritik eingeschlossen) nach den Ausformungen und den Konsequenzen von Herrschaftsverhältnissen forschen. Wir sollten darauf bestehen, daß alle diese Verhältnisse soziale sind, d. h. sie nicht das Ergebnis des unterschiedlichen Besitzes an natürlichen und ungleichen Fähigkeiten bei verschiedenen Typen von Personen sind.

Allerdings sollten wir beim Beharren auf der Existenz und der Macht solcher Herrschaftsverhältnisse vermeiden, Frauen/uns selbst als völlig unschuldige, passive Wesen zu sehen. Eine solche Sichtweise hindert uns, jene Lebensbereiche zu sehen, in denen Frauen einen Einfluß gehabt haben, in denen wir weniger vom Willen des/der anderen bestimmt werden, und in denen einige von uns Macht über andere haben und ausüben (d. h. die charakteristischen Privilegien von Rasse, Klasse, sexueller Präferenz, Alter oder Plazierung im Weltsystem).

Jeder feministische Standpunkt wird notwendigerweise nur eine bestimmte Perspektive repräsentieren. Das Denken über Frauen kann einige Aspekte in einer Gesellschaft erhellen, die vorher innerhalb der herrschenden Blickrichtung unterdrückt worden sind. Aber keine von uns kann für »die Frau« sprechen, weil eine solche Person nicht existiert, außer innerhalb eines spezifischen Sets von (schon geschlechtsbestimmten) Beziehungen – zu »dem Mann« und zu vielen konkreten und verschiedenen Frauen.

Tatsächlich scheint die Vorstellung von dem feministischen Standpunkt, der wahrer als vorherige (männliche) Standpunkte ist, auf vielen und ungeprüften Annahmen zu beruhen. Diese beinhalten den optimistischen Glauben, daß Menschen in ihrem eigenen Interesse rational handeln und daß die Wirklichkeit eine Struktur hat, die durch fehlerfreies Denken (wenn es soweit perfektioniert wurde) entdeckt werden kann. Diese beiden Annahmen hängen aber von einer unkritischen Anwendung der vorne diskutierten Aufklärungsideen ab. Außerdem setzt die Idee eines solchen Standpunkts voraus, daß die Unterdrückten durch ihre sozialen Erfahrungen in keiner Weise grundlegend beschädigt wurden. Vielmehr nimmt diese Position an, daß die Unterdrückten privilegierte Blickrichtungen und Fähigkeiten haben (und nicht nur andere), eine Wirklichkeit zu erfassen, die »dort draußen« auf unsere Beschreibung wartet. Sie setzt auch geschlechtsgeprägte soziale Beziehungen voraus, in denen es eine Kategorie von Wesen gibt, die grundsätzlich untereinander gleich sind durch die Tatsache ihres Geschlechts – d. h., sie unterstellt das Anderssein, das Männer Frauen zuschreiben. Dieser Standpunkt nimmt außerdem an, daß Frauen, anders als Männer, frei sein können von jenen Prägungen, die sich aus ihrer eigenen Teilhabe an Herrschaftsbeziehungen ergeben, wie solchen, die in den sozialen Beziehungen von Rasse, Klasse oder Homophobie wurzeln. (...)

Demgegenüber glaube ich, daß es keine Kraft oder Wirklichkeit »außerhalb« unserer sozialen Beziehungen und Aktivitäten gibt (wie z. B. Geschichte, Vernunft, Fortschritt, Wissenschaft, irgendein transzendentales Wesen), die uns von Parteilichkeit und Differenz befreien wird. Unser Lebensweg und unsere Sympathien sind mit jenen verbunden, die die Welt weiter zu dezentralisieren suchen – obwohl wir uns das Recht vorbehalten sollten, hinsichtlich ihrer Motive wie auch Visionen mißtrauisch zu bleiben. (...) Feministische Theorien sollten uns dazu ermutigen – wie auch andere Formen des Postmodernismus –, Ambivalenz, Ambiguität und Vielfalt zu tolerieren und zu interpretieren, aber auch dazu, die Ursprünge unseres Strebens nach Ordnung- und Struktur-Herstellen offenzulegen, ganz gleich, wie willkürlich und tyrannisch diese Strebungen sein mögen.

Wenn wir unsere Arbeit gut machen, wird die »Wirklichkeit« noch unstabiler, komplexer und unordentlicher erscheinen als jetzt schon. In dieser Hinsicht hatte Freud vielleicht recht, als er behauptete, Frauen seien die Feinde der Kultur. (...)

VII. Identitätsarbeit als riskanter Balanceakt zwischen individuellen Bedürfnissen und gesellschaftlichen Anforderungen

Einleitung

Identität als die Antwort auf die Frage: »Wer bin ich?« stellt ein Konzept dar, das aus der Sicht des Individuums seinen permanenten Prozeß der Vermittlung innerer und äußerer Ansprüche repräsentiert. An den verschiedenen Identitätstheorien läßt sich zeigen, daß das jeweilige Verständnis von Identitätsarbeit die gesellschaftlichen Wandlungsprozesse in ihren Folgen für die Subjekte spiegelt.

Erik Erikson hat mit seinem epigenetischen Schema der Identitätsentwicklung einen Ansatz vorgelegt, demzufolge ein Individuum dauerhaft »seinen Ort« im gesellschaftlichen Raum finden kann. Er repräsentiert damit in seiner Theorie die relativ stabilen soziokulturellen und ökonomischen Bedingungen der Nachkriegsära. Es gibt wenige sozialwissenschaftliche Konzepte, die sich wie Eriksons Identitätskonzept einer so breiten Resonanz und Zustimmung erfreuen konnten. Für zwei Jahrzehnte hat es eine beeindruckende Syntheseleistung psychologischer und soziologischer Wissenselemente ermöglicht. Als ich es mir in den sechziger Jahren aneignete, hatte ich das Gefühl, eines der wenigen Integrationskonzepte unseres Faches kennengelernt zu haben. Es gelingt ihm, die »Akkumulation« jener »inneren Besitzstände« im Verlaufe der Sozialisation aufzuzeigen, auf deren Grundlage eine reifere Erwachsenenpersönlichkeit möglich ist. Und hat nicht der für Eriksons Jugendtheorie zentrale Begriff des »psychosozialen Moratoriums« jene letzte krisenhafte Offenheit so treffend eingefangen, ehe sich der gesellschaftliche Platz des Individuums und die dazugehörige »innere Ausstattung« endgültig synchronisieren? Für meine eigenen biographischen Erfahrungen war Eriksons Definition dieses Moratoriums eine gültige Aussage, eine treffende

Beschreibung dieses Freiraums, »während dessen der Mensch durch freies Rollen-Experimentieren sich in irgendeinem Sektor der Gesellschaft seinen Platz sucht, eine Nische, die fest umrissen und doch wie einzig für ihn gemacht ist. Dadurch gewinnt der junge Erwachsene das sichere Gefühl innerer und sozialer Kontinuität, das die Brücke bildet zwischen dem, was er als Kind war, und dem, was er nunmehr im Begriff ist zu werden; eine Brücke, die zugleich das Bild, in dem er sich selbst wahrnimmt, mit dem Bild verbindet, unter dem er von seiner Gruppe, seiner Sozietät erkannt wird.«

Ein solches Identitätskonzept bietet in einer postmodernen, pluralen und widersprüchlichen Welt, in der es kaum noch stabile Bezugspunkte für die individuelle Identitätsbildung gibt, nicht mehr die adäquate Paßform. Zygmunt Bauman führt uns in die Metaphorik der postmodernen Welt ein, in der Fixpunkte für eine Verwurzelung systematisch verloren gegangen sind.

Für Erving Goffman ist Identitätsarbeit schon nicht mehr von dem »alteuropäischen Ideal« der integrierten Persönlichkeit bestimmt. Der Nordamerikaner, der wie kein anderer Sozialpsychologe die Strategien des alltäglichen Zurechtkommens und Überlebens beschrieben hat, sieht Identitätsarbeit als einen prekären Akt der Balance an, der nie abgeschlossen sein kann. Er reagiert damit auf eine dynamische Markt- und Konsumgesellschaft, die Menschen einen permanenten Wandlungs- und Lernprozeß abverlangt und die Subjekte selbst zunehmend zu Produzenten von marktgängigen Persönlichkeitsunternehmern macht.

Damit hat Goffman schon ohne große Abschiedsworte das vorherrschende Identitätsverständnis der Moderne hinter sich gelassen. Dieses wird von der alltäglichen Lebensrealität mehr und mehr in Frage gestellt. Zeitgenössische Identitätsprojekte sind in den einheitsstiftenden Gehäusen des bürgerlichen Charakters nicht mehr unterzubringen. Als Reaktion darauf werden innerhalb der Diskursarena ›Identität‹ neue Modelle der Identitätsarbeit entworfen, und zum Teil wird diese als »abgesunkene Glaubensfrage« (Botho Strauß) abgetan, mit der das postmoderne Subjekt seine Zeit nicht mehr vergeuden sollte.

Gefordert ist von den Subjekten die Erarbeitung einer dezentrierten Identität. Obwohl unser Denken noch stark von Identitätsmodellen bestimmt ist, die mit Kategorien steuernder Zentren, Kohärenz, Konsistenz oder Einheitlichkeit arbeiten, läßt sich empirisch eine Tendenz zur Fragmentierung und Dezentrierung belegen. Als heuristischen Vorschlag für eine Identitätsbildung, die von einem Verlust an vorhersagbarer Einheitlichkeit bestimmt ist, ohne deshalb als pathologisch mißverstanden zu werden, habe ich das Konzept einer »Patchwork-Identität« vorgeschlagen. Dieses Identitätskonzept nutzt eine Metapher, die den Herstellungs- und weniger den Produktionscharakter von Identität betont. Das Subjekt wird als Konstrukteur seiner eigenen Person betont, und die Aufmerksamkeit wird darauf gerichtet, daß unter Bedingungen der Fragmentierung, Widersprüchlichkeit und Pluralisierung der Lebensformen die Integrationsleistungen der Subjekte notwendigerweise eine kreative Eigenwilligkeit annehmen. Die in diesem Sinne verstandene »Patchwork-Identität« hat keine immanent normative oder gar emanzipatorische Bedeutung. Sie zeigt allenfalls die Notwendigkeit auf, zentristische Subjektmodelle aufzugeben.

Erik H. Erikson:
Identität als Gefühl von Gleichheit und Kontinuität

(...) »Identität« und »Identitätskrise« sind im allgemeinen wie im wissenschaftlichen Sprachgebrauch zu Ausdrücken geworden, die einmal etwas so Umfassendes und scheinbar so Selbstverständliches umschreiben, daß die Forderung nach einer Definition fast kleinlich erscheint, während sie zu anderen Malen etwas bezeichnen, das zu Messungszwecken so eng definiert worden ist, daß die Allgemeinbedeutung verlorengeht und es ebensogut anders genannt werden könnte. Wenn – um ein Beispiel der weitergefaßten Verwendung zu geben – die Zeitungen Schlagzeilen bringen wie »Die Identitätskrise Afrikas« oder von der »Identitätskrise« der Pittsburgher Glasindustrie sprechen; wenn der scheidende Präsident der amerikanischen psychoanalytischen Vereinigung seine Abschiedsansprache »Die Identitätskrise der Psychoanalyse« betitelt; oder wenn schließlich die katholischen Studenten in Harvard ankünden, daß am Donnerstagabend pünktlich um 8 Uhr eine »Identitätskrise« abgehalten werde, dann scheint der Rang des Ausdrucks doch sehr zu variieren. Die Anführungszeichen sind ebenso wichtig wie das, was sie umschließen: Jeder hat von Identitätskrise gehört, und das Wort erregt eine Mischung von Neugier, Heiterkeit und Unbehagen, die doch, eben wegen des Spieles mit dem Begriff der Krise, verspricht, sich als etwas nicht ganz so verhängnisvolles zu erweisen, wie es klingt. Mit anderen Worten: ein anregender Ausdruck hat begonnen, sich für eine zentralisierte Verwendung anzubieten. (...)

Wenn ich mich recht erinnere, wurde der Ausdruck »Identitätskrise« zuerst für einen speziellen klinischen Zweck in der *Mount Zion* Rehabilitationsklinik für Kriegsveteranen während des Zweiten Weltkriegs benutzt, in einer nationalen Notsituation, die es Psychiatern verschiedener Überzeugungs- und Glaubensrichtungen, unter ihnen Emanuel Windholz und Joseph Wheelwright, erlaubte, harmonisch zusammenzuarbeiten. Die meisten unserer Patienten – so schien es uns damals – hatten weder einen Bombenschock erlitten noch waren sie zu Drückebergern und Simulanten geworden, sondern sie hatten durch die Zwangssituation des Krieges ein Gefühl der persönlichen Gleichheit in sich selbst und der historischen Kontinuität verloren. Sie hatten eine Schädigung der zentralen Kontrolle über sich selbst erlitten, für die, nach dem psychoanalytischen Schema, nur die »innere Organisation« des Ichs verantwortlich gemacht werden konnte. Daher sprach ich von einem Verlust der »Ich-Identität«. Seit damals haben wir die gleiche zentrale Störung bei jungen, in schwerem Konflikt stehenden Menschen entdeckt, deren Verwirrungsgefühl eigentlich einem Krieg innerhalb ihrer selbst zuzuschreiben ist, und bei Rebellen und destruktiven Gesetzesbrechern, die mit ihrer Gesellschaft im Kriegszustand stehen. In all diesen Fällen hat der Ausdruck »Identitätsverwirrung« also eine bestimmte diagnostische Bedeutung, die Einfluß auf die Bewertung und Behandlung solcher Störungen haben sollte. Junge Patienten können gewalttätig oder depressiv, kriminell oder kontaktablehnend sein, aber es handelt sich bei ihnen um eine akute und möglicherweise vorübergehende Krise und nicht um einen Zusammenbruch von der Art, der einen Patienten all den bösartigen Folgen einer fatalistischen Diagnose auszuliefern pflegt. Und wie das immer in der Geschichte der Psychoanalyse der Fall gewesen ist, erwies sich das, was zuerst als gemeinschaftliches dynamisches Grundverhalten einer Gruppe von schweren Störungen erkannt wurde (wie etwa die Hysterien der Jahrhundertwende), später als pathologische Erschwerung, ungemäße Verlängerung einer oder Regression auf eine normative Krise, die einem bestimmten Stadium der individuellen Entwicklung »zugehört«. So haben wir zum Beispiel gelernt, dem Alter der Adoleszenz und des jungen Erwachsenen eine normative »Identitätskrise« zuzuordnen.

Ich habe, als ich von der ersten Verwendung des Ausdrucks »Identitätskrise« sprach, gesagt: »Wenn ich mich recht erinnere.« Vielleicht sollte man sich solcher Dinge erinnern können. Aber Tatsache ist, daß ein Ausdruck, der später so genau umrissen wird, anfangs häufig als etwas gebraucht wird, was man für selbstverständlich hält und wovon man glaubt, daß es auch andere für selbstverständlich halten. Das erinnert mich an eine der unzähligen Geschichten, mit denen Norman Reider uns zuverlässig die oft trüben Tage des Krieges aufhellte. Ein alter Mann – so erzählte er – pflegte sich jeden Morgen zu übergeben, zeigte aber keine Neigung, deswegen einen Arzt zu Rate zu ziehen. Seine Familie brachte ihn schließlich dazu, sich in die *Mount Zion* Klinik zu begeben, um sich gründlich untersuchen zu lassen. Als Dr. Reider vorsichtig mit der Frage begann: »Wie geht es Ihnen?«, bekam er prompt die Antwort: »Mir geht es gut, könnte nicht besser sein.« Und tatsächlich erwiesen sich die Bestandteile des alten Herren bei näherer Untersuchung in so gutem Zustand wie nur möglich. Schließlich wurde Dr. Reider ein wenig ungeduldig. »Aber ich höre doch, daß Sie sich jeden Morgen übergeben?« Der alte Herr sah leicht überrascht aus und sagte: »Sicherlich, tut das denn nicht jeder?«

Wenn ich diese Geschichte erzähle, will ich damit nicht sagen, daß es sich bei der Identitätskrise um *mein* Symptom handelt, von dem ich einfach annehme, daß alle anderen es auch haben – obwohl natürlich auch daran etwas Wahres ist. Tatsächlich aber habe ich angenommen, daß ich einer Sache, die jeder zu irgendeinem Zeitpunkt gehabt hat und die er daher bei denen wiedererkennt, die sie gerade durchmachen, den einleuchtendsten Namen gab. (...)

Heute, wo der Ausdruck Identität sehr viel häufiger auf etwas laut Demonstratives, auf einen mehr oder weniger verzweifelten »Feldzug« oder eine fast beabsichtigt verwirrte »Suche« Bezug nimmt, lassen Sie mich zwei Formulierungen vortragen, die überzeugend aussagen, wie sich die Identität anfühlt, wenn man der Tatsache gewahr wird, daß man sie unzweifelhaft besitzt.

Meine beiden Zeugen sind bärtige patriarchale Gründerväter der Psychologien, auf denen unsere Gedanken und Überlegungen hinsichtlich der Identität beruhen. Als das *subjektive Gefühl* einer bekräftigenden *Gleichheit und Kontinuität* scheint mir das, was ich Identitätsgefühl nennen möchte, am besten von William James in einem Brief an seine Frau beschrieben zu sein:

»Der Charakter eines Mannes ist an der geistigen oder moralischen Haltung erkennbar, in der er sich, wenn sie ihn erfaßte, am tiefsten und intensivsten aktiv und lebendig fühlte. In solchen

Augenblicken gibt es in unserem Inneren eine Stimme, die spricht und sagt: ›*Dies* ist mein wirkliches Ich!‹«

Solch ein Erlebnis enthält immer

»... ein Element aktiver Spannung, als wäre man sozusagen sich selbst gewachsen und traute den äußeren Dingen zu, daß auch sie ihre Rolle spielen, so daß eine volle Harmonie entsteht, aber ohne jede *Garantie*, daß sie es tun werden. Laß es eine Garantie sein... und die Haltung wird für mein Bewußtsein sofort stagnierend und antriebslos. Nimm die Garantie fort, und ich fühle (vorausgesetzt, ich bin *überhaupt* in kraftvollem Zustand) eine Art tiefer enthusiastischer Wonne, eine bittere Bereitschaft, alles zu tun und zu leiden... ein Gefühl, das, obgleich es eine reine Stimmung oder Emotion ist, der ich in Worten keine Form verleihen kann, sich mir als das tiefste Prinzip aller aktiven und theoretischen Entschlossenheit, die ich besitze, verbürgt.«

James benutzt das Wort »Charakter«, aber ich nehme mir die Freiheit zu behaupten, daß er ein Gefühl der Identität beschreibt und daß er das in einer Weise tut, die im Prinzip von jedem Menschen erlebt werden kann. Für ihn ist dies Gefühl sowohl geistig wie moralisch, im Sinne jener Zeit der »Moralphilosophie«, und er erlebt es als etwas, das einem als eine Erkenntnis »überkommt«, fast als eine Überraschung, und nicht als etwas, nach dem man mühsam »geforscht« hat. Es ist eine aktive Spannung (statt einer lähmenden Frage) – eine Spannung, die außerdem eine Herausforderung »ohne Garantie« schaffen muß, statt einer, die in einem Geschrei nach Sicherheit untergeht. Aber wir wollen uns nebenbei daran erinnern, daß James über dreißig war, als er dies schrieb, daß er in seiner Jugend eine »Identitätskrise« von ehrlicher und verzweifelter Tiefe durchgemacht und deutlich formuliert hatte und daß er *der* Psychologe-Philosoph des amerikanischen Pragmatismus erst wurde, nachdem er mit einer Vielfalt kultureller, philosophischer und nationaler Identitäts-Elemente experimentiert hatte: daß er inmitten seiner Erklärung das unübersetzbare deutsche Wort »überhaupt« benutzt, ist wahrscheinlich ein Echo seiner konfliktreichen Studienzeit in Europa.

Man kann in James' Lebensgeschichte sowohl eine verlängerte Identitätskrise wie das Hervortreten einer »selbst geschaffenen« Identität in der neuen und expansiven amerikanischen Kultur studieren. Wir werden mehrfach auf James zurückkommen, wollen uns aber jetzt, um einer weiteren Definition willen, einer Aussage zuwenden, die eine Einheit der *persönlichen* und der *kulturellen* Identität bekräftigt, welche im Schicksal eines alten Volkes wurzelt. In einer Ansprache an die Mitglieder des Vereins B'nai B'rith in Wien im Jahre 1926 sagte Sigmund Freud:

»Was mich ans Judentum band, war – ich bin schuldig, es zu bekennen – nicht der Glaube, auch nicht der nationale Stolz, denn ich war immer ein Ungläubiger, bin ohne Religion erzogen worden, wenn auch nicht ohne Respekt vor den ›ethisch‹ genannten Forderungen der menschlichen Kultur. Ein nationales Hochgefühl habe ich, wenn ich dazu neigte, zu unterdrücken mich bemüht, als unheilvoll und ungerecht, erschreckt durch die warnenden Beispiele der Völker, unter denen wir Juden leben. Aber es blieb genug anderes übrig, was die Anziehung des Judentums und der Juden unwiderstehlich machte, viele dunkle Gefühlsmächte, um so gewaltiger, je weniger sie sich in Worten erfassen ließen, ebenso wie die klare Bewußtheit der inneren Identität, die Heimlichkeit der gleichen seelischen Konstruktion. Und dazu kam bald die Einsicht, daß ich nur meiner jüdischen Natur die zwei Eigenschaften verdankte, die mir auf meinem schwierigen Lebensweg unerläßlich geworden waren. Weil ich Jude war, fand ich mich frei von vielen Vorurteilen, die andere im Gebrauch ihres Intellekts beschränkten, als Jude war ich dafür vorbereitet, in die Opposition zu gehen und auf das Einvernehmen mit der ›kompakten Majorität‹ zu verzichten.«

Diese grundlegenden Feststellungen entstammen nicht theoretischen Arbeiten, sondern individuellen Mitteilungen: einem Brief eines Mannes, der spät heiratete, an seine Frau; einer Ansprache eines schöpferischen Beobachters, der lange in seinem Beruf isoliert war, an seine »Brüder«. Aber in all ihrer poetischen Spontaneität sind sie Hervorbringungen geschulter Geister und daher fast systematische Beispiele der Hauptdimensionen eines positiven Identitätsgefühls. Der geschulte Geist eines Genies hat natürlich eine spezielle Identität und spezielle Identitätsprobleme, die häufig zu einer verlängerten Krise am Beginn seiner Laufbahn führen. Trotzdem müssen wir uns auf die Genies stützen, um zuerst einmal zu formulieren, was wir dann weiterhin als allgemein menschlich beobachten können.

Dies ist das einzige Mal, daß Freud den Ausdruck Identität in einer mehr als beiläufigen Art und tatsächlich in einem höchst zentralen ethnischen Sinn verwendet. Und wie wir von ihm erwarten dürfen, weist er unausweichlich auf einige jener Aspekte der Sache hin, die ich dunkel und doch vital nannte – tatsächlich um so vitaler, »je weniger sie sich in Worten erfassen ließen«. Denn Freuds »Bewußtheit der inneren Identität« schließt ein Gefühl bitteren Stolzes in sich, den sein verstreutes und oft verachtetes Volk durch eine lange Geschichte der Verfolgungen hindurch bewahrt hatte. Er ist in einer besonderen (in diesem Fall intellektuellen) Begabung verankert, die aus den feindseligen Beschränkungen der Möglichkeiten siegreich hervorgegangen ist. Gleichzeitig stellt Freud die *positive Identität* einer furchtlosen Freiheit des Denkens einem negativen Zug »der Völker, unter denen wir Juden leben«, gegenüber, nämlich »Vorurteilen, die andere im Gebrauch ihres Intellekts beschränkten.« Es dämmert uns also, daß die Gruppenidentität einer Person relativ zu der einer anderen sein und daß der Stolz, eine starke Identität zu gewinnen, eine innere Emanzipierung von einer dominierenderen Gruppenidentität bezeichnen kann, wie etwa der »kompakten Majorität«. In der Behauptung, daß die gleiche historische Entwicklung, die die vorurteilsbeladene Majorität in der freien Verwendung ihres Intellekts beschränkte, die isolierte Minorität in intellektuellen Dingen stärker werden ließ, klingt ein exquisiter Triumph an. Auf all das müssen wir zurückkommen, wenn wir die Rassenbeziehungen besprechen.

Und Freud geht weiter. Er gibt beiläufig zu, daß er bei sich selbst eine Neigung zu »nationalem Hochgefühl« unterdrücken mußte, wie es bei den »Völkern, unter denen wir Juden leben«, verbreitet war. Wieder kann, wie im Falle von William James, nur eine Untersuchung des jugendlichen Enthusiasmus Freuds zeigen, wie er dazu kam, andere Strebungen aufzugeben, zugunsten der Ideologie, die Methoden der Naturwissenschaft auf psychologische »würdige Kräfte« anzuwenden. Übrigens besitzen wir in Freuds Träumen einen wunderbaren Bericht von seinen verdrängten Selbsten (oder was James seine »aufgegebenen« oder sogar seine »gemordeten« Selbste nannte) – denn unsere »negative Identität« sucht uns bei Nacht heim.

Die beiden Äußerungen und die Leben, die hinter ihnen stehen, dienen dazu, einige Dimensionen der Identität festzulegen, und sie helfen uns gleichzeitig zu erklären, warum das Problem so allgegenwärtig und doch so schwer zu fassen ist: denn wir haben es mit einem Prozeß zu tun, der *im Kern des Individuums* »lokalisiert« ist und doch auch *im Kern seiner gemeinschaftlichen Kultur*, ein Prozeß, der faktisch die Identität dieser beiden Identitäten begründet. Wenn wir jetzt einen Augenblick innehalten und einige Mindesterfordernisse aufzählen, deren wir bedürfen, um die Komplexheit der Identität auszuloten, dann müßten wir damit anfangen, etwa dies zu sagen (und wollen wir uns Zeit lassen, es zu sagen): In psychologischen Ausdrücken wendet die Identitätsbildung einen Prozeß gleichzeitiger Reflexion und Beobachtung an, einen Prozeß, der auf allen Ebenen des seelischen Funktionierens vor sich geht, durch welches der einzelne sich selbst im Lichte dessen beurteilt, wovon er wahrnimmt, daß es die Art ist, in der andere ihn im Vergleich zu sich selbst und zu einer für sie bedeutsamen Typologie beurteilen; während er ihre Art, ihn zu beurteilen, im Lichte dessen beurteilt, wie er sich selbst im Vergleich zu ihnen und zu Typen wahrnimmt, die für ihn relevant geworden sind. Dieser Vorgang ist glücklicher- und notwendigerweise zum größten Teil unbewußt, ausgenommen da, wo innere Bedingungen und äußere Umstände zusammentreffen, um eine schmerzhafte oder stolze »Identitätsbewußtheit« zu vertiefen.

Weiterhin ist der beschriebene Prozeß ständig wechselnd und sich entwickelnd: Im besten Fall ist es ein Prozeß zunehmender Differenzierung, und er wird immer umfassender, während das Individuum sich fortschreitend eines sich erweiternden Kreises anderer bewußt wird, die für es Bedeutung haben, von der mütterlichen Person bis zur »Menschheit«. Der Prozeß »beginnt« irgendwo in der ersten echten »Begegnung« von Mutter und Säugling, als zweier Personen, die einander berühren und erkennen können, und er »endet« nicht, bis die Kraft eines Menschen zur wechselseitigen Bestätigung schwindet. Aber wie schon gesagt, hat der Prozeß seine normative Krise in der Adoleszenz und ist in vielen Hinsichten durch das determiniert, was voranging, und determiniert vieles, was folgt. Und schließlich können wir, wie sich jetzt zeigt, bei der Besprechung der Identität nicht das persönliche

Wachstum vom Wandel der Gemeinschaft trennen, noch können wir (wie ich in *Der junge Mann Luther* zu zeigen versuchte) die Identitätskrise im individuellen Leben und die zeitgenössischen Krisen in der historischen Entwicklung voneinander trennen, denn die beiden helfen einander zu definieren und sind in der Tat relativ zueinander. Ja, das ganze Wechselspiel zwischen dem Psychologischen und dem Sozialen, dem Entwicklungsmäßigen und dem Historischen, für das die Identitätsbildung von prototypischer Bedeutung ist, kann tatsächlich nur als eine Art von *psychologischer Relativität* verbegrifflicht werden. Eine gewichtige Sache also: Ganz gewiß können bloße »Rollen«, die austauschbar gespielt werden, bloße, ihrer selbst bewußte »Auftritte« oder bloße unentwegte »Haltungen« unmöglich die Sache selbst sein, obwohl sie vorherrschende Aspekte dessen sein können, was heute die »Suche nach Identität« genannt wird.

Angesichts all dessen wäre es offensichtlich falsch, bestimmte Ausdrücke aus der Persönlichkeits- und der Sozialpsychologie, die häufig mit Identität oder Identitätsverwirrung gleichgesetzt werden – Ausdrücke wie Selbst-Konzeption, Selbst-Darstellung oder Selbstachtung auf der einen, und Rollen-Ambivalenz, Rollen-Konflikt, Rollenverlust auf der anderen –, das ganze zu untersuchende Gebiet übernehmen zu lassen, obgleich Teamwork-Methoden im Augenblick den besten Weg bieten, diesen Gesamtbereich zu erfassen. Was diesen Methoden allerdings bis jetzt noch fehlt, ist eine Theorie der menschlichen Entwicklung, die es unternimmt, einer Sache näherzukommen, indem sie herausfindet, woher und wohin sie sich entwickelt. Denn die Identität ist niemals als eine »Errungenschaft« in der Form eines Panzers der Persönlichkeit oder sonst als irgend etwas Statisches und Unveränderliches »festgelegt«.

Erving Goffman:
Wir alle spielen Theater

Das Modell

Jeder Ort, der durch feste Wahrnehmungsschranken abgegrenzt ist und an dem eine bestimmte Art von Tätigkeit regelmäßig ausgeübt wird, ist eine gesellschaftliche Einrichtung. Ich habe ausgeführt, daß jede derartige Einrichtung erfolgreich unter dem Aspekt der Eindrucksmanipulation untersucht werden kann. Innerhalb der Grenzen einer gesellschaftlichen Einrichtung finden wir ein Ensemble von Darstellern, die zusammenarbeiten, um vor einem Publikum eine gegebene Situation darzustellen. Zu diesem Modell gehören der Begriff des geschlossenen Ensembles und des Publikums sowie die Voraussetzung eines Ethos, das durch Regeln des Anstands und der Höflichkeit aufrechterhalten werden soll. Wir finden häufig eine Trennung in einen Hintergrund, auf dem die Darstellung einer Rolle vorbereitet wird, und einen Vordergrund, auf dem die Aufführung stattfindet. Der Zugang zu diesen Regionen wird unter Kontrolle gehalten, um das Publikum daran zu hindern, hinter die Bühne zu schauen, und um Außenseiter davon fernzuhalten, eine Aufführung zu besuchen, die nicht für sie bestimmt ist. Innerhalb des Ensembles herrscht Vertraulichkeit, entwickelt sich zumeist Solidarität, und Geheimnisse, die das Schauspiel verraten könnten, werden gemeinsam gehütet. Zwischen Darsteller und Publikum herrscht ein stillschweigendes Einverständnis darüber, daß beide Gruppen handeln, als bestünde ein bestimmtes Ausmaß an Übereinstimmung und Gegensatz zwischen ihnen. Im typischen Fall, aber nicht immer, wird die Übereinstimmung betont und der Gegensatz herabgespielt. Dem daraus entstehenden Konsens widerspricht ein wenig die Einstellung, die die Darsteller dem Publikum gegenüber in dessen Abwesenheit sowie durch sorgfältig kontrollierte Kommunikation außerhalb der Rolle in dessen Anwesenheit ausdrücken. Wir stellen fest, daß sich abweichende Rollen entwickeln: Einige der Personen, die anscheinend Ensemblegefährten oder Zuschauer oder Außenseiter sind, erwerben Informationen über die Vorstellung und knüpfen Beziehungen zum Ensemble an, die nicht offen in Erscheinung treten und das Problem einer Inszenierung komplizieren. Manchmal treten Störungen durch ungewollte Gesten, Fauxpas und Szenen auf, widersprechen der dargestellten Situation oder diskreditieren sie. Diese störenden Ereignisse werden zur Mythologie des Ensembles. Wir beobachten, daß sowohl die Darsteller als auch Publikum und Außenseiter bestimmte Techniken anwenden, um das Schauspiel zu retten. Um eine Gewähr dafür zu haben, daß solche Techniken zum Einsatz kommen, wird das Ensemble möglichst Mitglieder wählen, die loyal, diszipliniert und sorgfältig sind, und sich taktvolle Zuschauer suchen.

Diese Grundzüge und Elemente bestimmen also das Modell, von dem ich behaupte, es sei charakteristisch für einen großen Teil sozialer Interaktion, wie sie unter natürlichen Bedingungen in der angelsächsischen Gesellschaft stattfindet. Das Modell ist so formalisiert und abstrahiert, daß es auf jede gesellschaftliche Einrichtung angewandt werden kann; es gibt jedoch nicht nur eine Begriffsbestimmung, sondern sagt etwas aus über die bewegenden Momente einer Interaktion, bei der vor einem Publikum eine Situation entworfen, eine Darstellung gegeben wird. (...)

Persönlichkeit – Interaktion – Gesellschaft

In den letzten Jahren sind ausführliche Versuche unternommen worden, Begriffe und Ergebnisse aus drei verschiedenen Untersuchungsbereichen in ein gemeinsames System einzuordnen: den Bereichen der individuellen Persönlichkeit, der sozialen Interaktion und der Gesellschaft. Ich möchte diese Versuche, Querverbindungen zu schaffen, hier durch einen einfachen Vorschlag bereichern.

Wenn ein einzelner vor anderen erscheint, stellt er bewußt oder unbewußt eine Situation dar, und eine Konzeption seiner selbst ist wichtiger Bestandteil dieser Darstellung. Wenn ein Ereignis eintritt, das mit dem hervorgerufenen Eindruck unvereinbar ist, machen sich gleichzeitig auf drei verschiedenen Ebenen der sozialen Realität Folgen bemerkbar, von denen jede von einem anderen Bezugspunkt und einer anderen Tatsachenebene ausgeht.

Erstens kann die soziale Interaktion, die hier als ein Dialog zwischen zwei Ensembles behandelt wird, in einen peinlichen und verworrenen Stillstand geraten; die Situation kann aufhören, definiert zu sein, frühere Positionen können unhaltbar werden, und die Partner verfügen unter Umständen nicht mehr über eine vorgezeichnete Handlungsrichtung. Die Partner empfinden im typischen Falle einen falschen Tonfall in der Situation und fühlen sich beschämt, verwirrt und aus der Rolle geworfen. Mit anderen Worten: Das minutiöse gesellschaftliche System, das durch die geordnete soziale Interaktion geschaffen und aufrechterhalten wurde, ist desorganisiert. Das sind die Folgen der Störung vom Standpunkt der sozialen Interaktion her.

Zweitens können Störungen der Darstellung neben diesen momentanen Desorganisationsfolgen für die Handlung weiterreichende Konsequenzen haben. Zuschauer neigen dazu, das Selbst, das der einzelne Darsteller während einer Vorstellung von sich entwirft, als verantwortlichen Repräsentanten seiner Kollegengruppe, seines Ensembles und seiner gesellschaftlichen Einrichtung zu akzeptieren. Die Zuschauer sehen die einzelne Darstellung des Individuums auch als Beweis an für seine Fähigkeit, die Rolle zu spielen, und sogar als Beweis für seine Fähigkeit, irgendeine Rolle zu spielen. In gewissem Sinne werden diese größeren Sozialeinheiten – Ensembles, Institutionen usw. – jedesmal mit hineingezogen, wenn der einzelne seine Rolle spielt; mit jeder Darstellung wird die Legitimität dieser Einheiten aufs neue in Frage gestellt und ihr bleibender Ruf aufs Spiel gesetzt. Das gilt für bestimmte Arten von Darstellungen in besonderem Maße. Wenn zum Beispiel beide, der Chirurg und die Operationsschwester, dem Operationstisch den Rücken kehren und der narkotisierte Patient vom Tisch rollt und stirbt, wird nicht nur die Operation auf peinliche Weise unterbrochen, sondern auch der Ruf des Arztes als Arzt und Mensch und der Ruf des Krankenhauses können Schaden nehmen. Das sind die Folgen der Störung vom Standpunkt der Sozialstruktur her.

286

Schließlich stellen wir fest, daß der einzelne sich selbst stark in seine Identifikation mit einer bestimmten Rolle, Institution oder Gruppe und in sein Selbstbild als jemand einbezieht, der keine sozialen Interaktionen stört und die Sozialeinheiten nicht im Stich läßt, die von der Interaktion abhängig sind. Wenn eine Störung eintritt, können wir also feststellen, daß die Selbstdarstellungen, auf die eine Persönlichkeit aufgebaut wurde, diskreditiert werden. Dies sind die Folgen, die Störungen unter dem Gesichtswinkel der Einzelpersönlichkeit haben können.

Darstellungsstörungen haben also ihre Konsequenzen auf drei abstrahierbaren Ebenen: Persönlichkeit, Interaktion und soziale Struktur. Obgleich die Wahrscheinlichkeit der Störung von einer Interaktion zur anderen sehr verschiedenartig ist und auch die Bedeutung möglicher Störungen stark variiert, so scheint es doch, als gebe es keine Interaktion, in der die Teilnehmer nicht ein merkliches Risiko eingehen, geringfügigen Peinlichkeiten ausgesetzt zu sein, oder ein leichtes Risiko eingehen, tief gedemütigt zu werden. Vielleicht ist das Leben kein Glücksspiel, aber die Interaktion ist es.

Weiterhin werden, insofern die einzelnen Anstrengungen machen, Störungen zu vermeiden oder eingetretene Störungen zu korrigieren, auch diese Anstrengungen gleichzeitig Folgen auf allen drei Ebenen haben. Hier verfügen wir also über einen einfachen Weg, drei verschiedene Ebenen und Perspektiven zusammen zu sehen, unter denen das gesellschaftliche Leben untersucht worden ist. (...)

Der Ausdruck offenbart das Selbst

Vielleicht ist zum Schluß eine moralische Anmerkung gestattet. In der vorliegenden Arbeit wurde der Ausdruck in den menschlichen Beziehungen als Quelle der Eindrücke behandelt, die erworben oder übermittelt werden. Eindrücke wurden ihrerseits als Informationsquelle für nicht offensichtliche Tatsachen und als eine Methode gesehen, mit deren Hilfe die Empfänger auf den Informanten reagieren können, ohne darauf warten zu müssen, daß sich die Handlungen des Informanten in ganzer Konsequenz bemerkbar machen. Ausdruck wurde also unter dem Aspekt der Kommunikationsrolle, die er während der sozialen Interaktion spielt, betrachtet, und nicht beispielsweise unter dem Aspekt der entspannenden Funktion, die er für den Darsteller haben kann.

Jeder sozialen Interaktion scheint eine fundamentale Dialektik zugrunde zu liegen. Wenn ein einzelner mit anderen zusammenkommt, will er die tatsächliche Situation entdecken. Im Besitz der Kenntnis der Situation könnte er wissen, was geschehen wird, und sich darauf einstellen, und er könnte den anderen Anwesenden so viel von ihren Rechten zugestehen, wie sich mit seinem aufgeklärten Interesse verträgt. Um den tatsächlichen Charakter der Situation vollständig zu enthüllen, müßte der einzelne alle relevanten gesellschaftlichen Daten über die anderen wissen. Er müßte auch das tatsächliche Resultat oder Endprodukt der Tätigkeit der anderen während der Interaktion sowie ihre innerste Einstellung zu ihm kennen. Vollständige Informationen solcher Art sind nur selten zugänglich; in ihrer Abwesenheit stützt sich der einzelne gern auf Ersatzinformationen – Hinweise, Andeutungen, ausdrucksvolle Gesten, Statussymbole usw. – als Mittel der Vorhersage. Kurz, da die Realität, mit der es der einzelne zu tun hat, im Augenblick nicht offensichtlich ist, muß er sich stattdessen auf den Anschein verlassen; und paradoxerweise muß er sich desto mehr auf diesen konzentrieren, je mehr er um die Realität besorgt ist, die der Wahrnehmung nicht zugänglich ist.

Der einzelne neigt dazu, die anderen Anwesenden auf Grund des Eindrucks ihrer Vergangenheit und Zukunft zu behandeln. Hier werden kommunikative in moralische Handlungen umgesetzt. Die Eindrücke, die die anderen erwecken, werden als Behauptungen und Versprechungen gewertet, die sie implizit abgegeben haben, und Behauptungen und Versprechungen nehmen meist einen moralischen Charakter an. Zu sich selbst sagt der einzelne: »Ich benütze diese Eindrücke von dir, um dich und deine Tätigkeit zu prüfen, und du solltest mich nicht in die Irre führen.« Das Merkwürdige daran ist, daß er sich leicht auf diesen Standpunkt stellt, obgleich er erwartet, daß sich die anderen eines großen Teils ihres Ausdrucksverhaltens nicht bewußt sind und obwohl es seine Absicht sein kann, die anderen auf Grund der Informationen, die er so über sie gewinnt, auszunützen. Da die Quellen der Eindrücke, die der einzelne Beobachter auswertet, eine Vielzahl von Maßstäben der Höflichkeit und des Anstands umfassen, die sich sowohl auf gesellschaftlichen Verkehr wie auf die Erfüllung von Leistungen beziehen, können wir wiederum sehen, wie stark das Alltagsleben von moralischen Ansprüchen bestimmt ist.

Wenden wir uns nun der Perspektive der anderen zu. Wenn sie sich wie Gentlemen benehmen und das Spiel des einzelnen mitspielen sollen, werden sie wenig bewußte Rücksicht darauf nehmen, daß man sie dabei beobachtet, und sich ohne Arglist geben, so daß der einzelne imstande ist, gültige Eindrücke von ihnen und ihren Bemühungen zu gewinnen. Auch wenn sie zufällig daran denken, daß man sie beobachtet, werden sie sich davon nicht übermäßig beeinflussen lassen und sich mit der Überzeugung begnügen, daß der einzelne den richtigen Eindruck gewinnen und sie infolgedessen korrekt behandeln wird. Sollte ihnen daran gelegen sein, Einfluß darauf zu nehmen, wie er sie behandeln wird – und dies darf erwartet werden –, so steht ihnen eine korrekte Methode zur Verfügung. Sie müssen nur ihr gegenwärtiges Handeln so ausrichten, daß seine zukünftigen Folgen eine gerechte Person veranlassen, sie jetzt so zu behandeln, wie sie behandelt sein wollen; ist dies einmal geschehen, so brauchen sie sich nur auf die Auffassungsgabe und Gerechtigkeit des Beobachters zu verlassen.

Manchmal benutzen diejenigen, die beobachtet werden, natürlich diese korrekte Methode der Einflußnahme dazu, um herauszubekommen, wie der Beobachter sie behandelt. Aber es gibt eine andere Methode, eine schnellere und wirksamere, durch die der Beobachtete den Beobachter beeinflussen kann. Statt zuzulassen, daß als Nebenprodukt seines Handelns ein bestimmter Eindruck entsteht, kann er seinen Bezugsrahmen reorientieren und sich darum bemühen, den gewünschten Eindruck zu schaffen. Statt zu versuchen, gewisse Ziele durch anerkannte Mittel zu erreichen, kann er den Eindruck zu erwecken versuchen, als erreiche man bestimmte Ziele mit Hilfe anerkannter Mittel. Es ist immer möglich, den Eindruck zu manipulieren, den der Beobachter als Ersatz für die Realität verwendet, weil ein Zeichen für die Existenz eines Dings, das nicht selbst dies Ding ist, in dessen Abwesenheit benützt werden kann. Die Tatsache, daß es für den

Beobachter notwendig ist, sich auf die Darstellungen von Dingen zu verlassen, schafft die Möglichkeit der falschen Darstellung.

Es gibt viele Gruppen von Personen, die ihre Tätigkeit nicht weiter ausführen zu können glauben, was für eine es immer sein mag, wenn sie sich auf die korrekten Methoden der Beeinflussung des einzelnen, der sie beobachtet, beschränken wollten. An irgendeinem Punkt halten sie es für notwendig, sich zusammenzutun und den Eindruck, den sie machen, unmittelbar zu manipulieren. Die Tätigkeit wird dramatisiert.

Damit sind wir bei der grundlegenden Dialektik. In ihrer Eigenschaft als Darsteller ist den einzelnen daran gelegen, den Eindruck aufrechtzuerhalten, sie erfüllten die zahlreichen Maßstäbe, nach denen man sie und ihre Produkte beurteilt. Weil diese Maßstäbe so zahlreich und allgegenwärtig sind, leben die einzelnen Darsteller mehr als wir glauben in einer moralischen Welt. Aber als Darsteller sind die einzelnen nicht mit der moralischen Aufgabe der Erfüllung dieser Maßstäbe beschäftigt, sondern mit der amoralischen Aufgabe, einen überzeugenden Eindruck zu vermitteln, daß die Maßstäbe erfüllt werden. Unsere Handlungen haben es also weitgehend mit moralischen Fragen zu tun, aber als Darsteller sind wir nicht moralisch an ihnen interessiert. Als Darsteller verkaufen wir nur die Moral. Unsere Tage verbringen wir in engem Kontakt mit den Waren, die wir ausstellen, und unser Geist ist voll von genauestem Wissen über sie; aber es mag wohl sein, daß wir uns diesen Waren um so fremder und denen, die leichtgläubig genug sind, sie zu kaufen, um so ferner fühlen, je mehr Aufmerksamkeit wir auf die Waren richten. Um ein anderes Bild zu benützen: Die Verpflichtung und Nützlichkeit selbst, immer in gleichmäßigem moralischem Licht zu erscheinen, zwingen, als eine im Bühnenleben erfahrene Person aufzutreten.

Das Selbst und seine Inszenierung

Die allgemeine Vorstellung, daß wir uns selbst vor anderen darstellen, ist kaum neu; was zum Abschluß betont werden sollte, ist die Tatsache, daß gerade die Struktur unseres Selbst unter dem Gesichtspunkt der Darstellung verstanden werden kann.

In dem vorliegenden Bericht wurde der einzelne stillschweigend zweigeteilt: Er wurde als Darsteller betrachtet, als ein geplagter Erzeuger von Eindrücken, der mit der allzumenschlichen Aufgabe beschäftigt ist, ein Schauspiel zu inszenieren; und er wurde als eine Schauspielfigur, im typischen Fall als eine gute Figur, betrachtet, deren Geist, Stärke und andere positive Eigenschaften durch die Darstellung offenbart werden sollen. Die Eigenschaften des Darstellers und die seiner Rolle gehören grundlegend verschiedenen Bereichen an, und doch haben beide ihre Bedeutung für das Schauspiel.

Zunächst die Rolle. In unserer Gesellschaft werden die Rolle, die man spielt, und das Selbst, das man ist, in einer gewissen Weise gleichgesetzt, und diese Selbst-als-Rolle wird meist als etwas gesehen, das im Körper seines Besitzers zu Hause ist, besonders in den oberen Teilen desselben, also sozusagen als ein Knoten in der Psychobiologie der Persönlichkeit. Ich behaupte, dieser Standpunkt sei ein implizierter Bestandteil dessen, was wir alle darstellen wollen, liefere aber gerade deshalb eine schlechte Analyse der Darstellung. In dieser Arbeit wurde das dargestellte Selbst als eine Art von Bild, meistens ein glaubwürdiges Bild, gesehen, das durch die Bemühungen des Darstellers auf der Bühne und in seiner Rolle den anderen nahegebracht wird. Insofern man dieses Bild von dem einzelnen gemacht und ihm somit ein Selbst zugeschrieben hat, entspringt dieses Selbst nicht seinem Besitzer, sondern der Gesamtszene seiner Handlungen, und wird von den Merkmalen lokaler Ereignisse erzeugt, die sie für Beobachter interpretierbar machen. Eine richtig inszenierte und gespielte Szene veranlaßt das Publikum, der dargestellten Rolle ein Selbst zuzuschreiben, aber dieses zugeschriebene Selbst ist ein Produkt einer erfolgreichen Szene, und nicht ihre Ursache. Das Selbst als dargestellte Rolle ist also kein organisches Ding, das einen spezifischen Ort hat und dessen Schicksal es ist, geboren zu werden, zu reifen und zu sterben; es ist eine dramatische Wirkung, die sich aus einer dargestellten Szene entfaltet, und der springende Punkt, die entscheidende Frage, ist, ob es glaubwürdig oder unglaubwürdig ist.

Wenn wir das Selbst analysieren, werden wir also von seinem Besitzer, von der Person, die am meisten dabei zu gewinnen oder verlieren hat, weggezogen; denn er und sein Körper bieten nur den vorübergehenden Aufhänger für etwas gemeinsam Hergestelltes. Und die Mittel, um ein Selbst zu produzieren und zu behaupten, liegen nicht bei dem Aufhänger; in der Tat sind diese Mittel oft in sozialen Institutionen verankert. Es gibt immer eine Hinterbühne mit Geräten, in der der Körper sich formen kann, und eine Vorderbühne mit feststehenden Requisiten. Es gibt immer ein Ensemble von Personen, deren Tätigkeit auf der Bühne in Verbindung mit den verfügbaren Requisiten die Szene bildet, aus der das Selbst der dargestellten Rolle entspringt, und es gibt ein anderes Ensemble, das Publikum, dessen Interpretationstätigkeit für dieses Auftreten notwendig ist. Das Selbst ist ein Produkt aller dieser Konstellationen und trägt in allen seinen Teilen die Spuren dieser Entstehung.

Der ganze Apparat der Selbstinszenierung ist natürlich umständlich; er bricht manchmal zusammen und enthüllt dann seine einzelnen Bestandteile: Kontrolle über die Hinterbühne, Ensembleverschwörung, Publikumstakt usw. Wenn er aber gut geölt ist, dann bringt er die Eindrücke schnell genug hervor, um uns in einem unserer Realitätstypen gefangenzunehmen – die Vorstellung gelingt, und das fixierte Selbst, das jeder dargestellten Rolle zugeschrieben wird, scheint seinem Darsteller selbst zu entströmen.

Wenden wir uns nun, nach dem Individuum als Rolle, dem Individuum als Darsteller dieser Rolle zu. Er besitzt die Fähigkeit zu lernen und wendet sie beim Erlernen der Rolle an. Er neigt zu Phantasien und Träumen, einigen, die angenehm eine triumphierende Darstellung entfalten, anderen, voll von Angst und Sorge, die sich nervös mit entscheidenden Enthüllungen auf öffentlicher Bühne beschäftigen. Er zeigt oft einen geselligen Drang zu Ensemblegefährten und Zuschauern, eine taktvolle Rücksichtnahme auf deren Angelegenheiten; und er besitzt die Fähigkeit, Scham zu empfinden, und verringert deshalb die Gefahr einer Enthüllung so weit wie möglich.

Diese Eigenschaften des einzelnen als Darsteller sind nicht nur ein Effekt bestimmter Darstellungen; sie sind ihrem Wesen nach psychologisch und scheinen doch aus einer engen Interaktion mit den Bedingungen einer Inszenierung zu entstehen.

Und nun eine letzte Bemerkung. Das Begriffssystem für den

vorliegenden Bericht wurde zum Teil der Theaterwelt entlehnt; ich habe von Darstellern und Zuschauern gesprochen, von Rollen und Routine, von gelungenen und mißlungenen Vorstellungen; von Stichworten, Bühnenbildern und Hinterbühnen, von dramaturgischen Notwendigkeiten, dramaturgischen Techniken und dramaturgischen Schlichen. Jetzt muß ich zugeben, daß der Versuch, die begriffliche Analogie so weit zu treiben, zum Teil ein rhetorisches Manöver war.

Die Behauptung, die ganze Welt sei eine Bühne, ist so abgegriffen, daß die Leser ihre Gültigkeit richtig einschätzen und ihrer Darstellung gegenüber tolerant sein werden, weil sie wissen, daß sie nicht zu ernst genommen werden darf. Eine Handlung, die in einem Theater inszeniert wird, ist zugestandenermaßen eine künstliche Illusion; anders als im Alltagsleben kann den gezeigten Charakteren nichts Wirkliches oder Reales geschehen – obgleich natürlich auf einer anderen Ebene dem Ansehen der Darsteller, deren Alltagsaufgabe es ist, Theatervorstellungen zu geben, etwas Wirkliches und Reales zustoßen kann.

Deshalb lassen wir nun die Sprache und die Maske der Bühne fallen. Gerüste sind letzten Endes dazu da, andere Dinge mit ihnen zu erbauen, und sie sollten im Hinblick darauf errichtet werden, daß sie wieder abgebaut werden. Unser Bericht hat es nicht mit Aspekten des Theaters zu tun, die ins Alltagsleben eindringen. Er hat mit der Struktur sozialer Begegnungen zu tun – mit der Struktur der Einheiten im sozialen Leben, die entstehen, wann immer Personen anderen Personen unmittelbar physisch gegenwärtig werden. Der Schlüsselfaktor in dieser Struktur ist die Erhaltung einer einzigen Bestimmung der Situation, und diese Definition muß ausgedrückt, und dieser Ausdruck muß auch im Angesicht zahlreicher potentieller Störungen durchgehalten werden.

Eine Rolle, die im Theater dargestellt wird, ist nicht auf irgendeine Weise wirklich und hat auch nicht die gleichen realen Konsequenzen wie die gründlich geplante Rolle eines Hochstaplers; aber die erfolgreiche Inszenierung beider falscher Gestalten basiert auf der Anwendung realer Techniken – der gleichen Techniken, mit deren Hilfe man sich im Alltagsleben in seiner realen sozialen Situation behauptet. Diejenigen, die an direkten Interaktionen auf der Theaterbühne teilnehmen, müssen den Grundbedingungen

realer Situationen gerecht werden; sie müssen durch Ausdrucks-
mittel die Situation definieren. Aber sie tun dies unter Umständen, die es ihnen leicht machen, für die Aufgaben der Interaktion,
die uns allen gestellt sind, eine angemessene Terminologie zu entwickeln.

Zygmunt Bauman:
Vom Pilger zum Touristen –
Postmoderne Identitätsprojekte

Tradition ist der Gemeinplatz des postmodernen Gemeinwesens. Man erkennt jede menschliche Befindlichkeit an dem, was sie glaubt, nicht zu besitzen, aber besitzen zu sollen; an dem, worüber sie zwanghaft spricht, weil sie es heiß begehrt, während sie hoffnungslos unfähig ist, es zu erlangen. Die moderne Befindlichkeit konnte man an der obsessiven Sorge um Ordnung und Transparenz erkennen. Die postmoderne Befindlichkeit kann man an ihrer Vernarrtheit in die Gemeinschaft erkennen.

Die Postmoderne ist der Punkt, wo das moderne Freisetzen aller gebundenen Identität zum Abschluß kommt: Es ist jetzt nur zu leicht, Identität zu wählen, aber nicht mehr möglich, sie festzuhalten. Im Augenblick des höchsten Triumphs muß Befreiung erleben, daß sie den Gegenstand der Befreiung vernichtet hat. Je freier die Entscheidung ist, desto weniger wird sie als Entscheidung empfunden. Jederzeit widerrufbar, mangelt es ihr an Gewicht und Festigkeit – sie bindet niemanden, auch nicht den Entscheider selbst; sie hinterläßt keine bleibende Spur, da sie weder Rechte verleiht noch Verantwortung fordert und ihre Folgen, als unangenehm empfunden oder unbefriedigend geworden, nach Belieben kündbar sind. Freiheit gerät zur Beliebigkeit; das berühmte Zu-allem-Befähigen, für das sie hochgelobt wird, hat den postmodernen Identitätssuchern alle Gewalt eines Sisyphos verliehen. Die Postmoderne ist jener Zustand der Beliebigkeit, von dem sich nun zeigt, daß er unheilbar ist. Nichts ist unmöglich, geschweige denn unvorstellbar. Alles, was ist, ist bis auf weiteres. Nichts, was war, ist für die Gegenwart verbindlich, während die Gegenwart nur wenig über die Zukunft vermag.

Bis auf weiteres

Heutzutage scheint alles sich gegen ferne Ziele, lebenslange Ent-
würfe, dauerhafte Bindungen, ewige Bündnisse, unwandelbare
Identitäten zu verschwören. Ich kann nicht langfristig auf meinen
Arbeitsplatz, meinen Beruf, ja nicht einmal auf meine eigenen Fähigkeiten bauen; ich kann darauf wetten, daß mein Arbeitsplatz
wegrationalisiert wird, daß mein Beruf sich bis zur Unkenntlich-
keit verändert, daß meine Fähigkeiten nicht länger gefragt sind.
Auch auf Partnerschaft oder Familie ist Zukunft nicht mehr zu
gründen; im Zeitalter dessen, was Anthony Giddens »confluent
love« nennt, währt das Beisammensein nicht länger als die Befriedigung eines der Partner, die Bindung gilt von vornherein nur »bis
auf weiteres«, die intensive Bindung von heute macht Frustrationen von morgen nur um so heftiger.

Die Zeit, man sieht es, ist dem puritanischen Pilger nicht günstig, einem Leben, gelebt in der Pilgerschaft. Die Andachtsbilder
wechseln mit dem Tag, sofortiger Verschleiß ist eingebautes
Merkmal jedes Fahrzeugs; welcher vernünftige Mensch würde da
schon zu Beginn der Lebensreise sein Ziel festlegen und an der
schrumpfenden Distanz zu ihm seinen Fortschritt messen? Nicht
die Pilger, so scheint es, sondern die Landstreicher und die Touristen reagieren vernünftig auf die Chancen unserer Zeit und die
Fußangeln, die sie auslegt.

Zunächst zum Landstreicher. Er weiß nicht, wie lange er dort,
wo er ist, noch bleiben wird, und zumeist ist nicht er es, der über
die Dauer seines Aufenthalts befindet. Unterwegs wählt er sich
seine Ziele, wie sie kommen und wie er sie an den Wegweisern
abliest; aber selbst dann weiß er nicht sicher, ob er an der nächsten
Station Rast machen wird, und für wie lange. Er weiß nur, daß
seines Bleibens sehr wahrscheinlich nicht lange sein wird. Was ihn
forttreibt, ist die Enttäuschung über den Ort seines letzten Ver-
weilens sowie die nie versagende Hoffnung, der nächste Ort, von
ihm noch nicht besucht, oder vielleicht der übernächste möchte
frei sein von den Mängeln, die ihm die bisherigen verleidet haben.

Und nun der Tourist! Wie der Landstreicher, weiß der Tourist,
daß er dort, wo er gelandet ist, nicht lange bleiben wird. Und wie
der Landstreicher, hat auch er nur die eigene biographische Zeit,

um die Orte aufzureihen, die er besucht hat; es gibt offenbar nichts anderes, um sie zu ordnen oder über ihre Abfolge zu entscheiden. Diese Gewohnheit gerinnt zur Erfahrung einer äußersten Fügsamkeit des Raumes: Es ist in das Belieben des Touristen gestellt, jegliche Bedeutung der von ihm besuchten Stätten, ihren »natürlichen« Platz in der »Ordnung der Dinge«, zu ignorieren und an sich nur herankommen zu lassen, was er in seine Welt hereinnehmen will. Es ist sein ästhetisches Vermögen – seine Neugier, sein Vergnügungsbedürfnis, der Wille und die Fähigkeit, neuartige, angenehme, und angenehm neuartige Erfahrungen zu machen –, was ihm die nahezu totale Freiheit verleiht, seine Lebenswelt zu strukturieren.

In der postmodernen Welt sind der Landstreicher und der Tourist nicht länger marginale Menschen oder marginale Zustände. Sie werden zu Gußformen, dazu bestimmt, die Totalität des Lebens, das Ganze der Alltäglichkeit zu umfassen und abzubilden; die Muster, an denen jegliche Praxis gemessen wird. Der Chor der kommerziellen Nutzer und Medienschmeichler hebt sie in den Himmel. Sie setzen den Maßstab für Erfolg und glückliches Leben überhaupt. Tourismus ist nicht länger das, was man tut, wenn man Urlaub hat. Das normale Leben, wenn es ein gutes Leben sein soll, sollte (besser) ein ständiger Urlaub sein. (...)

Der Sozialstaat war darauf ausgerichtet, eine Schicksalsgemeinschaft dadurch zu institutionalisieren, daß seine Regeln für jeden Beteiligten (jeden Bürger) gleichermaßen gelten sollten, so daß die Bedürftigkeit des einen verrechnet würde mit dem Gewinn des anderen. Das allmähliche Abgehen von diesem Prinzip und die an den finanziellen »Möglichkeiten« orientierte »gezielte« Unterstützung derer, »die es am nötigsten haben«, hat die Schicksals-Verschiedenheit institutionalisiert, und damit das Undenkbare denkbar gemacht. Jetzt ist es die Bedürftigkeit des Steuerzahlers, die zu verrechnen ist mit dem Gewinn dessen, der die Sozialleistungen empfängt.

War der Aufbau des Sozialstaates der Versuch, im Dienste der moralischen Verantwortung ökonomisches Interesse zu mobilisieren, so decouvriert die Demontage des Sozialstaates das ökonomische Interesse als Instrument zur Befreiung des politischen Kalküls von moralischen Zwängen. Moralische Verantwortung ist nun wieder einmal etwas, für das »das Geld von irgendwoher kommen muß«.

Der Kunde Staatsbürger

Es ist die klassische Situation des »für mein Geld will ich auch etwas sehen«: Staatsbürger zu sein bedeutet, Anspruch auf bessere Leistungen für weniger Geld zu haben, bedeutet das Recht, weniger in die gemeinsame Kasse einzuzahlen und mehr herauszubekommen. Ein Gefühl der Verantwortung, sei's aus Vernunft, sei's aus Berechnung, spielt dabei keine Rolle. Das Ideal des Staatsbürgers ist der zufriedene Kunde. Die Gesellschaft hat die Aufgabe, den Individuen die Befriedigung ihrer individuellen Wünsche zu ermöglichen. Der soziale Raum ist primär Weidegrund, der ästhetische Raum Spielwiese. Keiner gestattet, beide verweigern die moralische Strukturierung. Der geschriebene oder ungeschriebene Bürgerbrief der Konsumgesellschaft verurteilt den ungenügenden Konsumenten, den unvollkommenen Bürger, zu einem Landstreicherleben; der Vollbürger genießt den Status des Touristen.

Postmoderne Politik übersetzt ethische Probleme in die Forderung nach dem skandalfreien Politiker und verwirft die übrigen moralischen Forderungen als Fremdkörper. Der Niedergang des Sozialstaates ist nicht die einzige Konsequenz dieses Vorgangs. Es gibt andere, nicht minder gewichtige. Die gnadenlose Pulverisierung der kollektiven Solidarität durch Verbannung kommunaler Leistungen hinter die Grenzen des politischen Prozesses, die massive Freigabe der Preisbindung bei lebenswichtigen Gütern und die politisch geförderte Institutionalisierung individueller Egoismen zum letzten Bollwerk sozialer Rationalität haben, so kürzlich Philippe Séquin, ein veritables »soziales München« bewirkt. 36 Millionen Europäer ohne Arbeit und ohne Platz in der Gesellschaft, und daneben Hunderte von Millionen anderer Europäer mit gesichertem und geschütztem Arbeitsplatz – das ist nach dem gemeinsamen Willen aller Regierungen der Preis für kostensparende Ziele wie »Verteidigung der Währung«, Kürzungen der öffentlichen Ausgaben, Steigerung der Konkurrenzfähigkeit und Rentabilität sowie Förderung des freien Marktes.

Aus dem Supermarkt

Die Republik bezieht ihre Kriterien des Anstands aus dem Supermarkt und kleidet sich nach dessen Fasson; sie hat das Schlachtfeld kollektiver Identitäten geräumt und der Gnade und Barmherzigkeit einander befehdender Stammesfürsten ausgeliefert. Ethnische Abgrenzung und konfessioneller Herdentrieb gewinnen die Oberhand, wo die kollektive Verantwortung der *polis* versagt. Die Auflösung des Sozialen schlägt um in die Konsolidierung des Stammesmäßigen. Was die Identität betrifft, so bedeutet Individualisierung: Tribalisierung.

Es ist an der Zeit, nach den ethischen Konsequenzen der Postmoderne zu fragen. Hat die Moral Zukunft in dieser Welt, die bevölkert ist von Landstreichern, die sich nach der Geborgenheit am Stammeslagerfeuer sehnen, und von Touristen, die amüsiert das Schauspiel ergötzlicher Stammessitten verfolgen?

Manche sagen, die Moral habe keine Zukunft, freuen sich ob dieser Aussicht und wollen, daß wir uns mit ihnen freuen. Vielleicht ist das wirklich der Fall: das Ende der Moral, *wie wir sie kennen*. Genauer gesagt: wie wir alle gelernt haben, sie zu verstehen. Die Philosophie der Ethik, im Verein mit einer moralfördernden Praxis, setzt seit jeher Moral mit dem von außen etablierten und fixierten Über-Ich gleich; alle ethischen Schulen, ungeachtet ihrer Unterschiede, stimmten in der These überein, daß jede Moral etwas von außen Aufgezwungenes ist und daß nur göttliche oder rationale, stets aber überindividuelle Prinzipien, getragen von heiligen oder weltlichen, immer aber überindividuellen Instanzen, die Herrschaft der Moral über die ungebärdigen und wesentlich unmoralischen, menschenfeindlichen Triebe des Menschen sichern können. Kein Wunder, daß der schwindende Glaube an universale Prinzipien und die abbröckelnde Geltung universaler Autoritäten weithin als Ende der Moral wahrgenommen werden. Nachdem wir uns einmal die Überzeugung gebildet haben, moralisches Verhalten müsse »gegründet« sein und universalen »Regeln« folgen, fällt es uns schwer, eine Moral ohne Grundlagen und ohne universal anerkannten Code zu konzipieren.

Und dennoch kann man die moralischen Konsequenzen der

Postmoderne vielleicht auch etwas anders sehen. Wenn das Markenzeichen der Postmoderne die Austilgung von Illusionen ist, dann war das machtgestützte Bild einer von außen gestifteten, auf universale Prinzipien gegründeten Ethik nur eine von vielen Illusionen, denen die Postmoderne den Todesstoß versetzt hat. Dem Massaker zum Opfer fielen nur eine gewisse machtgestützte ethische Theorie und ethische Praxis, nicht aber die moralische Realität an sich, die jene unter sich subsumieren und kontrollieren wollten. Diese Realität selber mag unbeschadet, ja – wer weiß? – gestärkt aus dem postmodernen Blutbad hervorgegangen sein. Auf jeden Fall muß sie sich nun, notgedrungen, der eigenen unaufhebbaren Einsamkeit stellen und erkennen, daß die einzige Grundlegung, die sie vernünftigerweise erhoffen kann (und die einzige Grundlegung, die sie, allen gegenteiligen Versicherungen zum Trotz, vielleicht jemals besessen hat), nur in den moralischen Antrieben, Fähigkeiten und Kompetenzen von Männern und Frauen zu finden ist, die mit- und vor allem füreinander leben. Es gibt keine Garantie dafür, daß diese Grundlegung sich als tragfähig genug erweisen wird, eine moralische Gemeinschaft in ihrem Sein zu erhalten; aber auch die machtgestützte, in Gesetzeswerken verankerte Ethik hat, wiederum gegenteiligen Versprechungen zum Trotz, bei der Erhaltung dieser Gemeinschaft auf spektakuläre Weise versagt – und wir wissen jetzt, daß sie die Gemeinschaft auch in Zukunft schwerlich wird retten können. Und so bleibt uns kaum etwas anderes übrig, als unser Heil dort zu suchen, wo die letzte Chance der moralischen Gemeinschaft – aus der erstürmten Trutzburg verjagt und die trügerische fliehend – Zuflucht gefunden hat: in der moralischen Fähigkeit des Ichs statt in den gesetzgeberischen und politischen Fähigkeiten überindividueller Mächte; in dem wunderbaren Geschenk der Soziierung statt in der erzwungenen Begabung der Sozialisation. Das – warnt man uns – könnte der Weg zur Hölle sein. Aber es kann auch die Entdeckungsreise des moralischen Menschen zu sich selbst sein.

VIII. Die Ambivalenzen der Risikogesellschaft: Auflösung oder Erneuerung des Sozialen?

Einleitung

Die sozialwissenschaftlichen Gegenwartsdiagnosen gehen von einer sich verschärfenden »Risikogesellschaft« aus, in der das einzelne Subjekt immer stärker individualisiert wird und mit Notwendigkeit die eigene Lebensgestaltung in die Hand nehmen muß. Zerbröckelt damit der »Zement der Gesellschaft« (Jon Elster) und mit ihm die Voraussetzungen für Solidarität? Ist ein zunehmender »expressiver Individualimus« (Robert Bellah) identisch mit einer »Kultur des Narzißmus« (Christopher Lasch) und einer sich ausbreitenden »Tyrannei der Intimität« (Richard Sennett)? Oder wachsen unter diesen Bedingungen neue Formen solidarischer Vernetzung? Die Kommunitarismusdebatte der neunziger Jahre ist von diesen Fragen geprägt und zeigt eindrucksvoll, wie schwer es geworden ist, verläßliche Prognosen über die Zukunft des Menschen als soziales Wesen abzugeben.

In meinem Abschlußbeitrag zu diesem Lesebuch werde ich mich differenzierter auf dieses Thema einlassen. Die in diesem Kapitel versammelten neueren Beiträge zeigen etwas von der Ambivalenz auf, die in den aktuellen gesellschaftlichen Umbruchprozessen stecken.

Ulrich Beck, der mit seinem Buch *Risikogesellschaft* eine viel beachtete und längst überfällige Analyse der sich verändernden Nachkriegsgesellschaft vorgelegt und seinen Blick vor allem auf die ökologischen und psychosozialen Risiken der »modernen Gesellschaft« gerichtet hat, zeigt sehr anschaulich auf, daß die soziale Erosion traditioneller Lebensmuster auf die Formel »riskante Freiheiten« gebracht werden kann. Neben der Entbindung neuer sozialer Gestaltungschancen für das Subjekt wächst auch die Gefahr des Verlustes von Bindungen und Zugehörigkeiten und damit das Risiko, daß gesellschaftliche Ungleichheit unmittelbar auf die Subjekte durchschlägt.

Überraschenderweise ist für einen Gesellschaftskritiker wie Richard Sennett, der aus der amerikanischen Studentenbewegung kommt, die Entstrukturierung von traditionsvermittelten Statuskategorien, die vor allem in urbanen Zentren zu beobachten ist, ein sehr fragwürdiger Fortschritt. War die Überwindung starrer konventioneller Lebensmuster nicht ein zentrales Ziel der Studentenrevolte? Sennetts Botschaft dürfte gerade für die euphorischen Vertreter einer sich zunehmend über die Psychologie definierenden städtischen Alltagskultur schwer zu verdauen sein. Er vermag deren Emanzipationsrhetorik nicht zu akzeptieren und sieht in der Psychologisierung der Welt eher das Entstehen einer »Tyrannei der Intimität«, einer totalen Auslieferung der innersten Wünsche und Motive an eine standardisierende Psychokultur – natürlich unter dem Banner der »Authentizität«. Für Sennett gehen damit die Möglichkeiten der Identitätsgewinnung im spannungsvollen Wechselspiel zwischen der öffentlichen und der privaten Sphäre verloren.

In seiner Analyse schöpft Rainer Zoll aus eigenen empirischen Jugendprojekten, aus denen er Belege für ein »neues kulturelles Modell« zieht. Er sieht keinen Grund, den Wertewandel bei Jugendlichen als Verfallsprodukt zu interpretieren. Im Gegenteil: Er findet Anzeichen für eine neue kommunikative Grundorientierung, in der sich neue Identitätsmuster und gelebte Formen von Alltagssolidarität herausbilden. Diese unterscheiden sich von den klassischen Formen korporativer Solidarität (z. B. durch Zugehörigkeit zu einer gewerkschaftlichen Kultur). Solidarität und hedonistische Werte scheinen sich nicht in einem unauflösbaren Widerspruch zu verheddern, sondern finden eine produktive Legierung.

Ulrich Beck:
Vom Verschwinden der Solidarität

Löst sich die Gesellschaft auf? Wenn man dem Gejammere über »Individualisierung« glaubt, könnte man das fast meinen. Die Wähler gehorchen nicht mehr, die Nichtwähler erst recht nicht. Die Gewerkschaften grübeln und rätseln, ob es »Individualisierung« ist, woran sie leiden. Selbst Grüne haben mich vor kurzem gefragt, wie man dieses aufmüpfige Gespenst der Individualisierung loswerde. Gibt es keine Solidarität mehr? Kann eine Gesellschaft der Ellenbogen überhaupt noch »Gesellschaft« genannt werden?

Über den Atlantik schallt der Ruf der sogenannten Kommunitaristen nach *political correctness*. Neue Werte braucht das Land? Da gibt es keinen Zweifel. Aber wohin man blickt: Individualisierung. Wenn das so weitergeht, sollte wenigstens der Gebrauch des Wortes bald unter Strafandrohung gestellt werden.

Dabei handelt es sich um etwas Uraltes, wenigstens um ein Grundphänomen der sich entfaltenden Moderne. Max Weber hat herausgearbeitet, wie der einzelne aus religiösen Heilsgewißheiten herausgelöst und in die unauflöslichen Wert- und Weltanschauungskonflikte der sich entzaubernden Gesellschaft entlassen wird. Weber spricht ironisch von der »doppelten Freiheit« des Lohnarbeiters. Dieser ist befreit von der traditionellen Schollenbindung und vogelfrei am Arbeitsmarkt. Georg Simmel rekonstruiert, wie Geldbeziehungen lokale, verkrustete Sozialkreise aufbrechen und weltweite Netzwerke knüpfen.

Doch bei allen Ähnlichkeiten zu diesen Themenstellungen des auslaufenden 19. Jahrhunderts werden die Menschen heute nicht aus ständisch-religiösen Gewißheiten *in* die Welt der Industriegesellschaft »entlassen«, sondern *aus* den Sicherheiten der Industriegesellschaft in die Turbulenzen der Weltkrisengesellschaft. Ihnen wird also das Leben nicht zuletzt mit den unterschiedlichsten, ein-

ander widersprechenden globalen und persönlichen Risiken zugemutet.

Die Industriegesellschaft setzt Ressourcen von Natur und Kultur
voraus, auf deren Existenz sie aufbaut, deren Bestände aber im
Zuge einer sich durchsetzenden Modernisierung aufgebraucht werden. Dies trifft auch auf kulturelle Lebensformen (z. B. Kleinfamilie und Geschlechtsordnung) und soziale Arbeitsvermögen zu
(z. B. Hausfrauenarbeit, die zwar nicht als Arbeit anerkannt war,
gleichwohl aber die Erwerbsarbeit des Mannes erst ermöglicht hat).

Dieser Verbrauch der kollektiven oder gruppenspezifischen
Sinnreservoire (z. B. Glauben, Klassenbewußtsein) der traditionalen Kultur (die mit ihren Lebensstilen und Sicherheitsvorstel-
lungen noch bis weit in das 20. Jahrhundert hinein auch die westlichen Demokratien und Wirtschaftsgesellschaften gestützt hat)
führt dazu, daß alle Definitionsleistungen den Individuen zugemutet werden.

Chancen, Gefahren, Ambivalenzen der Biographie, die früher
im Familienverband, in der dörflichen Gemeinschaft, im Rückgriff
auf ständische Regeln oder soziale Klassen bewältigt werden moch-
ten, müssen nun von den einzelnen selbst wahrgenommen, interpretiert und bearbeitet werden. Chancen und Lasten der Situa-
tionsdefinition und -bewältigung verlagern sich damit auf die Individuen, ohne daß diese aufgrund der hohen Komplexität der gesellschaftlichen Zusammenhänge noch in der Lage sind, die damit un-
vermeidlichen Entscheidungen fundiert, in Abwägung von Interesse, Moral und Folgen verantwortlich treffen zu können.

Auflösung, Ablösung

»Individualisierung« meint also vieles nicht, von dem viele meinen, daß es meint, damit sie meinen können, daß es gar nichts
meint: *nicht* Atomisierung, Vereinzelung, *nicht* Beziehungslosig-
keit des freischwebenden Individuums, auch *nicht* (was oft unterstellt wird) Individuation, Emanzipation, Autonomie: das Aufleben des bürgerlichen Individuums nach seinem Ableben.

Sondern: erstens die *Auf*lösung, zweitens die *Ab*lösung indu-
striegesellschaftlicher Lebensformen (Klasse, Schicht, Geschlech-

terrolle, Familie) durch solche, in denen die Individuen ihre Biographie selbst herstellen, inszenieren, zusammenschustern müssen. Die Normalbiographie wird zur Wahlbiographie, zur »Bastelbiographie« (Ronald Hitzler).

Dies gilt nicht nur für die typische Klassen- oder Frauenbiographie, sondern auch für die bürokratisch verordnete Normalbiographie im real existierenden Nichtsozialismus. Diese zerfällt nun, nach dem Absturz in die Moderne, in einen (Scherben-)Haufen von schwer entscheidbaren Entscheidungen. Die Halbierung der Geburten-, Heirats- und Scheidungszahlen in den neuen Bundesländern innerhalb eines (!) Jahres sprechen diese dramatische Sprache.

Individualisierung beruht also keineswegs auf einer freien Entscheidung. Die Menschen sind – um es mit Sartre zu sagen – zur Individualisierung verdammt. Es handelt sich um einen Zwang, einen paradoxen Zwang freilich, zur Selbstherstellung, Selbstgestaltung, Selbstinszenierung, nicht nur der eigenen Biographie, sondern auch ihrer moralischen, sozialen und politischen Bindungen – allerdings: unter sozialstaatlichen Vorgaben wie Ausbildung, Arbeitsmarkt, Arbeits- und Sozialrecht usw. Wo alles in Entscheidungen, die riskant werden, verwandelt wurde, muß von nun an sogar die traditionale Ehe *gewählt* und mit all den in sie eingebauten Widersprüchen als persönliches Risiko begründet und gelebt werden.

Früher dominierten ständische Heiratsverbote und -gebote, heute die anonymen Anforderungen der Erwerbsarbeit und sozialen Sicherungen, allerdings mit einem wesentlichen Unterschied: Während die engen Traditionsmuster zur Gemeinsamkeit verpflichteten, zwingen die Vorgaben heute dazu, ein *eigenes* Leben aufzubauen und zu führen, bei Strafe ökonomischer Benachteiligungen.

Auch Frauen müssen – wollen sie im Scheidungsfall nicht vor dem Nichts stehen oder sich als »lebenslange Arbeitslose« durchfüttern lassen – eine eigene Ausbildungs- und Berufskarriere innerhalb und unterhalb der Ehe und Mutterschaft durchhalten. Ehe und Familie werden damit aber zu einem Jonglieren mit auseinanderstrebenden Biographien, für deren Zusammenhang es kein Patentrezept mehr gibt.

Kollektives Schicksal

Der Sozialstaat, dessen Leistungen Arbeitsmarktbeteiligungen voraussetzen, ist eine Versuchsanordnung zur Konditionierung ichbezogener Lebensweisen. Man mag dagegen eine allgemeine »Pflicht-Impfung« (im wörtlichen Sinne) verordnen. Das hilft nichts, solange die Verhältnisse das Gegenteil erzwingen. Wer die »gute alte« Solidarität wiederherstellen will, muß das Rad der Modernisierung zurückdrehen, das heißt: nicht nur versteckt – z. B. durch Mutterschaftsgeld oder Imagepflege der Hausarbeit – die Frauen aus dem Arbeitsmarkt verdrängen, sondern offen; und zwar nicht allein aus dem Arbeitsmarkt, auch aus der Bildung. Das Lohngefälle wäre zu verschärfen, letztlich wäre auch die gesetzliche Gleichstellung rückgängig zu machen. Es wäre zu prüfen, ob das Unheil nicht schon beim allgemeinen Wahlrecht angefangen hat.

Individualisierung ist also – um noch eine Seltsamkeit herauszugreifen – entgegen der allgemeinen Bewußtseinsform kein individuelles, sondern ein kollektives Schicksal. Was nicht heißt, daß Individualisierung nur passiv erlebt und erlitten wird. Niemand will zurück. Die Opferung des Stücks errungener Freiheit mutet jeder und jede natürlich immer nur dem anderen zu.

Was aber treibt Millionen in allen Ländern der Erde scheinbar individuell, aber tatsächlich, einem allgemeinen Traum folgend, dazu, aus der Ehe auszubrechen, jenseits des rechtlichen Netzes und Nestes in »wilder Ehe« (welches Versprechen!) zusammenzuleben? Ist das eine Art »Ich-Fieber«, dem man durch heiße Wir-Umschläge beikommen kann? Wohl kaum.

Hier kündet sich ein neues Verhältnis von Individuum und Gesellschaft an. Gemeinsamkeit kann nicht länger von oben nach unten verordnet, sondern muß frei gefragt, herbeigestritten werden, im Durchgang durch das Individuelle, Biographische; muß abgesprochen, ausgehandelt, begründet, erlebt, gegen die zentrifugale Kraft der Biographien bewußt und bewahrt werden. Daß dies gerade nicht in einem Rückzug in die Privatheit enden und versanden muß, zeigen die Bürgerinitiativen, die wenigstens ihre Themen (Umwelt, Frauen, rechtsradikale Gewalt) gegen den Widerstand der Parteien auf die politische Tagesordnung gesetzt haben.

Falltüren in die Armut

Doch sind das nicht Schönwetterbilder einer Gesellschaft in der Wohlfahrtsnische, die mit den aufgezogenen Unwettern – Krieg in Europa und über 3,5 Millionen *registrierte* Arbeitslose in Deutschland schon jetzt, wo die Rezession erst ihre Schatten vorauswirft – seltsam gestrig anmuten? Tatsächlich haben wir in der alten Bundesrepublik eine Art »Vollkasko-Individualisierung« (hoher Wohlstand, hohe soziale Sicherheit) erfahren, die jetzt in die Turbulenzen der Mangelverteilung gerät. Aber Individualisierung bedeutet niemals Auflösung, sondern immer *Verschärfung* sozialer Ungleichheit (womit aber das Klischee vom »Direktor im Stehimbiß«, das Rudolf Reiser als Überschrift für ein Interview mit mir gewählt hat, in die Irre leitet – *SZ* vom 3. 2.).

Erstens öffnet sich die Einkommensschere. Zweitens werden immer mehr Gruppen – mindestens vorübergehend – von Armut und Arbeitslosigkeit betroffen. Drittens folgen diese immer weniger den sozialen Stereotypen und sind daher auch immer schwerer identifizierbar und damit als politische Kraft zu organisieren. Nicht nur Arbeitslosigkeit, auch z. B. Scheidung ist eine Falltür in die Armut, viele Frauenleben sind sozusagen »nur einen Mann« weit von der Armut entfernt (und umgekehrt). Viertens müssen unter Individualisierungsbedingungen die Menschen das, was früher als Klassenschicksal gemeinschaftlich verarbeitet wurde, nun mehr und mehr als individuelles Versagen verkraften. Das statistische Millionenschicksal schlägt um in persönliche Schuld, Konflikte und Neurosen.

Dies alles bedeutet, daß *gesellschaftliche* als *individuelle* Krisen erscheinen und immer weniger in ihrer Gesellschaftlichkeit durchschaut und politisch bearbeitet werden. Damit wächst aber die Wahrscheinlichkeit irrationaler Ausbrüche der verschiedensten Art, nicht zuletzt auch in Form von Gewalt gegen alles, was als »fremd« etikettiert wird. Denn gerade in der individualisierten Gesellschaft entstehen Konfliktlinien entlang sozial identifizierbarer Merkmale: Rasse, Hautfarbe, Geschlecht, ethnische Zugehörigkeit, Alter, Homosexualität, körperliche Behinderung.

Gelingt es, an die Ansprüche und Verheißungen des in Gang gekommenen Individualisierungsprozesses anzuknüpfen und die

Individuen jenseits von Stand und Klasse als selbstbewußte Subjekte ihrer persönlichen, sozialen und politischen Belange neu zusammenzufassen? Oder werden im Zuge der laufenden Individualisierung die letzten Bastionen sozialer und politischer Praxis weggeschmolzen, und die Gesellschaft schlittert von einer Parteien- in eine Staatsverdrossenheit hinüber, die nichts ausschließt, auch nicht, in neuen und schleichenden Formen, eine Modernisierung der Barbarei?

Richard Sennett:

Verfall und Ende des öffentlichen Lebens – Die Tyrannei der Intimität

Man kann Vergangenheit darstellen, indem man ein Bild von Aufstieg und Fall einer allgemein geschätzten Lebensweise zeichnet. Ein solches Bild löst natürlich Bedauern aus, aber Bedauern ist eine gefährliche Empfindung, die zwar die Einfühlung in die Vergangenheit und damit auch eine gewisse Einsicht fördert, in bezug auf die Gegenwart aber zur Resignation und zu der Bereitschaft führt, sich mit den vorhandenen Mißständen abzufinden. Ich habe dieses Bild von Aufstieg und Fall einer säkularen öffentlichen Kultur nicht entworfen, um jenes Bedauern hervorzurufen; ich habe es entworfen, um zu zeigen, daß bestimmte, scheinbar höchst menschenfreundliche Anschauungen, Bestrebungen und Mythen von heute immense Gefahren in sich bergen.

Heute dominiert die Anschauung, Nähe sei ein moralischer Wert an sich. Es dominiert das Bestreben, die Individualität im Erlebnis menschlicher Wärme und in der Nähe zu anderen zu entfalten. Es dominiert ein Mythos, dem zufolge sich sämtliche Mißstände der Gesellschaft auf deren Anonymität, Entfremdung, Kälte zurückführen lassen. Aus diesen drei Momenten erwächst eine Ideologie der Intimität: Soziale Beziehungen jeder Art sind um so realer, glaubhafter und authentischer, je näher sie den inneren, psychischen Bedürfnissen der einzelnen kommen. Die Ideologie der Intimität verwandelt alle politischen Kategorien in psychologische. Sie definiert die Menschenfreundlichkeit einer Gesellschaft ohne Götter: Menschliche Wärme ist unser Gott. Aber die Geschichte von Aufstieg und Fall der öffentlichen Kultur stellt diese Menschenfreundlichkeit in Frage.

Der Glaube an den moralischen Wert »zwischenmenschlicher Nähe« ist in Wirklichkeit Produkt einer durch den Kapitalismus und den Säkularismus im 19. Jahrhundert hervorgerufenen tiefgreifenden Verschiebung. Aufgrund dieser Verschiebung begannnen die Menschen, persönlichen Sinn in unpersönlichen Situationen, in Objekten und in den objektiven Bedingungen der Gesellschaft selbst zu suchen. Aber dort fanden sie keinen Sinn; in dem Maße, wie die Welt psychomorph wurde, wurde sie zur Mystifikation. Deshalb kehrten sie sich von ihr ab, um in ihren privaten Lebensbereichen, insbesondere in der Familie, ein Ordnungsprinzip für die Wahrnehmung von Persönlichkeit zu finden. Das erklärt, warum sich hinter dem offenen Wunsch nach »Nähe« der heimliche Wunsch nach Stabilität verbirgt. Auch nachdem wir gegen die sexuellen Zwänge der viktorianischen Familie revoltiert haben, belasten wir weiterhin enge Beziehungen zu anderen mit diesem heimlichen Wunsch nach Sicherheit, Ruhe und Dauerhaftigkeit. Wenn die Beziehungen dieser Belastung nicht mehr standhalten, bringen wir das nicht mit unseren unausgesprochenen Erwartungen in Zusammenhang, sondern mit der Beziehung selbst. Bevor wir ein Gefühl der Nähe zu anderen aufbauen, unterwerfen wir sie deshalb häufig einer Prüfung. Nähe bedeutet dann gleichzeitig Abkapselung. Wenn sich die Beziehung wandelt, wenn sie sich wandeln muß, entsteht oft der Eindruck, betrogen worden zu sein. Eine mit dem Wunsch nach Stabilität befrachtete Interaktion macht die emotionale Verständigung, die sich ohnehin nicht leicht bewerkstelligen läßt, noch schwieriger. Stellt eine so verstandene Intimität wirklich eine Tugend dar?

Auch hinter dem Streben, die eigene Individualität in der Nähe zu anderen zu entfalten, verbirgt sich eine spezifische Problematik. Die Krise der öffentlichen Kultur im letzten Jahrhundert hat uns gelehrt, die Härten, Zwänge und Schwierigkeiten, die den Kern der gesellschaftlichen Existenz der Menschen ausmachen, als etwas Überwältigendes, nicht zu Bewältigendes zu deuten. Als Zuschauer können wir uns ihnen passiv und schweigend nähern, aber sie in Frage zu stellen, uns einzumischen, das scheint nur auf Kosten unserer Selbst-Entwicklung möglich. Eine Persönlichkeit zu entwickeln bedeutet heute, die Persönlichkeit eines Flüchtlings zu entwickeln. Unsere tiefsitzende Ambivalenz gegenüber aggressivem Verhalten resultiert aus dieser Flüchtlingsmentalität: Aggression kann im menschlichen Leben unumgänglich sein, doch wir erkennen in ihr nichts als einen abstoßenden Charakterzug. Und was für eine Persönlichkeit entwickelt sich aus der Erfahrung von Intimität? Eine Persönlichkeit, die nach Vertrauen, Wärme und Wohlbehagen verlangt – und sie vielleicht auch findet. Aber woher nimmt sie die Kraft, sich in einer auf Ungerechtigkeit gegründeten Welt zu bewegen? Ist es wirklich menschenfreundlich, den Leuten zu sagen, ihre Persönlichkeit werde sich »entfalten«, sie würden emotional »reicher«, wenn sie lernen, Vertrauen zu fassen, offen zu sein, zu teilen, andere nicht zu manipulieren, in die gesellschaftlichen Verhältnisse nicht aggressiv einzugreifen und sie nicht dem persönlichen Gewinn nutzbar zu machen? Ist es menschenfreundlich, in einer harten Welt die Herausbildung eines weichen Selbst zu unterstützen? Die ungeheure Angst vor dem öffentlichen Leben, die das 19. Jahrhundert erfaßt hatte, bezeugt sich heute in einer Schwächung des menschlichen Willens.

Und schließlich stellt die Geschichte des öffentlichen Lebens auch die Mythologie in Frage, die sich um die vermeintlich so böse Unpersönlichkeit der Gesellschaft rankt. Schon in der Zerstörung des Gleichgewichts zwischen Öffentlichkeit und Privatheit durch die von John Wilkes ausgelöste Bewegung und dann vor allem in dem Regiment, das Lamartine über das Pariser Proletariat ausübte, erweist sich der Mythos vom »Vorrang des Menschen vor den Maßnahmen« (um die Formulierung von Junius aufzugreifen) als Mittel der politischen Befriedung. Unpersönlichkeit scheint eine Lebenswelt zu umreißen, in der alle Menschlichkeit verlorengegangen ist, in der es keinerlei menschliche Beziehungen mehr gibt. Doch erst die Gleichsetzung von Unpersönlichkeit mit Leere erzeugt diesen Verlust. Aus Angst vor der Leere begreifen die Menschen das Politische als einen Raum, in dem sich die »Persönlichkeit als solche« Ausdruck verschaffen soll. So werden sie zu passiven Zuschauern des Politikers, der sie mit seinen Absichten und Empfindungen abspeist, statt über sein Handeln zu sprechen. Und je mehr die Leute das Politische als einen Raum verstehen, in dem sie sich in der Teilhabe an einer gemeinsamen, kollektiven Identität voreinander offenbaren, desto eher lassen sie sich davon ablenken, ihre Brüderlichkeit an die Veränderung der gesellschaftlichen Verhältnisse zu wenden. Die Aufrechterhaltung der Gemeinschaft wird zum Selbstzweck, ja, es wird zur vornehmlichen Aufgabe der Gemeinschaft, sich derer zu entledigen, die nicht dazugehören. Daß die Gemeinschaft es ablehnt, »mit sich reden zu lassen«, daß sie fortwährend auf die Ausschließung von Außenseitern bedacht ist, rührt aus dem vermeintlich menschenfreundlichen Wunsch, alles Unpersönliche aus den gesellschaftlichen Beziehungen zu verbannen. Insofern aber ist der Mythos von der Unpersönlichkeit selbstzerstörerisch. Im Streben nach einer gemeinsamen Identität wird die Verfolgung gemeinsamer Interessen unmöglich.

Wo es kein öffentliches Leben gibt, werden diese vermeintlich menschenfreundlichen Ideale beherrschend. Allerdings sind sie nicht erst entstanden, als die Öffentlichkeit zu existieren aufhörte; sie sind vielmehr unmittelbar aus der Krise des öffentlichen Lebens im vergangenen Jahrhundert hervorgegangen. So wie die öffentliche Kultur des 19. Jahrhunderts in einem Zusammenhang mit der Aufklärung stand, so steht der heutige Zweifel an der Öffentlichkeit in einem Zusammenhang mit der Verwirrung, in die sie im 19. Jahrhundert geraten ist. Der Zusammenhang ist ein doppelter.

Wenn man von einem Ende des öffentlichen Lebens spricht, muß man erstens auf die Folgen eines Widerspruchs innerhalb der Kultur des 19. Jahrhunderts hinweisen. Die »öffentliche Persönlichkeit« war ein Widerspruch in sich, der letztlich zur Zerstörung der Öffentlichkeit selber geführt hat. So schien es den Menschen nach und nach einleuchtend, denen, die ihren Emotionen, sei es als Künstler, sei es als Politiker, in der Öffentlichkeit Ausdruck verleihen konnten, eine spezifische Überlegenheit beizumessen. Diese Leute beherrschten die Zuschauer oder Zuhörer, vor denen sie auftraten, eher, als daß sie mit ihnen interagierten. Nach und nach büßte das Publikum den Glauben an die eigene Urteilsfähigkeit ein; aus Zeugen wurden Zuschauer. Die Zuhörer und Zuschauer verloren das Gefühl, selbst aktive Kraft, selbst »Publikum« im eigentlichen Sinne zu sein. Auch so zerstörte die öffentliche Persönlichkeit die Öffentlichkeit: indem sie bei den Menschen Angst davor erzeugte, die eigenen Emotionen unwillkürlich anderen zu verraten. Das Ergebnis war eine wachsende Scheu vor der Berührung mit anderen, der Versuch, sich durch Schweigen abzuschirmen oder sich aller Gefühle zu enthalten, um auch keine Gefühle zeigen zu können. In dem Maße, wie sich die Grundlagen expressiven Verhaltens wandelten und an die Stelle der Maskendarstellung die Offenbarung der Persönlichkeit trat, leerte sich der öffentliche Raum, und immer weniger Menschen waren willens, sich in ihm expressiv zu verhalten.

Wenn man von einem Ende des öffentlichen Lebens spricht, muß man zweitens auf eine spezifische Verleugnungshaltung hinweisen. Wir leugnen heute, daß der Repressivität, die die viktorianische Welt sich selbst angesichts der zunehmenden Verwirrung zwischen öffentlichem Verhalten und Persönlichkeit auferlegte, irgendein Wert oder gar eine gewisse Würde zukomme. Wir versuchen, uns von dieser Repression zu »befreien«, indem wir unsere Beziehungen immer stärker personalisieren, indem wir in unseren Beziehungen zueinander direkter, offener, authentischer werden. Und dann sind wir konsterniert, wenn diese scheinbare Befreiung ein Unbehagen hervorruft, ähnlich dem, das die Viktorianer bei ihrem repressiven Bemühen um die Schaffung einer emotionalen Ordnung verspürt haben. Wir leugnen auch, daß der Kommunikation zwischen den Menschen irgendwelche Schranken gesetzt werden sollten. Die Kommunikationstechnologie des 20. Jahrhunderts zielt in ihrer Gesamtheit auf diese schrankenlose Ausdrucksoffenheit. Nichts ist uns teurer als die Mittel zur Erleichterung der Kommunikation. Aber dann sind wir plötzlich überrascht, daß die »Medien« bei den Zuschauern eine immense Passivität erzeugen. Wir sind überrascht, daß Persönlichkeit immer mehr zu einer Sache des äußeren Anscheins wird, zumal im politischen Leben. Wir stellen keinen Zusammenhang zwischen unserem Glauben an die absolute Kommunikation und der Schreckenswelt der Massenmedien her, weil wir jene Wahrheit leugnen, die einmal Grundlage öffentlicher Kultur war: Aktiver Ausdruck erfordert menschliche Bemühung, und diesem Bemühen ist nur so weit Erfolg beschieden, wie es den Menschen gelingt, dem, was sie äußern, Grenzen zu ziehen. Wir leugnen, daß unsere Bewegungsmöglichkeiten in der Stadt irgendwie beschränkt sein dürften, erfinden die entsprechenden Verkehrsmittel und sind am Ende überrascht, daß daraus ein katastrophales Absterben des Stadtorganismus resultiert. Die Viktorianer rangen mit der Vorstellung eines grenzenlosen Selbst; darin kulminierte ihr Unbehagen an der Verwirrung zwischen Öffentlichkeit und Privatsphäre. Wir leugnen einfach – in unterschiedlicher Form –, daß dem Selbst Schranken gesetzt sind. Doch das, was man verleugnet, ist damit noch nicht beseitigt. Es wird sogar schwerer, damit umzugehen, weil man sich ihm nicht mehr stellt. Aufgrund von Widersprüchen, die aus der Vergangenheit auf uns gekommen sind, und aufgrund der Verleugnung dieser Vergangenheit sind wir nach wie vor in den kulturellen Voraussetzungen des 19. Jahrhunderts befangen. Insofern ist der Verlust des Glaubens an ein öffentliches Leben kein Bruch mit der bürgerlichen Kultur des 19. Jahrhunderts, sondern eine weitere Stufe in der Entfaltung ihrer Widersprüche.

Die Struktur einer intimen Gesellschaft ist durch zwei Momente geprägt. Innerhalb der sozialen Beziehungen wird ein spezifischer Narzißmus mobilisiert, und die Enthüllung der eigenen Empfindungen vor anderen wird destruktiv. Damit in einer Gesellschaft der Narzißmus in dieser Weise mobilisiert werden kann, damit die Menschen ihre ganze Aufmerksamkeit auf vage Gefühls- und Motivtönungen richten, muß das Interesse des Gruppen-Ichs suspendiert werden. Dieses Gruppen-Ich beruht auf einer Vorstellung davon, was die Menschen, unabhängig von ihren unmittelbaren Empfindungen und Eindrücken, tatsächlich brauchen, wollen oder fordern. Der Verfall des Gruppen-Ichs geht bis ins 19. Jahrhundert zurück. In der Revolution von 1848 hat sich die persönlichkeitszentrierte Kultur zum erstenmal als den Interessen des Gruppen-Ichs, die damals als Klasseninteressen artikuliert wurden, überlegen erwiesen. Eine destruktive Gemeinschaft entsteht dort, wo die Menschen glauben, daß sie ihre Empfindungen voreinander enthüllen, um eine emotionale Bindung herzustellen. Diese Bindung beruht auf einer Kollektivpersönlichkeit, die sie durch wechselseitige Selbstoffenbarungen hervorbringen. Auch diese Phantasie von Gemeinschaft durch Teilhabe an einer Kollektivpersönlichkeit geht auf die Kultur des 19. Jahrhunderts zurück. So stellt sich die Frage: Wie wirkt sich diese Abhängigkeit von der Vergangenheit, von einer Kultur, deren Auswirkungen wir verleugnen, ohne doch ihre Voraussetzungen anzutasten, auf die Gegenwart aus?

Relativ einfach ließe sich diese Frage beantworten, indem man untersucht, wie sich die Keimzellen der intimen Gesellschaft seit dem 19. Jahrhundert entwickelt haben. Aus der Suspendierung der Ich-Interessen ist eine systematische Unterstützung der narzißtischen Abkehr von der Realität geworden, insofern soziales Handeln nicht mehr vor allem in bezug auf das Ergebnis, sondern in bezug auf die ihm zugrunde liegende Motivation bewertet wird. Der Mensch als Akteur oder als Macher hat in diesem Selbst keinen Platz mehr, das sich nur noch aus Intentionen und Möglichkeiten zusammensetzt. Die intime Gesellschaft hat Fieldings Forderung, man solle nicht den Handelnden, sondern seine Handlungen loben oder tadeln, in ihr Gegenteil verkehrt. Heute kommt es nicht darauf an, was man tut, sondern wie man sich dabei fühlt. Die Teilhabe an einer Kollektivpersönlichkeit nimmt in dem Maße destruktive Züge an, wie die Größe der Gemeinschaft, die an dieser Persönlichkeit teilhat, zusammenschrumpft. Die Affäre Dreyfus erzeugte Gemeinschaftsgefühle noch in einem nationalen Kontext; heute bilden sich Gemeinschaften vor allem im Rahmen eines grassierenden Lokalismus. Die Angst vor der Anonymität, die in der modernen Gesellschaft umgeht, veranlaßt die Menschen, die Gemeinschaft, der sie sich zugehörig fühlen, zunehmend einzuengen. Das Selbst ist beschränkt auf Intentionen, und die Gemeinschaft, in der sich dieses Selbst mitteilt, beschränkt sich darauf, diejenigen auszuschließen, die sich in ihrer gesellschaftlichen Stellung, ihrer politischen Haltung oder ihrem Stil deutlich unterscheiden. Absoluter Vorrang des Motivs vor dem Handeln und ein destruktiver Lokalismus – diese beiden Strukturen sind aus den Krisen der Vergangenheit entsprungen. Sie formieren die Familie, die Schule, die Nachbarschaft; sie deformieren die Stadt und den Staat.

Auf diese Weise gewinnt man zwar ein intellektuell klares Bild, aber das Trauma, das die Vorherrschaft der Intimität im Leben von heute erzeugt, nimmt, so fürchte ich, so noch keine hinreichend deutliche Gestalt an. Oft ohne es zu wissen, stehen wir in einem Kampf zwischen den Ansprüchen unserer gesellschaftlichen Existenz und der Überzeugung, persönliche Entfaltung sei nur in dem Bereich intimen psychischen Erlebens möglich. Ohne es eigentlich zu wollen, haben die Soziologen eine Sprache für diese Auseinandersetzung entwickelt. Das gesellschaftliche Leben beschreiben sie als »instrumentell« – wir gehen zur Schule, zur Arbeit, wir streiken, wir besuchen Versammlungen, weil wir müssen. Wir sind bestrebt, in diese Leistungen nicht allzu viel »zu investieren«, denn sie vermitteln uns keine »Wärme«. Unser Leben erscheint uns in dieser Dimension als »Instrument«, als Mittel, und nicht als Realität, in der wir uns auch mit unseren Gefühlen engagieren. Von dieser instrumentellen Welt unterscheiden die Soziologen einen Bereich affektiver, holistischer, integrativer Erfahrungen. Diese Fachausdrücke sind nicht ohne Interesse, denn sie zeugen von der Auffassung, daß die Menschen dann, wenn sie wirklich empfinden (affektiv), wenn sie wirklich empfänglich sind für den Augenblick (holistisch), wenn sie sich anderen offenbaren (integrativ), mit einem Wort, wenn sie sich auf etwas einlassen, Erfahrungen machen, die der Welt der Gesellschaft mit ihrem Kampf ums Dasein, mit ihren Verpflichtungen vollkommen entgegengesetzt sind. Es ist kein Zufall, daß die Soziologen dieses affektive Leben an intimen Situationen veranschaulichen: Familie, Nachbarschaft, Freundeskreis.

Narzißmus und destruktive Gemeinschaft organisieren diese Auseinandersetzung, sie geben dem Kampf zwischen instrumentellen und affektiven Sozialbeziehungen eine Form. Die Eigenart dieses Kampfes läßt sich am besten in der Beantwortung zweier Fragen bestimmen: Auf welche Weise schädigt die vollständige Psychologisierung der sozialen Realität die Gesellschaft? Antwort: Sie beraubt sie ihrer *Zivilisiertheit.* Auf welche Weise schädigt die Entfremdung von einem sinnvollen nichtpersönlichen Leben das Selbst? Antwort: Sie beraubt es eines bestimmten kreativen Vermögens, das zwar in allen Menschen angelegt ist, das zu seiner Realisierung aber auf eine Distanz zum Selbst angewiesen ist, nämlich des Vermögens zu spielen. Die intime Gesellschaft macht aus dem Individuum einen *Schauspieler, der seiner Kunst beraubt ist.* Die narzißtische Aufmerksamkeit für die Motivation und der Lokalismus des Gemeinschaftsgefühls geben diesen beiden Tendenzen eine spezifische Form.

Es ist nicht leicht, heutzutage von Zivilisiertheit zu sprechen, ohne gleich als Snob oder Reaktionär verdächtigt zu werden. Für die Zwecke dieser Untersuchung definiere ich Zivilisiertheit folgendermaßen: Zivilisiertheit ist ein Verhalten, daß die Menschen voreinander schützt und es ihnen zugleich ermöglicht, an der Gesellschaft anderer Gefallen zu finden. Eine Maske zu tragen gehört zum Wesen von Zivilisiertheit. Masken ermöglichen unverfälschte

Geselligkeit, losgelöst von den ungleichen Lebensbedingungen und Gefühlslagen derer, die sie tragen. Zivilisiertheit zielt darauf, die anderen mit der Last des eigenen Selbst zu verschonen. Einem Frommen, der das Gefühls- und Triebleben des Menschen für böse hält, oder jemandem, der Freud ernst nimmt und dieses Triebleben als einen Krieg im Inneren des Menschen auffaßt, muß die Bedeutung der Maskierung des Selbst unmittelbar einleuchten. Aber auch wenn man nicht an eine angeborene Natur glaubt, müßten vor dem Hintergrund der Persönlichkeitskultur, die sich in den letzten anderthalb Jahrhunderten ausgebildet hat, die Bedeutung und der Wert solcher Zivilisiertheit sinnfällig werden.

Es besteht ein enger Zusammenhang zwischen Zivilisiertheit und Urbanität. Zivilisiertheit bedeutet mit den anderen so umzugehen, als seien sie Fremde, und über diese Distanz hinweg eine gesellschaftliche Beziehung zu ihnen aufzunehmen. Die Stadt ist eine Siedlungsform, die das Zusammentreffen einander fremder Menschen wahrscheinlich macht. Die öffentliche Geographie der Stadt ist die institutionalisierte Zivilisiertheit. Ich glaube nicht, daß man heute auf eine tiefgreifende Veränderung der gesellschaftlichen Verhältnisse oder auf die magische Rückkehr in die Vergangenheit setzen muß, um sich zivilisiert verhalten zu können. In einer Welt ohne religiöse Rituale oder transzendentale Glaubensüberzeugungen gibt es keine vorfabrizierten Masken mehr. Diejenigen, die eine Maske anlegen, müssen sie auf dem Weg über Versuch und Irrtum selbst schaffen, aus dem Wunsch heraus, mit anderen zu leben, statt dem Zwang zu erliegen, ihnen nahe zu kommen. Je mehr ein solches Verhalten Gestalt annähme, desto nachhaltiger würden urbane Mentalität und Liebe zur Stadt wieder lebendig werden.

Das Gegenteil von Zivilisiertheit ist Unzivilisiertheit. Unzivilisiert ist es, andere mit dem eigenen Selbst zu belasten. Unzivilisiertheit bedeutet Einschränkung der Geselligkeit, verursacht durch diese Last. Jeder kennt Menschen, die in diesem Sinne unzivilisiert sind: jene »Freunde«, die stets darauf aus sind, anderen Einlaß in die traumatische Sphäre ihrer alltäglichen Innenwelt zu gewähren, die am anderen nur ein einziges Interesse haben, daß er ihren Geständnissen sein Ohr leiht. Auch im intellektuellen und literarischen Feld begegnet uns diese Unzivilisiertheit häufig, etwa in jenen Autobiographien oder Biographien, die uns geradezu zwanghaft die sexuellen Vorlieben, die Gewohnheiten im Umgang mit Geld oder die Charakterschwächen ihrer Protagonisten in allen Einzelheiten enthüllen, so als würden wir deren Leben, deren Schriften, deren Handeln in der Welt besser verstehen, wenn all diese Geheimnisse gelüftet sind. Doch auch in der Struktur der modernen Gesellschaft selbst stoßen wir auf diese Unzivilisiertheit. An zwei Punkten wollen wir uns eingehender mit ihr befassen.

Wenden wir uns zunächst der Unzivilisiertheit des modernen Politikers, insbesondere des charismatischen Führers, zu. Der charismatische Führer von heute beseitigt jede Distanz zwischen seinen eigenen Empfindungen und Impulsen und denen seines Publikums, und indem er die Aufmerksamkeit seiner Anhänger auf seine Motivationen lenkt, lenkt er sie davon ab, ihn an seinen Taten zu messen. Diese Beziehung zwischen dem Politiker und seiner Anhängerschaft begegnet uns zum erstenmal im 19. Jahrhundert, dort, wo eine Klasse unter die Kontrolle eines Führers aus einer anderen Klasse gerät. Die gleiche Beziehung erkennen wir heute in einer veränderten Klassensituation wieder, in der der Politiker sich vor der Beurteilung durch die, die er repräsentiert, schützen muß. Die elektronischen Medien spielen bei dieser Ablenkung eine entscheidende Rolle, denn sie heben das »persönliche Leben« des Politikers hervor, während sie gleichzeitig seine Arbeit im Amt verdunkeln. Die Unzivilisiertheit, die diese charismatische Gestalt verkörpert, besteht darin, daß seinen Anhängern zugemutet wird, ihn als Person zu verstehen, um sich ein Bild davon zu machen, was er tun wird, wenn er erst einmal an der Macht ist – wobei seine Persönlichkeit so beschaffen ist, daß ihnen das nie gelingen kann. Es ist ein Merkmal von Unzivilisiertheit, wenn eine Gesellschaft ihren Bürgern das Gefühl vermittelt, ein Politiker sei glaubwürdig, weil er seine eigenen Motivationen zu dramatisieren vermag. Dann wird Politik zur Verführung. Insbesondere die Herrschaftsstrukturen bleiben unangetastet, wenn die Menschen dazu verleitet werden, einen Politiker bloß deshalb zu wählen, weil er mit zorniger Stimme seine Bereitschaft erklärt, alles mögliche zu ändern; die Alchemie der Persönlichkeit enthebt diese Politiker der Notwendigkeit, ihrem Zorn Taten folgen zu lassen.

Die zweite Form von Unzivilisiertheit, mit der wir uns beschäftigen wollen, betrifft die Perversion der Brüderlichkeit in der modernen Gemeinschaftserfahrung. Je enger der Kreis einer solchen Gemeinschaft, desto destruktiver wird das Erlebnis von Brüderlichkeit. Außenseiter, Unbekannte, Andersartige werden jetzt zu Gestalten, von denen man sich fernhalten muß; die Persönlichkeitsmerkmale, die die Gemeinschaft teilt, werden immer exklusiver; die Gemeinsamkeit selbst konzentriert sich zunehmend auf die Entscheidung, wer dazugehören kann und wer nicht. Die Abkehr von der Klassensolidarität und die Hinwendung zu neuen, auf Ethnizität, Stadtteil oder Region fußenden Kollektivbildern ist ein Anzeichen für diese Verengung. Die Brüderlichkeit hat sich grundlegend gewandelt; sie erscheint heute als Bereitschaft, mit einer ausgewählten Gruppe umzugehen, und ist verbunden mit der Zurückweisung all derer, die nicht dem lokalen Zirkel angehören. Aus dieser Zurückweisung erwächst die Forderung nach Autonomie von der Außenwelt. Man verlangt, in Ruhe gelassen zu werden, und nicht, daß die Umgebung verändert werden solle. Je intimer aber, desto ungeselliger. Denn die Herstellung von Brüderlichkeit durch Ausschluß von »Außenseitern« kommt nie zu einem Ende, weil das Kollektivbild eines »Wir« niemals feste Gestalt annimmt. Fragmentierung und innere Spaltung sind die Konsequenz einer so verstandenen Brüderlichkeit, wenn die Gruppe der Menschen, die wirklich dazugehören, immer kleiner wird. Solche Brüderlichkeit mündet schließlich in Brudermord.

Rainer Zoll:
Alltagssolidarität und Individualismus

Es scheint mir ganz unzweifelhaft zu sein, daß der soziokulturelle Wandel eine Veränderung von Identität, ja Identitätskrisen und -neubestimmungen einschließt. Wenn die impliziten Normen der lebensweltlichen Normalität in Frage gestellt sind, dann befindet sich das Individuum in einer äußerst schwierigen, labilen Situation. In einer »normalen« Lage schwimmt das Individuum als bewußtes Subjekt gewissermaßen auf einem Meer von »impliziten Deutungen« (Douglas 1975). Diese stellen einen Teil seiner Lebenswelt dar, in die es hineingeboren wird und die es sich beim Aufwachsen mehr oder minder unbewußt aneignet. Die Krise des alten kulturellen Modells raubt vielen Jugendlichen und auch manchen Älteren diese lebensweltliche Sicherheit; sie sind aufs äußerste in ihren Identitätsstrukturen verunsichert. Diese Krise der Identität ist ein unweigerliches Element des soziokulturellen Wandels; es ist die Art und Weise, in der viele Individuen ihn persönlich und sehr direkt erleben, während andere nur durch ihre ablehnende oder zustimmende Reaktion zeigen, daß er nicht spurlos an ihnen vorübergeht.

Die Identitätskrise wirft die Individuen auf sich selbst zurück; sie werden veranlaßt, individuell, ja individualistisch auf sie zu reagieren. So entsteht ein »neuer Individualismus«, der, wie ich zeigen will, zwar mit dem alten verwandt, aber keineswegs identisch ist. Er ist gewissermaßen die Erscheinungsform der neuen Identität, genauer, der Bemühungen um das Finden einer neuen Identität.

Während die einen vom Tode des Individuums reden, beklagen andere das Aufleben eines radikalen Individualismus. Die Existenz dieses neuen Individualismus wird kaum noch bestritten, doch seine Interpretationen unterscheiden sich erheblich. Die verbreitetste Interpretation insistiert auf dem Individualismus und klassifiziert ihn von vornherein als altbekannt, durch den Verweis auf den Individualismus des sich durchsetzenden und dann triumphierenden Bürgertums. Diese Deutung unterstreicht den liberalen und manchmal auch libertären Charakter des neuen Individualismus. Die zweite Interpretation insistiert auf der Neuheit des Phänomens und versucht, es zu erklären. Sie soll hier verfolgt werden, obwohl von vornherein zugegeben werden muß, daß der neue Individualismus durchaus auch eine Weiterentwicklung des alten ist. Trotzdem würde die Interpretation des Phänomens als bloßer Fortsetzung des alten Individualismus am Wesentlichen vorbeigehen; sie müßte notwendig übersehen, daß der neue Individualismus Teil des soziokulturellen Wandels ist, der neue Identitätsstrukturen und neue Verkehrsformen hervorbringt.

Die neokonservative Interpretation des neuen Individualismus stellt insofern eine interessante Variante der ersten Individualismus-Deutung dar, weil sie einerseits das Phänomen ernst nimmt, das Recht auf Individualismus, auf Pluralität der Lebensstile und auf Hedonismus betont, andererseits aber den alten Individualismus einklagt und auf dem Leistungsprinzip insistiert, ohne das sich aus dem individualistischen Glücksstreben nur Parasitentum ergeben könne. Die Yuppies stellen gewissermaßen die praktische Umsetzung dieser Deutung dar.

Ein wichtiger Unterschied zwischen dem alten und dem neuen Individualismus liegt darin, daß der alte eher eine Wahl, eine Entscheidung des Individuums darstellt, während der neue in einer sozialen Situation des Zwangs entsteht. Der Individualisierungsprozeß geht zwar seit Jahrhunderten vonstatten, aber es ist kaum möglich zu leugnen, daß er eine enorme Beschleunigung in den letzten Jahren beziehungsweise Jahrzehnten erfahren hat.

Dieser »Individualisierungsschub« (Beck 1983) erfaßt entgegen anderslautenden Annahmen auch die Arbeiter. Während sie zu Beginn dieses Jahrhunderts und auch noch in der Weimarer Republik in einer Lebenswelt lebten, die durch die Arbeiterkultur und durch »soziale und politische Gemeinsamkeiten und Identifizierungen« gekennzeichnet war, ist für sie heute eine »strukturelle Individualisierung« (Mooser 1984) festzustellen. Die Gründe dieser Individualisierung sieht Mooser in der »Ausweitung individueller Lebenschancen und -risiken auf der Grundlage der Lohnarbeit durch relativen Wohlstand, sozialstaatliche Sicherung, Mobilitäts- und Bildungsprozesse«. Die Analysen von Beck insbesondere, aber auch von Zapf und anderen stimmen darin überein, daß der Individualisierungsprozeß objektive und subjektive Faktoren kombiniert. Einer der wichtigsten Faktoren der Individualisierung ist die zunehmende Differenzierung der Sozialstruktur und Lebenslagen, das heißt vor allem der Lebenslagen und Sozialstruktur der Arbeiterklasse.

Während der Individualismus des frühen Bürgertums dem Staat – dies war ein Kernpunkt der liberalen Ideologie – nur die Rolle des »Nachtwächters« zuwies, überträgt der aktuelle Individualismus dem Staat viel weitergehende Verantwortung, vor allem, was die Sozialpolitik und die Sicherheitspolitik anbetrifft (Zapf 1987), weil die neuen Individualisten Sicherheit und Freiheit als gleichermaßen zu realisierende Dimensionen ihres Lebens anstreben (Mückenberger 1989).

Hoffmann-Nowotny (1988) konstatiert, daß die bürgerliche Gesellschaft im Individuum ihre Basiseinheit hat. Dem könnte entgegengehalten werden, daß dies erst heute wirklich zutrifft und daß bis heute die Basiseinheit eher die Kleinfamilie mit ihrer Aufteilung der produktiven und reproduktiven Aufgaben zwischen Mann und Frau war. Heute tritt an die Stelle der Kleinfamilie eine Vielzahl der Formen des Zusammenlebens oder Nicht-Zusammenlebens: vom Single über verschiedene Formen der Partnerschaft bis zur Kleinfamilie. Diese Vielfalt von Lebensformen ist ein Moment des Individualisierungsprozesses und wird als »Pluralisierung der Lebensstile« gekennzeichnet (Zapf 1987).

Jedes kulturelle Modell impliziert auf der Ebene des Individuums eine grundlegende spezifische Identitätsstruktur. Der neue Individualismus entsteht aus der Schwierigkeit, Identität ohne den Bezugsrahmen des alten kulturellen Modells zu definieren oder neu zu definieren. Das gilt vor allem für die Jugendlichen, die in der Phase der Adoleszenz und der Postadoleszenz vor der Notwendigkeit stehen, eine Ich-Identität (Erik Erikson 1959) auszubilden. Die Probleme dieser Identitätssuche werden heute enorm vergrößert durch das Fehlen von Formen und Bezugspunkten, die bisher durch die zum kulturellen Modell gehörige Lebenswelt geliefert wurden.

Diese Erosion von Normen ist ein Aspekt der Krise der Normalität. Meist stehen in der Diskussion die eher objektiven Aspekte wie die Krise des Normalarbeitsverhältnisses und des Normalarbeitstages, die durch die Deregulierung bedroht werden, im Vordergrund. Selbstverständlich sind diese Deregulierungen von zuvor allgemein gültigen und auch empirisch für die große Mehrzahl der Individuen geltenden Regeln, die meist in langen gewerkschaftlichen und politischen Kämpfen durchgesetzt wurden, ein wichtiges Element der Krise der Normalität. Andere sind die Unsicherheit der Beschäftigungsverhältnisse und die hohe Arbeitslosigkeit. Diese Faktoren tragen auch zur Erschütterung der subjektiven kulturellen Normen bei. Die subjektive Seite, die Kraft der Normalität als Identitätskrise, wurde bisher eher vernachlässigt.

Die »impliziten Deutungen«, von denen zuvor schon die Rede war, sind in der Epoche des sich durchsetzenden Industriekapitalismus die Normen der säkularisierten Version der protestantischen Ethik, die ich als Strukturen des alten kulturellen Modells gekennzeichnet habe. Sie werden vom Individuum während seines Sozialisationsprozesses angeeignet und bilden dann in der spezifischen Form, die sie durch diesen Aneignungsprozeß erhalten, die impliziten Strukturen seines Denkens und Handelns, seiner Identität. Sie sind Teil seiner Lebenswelt, in die das Individuum hineinwächst. Dieses Hineinwachsen ist ein Moment des Aneignungsprozesses und damit zugleich Reproduktion und möglicherweise Veränderung der Lebenswelt. Wohlverstanden, die Normen des kulturellen Modells prägen, um in der Habermasschen Begriffswelt zu bleiben, »System« und »Lebenswelt«, aber sie werden unterschiedlich reproduziert. Die Institutionenwelt wird geschaffen, um gesellschaftlichen Strukturen Dauerhaftigkeit zu verleihen. Ihre Strukturen haben folglich einen anderen Charakter, sind unter anderem viel stabiler als die der Lebenswelt. Die Reproduktion der Lebenswelt, obwohl durchaus nicht unbeeinflußt vom »System«, ist dagegen durch ihre Abhängigkeit von den individuellen Aneignungs- und damit zugleich Produktionsprozessen viel flexibler, viel offener für Veränderungen und für Neues. (...)

Eine andere Erscheinungsform ist die Veränderung der Verteilung der zugewiesenen Rollen in der Gesellschaft, vor allem also die zwischen Mann und Frau. Wenn diese Veränderung auch noch

weit hinter den berechtigten Forderungen der Frauen zurück-
bleibt, so reicht doch das, was geschehen ist, aus, um die alte Normalität auf diesem Gebiet zu erschüttern. An diesem Beispiel wird
klar, daß zum einen der Wandel wahrscheinlich erst am Anfang
steht, denn es ist nicht einzusehen, warum die Frauen mit dem
Erreichten zufrieden sein sollten; zum anderen, daß es auch Gebiete gibt, auf denen die soziokulturellen Veränderungen im »System« weiter fortgeschritten sein können als in der Lebenswelt,
denn in der gesetzlichen Gleichberechtigung der Frau scheint mir
mehr erreicht zu sein als etwa in der eher der Lebenswelt zuzuord-
nenden Aufteilung der häuslichen Aufgaben. (...)
    Für die Frage nach der Ausbildung der für das alte kulturelle
Modell typischen Identitätsstrukturen kann von der Arbeit Erik
Eriksons ausgegangen werden, der den Prozeß der Gewinnung
einer Ich-Identität als Abfolge von Krisen beschreibt, in dem das
Subjekt in der Spannung von Ich-Abgrenzungen und Bindungen
zu seinem Ich findet. Habermas beschreibt in seiner Diskussion
der Identitätsstrukturen und -probleme die Aufgabe der Ich-Identität sehr prägnant: »Sie bewährt sich in der Fähigkeit, der eigenen
Lebensgeschichte Kontinuität zu geben. Im Zuge des Individu-
ierungsprozesses muß der einzelne seine Identität hinter die Li-
nien der konkreten Lebenswelt und seines an dieser Herkunft haf-
tenden Charakters zurücknehmen. Die Identität des Ich kann
dann nur noch über die abstrakte Fähigkeit stabilisiert werden,
auch angesichts inkompatibler Rollenerwartungen und im Durchgang durch eine Folge widersprüchlicher Rollensysteme den
Forderungen nach Konsistenz und damit Bedingungen der Reko-
gnition zu genügen. Die Ich-Identität des Erwachsenen bewährt
sich in der Fähigkeit, aus den zerbrochenen oder überwundenen
Identitäten neue Identitäten aufzubauen und mit den alten so zu
integrieren, daß sich das Geflecht der eigenen Interaktionen zur
Einheit einer zugleich unverwechselbaren und zurechenbaren Lebensgeschichte organisiert.« Hier werden zugleich Widersprüche
der Identitätsstrukturen im alten kulturellen Modell deutlich, auf
die noch zurückzukommen sein wird.
    Die existentielle Situation der Jugendlichen und aller, die aktu-
ell eine Identitätskrise erleben, kann als eine Zwangslage beschrieben werden, denn sie stehen unter dem Zwang, eine »nor-

male« Ich-Identität unter keineswegs normalen Bedingungen herauszubilden. Sie fühlen sich auf sich selbst zurückgeworfen, sie erleben unter diesem Gesichtspunkt passiv eine Individualisierung, auf die sehr viele reagieren, indem sie die Haltung des sogenannten neuen Individualismus herausbilden. Er entsteht also aus einer Notlage heraus und kann als subjektiver Ausdruck und zugleich aktive Bewältigung der Individualisierung gekennzeichnet werden. Der neue Individualismus ist die subjektive Erscheinungsform der Individualisierung unter den Bedingungen des aktuellen soziokulturellen Wandels. Er ist das Produkt der neuen Form der »Sorge um sich«, der Bemühungen der Individuen um Selbstverwirklichung.

In ihrer Analyse der *Gewohnheiten des Herzens* der heutigen Nordamerikaner unterscheiden Bellah et al. (1985) den utilitaristischen Individualismus eines Benjamin Franklin vom expressiven Individualismus eines Walt Whitman (»I sing the Self«). Da der neue Individualismus von der Suche nach Selbstverwirklichung hervorgebracht wird, übernimmt er in einer gewissen Weise die expressive Seite des alten, aber kaum seine utilitaristische Seite. Bellah et al. versäumen, auf das Elitäre im expressiven Individualismus alter Prägung hinzuweisen. In *dessen* Sinne ist die Suche der Jugendlichen nach Selbstverwirklichung nichts Neues; die große Literatur liefert für sie beeindruckende Beispiele. Das Neue ist der Massencharakter, ist die »Demokratisierung« des Phänomens. (...)

Die Suche nach Selbstverwirklichung stellt zum einen einen Zwang dar; zum anderen wird sie aber von vielen – vor allem aber von älteren Individuen, die eine Identitätskrise durchmachen – als eine Befreiung erlebt. Die Gründe hierfür liegen in der charakteristischen Identitätsstruktur des alten kulturellen Modells, die auch die Basis des alten Individualismus darstellte: Sie enthielt die Fiktion der Einheit des individuellen Ichs, der Einheit des bürgerlichen Subjekts. Es war eine Fiktion und zugleich eine Realität, aber eine gewaltsam hergestellte Realität, weil die Einheit durch die Abspaltung des Nicht-Integrierbaren, durch den Ausschluß des Disparaten, des Nicht-Identischen hergestellt wurde. Elias hat diesen Prozeß als den einer Verinnerlichung von Zwängen beschrieben (Elias 1969). Adorno und Horkheimer insistieren in der

Dialektik der Aufklärung auf der Gewaltsamkeit des Prozesses: »Furchtbares hat die Menschheit sich antun müssen, bis das Selbst, der identische, zweckgerichtete, männliche Charakter des Menschen geschaffen war, und etwas davon wird noch in jeder Kindheit wiederholt. Die Anstrengung, das Ich zusammenzuhalten, haftet dem Ich auf allen Stufen an, und stets war die Lockung, es zu verlieren, mit der blinden Entschlossenheit zu seiner Erhaltung gepaart« (Adorno/Horkheimer 1944, S. 33).

Die Abspaltung des Nichtidentischen ist Opfer der Natur, der inneren wie der äußeren Natur. »In der Klassengesellschaft schloß die Feindschaft des Selbst gegen das Opfer ein Opfer des Selbst ein, weil mit der Verleugnung der Natur im Menschen bezahlt ward um der Herrschaft über die außermenschliche Natur und über andere Menschen willen.« Heute wird immer deutlicher, daß die Herrschaft über die äußere Natur zugleich ihre Opferung, ihre Zerstörung, beinhaltet. Weit weniger sind sich die Menschen dessen bewußt, was dieser Prozeß für die innere Natur bedeutet. »Die Herrschaft des Menschen über sich selbst, die sein Selbst begründet, ist virtuell allemal die Vernichtung des Subjekts, in dessen Dienst sie geschieht, denn die beherrschte, unterdrückte und durch Selbsterhaltung aufgelöste Substanz ist gar nichts anderes als das Lebendige, als dessen Funktion die Leistungen der Selbsterhaltung einzig sich bestimmen, eigentlich gerade das, was erhalten werden soll« (Adorno/Horkheimer 1944, S. 50f.). Diesen Satz mit Beschreibungen der Zwangsneurose zu vergleichen lohnt sich, weil so der Zwangscharakter der Identitätsstrukturen im alten kulturellen Modell deutlich wird. Unter diesem Blickwinkel ist die Identität des Zwangsneurotikers nur eine extreme Ausprägung »normaler« bürgerlicher Identität, und die Identitätsbemühungen der neuen Individualisten lassen sich als Rebellion gegen den Zwangscharakter beschreiben.

Auf der psychischen Ebene ist diese zwanghafte Einheit durch Verdrängung charakterisiert, weil sie nicht anders als durch Verdrängung der Triebregungen, die mit dem gesellschaftlichen Identitätsmodell in Konflikt stehen, herstellbar ist. Sie ist eine Fiktion, denn sie kann niemals eine vollständige Einheit sein, sie enthält notwendig Brüche, da das Nicht-Integrierbare nicht nur außen, sondern auch innen ist. In der Pionierphase des Bürgertums und des Individualismus richteten sich die Bemühungen der Individuen auf die Konstruktion einer solchen Einheit, die zu Eroberungen, zu Pioniertaten fähig war. Erst viel später wurden die Risse in der rigiden Einheit entdeckt. Heute brechen die Risse auf oder sind schon aufgebrochen. Die Folgen für die Individuen sind Identitätskrisen, die oft fremde Hilfe notwendig machen. In der Bundesrepublik wird von der »Therapie-Gesellschaft« gesprochen, und Bellah et al. (1985) stellen fest, daß die Leitfiguren der amerikanischen Mittelschicht heute der Manager und der Therapeut sind. Die Analyse des therapeutischen Diskurses bestimmter psychotherapeutischer Richtungen, wie sie von Bellah et al. (1985) vorgenommen wird, ist für das Verständnis des neuen Individualismus hilfreich.

Solche Diskurse versuchen immer, selbst wenn sie außerordentlich diszipliniert vonstatten gehen, offene Kommunikation zu sein. Die Öffnung betrifft genau das, was als nicht integrierbar und irrational ausgeschlossen war, das »Andere der Vernunft« (Böhme/Böhme 1985). Das Ziel solcher therapeutischen Diskurse ist es, eine neue Synthese des Individuums, eine neue Identität zu ermöglichen.

Der neue Individualismus entsteht also aus dem Scheitern des alten, aus dem Aufbrechen der alten Identitätsstrukturen. Das Individuum, das die Krise des alten kulturellen Modells als eine Krise seiner eigenen Identität erlebt, wird zwangsläufig in eine offene Situation hineingeworfen. Viele werden von Panik ergriffen und verzweifeln, verharren in einer Art Angststarre oder flüchten. Andere dagegen suchen die neue Synthese und müssen sich also sich selbst zuwenden. Daher rührt die narzißtische Seite des neuen Individualismus, daher die Ich-Bezogenheit, der Egotismus dieser Individuen.

Das Aufbrechen der starren Strukturen ist eine Befreiung, aber es gewährt eine ambivalente Freiheit. Die einen werfen sich gierig auf die Vielzahl der möglichen Alternativen, die anderen suchen verzweifelt den Weg, der der ihre sein könnte, und andere schließlich werden gelähmt: Angesichts der dringenden Notwendigkeit einer Wahl verweigern sie sich. Die gesellschaftliche Komplexität wird noch durch die extreme Differenzierung des freien oder zwanghaften Charakters der Situation verstärkt: Ein Jugendlicher, der seine Individualität auf expressive Weise sucht, hat in der Tat eine große Wahlfreiheit. Er kann sich für eine Punkfrisur entscheiden oder fotografieren, er kann malen, er kann ein Instrument spielen oder »Körperarbeit« machen; wenn derselbe Jugendliche jedoch vor der Notwendigkeit einer beruflichen Entscheidung steht, kann er heute bei entsprechenden Voraussetzungen zwar fast jeden Weg der Berufsausbildung wählen, aber die Chancen, wirklich zu finden, was er sucht, das heißt eine Arbeit mit kreativen oder sozial nützlichen Aspekten, eine Arbeit, in der er sich selbstverwirklichen kann, sind außerordentlich gering. Es ist verständlich, daß viele das Rennen um solche Arbeitsplätze aufgeben, bevor es begonnen hat.

Die offensichtliche Folge dieser Situation ist es, daß die Individuen die Suche nach Selbstverwirklichung auf andere Terrains als das der beruflichen Arbeit verlagern. Zwar sind die Situationen der Nicht-Arbeit und der unmittelbaren Sorge um sich ebenso geselllschaftlich bestimmt wie die der Lohnarbeit, aber angesichts der Krise des alten kulturellen Modells sind sie relativ offen.

Von einem philosophischen Gesichtspunkt aus betrachtet kann Identität niemals definitiv, niemals total sein. Von Identität zu sprechen, hat nur Sinn, wenn die Rede die Dimension Zeit einbezieht. Nur das kann wahrhaft identisch mit sich selbst sein, was außerhalb der Zeit steht. Aber es gibt ein relatives Mit-sich-selbst-identisch-Sein, ohne das Differenzierung nicht möglich wäre (Frank 1986). Eine nicht zwanghafte Identität wäre also durch ein solches relatives Mit-sich-selbst-identisch-Sein, eher durch Kohärenz und Kontinuität – durchaus im Sinne des alten Identitätsbegriffes – als durch definitive Identität charakterisiert. Was die Krise ebenfalls nicht überlebt, ist das Ideal der totalen Integriertheit; das Individuum muß lernen, Bruchstückhaftes, Fragmentarisches, Anderes im emphatischen Sinn zuzulassen, als Teil seiner Identität zu akzeptieren.

Die Bemühungen des alten Individualismus um eine definitive Identität waren also zum Scheitern verurteilt. Sie gaben der Identität des bürgerlichen Subjekts ihren rigiden, nicht-flexiblen Charakter. Die neue Form der Suche nach Selbstverwirklichung ist geprägt vom Versuch, das Prinzip der totalen Identität und seine Starrheit zu überwinden. Von daher rührt auch die Erkenntnis, daß eine Synthese nicht definitiv sein kann, daß das Individuum nur relativ provisorische Gleichgewichte finden kann. In der Sprache des therapeutischen Diskurses sind es Etappen: Die Individuen »kommen an«, aber sie gehen nach einer Zeit weiter. Der »Weg« wird privilegiert.

Der neue Individualismus enthält also eine Hoffnung, die Hoffnung auf eine neue Form der Identität des menschlichen Subjekts, die in einer gewissen Weise die Versprechungen des alten Individualismus einlöst und die Wunden heilt, die das Aufbrechen der starren Identität des bürgerlichen Individuums notwendig verursacht. So betrachtet ist der neue Individualismus eher ein Projekt, eine Perspektive. Er könnte an die Stelle »der rigiden Einheit des bürgerlichen Subjekts« die »flexiblere Organisationsform einer ›kommunikativ verflüssigten‹ Ich-Identität« setzen, wie es Albrecht Wellmer (1985), oder eine »Patchwork-Identität«, wie es Heiner Keupp (1989, 1991) formuliert hat.

Heute gibt es zahlreiche Studien, die die Rigidität und Zwanghaftigkeit der alten Identitätssynthese untersuchen. Die Risse und selbst das Aufbrechen der rigiden Identitätsstrukturen sind evident. Aber daraus auf den Tod des Individuums zu schließen, bedeutet, die Rigidität mit der Identität zu identifizieren, bedeutet, am Prinzip der definitiven, der totalen Identität und damit am Ausschluß des Nicht-Integrierbaren, des Anderen festzuhalten. Die Rede vom Tod des Individuums wie auch das Aufgeben des Identitätsbegriffes bleiben also dem alten kulturellen Modell verhaftet und sind unfähig, sich dem Neuen, das in der Krise entsteht, zu öffnen; sie geben mit den alten Begriffen zugleich deren utopischen Gehalt auf, wozu keine Notwendigkeit besteht. Im Gegenteil: Gerade die neuen Formen von Individualität und Identität geben trotz und in ihrer Ambivalenz Anlaß zur Hoffnung auf »Versöhnung«, weil sich in ihnen die Möglichkeit eines neuen Verhältnisses zur inneren und äußeren Natur andeutet.

Heiner Keupp:
Zerstört Individualisierung die Solidarität?
Für eine kommunitäre Individualität

>»Jeder hat das Recht auf die freie Entfaltung seiner Per-
sönlichkeit. Doch erst das Einstehen füreinander macht
das Leben sinnvoll.

Ja,
Gemeinschaft

Wir leben in einer Zeit der Selbstverwirklichung. Oft
geht Individualität über alles. Persönliche Zurück-
nahme, Bescheidenheit und selbstloser Einsatz für die
Gemeinschaft sind nicht gerade populär.

Wer aber jemals Belastungen und Strapazen, vielleicht sogar Gefahren in Kameradschaft erlebt und
durchgestanden hat, der weiß, was Gemeinschaft ist.
Wahrscheinlich sein Leben lang. Gemeinschaft bedeutet immer Rücksicht auf andere und auch Härte gegen
sich selbst. Aber jeder spürt und gewinnt Dankbarkeit
und die Hilfsbereitschaft der anderen – Geborgenheit in
der Gemeinschaft. Das ist eine große persönliche Erfahrung. Fragen Sie mal einen, der dabei war.«

Dieses Zitat stammt nicht aus dem Klappentext der Autobiographie von Franz Schönhuber, *Ich war dabei*, in der er seine Erfahrungen in der Waffen-SS publikumswirksam aus dem moralischen
Abseits in die bundesrepublikanische Öffentlichkeit zurückgeholt
hat. Der Text endet mit »Wir sind da. Bundeswehr« und stammt
aus einer Annonce, die im Frühjahr 1994 in allen größeren bundes-
deutschen Zeitungen erschien. »Gemeinschaft«, das im Bewußtsein einer verunsicherten Gesellschaft gefährdete Gut Nummer 1,
hat ihre Retterin gefunden. Ihr Konzept ist die »Schicksalsgemeinschaft«.

Zum Jahreswechsel 1993/94 hat der zur Alternativszene gehörende Münchner Verein *Anstiftung* mit folgendem Text »für ein menschliches 1994« geworben:

> »Die fortschreitende Spaltung unseres Gemeinwesens ist von sozialer Kälte, Egoismus oder Hilflosigkeit begleitet.
>
> Es gilt Verantwortungs- und Interessengemeinschaften zu entdecken und durch phantasievolle Konzepte zu unterstützen.
>
> Unsere Zukunft liegt im Miteinander. Selbstvertrauen, Verantwortlichkeit und gegenseitige Achtung weisen die Wege dorthin.«

Offensichtlich wird quer zu den politischen Formationen der gemeinschaftliche Zusammenhalt in unserer Gesellschaft als bedroht wahrgenommen.

Auch in den seriösen Zirkeln von Sozialwissenschaften und Philosophie ist das Thema der veränderten gesellschaftlichen Bedingungen für Solidarität eines der aktuellsten. Ulrich Beck ist medial so präsent, daß man immer darauf hoffen kann, von ihm ein paar flott formulierte Anknüpfungen geliefert zu bekommen. So hat er kürzlich in der *Süddeutschen Zeitung* (7./8. Mai 1994) einige Bemerkungen zu unserem Thema beigesteuert:

»Individualisierung meint: die Aufzehrung und Entzauberung der gruppenspezifischen Identitäts- und Sinnquellen (ethnische Identität, Klassenbewußtsein, Fortschrittsglauben) der Industriegesellschaft, die bis in die 60er Jahre hinein auch die westlichen Demokratien gestützt haben. Die Folge ist: Alle Definitionsleistungen werden dem Individuum selbst auferlegt. Das eigene wird damit zugleich das globale Leben. Das Gehäuse des Nationalstaates ist zu groß und zu klein geworden.

Individualisierung bedeutet Enttraditionalisierung, aber auch das Gegenteil: die Erfindung von Traditionen. Die Idylle – Omas Apfelkuchen, Vergißmeinnicht und Kommunitarismus – hat Hochkonjunktur.«

Ulrich Beck hat dem Kommunitarismus einen eindeutigen Ort zugewiesen: die »Idylle«, das »Traditionelle«, die Nähe zu »Omas Apfelkuchen«. Das geht mir etwas zu schnell. Allenfalls einige kommunitaristische Positionen würde ich so einordnen wollen, auf keinen Fall aber die »kommunitaristische Fragestellung« selbst. Die möchte ich zunächst umreißen. Dabei werde ich nicht in die Tiefen oder Höhen der Sozialphilosophie hinab- oder hinaufsteigen. Im Grunde wäre das nötig, weil die Mehrheit der Kommunitaristen aus dem Bereich der Philosophie stammt (z. B. Michael Walzer, Charles Taylor, Michael Sandel, Alasdair MacIntyre). Bei ihnen geht es um Moral und Werte, und es ist kein Wunder, daß bei diesen Themen auch ein stark konservativer Flügel mitmischt. Mir scheint es zunächst wichtig, die Frage nach dem Verhältnis von Individuum und Gemeinschaft (Wieviel Gemeinschaft braucht der Mensch? – so ließe sich die kommunitaristische Schlüsselfrage bezeichnen) nicht von Anfang an in einem Rechts-Links-Schema zu verorten. Die politischen Lager tauchen allerdings dann bei den unterschiedlichen Typen von Antworten auf.

Mit diesem Kapitel soll in die kommunitaristische Debatte eingeführt werden. Sie stellt die aktuellste Thematisierung der alten Frage nach dem Verhältnis von Individuum und Gesellschaft dar.

Zunächst will ich kurz in die Grundfragen des Kommunitarismus einführen; dabei wird deutlich werden, daß er zwei Schwerpunkte verfolgt, die unmittelbar von psychologischer Relevanz sind:

– er vermittelt einen spezifischen Blick auf Bedingungen der Identitätsbildung; und
– er thematisiert die Frage der Bedingung von Solidarität oder solidarischer Netzwerke.

1. Grundproblem des Kommunitarismus

In den westlichen Gesellschaften (und zunehmend auf einem anderen Niveau auch in den Gesellschaften des ehemaligen sozialistischen Blocks) zerbrechen sich BürgerInnen und WissenschaftlerInnen den Kopf über den sozialen »Kitt«, der die sich neu herausbildenden gesellschaftlichen Systeme zusammenhalten könnte. Bisher waren das Strukturen der Tradition, des Zwangs, der Ab- und Ausgrenzung; gemeinsame religiöse Bindungen; die Regulative der Moderne. All diese Mechanismen verlieren an

Bindekraft, Verbindlichkeit, Überzeugungskraft oder sind schlicht in sich zusammengebrochen (hier meine ich speziell die Implosion des »realen Sozialismus« und – in seiner Folge – den Zerfall der Blöcke und der von ihnen errichteten Mauern). In der politischen Arena wird die Solidargemeinschaft bereits als gefährdetes Gut diskutiert. Auf dem letzten CDU-Parteitag hat Wolfgang Schäuble kritisch den Sozialstaat Deutschland durchleuchtet und konnte bei seiner Analyse sein eigenes Schaudern nicht verbergen. Die Bürger würden ihren Staat wie eine »Art Sozialagentur« gebrauchen, als eine »Serviceeinrichtung, zu der man sich wie ein Verbraucher verhält«, als Automaten, »in den man oben Münzen einwirft, um unten Berechtigungsscheine aller Art in Empfang zu nehmen«. Schäuble vermißt die Solidarität im Lande und appelliert mit verbissener und drohender Moralität an die sozialen Pflichten des einzelnen Staatsbürgers gegenüber der »Gemeinschaft«. Er beschwört schließlich die »Schutz- und Schicksalsgemeinschaft der Deutschen«. Andererseits ist er wohl doch nicht so pessimistisch: Beim Stiftungsfest einer Studentenverbindung spricht er von den »Veränderungen und Instabilitäten«, die Menschen »verunsichern und ängstigen« und »beinahe instinktiv den Rückhalt in der nationalen Gemeinschaft« suchen lassen. Kehren die Wohlstandsbürger in Zeiten der Krise doch wieder in den Schoß der »Volksgemeinschaft« zurück?

Auch in den Sozialwissenschaften wird seit einiger Zeit mit wachsendem Engagement die Frage diskutiert, wie eine Gesellschaft, die sich immer stärker an Werten wie Selbstverwirklichung oder Emanzipation des Individuums orientiere, überhaupt noch einen Zusammenhalt als solidarische Gemeinschaft realisieren könne. Es wird von einer »Kultur des Narzißmus« (Lasch 1980), einem »Ich-Wahn« (Keller 1986) gesprochen oder von der »Egoismus-Falle« (Nuber 1993). Schon in den sechziger Jahren hat Alexander Mitscherlich (1965) befürchtet, daß wir eine Gesellschaft von »Einsiedlerkrebsen« und »Eremiten« würden, und Kulturkritiker sprechen von dem »Tanz um das goldene Selbst« (Beck 1986), der heute die gesellschaftliche Bühne beherrsche. Viele dieser Diskurse sind sehr stark von Annahmen geprägt, die man sich empirisch fundiert wünschen würde. Eine ernsthafte Auseinandersetzung mit dem Zusammenhang von Individualisierung und

Solidarität hat sich in der »Kommunitarismus«-Debatte entfaltet, die vor allem in der Philosophie und Soziologie geführt wird. Die amerikanischen Kommunitaristen gehen von der These aus, daß »uneingeschränkte individuelle Freiheitsentfaltung auf Dauer die Fundamente der Demokratie« untergraben würde (Irene Albers 1993, S. 35). Ähnlich formuliert es Hermann Scheer, der sozialdemokratische Bundestagsabgeordnete, in seiner Einleitung zur deutschen Ausgabe des kommunitaristischen Hauptwerkes von Robert Bellah et al., *Gewohnheiten des Herzens*: »Die radikale Durchsetzung des sozial entpflichteten Individualismus (muß) zum Tod der freiheitlichen Demokratie führen« (1987, S. 11). Da wird doch eine ganz heftige Beschwörungsrhetorik aufgeboten!

Im Kommunitarismus geht es also um die Frage, ob eine Gesellschaft, die sich konsequent auf atomisierte, voneinander isolierte und ihrem Eigeninteresse folgende Individuen stützt, nicht letztlich ihre eigenen Grundlagen untergräbt. Die Kommunitarier ziehen in Zweifel, ob das liberalistische Menschenbild, das den bürgerlich-kapitalistischen Gesellschaftsordnungen die philosophisch-ideologische Basis liefert, ausreicht, um den notwendigen inneren Zusammenhalt, den »Gemeinsinn«, und die erforderlichen Solidaritätspotentiale zu stiften. Der Kommunitarismus läßt sich als Reaktion auf einen »Liberalismus der Gier« ansehen, der die Reagan-Ära bestimmt habe. Gegen Isolation, Vereinzelung und gnadenlose Konkurrenz wird der Begriff der Gemeinschaft ins Feld geführt. Die Kommunitarier erinnern daran, daß das anfangs befreiende liberalistische Menschenbild inzwischen seine eigene Basis aufgezehrt habe. Es könne für unverzichtbare Bürgertugenden in einer Zivilgesellschaft wie Zivilcourage und Gemeinsinn keine überzeugenden Begründungen mehr liefern. Im Grunde ist es der klassische Zweifel an dem Glauben an die vermittelnde Rolle des Marktes, daß nämlich »der pure Eigennutz sich hinter dem Rücken der Handelnden durch den Mechanismus des Marktes zum Gemeinwohl aggreggiere, daß – wie es Mandeville ausdrückte – ›private Laster‹ sich durch die ›unsichtbare Hand‹ des Marktes zu ›öffentlichen Wohltaten‹ summierten« (Strasser 1994, S. 119).

Wie gesagt, die Kommunitarier beschäftigen sich mit Fragen, die mit der Entstehung der bürgerlich-kapitalistischen Gesellschaft diese von Beginn an als kontroversen Diskurs begleitet haben. Es ist wahrscheinlich kein Zufall, daß sie in einer Periode mit neuer Intensität auf die Tagesordnung gesetzt wurden, da der Kapitalismus die Kampfstätte der Systemkonkurrenz als Sieger verlassen hat und nun unausweichlich sich seinen eigenen Widersprüchen zuwenden muß. Jetzt können sie nicht mehr als Ergebnis kommunistischer Wühlarbeit interpretiert werden. Vielmehr wächst die Erkenntnis, daß »die kapitalistische Gesellschaft den Trend zur Radikalisierung des Individualismus selbst erzeugt (hat) – und damit auch jene Widersprüche, die sich daraus ergeben. Von herausragender Bedeutung sind dabei die gesteigerten Mobilitätsanforderungen, welche die Reste der traditionalen Vergemeinschaftungsstrukturen nach und nach zerstört haben, und die Entwicklung zur Massenkonsumgesellschaft, die ohne den ständigen Appell an den Hedonismus des einzelnen nicht bestehen kann« (Strasser 1994, S. 119 f.). Der Kommunitarismus reagiert auf eine gesellschaftliche Entwicklung, die in unterschiedlichsten Analysen als »Freisetzung«, »Enttraditionalisierung«, »Erosion«, »Verlust der Mitte«, »ontologische Bodenlosigkeit« oder »Desintegration« beschrieben wird. Im nüchternen soziologischen Jargon sind es Mobilitätsprozesse, welche die verläßlichen örtlichen und sozialen Bezugspunkte der Subjekte verändern.

Für Michael Walzer (1993) gibt es vier Typen von Mobilität, die für die fortgeschrittenen kapitalistischen Gesellschaften typisch seien und z. B. die USA zu einer »zutiefst unsteten Gesellschaft« machen würden: Es ist (1) die *geographische Mobilität*, die vor allem als Folge berufsbedingter Ortswechsel anzusehen ist. »Das Wohn- oder auch Heimatgefühl müßte durch diese extensive geographische Mobilität eigentlich eine enorme Schwächung erfahren, wiewohl ich nicht zu entscheiden wage, ob es die schiere Empfindungslosigkeit ist, die an seine Stelle tritt, oder ob es ein neues multiples Heimatgefühl ist« (S. 165). (2) Die *soziale Mobilität* verstärkt diesen Trend. Die Anzahl der Menschen, die genau den gesellschaftlichen Platz einnehmen, den ihre Eltern hatten, oder den gleichen Beruf ausüben, den ihre Eltern ausübten, wird immer geringer. Dies hat zur Folge, »daß das Erbe der Gemeinschaft, d. h. die Weitergabe von Überzeugungen und Gebräuchen, bestenfalls unsicher ist. Ob die Kinder dabei ihres Erzählvermögens verlustig

336

gehen oder nicht, die Geschichten, die sie erzählen, dürften in jedem Fall andere sein als die Geschichten, die ihre Eltern erzählt haben« (a. a. O.). (3) Als dritten Typus nennt Walzer die *Beziehungsmobilität*, die er vor allem an den Trennungs-, Scheidungs- und Wiederverheiratungsraten festmacht und deren Konsequenzen er so beschreibt:»Insofern das Zuhause die erste Gemeinschaft und die erste Schule ist, in denen ein junger Mensch seine ethnische Identität und religiöse Überzeugung ausbildet, muß ein solcher Bruch zwangsläufig gemeinschaftszerstörende Konsequenzen haben. Das bedeutet, daß Kinder in vielen Fällen keine fortlaufenden oder identischen Geschichten von Erwachsenen zu hören bekommen, mit denen sie zusammenleben« (a. a. O.). (4) Schließlich konstatiert Walzer noch eine *politische Mobilität*, die immer weniger von Loyalitäten gegenüber Führerpersönlichkeiten, Parteien, Verbänden und kommunalen Institutionen bestimmt sei. Die Folge seien dann Menschen,»die frei fluktuieren«, und es ergäbe sich eine»unbeständige Wählerschaft« und eine»institutionelle Instabilität«(a. a. O., S. 166).

Diese Mobilitäten und ihre psychosozialen Konsequenzen erfahren laut Walzer eine höchst ambivalente Einschätzung:»Aus liberaler Sicht stehen die vier Mobilitäten für den Vollzug von Freiheit und das Streben nach (privatem oder persönlichem) Glück.« Aber es wird auch die»Kehrseite« erlebt und artikuliert, sie besteht»aus Kummer und Unzufriedenheit« mit der wachsenden Unbehaustheit und Wurzellosigkeit. Auf diesem Hintergrund sei»der Kommunitarismus nichts anderes als die periodisch wiederkehrende Artikulation dieser Empfindungen« (a. a. O.). Es ist die Reaktion auf die permanenten»Freisetzungsschübe«, die für die Entwicklung der kapitalistischen Gesellschaften so typisch und offensichtlich unaufhaltsam sind. Im *Kommunistischen Manifest* sind sie 1848 klassisch beschrieben worden:»Die fortwährende Umwälzung der Produktion, die ununterbrochene Erschütterung aller gesellschaftlichen Zustände, die ewige Unsicherheit und Bewegung zeichnet die Bourgeoisieepoche vor allen anderen aus. Alle festen eingerosteten Verhältnisse mit ihrem Gefolge von altehrwürdigen Vorstellungen und Anschauungen werden aufgelöst, alle neugebildeten veralten, ehe sie verknöchern können. Alles Ständische und Stehende verdampft, alles Heilige wird entweiht, und die Menschen sind endlich gezwungen, ihre Lebensstellung, ihre gegenseitigen Beziehungen mit nüchternen Augen anzusehen« (Marx und Engels 1966, S. 29).

So ganz nüchtern ist die Analyse der Kommunitarier meist nicht, der Blick ist sehr gefühlsbetont. Dazu Michael Walzer: »Was in ihm Ausdruck findet, ist ein Verlustgefühl, und der empfundene Verlust ist real« (a. a. O.). Als Verlust wird vor allem die teilweise schon eingetretene und weiter drohende Auflösung gemeinschaftlicher Wertbindungen empfunden, und den Kommunitarismus kann man als eine Antwort darauf ansehen, als eine »rettende Hermeneutik der Gemeinschaftsidee« (Honneth 1992, S. 20).

In immer neuen Metaphern wird in der gegenwärtigen öffentlichen und fachlichen Diskussion die »Erosion des Sozialen« umkreist. Metaphorisch soll das eingekreist werden, was zunehmend zu fehlen scheint. Der »100. Bergedorfer Gesprächskreis« (Körber-Stiftung 1993) zum Thema »Wieviel Gemeinsinn braucht die liberale Gesellschaft?« war außerordentlich produktiv in dem Angebot immer neuer Bilder: »Innere Kohäsion« (Kurt Biedenkopf), »soziales Gewebe« (Kurt Biedenkopf), »gesellschaftlicher Klebstoff« (Albert O. Hirschmann), »Gemeinsinn als Festiger« (Theo Sommer), »Unterfutter der Gemeinschaftlichkeit« (Theo Sommer), »Sozialenergie« (Helmut Klages). In meiner einschlägigen Sammlung sind noch folgende Begriffsbildungen enthalten: »Soziale Bindekraft« (Wolfgang Schäuble 1994), »soziale Ozonschicht« (Klaus Hurrelmann 1994), »sozialer Zement« (Jon Elster 1989). Als Klassiker ist in dieser Sammlung natürlich Erich Fromm enthalten, der sich 1932 Gedanken über den »sozialen Kitt« machte. Er hatte sich am Vorabend des Faschismus Gedanken gemacht, wie eigentlich der Zusammenhalt einer Gesellschaft möglich ist, die so erkennbar den Interessen der Gesellschaftsmitglieder nach Verteilungsgerechtigkeit und Partizipation zuwider läuft. Die Antwort von Fromm: Erst die Analyse der »libidinösen Struktur der Gesellschaft« kann uns nach der Auffassung der analytischen Sozialpsychologie aufzeigen, was eine Gesellschaft »im Innersten« zusammenhält, sie bildet – in der Terminologie Erich Fromms – den »Kitt«: »Es sind die libidinösen Kräfte der Menschen, die gleichsam den Kitt formieren, ohne den die Gesellschaft

338

nicht zusammenhielte, und die zur Produktion der großen gesellschaftlichen Ideologien in allen kulturellen Sphären beitragen« (ebd., S. 35). Der Faschismus hat mit seiner hohen Betonung der Gemeinschaftsbindung und seinen massenpsychologischen Gemeinschaftsritualen offensichtlich diesen Kitt unmittelbar für sich nutzen können und Zerrissenheits- und Desintegrationsängste der Menschen zur Erneuerung dieses Bindemittels – zumindest kurzfristig – umformen können.

Im gleichen Aufsatz hat Erich Fromm auch einen Blick nach vorne gerichtet und damit die Frage thematisiert, was denn beim gesellschaftlichen Entwicklungsniveau von heute der soziale Kitt sein könnte: »Mit dem Wachsen der objektiven Widersprüche innerhalb der Gesellschaft, mit der beginnenden stärkeren Zersetzung einer bestimmten Gesellschaftsform treten auch gewisse Veränderungen in der libidinösen Struktur der Gesellschaft ein, traditionelle, die Stabilität der Gesellschaft erhaltende Bindungen verschwinden, traditionelle Gefühlshaltungen ändern sich. Libidinöse Kräfte werden zu neuen Verwendungen frei und verändern damit ihre soziale Funktion. Sie tragen nun nicht mehr dazu bei, die Gesellschaft zu erhalten, sondern sie führen zum Aufbau neuer Gesellschaftsformationen, sie hören gleichsam auf, Kitt zu sein« (S. 39).

Darauf ist noch einmal im dritten Teil einzugehen.

Ich kehre wieder zurück zum aktuellen Kommunitarismus. Er hält es – wie gelesen – für einen illusionären Selbstbetrug des Liberalismus und seines ökonomischen Modells, daß gemeinsame Ziele als »Konvergenzprodukt« individueller Zielsetzungen vorstellbar sind (Taylor 1993b, S. 9). Es sei vielmehr eine vorgängige Identifikation mit gemeinschaftsbildenden und -sichernden Zielen notwendig, damit sich das Handeln nicht in Gegensatz zu ihnen befindet. Taylor formuliert den grundlegenden Fehler des ökonomischen Modells so: »Die ökonomische Theorie ignoriert das zentrale Anliegen der gesamten bürgerlich-humanistischen Tradition: daß nämlich jede freie (d. h. nichtdespotische) Regierungsform einer starken Identifikation von seiten ihrer Bürger bedarf. (...) Das setzt aber voraus, daß die Bürger einen starken Sinn für die Zugehörigkeit zu ihrem Gemeinwesen haben, ja daß sie im äußersten Fall dazu bereit sind, für es zu sterben« (a. a. O., S. 10).

Das klingt zunächst so, daß wir zu diesem emphatischen Tonfall vermutlich erst einmal Distanz schaffen wollen. Der große gedankliche Gegenentwurf, der auf die Idee des »Gemeinwillens« (*volonté général*) und auf Rousseau zurückgeht, dürfte auch keine schnelle Akzeptanz finden, obwohl er gerade bei allen emanzipatorischen Bewegungen sich auf einen wichtigen Erfahrungskomplex bezieht: »Es ist die Erfahrung von Menschen, denen es gelingt, gegen ein Klima von Entfremdung oder gar Repression eine Bewegung zu mobilisieren, mittels derer sie ihre Interessen in Angelegenheiten einbringen können, die sie selbst betreffen. Wenn Bürger sich gegen eine Diktatur organisieren oder Mieter sich gegen den Abbruch eines Hauses zur Wehr setzen, machen sie die Erfahrung eines starken Gemeinschaftsgefühls: Sie verfolgen ein gemeinsames Ziel, empfinden ihre Stärke bei dessen Durchsetzung und achten sich als Menschen, die ihr Schicksal selbst in die Hand nehmen. In dieser Kampfsituation wird Rousseaus Idee Wirklichkeit« (a. a. O., S. 11). Dieses Gefühl von Gemeinschaftlichkeit, der Erfahrung »gemeinsam sind wir stärker«, bestimmt sicher häufig unsere Assoziationen von »Gemeinde« oder den »Empowerment«-Diskurs.

Daß Kommunitaristen wie Taylor keine naiven »community«-Apologeten sind, wird an ihrer Kritik an einem gefühlsduseligen Rousseauschen Modell deutlich. Er betont, daß dieses Modell als Leitidee für den Alltag einer demokratischen Gesellschaft untauglich, ja »verheerend« sei, weil es für Konflikt, Streit und eine Politik der Differenzen keinen systematischen und geachteten Platz enthalten würde. Hier ist ein drittes Modell notwendig, das – in der Tradition von Tocqueville und Hannah Arendt – Konflikt und Streit als notwendigen Bestandteil einer demokratischen Kultur ansieht und sich über die Identifikation mit einem politischen System definiert, das ein faires Austragen von Konkurrenz und Konflikt ermöglicht. Taylor spricht hier von dem »Identifikationspol« des Gesetzes, andere (wie Sternberger oder Habermas) sprechen vom »Verfassungspatriotismus«, also von gesellschaftlichen Spielregeln oder Verfahrensprinzipien, welche die Chance absichern, »als Gleiche« anerkannt zu sein. »Die Gesetze, welche diese Möglichkeit für alle gewährleisten, spiegeln den gemeinschaftlichen Willen wider, sich gegenseitig in dieser Möglichkeit anzuerkennen, und stellen damit ein Gemeingut von unschätzbarem Wert dar« (Taylor 1993b, S. 12).

Wenn man solche Analysen liest, wird schnell deutlich, daß die reflektierten Kommunitarier sich kaum mit Formeln dieser Art identifizieren würden: »Du bist nichts, dein Volk ist alles«; vielleicht noch am ehesten mit dem klassischen Motto: »Gemeinnutz geht vor Eigennutz«. Taylor ist letztlich ein sozialistisch inspirierter Basisdemokrat, und er macht sich vor allem immer wieder Gedanken darüber, durch welche Bedingungen Demokratie abzusichern sei. An diesem Punkt verweist er auf identifikatorische Prozesse, die man auch als kommunitäre Werte definieren kann, für die sich demokratisch gesonnene Bürgerinnen und Bürger voll einsetzen würden und die als Ergebnis eines liberalistischen Modells keine Chance hätten:

1. *Solidarität* ist unteilbar und insofern ein einheitsstiftender Wert. Die Gesellschaftsmitglieder definieren sich als »Beteiligte am gemeinsamen Unternehmen der Wahrung ihrer Bürgerrechte«. Der Antrieb dafür »kann nur aus einem Gefühl von Solidarität kommen, das die allgemeine Verpflichtung zur Demokratie übersteigt und mich mit jenen anderen, meinen Mitbürgern, verbindet« (Taylor, a. a. O., S. 14).

2. *Partizipation* ist die zweite Grundbedingung für Demokratie. Wichtig sind hier soziale »Bewegungen, in denen sich Bürger selbst organisieren, um auf den politischen Prozeß einzuwirken. (...) Diese Bewegungen erzeugen einen Sinn für zivile Macht, ein Gemeinschaftsgefühl bei der Verfolgung von Zielen« (a. a. O., S. 16). Taylor plädiert dabei für eine »weitgespannte Vielfalt von Formen direkter Partizipation« und für die Schaffung dezentraler politischer Einheit, die »eine Beziehung zu lebendigen Identifikationsgemeinschaften haben (müssen)« (a. a. O., S. 17).

3. *Sinn für gegenseitigen Respekt* ist die dritte zentrale Bedingung. »Ohne diesen Respekt bliebe es unverständlich, warum das Gemeinwesen die Bürgerrechte gemeinschaftlich verteidigt. Wenn auch nur eine regional, ethnisch, sprachlich oder wie immer bestimmte Gruppe von Bürgern Anlaß zu der Annahme hat, daß ihre Interessen übergangen werden oder daß sie diskriminiert wird, ist die Demokratie in Frage gestellt.« Besonders die Er-

fahrungen sozialer Ungleichheit bedrohen die demokratischen Grundwerte, und deshalb kommt den »Einrichtungen des Wohlfahrtsstaates« eine so zentrale Bedeutung zu: »Er hat entscheidend dazu beigetragen, daß die Bürger sich gegenseitig eine gewisse Achtung bezeugen« (a. a. O., S. 18).

2. Starke oder schwache Identität für eine starke oder schwache Gemeinschaft – auf jeden Fall eine dialogische Identität

Bei dem amerikanischen Kommunitarier Michael Walzer (1992, S. 136) klingt etwas von dem an, was die kommunitaristische Debatte letztlich auch für die Psychologie wichtig machen könnte. Denn es ist nicht nur eine Debatte, die man unter der Rubrik politische Philosophie einordnen sollte, vielmehr liefert sie auch Vorstellungen über die Bedingungen gelingender Identitätsbildung:

> »Wenn ich mich sicher fühlen kann, werde ich eine komplexere Identität erwerben (...) Ich werde mich selbst mit mehr als einer Gruppe identifizieren; ich werde Amerikaner, Jude, Ostküstenbewohner, Intellektueller und Professor sein. Man stelle sich eine ähnliche Vervielfältigung der Identitäten überall auf der Welt vor, und die Erde beginnt, wie ein weniger gefährlicher Ort auszusehen. Wenn sich die Identitäten vervielfältigen, teilen sich die Leidenschaften« (1992, S. 136).

Eine zentrale Kritik am liberalistischen Gesellschaftsmodell bezieht sich auf dessen ideologische Verdoppelung des individualisierten Subjekts oder des »homo clausus« (Elias 1976). Vor allem Michael Sandel kritisiert den analytischen Ausgangspunkt eines »ungebundenen oder freischwebenden Selbst« oder eines »monologischen Identitätsverständnisses« (Taylor 1993a). Wir kennen diese Kritik natürlich längst aus dem eigenen disziplinären Lager (vor allem der Feministinnen und von Autoren wie Edward Sampson).

Identitätspolitik als ein verzweifelter Kampf um soziale Anerkennung scheint die aktuelle soziokulturelle und politische Landschaft zu beherrschen. Edward Sampson (1993) verwendet den Begriff von »identity politics«, um progressive soziale Bewegungen wie die Frauen-, die Schwulen- und Lesbenbewegung oder die Bewegung der Afroamerikaner zu charakterisieren. In diesem Zusammenhang bekommt der Identitätsbegriff einen impliziten »emanzipatorischen Heiligenschein«.

Diederich Diederichsen hat kürzlich in einer Diskussion auf den durchaus ambivalenten Bedeutungsgehalt dieses Begriffs hingewiesen:

> »Was passiert, wenn man sich mit einer Identität versieht? Man bewaffnet sich. (...) Die Identität ist genauso problematisch wie jede andere Waffe – die Waffe an sich ist nichts, was es zu vergöttern gilt und was nicht zu kritisieren wäre. Eine Waffe ist dazu da, Leute umzubringen, und in diesem Sinne falsch. Nur wissen wir ja auch alle, daß es manchmal unumgänglich ist, sich zu bewaffnen; und auf dieser Ebene würde ich gerne den Begriff der Identität oder das Betonen der Besonderheiten sehen, und auf dieser Ebene kann man auch die Gefahren sehr leicht diskutieren. Es gibt ja doch einige Kollektive und Individuen, denen man in der gegenwärtigen Lage das Recht auf Bewaffnung mit Identität einräumen, und andere, denen man es unbedingt verwehren muß, wie z. B. den Deutschen, und diese Unterscheidung wäre mir wichtig« (Diederichsen & Jacob 1994, S. 53).

Identität wird hier offensichtlich als Kampfmetapher verstanden, also im offensiven Sinne als »Waffe« oder – eher defensiv – als »Panzer«, auf einer gesellschaftlichen Bühne, auf der Krieg herrscht. Unterdrückte Minderheiten kämpfen um die Anerkennung ihrer Differenz, und in diesem Zusammenhang sind wir eher bereit, die Waffe »Identität« zu akzeptieren oder zu unterstützen. Aber es gibt auch eine Identitätspolitik von rechts. Da gerät dann Identität in die Nachbarschaft zu Konzepten, die aus der Waffenkammer der Vergangenheit kommen. Zygmunt Bauman (1992b) hat in diesem Zusammenhang einen Aufsatz so überschrieben:

»Boden, Blut und Identität«.

In diesem Aufsatz zeigt Bauman auf, wie verzweifelt die Suche der »postmodernen Nomaden« oder »Landstreicher« sein kann, denen jedes gesicherte Gefüge, jeder verläßliche Ort und eine ungefährdete Gemeinschaftseinbindung abhanden gekommen sind. Sie sind dauernd damit beschäftigt, ihre Identitäten zu konstruieren, aber es sind immer nur »Augenblicks-Identitäten«, »Identitäten für heute« oder »Identitäten bis auf weiteres« (1992, S. 694). Unter dem Titel »Wir sind wie Landstreicher« hat Zygmunt Bauman kürzlich (*Süddeutsche Zeitung* vom 16./17. 11. 1993) die »ontologische Bodenlosigkeit der Postmoderne« so beschrieben:

> »Die Postmoderne ist der Punkt, wo das moderne Freisetzen aller gebundenen Identität zum Abschluß kommt. Es ist jetzt nicht nur leicht, Identität zu wählen, aber nicht mehr möglich, sie festzuhalten. Im Augenblick des höchsten Triumphs muß Befreiung erleben, daß sie den Gegenstand der Befreiung vernichtet hat. Je freier die Entscheidung ist, desto weniger wird sie als Entscheidung empfunden. Jederzeit widerrufbar, mangelt es ihr an Gewicht und Festigkeit – sie bindet niemanden, auch nicht den Entscheider selbst; sie hinterläßt keine bleibende Spur, da sie weder Rechte verleiht noch Verantwortung fordert und ihre Folgen, als unangenehm empfunden und unbefriedigend geworden, nach Belieben kündbar sind. Freiheit gerät zu Beliebigkeit; das berühmte Zu-allem-Befähigen, für das sie hochgelobt wird, hat den postmodernen Identitätssuchern alle Gewalt eines Sisyphos verliehen. Die Postmoderne ist jener Zustand der Beliebigkeit, von dem sich nun zeigt, daß er unheilbar ist. Nichts ist unmöglich, geschweige denn unvorstellbar. Alles, was ist, ist bis auf weiteres. Nichts, was war, ist für die Gegenwart verbindlich, während die Gegenwart nur wenig über die Zukunft vermag.
>   Heutzutage scheint alles sich gegen ferne Ziele, lebenslange Entwürfe, dauerhafte Bindungen, ewige Bündnisse, unwandelbare Identitäten zu verschwören.

Ich kann nicht langfristig auf meinen Arbeitsplatz, meinen Beruf, ja nicht einmal auf meine eigenen Fähigkeiten bauen. (...)

Bauman sieht die »ontologische Bodenlosigkeit« der postmodernen Lebensverhältnisse als letztlich nicht heilbar, aber er sieht zugleich ein ungestilltes Bedürfnis nach unverrückbaren Fundamenten. »Territoriale Grenzen«, »Heimat«, die der Nationalstaat lieferte, und noch mehr die vermeintlich biologisch gesicherten rassischen Blutkoordinaten scheinen diese Fundamente so zu konstruieren, daß sie als quasi natürliche Fundamente erscheinen, die einem keiner streitig machen kann.

In dem Intelligenzlerblatt der neuen Rechten, der *Jungen Freiheit*, habe ich kürzlich ein Beispiel für die Identitätsangebote dieses Typus gefunden:

> »Andere beklagen, daß es ›keine weltoffene Heimat‹ gebe. (...) So streng ist es ja wohl auch nicht, und Grenzen gehören nun mal zum menschlichen Leben. Begrenztheit wiederum hat nicht nur einen geographischen Charakter. (...) Heimat, das scheint gewisse Kreise doch zu schmerzen, ist nunmal immer Heimat ›für uns‹, ist ein ›bei sich selbst zu Hause sein‹ dürfen. Und Heimat hat auch etwas mit Identität zu tun. Was in der Logik mit dem Zeichensatz ›a = a‹ abstrakt als Identität symbolisiert wird, das tritt in der politischen Wirklichkeit in dem vielfach angegriffenen Satz vom ›Mia san mia‹ (Wir sind wir) zutage. Tja, und warum sollen wir nicht wir sein?« (Hatzenbichler 1994)

Identität und Anerkennung

Der Auszug aus dem »Gehäuse der Hörigkeit« ist offensichtlich sehr viel riskanter, als es in manchen postmodernen Animationen klingt. Es fehlen sowohl ein schützendes Dach als auch ein tragendes Fundament. Für das Leben als Landstreicher sind offenbar die meisten Menschen nicht besonders gut vorbereitet und gerüstet.

345

Zunehmend wird auch erkennbar, was neben der Zwangsgestalt von diesem Gehäuse gleichzeitig geboten wurde: Zugehörigkeit und Anerkennung.

Gerade die Bedeutung der Dimension der Anerkennung ist mir erst allmählich deutlich geworden, etwa als ich das Buch *Die Abrechnung* von Ingo Hasselbach las, einem jungen Neonazi, der über seinen Weg in die rechte Szene und seinen Ausstieg schreibt. In diesem Buch steht der folgende Satz: »Fehlende Liebe und fehlende Anerkennung führen zu Frustrationen, die sich steigern können bis zum blinden Haß« (1993, S. 156). Vor allem bei dem kanadischen Philosophen und führenden Kommunitaristen Charles Taylor (1993a) habe ich dann eine Analyse gefunden, die meine Perspektive erheblich erweitert hat. Ich werde etwas ausführlicher aus seinem Text zitieren:

»Das Verlangen nach Anerkennung« ist für Taylor »ein menschliches Grundbedürfnis«. Für ihn geht die Forderung nach Anerkennung von der Annahme aus, »es bestehe ein Zusammenhang zwischen Anerkennung und Identität, wobei ›Identität‹ hier das Selbstverständnis der Menschen bezeichnet, ein Bewußtsein von den bestimmenden Merkmalen, durch die sie zu Menschen werden. Die These lautet, unsere Identität wurde teilweise von der Anerkennung oder Nicht-Anerkennung, oft auch von der Verkennung durch die anderen geprägt, so daß ein Mensch oder eine Gruppe von Menschen wirklichen Schaden nehmen, eine wirkliche Deformation erleiden können, wenn die Umgebung oder die Gesellschaft ein einschränkendes, herabwürdigendes oder verächtliches Bild ihrer selbst zurückspiegelt. Nichtanerkennung oder Verkennung kann Leiden verursachen, kann eine Form von Unterdrückung sein, kann den anderen in ein falsches, deformiertes Dasein einschließen« (S. 13 f.).

Von größter Bedeutung ist die Überwindung einer Sichtweise, die Identität als einen individuell-autonomen Prozeß begreift. Dazu Taylor: »Wollen wir den engen Zusammenhang von Identität und Anerkennung begreifen, so müssen wir etwas beachten, das von der überwiegend monologischen Orientierung der modernen Philosophie fast unsichtbar gemacht wurde: den dialogischen Charakter menschlicher Existenz. Zu handlungsfähigen Menschen, die imstande sind, sich selbst zu begreifen und insofern auch ihre Identität zu bestimmen, werden wir, indem wir uns eine Vielfalt menschlicher Sprachen aneignen« (S. 21).

»In früheren Zeiten (...) wurde die Anerkennung nie zum Problem. Allgemeine Anerkennung war schon deshalb ein fester Bestandteil der gesellschaftlich abgeleiteten Identität, weil diese Identität auf gesellschaftlichen Kategorien beruhte, die niemand anzweifelte. Die aus dem Inneren begründete, unverwechselbar persönliche Identität genießt diese selbstverständliche Anerkennung nicht. Sie muß Anerkennung erst im Austausch gewinnen, und dabei kann sie scheitern. (...) In vormoderner Zeit war von »Identität‹, ›Anerkennung‹ nicht deshalb keine Rede, weil die Menschen keine Identität (bzw. das, was wir so nennen) besessen hätten oder auf Anerkennung nicht angewiesen gewesen wären, sondern weil diese Begriffe damals selbstverständlich waren, so daß sie keiner besonderen Aufmerksamkeit bedurften« (S. 24 f.).

Diese Selbstverständlichkeit ist im Zuge der Individualisierungsprozesse, durch die die Moderne die Lebenswelten der Menschen veränderte und teilweise auflöste, in Frage gestellt worden. Anerkennung muß auf der persönlichen und gesellschaftlichen Ebene erworben werden, und insofern ist sie prekär geworden: »So ist uns der Diskurs der Anerkennung in doppelter Weise geläufig geworden: erstens in der Sphäre der persönlichen Beziehungen, wo wir die Ausbildung von Identität und Selbst als einen Prozeß begreifen, der sich in einem fortdauernden Dialog und Kampf mit signifikanten Anderen vollzieht; zweitens in der öffentlichen Sphäre, wo die Politik der gleichheitlichen Anerkennung eine zunehmend wichtigere Rolle spielt« (S. 27).

»Auf der gesellschaftlichen Ebene hat die Auffassung, daß Identitäten in einem offenen Dialog ohne gesellschaftlich vorab festgelegtes Drehbuch geformt werden, der Politik der gleichheitlichen Anerkennung Beachtung verschafft und sie zugleich problematisch gemacht. Das Risiko ist hier in der Tat erheblich gestiegen« (S. 26).

Der Kommunitarismus ist für mich eine wichtige Quelle für das Reflektieren von Identitätsbildung geworden. Die Vertreter des Kommunitarismus zeigen in überzeugender Weise auf, daß Identität in einem dialogischen Prozeß entsteht, aber in unserer Kultur monologisch gedeutet und erzählt wird. Und sie fragen danach, was das für die Menschen in den Ländern des fortgeschrittenen Kapitalismus bedeutet, für die – wie es Charles Taylor (1993a, S. 26) ausdrückt – »Identitäten in einem Dialog ohne gesellschaftlich vorab festgelegtes Drehbuch geformt« werden müssen. Dadurch sei »das Risiko (...) hier in der Tat erheblich gestiegen«. Die regressiven gesellschaftlichen Hoffnungen versprechen »Anerkennungsgarantien« und setzen auf die unverrückbaren Fundamente von »nationaler Identität«, »Blut und Boden«, aber auch auf »esoterische Gewißheiten« oder »die Reise zum wahren Selbst«.

Hier schließt sich jedoch unmittelbar die Frage danach an, ob der kommunitaristischen Forderung, daß Subjekte mit Notwendigkeit eine »starke Identität« ausbilden müssen und daß als Voraussetzung dafür »starke Werte« erforderlich seien, in dieser Verallgemeinerung zuzustimmen ist. Mit dieser Frage setzt sich Holmer Steinfath (1992) auseinander.

Zunächst weist er darauf hin, daß der zeitdiagnostischen Kernthese des Kommunitarismus, »daß es Menschen unter Bedingungen der Moderne zunehmend schwerer werde, ein Bewußtsein von sozialer Zugehörigkeit und eine daraus erwachsende ›Identität‹ auszubilden« (S. 86), in dieser Allgemeinheit kaum zu widersprechen ist.

Zweifel meldet Steinfath allerdings am Identitätskonzept der Kommunitaristen an: »Die kommunitaristische Zeitkritik ist jedoch durchweg in einer zweifelhaften positiven Konzeption von ›Identität‹ fundiert, also in einer bestimmten Vorstellung davon, wie das Leben von Menschen generell verfaßt sein muß, um als sinnhaft erfahren werden zu können. Eine sinnstiftende ›Identität‹ setzt demzufolge dreierlei voraus: sogenannte ›starke‹ Werte (Taylor), die Auskunft darüber geben, was für ein Leben jemand insgesamt führen will, und daher für ihn oder sie absolut bindend sind; sodann die Fähigkeit, das eigene Leben erzählend in die Form einer Geschichte zu bringen (McIntyre); und schließlich die Möglichkeit, sich mit einer ›Gemeinschaft‹ (community) zu identifizieren, aus deren Traditionsfundus ›starke‹ Werte als intersubjektiv geteiltes Gut entnommen und in deren allgemeine Geschichte die individuellen Lebensgeschichten eingebettet werden können« (S. 87).

Der Philosoph Steinfath greift Ergebnisse der neueren sozialwissenschaftlichen Identitätsforschung auf, die aufzeigen, daß jenes von den Kommunitaristen hochgehaltene Identitätsverständnis die realen Lebensbedingungen der Gegenwart verfehlt: »Tatsache ist jedenfalls, daß sich Identitäten zunehmend weniger einem überschaubaren Spektrum eingespielter Rollenerwartungen verdanken, dafür um so häufiger situativ wechselnden Kontexten mit je eigenen Ausdrucksformen« (S. 88).

Die Kommunitaristen können offensichtlich nicht erkennen, daß die desintegrativen gesellschaftlichen Prozesse eine höchst ambivalente Mischung von Risiken und Chancen eingeleitet haben. Und so zeichnet ihre Position – bei dem einen mehr (z. B. Etzioni 1994), bei dem anderen weniger (z. B. Taylor) – ein auf die Vergangenheit fixierter Dogmatismus aus: »Das dogmatische Festhalten am Konzept lebensübergreifender Werte und gleichsam geschlossener Identitäten führt dagegen dazu, daß der faktischen Aushöhlung vor allem so fundamentaler Bindungsfaktoren wie Beruf, Familie und Ehe von kommunitaristischer Seite nur noch mit kulturkritischer Ablehnung begegnet werden kann. Dabei wird übersehen, daß mit der Auflösung traditioneller Sinnstiftungsinstanzen verbundene Leiderfahrungen häufig genug daraus resultieren, daß die Freiheitsräume, die sich mit der Verabschiedung überkommener Orientierungsmuster im Prinzip öffnen, in der Praxis allein einer privilegierten Minderheit zugänglich sind, während eine Mehrzahl propagandistisch mit Identitätssurrogaten abgespeist wird. Möglichkeiten, Identitäten zu erweitern, verkehren sich so in Identitätsbedrohung, weil sich der gesellschaftliche Wandel, der sie als Schein hervorbringt, real über massive Ausgrenzungen vollzieht. Gerade vor diesem Hintergrund kann dann eine Rückkehr zu traditionellen Orientierungsmustern gar nicht anders als über eine autoritäre Ordnungspolitik bewerkstelligt werden« (S. 89).

Gegen einen solchen normativ fixierten Kommunitarismus haben vor allem auch Feministinnen argumentiert, die im Prinzip dessen Bezogenheitsakzentuierung positiv bewerten. Sie sehen durchaus, daß hier ein Anliegen der feministischen Sozialwissenschaften ernst genommen wird, das sich gegen eine einseitige Betonung des männlichen Autonomiestrebens bei gleichzeitiger

Ignoranz weiblicher Beziehungsorientierung wandte. Aber aus der Sicht einiger feministischer Autorinnen (zusammengefaßt in Frazer und Lacey 1993) mißachtet das kommunitaristische Denken – mindestens in seiner konservativen Ausprägung – die Notwendigkeit der Dekonstruktion traditioneller Identitäten: »Die feministische Kritik beginnt – wie die kommunitaristische – mit der Idee der radikalen Situiertheit menschlicher Individualität in kulturellen und anderen Gemeinschaften im Blick auf Identitätsbildung ebenso wie im Blick auf den Vollzug individuellen Lebens. Deshalb hält sie auch am normativen Kern und der positiven Konnotierung von Begriffen wie Fürsorge und Kontextgebundenheit fest. Aber sie kann nicht, wie die kommunitaristische, bei der Determiniertheit der Identität durch traditionelle Rollen und der Singularität von Werten stehenbleiben, sondern begreift die Verhandelbarkeit und Veränderbarkeit unserer kulturellen Identitäten und deren ›autonome Wiederherstellung‹ (Benhabib/Cornell) als für die Emanzipation von Frauen (und Männern) wesentlich« (Rössler 1992, S. 84).

Muß nun das kommunitaristische Anliegen unbedingt mit einer inhaltlichen Fixierung auf traditionelle normalbiographische Muster verbunden werden? Damit würden nicht nur die veränderten Lebensrealitäten von Frauen verfehlt, sondern es würde auch die Chance vertan, neuartige Identitätsmuster anders denn als Verfallsprodukte wahrzunehmen: »So sind die narrativen Muster, über die sich die Einheit eines gelungenen Lebens herstellen soll, klassisch-realistischen Erzählmodellen abgelesen. Damit wird nicht nur die mögliche Vielfalt selbstbestimmter Lebensläufe in das Korsett einer wohlgegliederten Normalbiographie gezwungen; verleugnet wird auch, daß die Transformationen der modernen Ästhetik nicht nur Spiegel lebensweltlicher Entfremdungen sind, sondern in eins Eröffnung neuer Erfahrungsräume, deren produktive Aneignung zum Aufbrechen starrer Identitäten verhelfen könnte« (Steinfath 1992, S. 90).

Zu Beginn dieses Abschnitts über Identität und Kommunitarismus habe ich Michael Walzer mit seiner Bemerkung über die Vorteile einer komplexeren Identität zitiert. Walzer formuliert hier die positive Utopie einer »postkonventionellen Identität« (Cooke 1994), die der »Vervielfältigung der Identität« keinen desintegrativen Status zuweist, sondern in einem Zuwachs an Lebens- und Erlebensressourcen mündet. Walzer, selbst einer der führenden Kommunitaristen, weist damit den Weg für die Überwindung eines unnötigen Bündnisses von kommunitären Identifikationen mit traditionellen Identitätsgehäusen. Die Ausbildung solcher »postkonventioneller Identitäten« braucht wie jede gelingende Identitätsbildung »Kontexte der Anerkennung«, aber auch diese müssen nicht mit Notwendigkeit traditionelle Gemeinschaftsformen zu sein. Im Gegenteil: Sie können sich wohl nur als »kommunikativ verflüssigte Ich-Identitäten« (Wellmer 1985) oder »dialogische Identitäten« (vgl. Hermans, Kempen und van Loon 1992) in »posttraditionalen Gemeinschaften« (Honneth 1993) ausbilden. In ihnen wird »die individuelle Autonomie aller einzelnen« (ebd., S. 265) respektiert. »Solidarität ist unter diesen Bedingungen daher an die Voraussetzung von sozialen Verhältnissen der symmetrischen Wertschätzung zwischen individualisierten (und autonomen) Subjekten gebunden.« Nur auf dieser gedanklichen Fährte ist die aktuelle Frage von Warnfried Dettling (1994, S. 28) positiv beantwortbar: »Wie sind in einer individualisierten Gesellschaft Gemeinsinn und Mitmenschlichkeit möglich?«

3. Solidarität heute: frei flottierender Gemeinsinn?

Verlust- und Todesanzeigen bestimmen das öffentliche Räsonieren über die Folgen des gegenwärtigen gesellschaftlichen Umbruchs. Vom »Verschwinden« oder dem »Tod des Subjekts« kann man beinahe täglich ebenso lesen wie von dem Verlust von »Solidarität« und »Gemeinschaft«. Ehe wir uns einer solchen pauschal angesagten Trauer hingeben, sollten wir die Frage stellen, welches Subjekt denn verschwunden oder gestorben sei und welche Form von Gemeinschaftlichkeit uns abhanden zu kommen drohe. Wenn es Abschied zu nehmen gälte von der Fiktion des herrschaftlichen autonomen Subjekts, das Kontrolle ausübt über seine äußere und innere Natur – und dies ohne Rücksicht auf Verluste –, dann wäre ja erst noch zu fragen, ob der Verlust dieser Fiktion so bedauerlich wäre. Würde nicht ein Freiheitspotential entstehen, wenn die Subjekte sich von dem Anspruch der Steigerung der Herrschaft über sich selbst und über andere lösen könnten und Lebenssouveränität möglich wäre, die gerade nicht darin besteht, über alles herrschen zu müssen? Wäre es wirklich eine Verlustanzeige wert, wenn jene Art von Gemeinschaft zu begraben wäre, die von uns bedingungslose Unterwerfung fordert, uns in einem Netz rigider sozialer Kontrollen einfängt und jeden Ansatz von Eigenständigkeit erstickt? Dann wäre doch eher ein Aufatmen angezeigt, und es gäbe gute Gründe zum Feiern. Allerdings wohl erst dann, wenn wir uns sicher sein könnten, daß diese Auflösung traditioneller Bindungen nicht identisch ist mit der sozialen Existenzform des »Einsiedlerkrebses« (Mitscherlich 1965, S. 70); wenn wir wüßten, daß andere Menschen Lust hätten, mit uns die gemeinsam gewonnenen Freiheiten zu nutzen und zu feiern. Allzu viele Erörterungen der Frage nach Individualität und Solidarität kranken an empirisch haltlosen Polaritäten: Auflösung traditionaler Gemeinschaftlichkeit = Isolation; Individualisierung = Abbau von Solidaritätspotentialen = Egoismus.

Vor solchen pauschalen Deutungsdekreten, wie sie die Tonlage in vielen Akademien und Feuilletons bestimmen und auch teilweise in der Kommunitarismusdebatte anklingen, kann uns die empirische Netzwerkforschung bewahren. Sie kann die Frage beantworten, ob wir isolierte Eremiten oder Egotripler geworden sind und welche sozialen Beziehungsmuster an die Stelle jener traditionalen Einbindungen getreten sind, die nicht nur Halt gaben, sondern auch soziale »Schraubstöcke« waren, die den individuellen Gestaltungsraum auf Null zu drehen bemüht waren.

Über Ligaturen und Optionen

Individualität und solidarische Bezogenheit sind nicht Alternativen, sondern verweisen aufeinander. Ihr Verhältnis gewinnt historisch jeweils eine eigene Gestalt, aber wohl nie das polarer Alternativen. Diesen Grundgedanken entwickelt auch Ralf Dahrendorf (1979) in seinem Konzept der Lebenschancen. Lebenschancen sind danach als Funktion zweier grundlegender Elemente zu begreifen, die er Optionen und Ligaturen nennt. Sie können unabhängig voneinander variieren und bestimmen in ihrer je spezifischen Verbindung die Entfaltungschancen, die Subjekte jeweils haben. Unter Optionen versteht Dahrendorf die Wahlmöglichkeiten und Handlungsalternativen, über die eine Person in ihrer jeweiligen gesellschaftlichen Position und Situation verfügt. Ligaturen bezeichnen gesicherte Bezüge, Verankerungen, Einbindungen und Bindungen. Sie benennen Sinn-, Sozial- und Ortsbezüge einer Person. Sie stellen die fixen Handlungskoordinaten dar, während die Optionen die entscheidungsmöglichen und -notwendigen offenen Situationen thematisieren. Vormoderne Gesellschaften mit ihren statisch-hierarchisch geordneten Sozialstrukturen, die zugleich die religiöse »Weihe« gottgewollter und von ihm gestifteter Ordnungen für sich in Anspruch nehmen konnten, hatten keinen Spielraum für selbstbestimmte Optionen des Subjekts. Die Ordnung der Dinge bestand in einem Korsett von Ligaturen. Der Prozeß der Modernisierung, der im Zuge der Durchsetzung der kapitalistisch verfaßten industriellen Gesellschaften in Gang kam, schob eine dramatische Entwicklung der »Freisetzung« aus orts- und sozialstabilen Bindungen an.

Dahrendorf zeigt, daß Modernisierung unweigerlich eine Ausweitung von Wahlmöglichkeiten bedeutet hat. Aber die kapitalistische Modernisierung schuf solche Wahlmöglichkeiten durch das Aufbrechen von Ligaturen. In den industriegesellschaftlichen Völkerwanderungen sind die traditionalen Einbindungen aufgebrochen und unwiederbringlich aufgelöst worden. Aber dieses Abschmelzen traditioneller Orts- und Sinnbezüge kann kein linearer Prozeß sein, an dessen Ende ein Individuum steht, das sich nur noch über den Reichtum seiner Optionen beschreiben läßt. Aus der Destruktion von Ligaturen gewonnene Wahlmöglichkeiten verlieren ab einem spezifischen Punkt ihren Sinn, »weil sie« – so Dahrendorf – »in einem sozialen Vakuum stattfinden, oder vielmehr in einer sozialen Wüste, in der keine bekannten Koordinaten irgendeine Richtung einer anderen vorziehbar machen«. In der industriegesellschaftlichen Modernisierungsgeschichte war es die nackte Not, die eine ins Absurde laufende Vermehrung von Optionen verhinderte. Es haben sich neue Ligaturen in Gestalt von Solidargemeinschaften des Proletariats herausgebildet, die zur Überwindung der gemeinsam erfahrenen Lebensnot gesetzt wurden und zentrale Pfeiler, auf denen der moderne Sozialstaat aufruht, eingerammt haben.

Im aktuellen gesellschaftlichen Freisetzungsprozeß sind diese Ligaturen in typischer Weise betroffen; sie lösen sich auf einem relativ hohen wohlfahrtsstaatlichen Niveau zunehmend auf. Damit verbunden ist eine gewachsene individuelle Planungs- und Gestaltungshoheit für das eigene Leben, wodurch sich die Chancen erhöhen, Vorstellungen darüber, wie das eigene Leben zu leben sei, wenigstens teilweise zu realisieren. Das sind die veränderten Optionen. Aber dieser Prozeß verändert auch den Typus von Ligaturen, in den sich das Subjekt einbindet. Die aktive Sprachform ist hier mit Bedacht gewählt. Die zeitgemäßen Webmuster der sozialen Beziehungen setzen ein aktives Subjekt voraus. Jeder von uns wird Baumeister seines eigenen Beziehungsnetzwerkes. Aber das ist nicht nur eine Freiheit, sondern eine unabdingbare Notwendigkeit. Wir müssen uns unsere eigenen Ligaturen bauen, und wenn wir das nicht tun oder nicht können, erfahren wir die Lebensfeindlichkeit sozialer Wüsten.

Die sozialen Baustellen

Die empirische Netzwerkforschung (zum Überblick: Keupp & Röhrle 1987; Diewald 1991; Röhrle 1994) ergibt für die soziale Bautätigkeit zeitgenössischer Subjekte vor allem in den großstädtischen Ballungsräumen folgendes Bild:
1. Beim Vergleich von Städtern und Nicht-Städtern zeigt sich, daß urbane Lebensformen nicht aus sich heraus isolationsfördernd sind, wie das häufig unterstellt wird. Im Gegenteil: Bewohner großer Städte haben im Durchschnitt vielfältigere Kontakte zu Freunden, Arbeitskollegen oder anderen Angehörigen von Subkulturen oder Vereinen.
2. Netzwerke in urbanen Ballungsräumen ergeben nicht mehr das Bild traditionaler Beziehungsmuster, sie sind keine lokal fest und dicht verbundenen Solidargemeinschaften. Nachbarschaften bilden nicht mehr den verdichteten Kern sozialer Netzwerke. Diese sind eher strukturell offene und nur lose miteinander verknüpfte Beziehungsmuster. Gleichwohl vermitteln sie persönliche Nähe und Intimität.
3. Gegenüber traditionellen Beziehungsmustern, die über Fami-

lie, Verwandtschaft und Nachbarschaft vermittelt waren, in die man hineingeboren war und die mit hohen Integrationsnormen zugleich persönliche Veränderungswünsche einschränkten, beinhalten die großstädtischen Netzwerke ein höheres Maß an Eigenentscheidung, an »Wahlfreiheit«. Dies führt zu einer persönlich zu treffenden Auswahl von Freunden und Bekannten, die sich an der Ähnlichkeit von Interessen orientiert und zu einer starken Homogenisierung sozio-ökonomischer Merkmale im Netzwerk beiträgt. Die sich so konstituierenden Beziehungsmuster besitzen häufig den Charakter von »Subkulturen«.

4. Der beschriebene allgemeine Trend städtischer Netzwerkbildung kann durch spezifische Besonderheiten des Lebenslaufs und der Lebenslage entscheidend verändert sein. Für Kinder und alte Menschen hat der soziale Nahraum, der lokale, nachbarschaftliche Bezug einen hohen positiven Wert. Für Frauen mit kleinen Kindern andererseits bedeutet die relativ enge Ortsbezogenheit eher eine als Belastung erlebte Restriktion von Handlungsmöglichkeiten.

5. Der Urbanisierungsprozeß führt nicht zur Erosion alltäglicher informeller Hilfeleistungen. In Alltagsangelegenheiten erfolgt in der Regel Hilfe durch die Nachbarn oder Arbeitskollegen. Bei schwerwiegenderen Problemen (z. B. schwere Krankheit oder Tod eines Familienmitgliedes) suchen Menschen Hilfe vornehmlich im engeren Familien- und Verwandtschaftskreis. Da deren räumliche Erreichbarkeit durch die durchschnittlich hohe regionale Segregation häufig nicht gegeben ist, suchen Städter einerseits vermehrt bei Institutionen des Gesundheits- und Sozialwesens Unterstützung. Andererseits haben sich im letzten Jahrzehnt eine Fülle von Selbsthilfeinitiativen entwickelt, in denen solidarische wechselseitige Hilfe und Unterstützungspotentiale für selbstbestimmte Lebens- und Identitätsentwürfe gesucht und gegeben werden. Frauen sind die mit Abstand aktiveren Beziehungsarbeiterinnen und Netzwerkerinnen. Sie haben höhere Beziehungskompetenzen und schaffen sich durch eigeninitiierte soziale Netze die Basis für die Realisierung neuer Lebensoptionen.

6. In den realen Möglichkeiten und konkreten Formen der Netzwerkbildung lassen sich die Grundmuster gesellschaftlicher Un-

gleichheit nachweisen. Der Entscheidungsspielraum einer Person für die Aufnahme spezifischer sozialer Beziehungen hängt entscheidend von ihrem Status ab. Je höher der sozio-ökonomische Status einer Person ist, desto mehr Ressourcen hat sie für die aktive Beziehungsarbeit, desto weiter ist der soziale Möglichkeitsrahmen gespannt, in dem persönliche Beziehungen realisiert werden können, und um so seltener beschränken sie sich auf Verwandtschaft und Nachbarn. Das bedeutet andererseits, daß die Zerstörung lokaler Sozialstrukturen (etwa durch städtebauliche Modernisierungsprogramme) für sozial benachteiligte Personen in spezifischer Weise den kaum kompensierbaren Verlust von Gemeinschaft und Solidarität mit sich bringt.

7. Zunehmende gesellschaftliche Individualisierung baut nicht in pauschaler Weise Solidarbeziehungen ab, sondern schafft eher einen neuen Typus von Solidarität. Diese wird freiwillig erbracht und weniger aus einem Gefühl der Verpflichtung, das aus traditionalen Gemeinschaftsbindungen folgt. Es gibt keinen empirischen Beleg dafür, daß religiös gebundene Menschen mehr soziales Engagement zeigen. Der neue Typus von Sozialbeziehung ist im Vergleich zu der traditionalen Form zwangloser, vielseitiger, zeitlich und sachlich eingegrenzter und beweglicher. Er ist weniger von einem moralisch aufgeladenen Helferpathos geprägt.

8. Viele Bewohner von Großstädten teilen die emotional negativ getönte Einstellung von der »verlorenen Gemeinschaft«, obwohl sie in multiplen Netzwerken leben, die ihnen vielfältige soziale Zugangsmöglichkeiten und Unterstützung vermitteln. In diesem Sinne haben sie einen hohen persönlichen Freiheitsspielraum, einen Raum für »strukturelle Manöver«, die zur Gestaltung individueller Lebenswege genutzt werden können. Die andere Seite der Medaille zeigt das Individuum, das trotz vielfältiger loser Assoziationen zu verschiedenen Gruppen, Subkulturen und Institutionen in keine Solidargemeinschaft mit hoher Integrationskraft eingebunden ist. So scheint der Preis hoher Selbstbestimmung und Chancenvielfalt ein Orientierungsverlust zu sein, der die wachsende Nachfrage nach neuen sinnvermittelnden psychosozialen Dienstleistungen oder

auch nach verbindlichen neuen sozialen Netzwerken, die Zugehörigkeit und Lebenssinn herstellen könnten, auslöst.

Die Netzwerkforschung ermöglicht uns also einen nüchternen Blick auf zentrale Veränderungsprozesse alltäglicher sozialer Beziehungen. Eindeutig ist der Erosionsprozeß jener traditionellen Beziehungsmuster, die ein Individuum wie ein gutgeschnürtes Paket mit dem Hineingeborenwerden in spezifische familiäre, verwandtschaftliche und nachbarschaftliche Konstellationen mit auf seinen Lebensweg genommen hat. Das heißt nun aber keineswegs, daß das moderne Individuum zum Einsiedlerkrebs wurde. Das Gegenteil scheint der Fall zu sein. Die zeitgenössischen Großstadtbewohner haben im Durchschnitt vielfältigere Kontakte zu Freunden, Arbeitskollegen oder anderen Angehörigen spezifischer Vereine und Subkulturen als ihre Vorläufer-Generationen. Das ist auch kein Widerspruch zur Single-Lebensform. Die entscheidenden Merkmale dieser neuen Beziehungsmuster sind ihre »strukturelle Offenheit«, die lockere Verknüpfung und die »Wahlfreiheit« (in der sozialpsychologischen Stadtforschung taucht in diesem Zusammenhang das Konzept von der »befreiten Gemeinschaft« auf). Gegenüber traditionellen Gesellschaften hat sich die Entscheidungsfreiheit in bezug auf die gewählten Beziehungen, aber auch die Entscheidungsnotwendigkeit in der Moderne qualitativ verändert. Das ist eine durchaus ambivalente Situation. Sie eröffnet einerseits die Chance, den eigenen sozialen Lebenszusammenhang wesentlich mitzugestalten (entsprechend sind zeitgenössische Netzwerke auch weniger von Statusmerkmalen als vielmehr von gemeinsamen Interessen bestimmt). Sie enthält aber auch die Notwendigkeit, Initiator und Manager des eigenen Beziehungsnetzes zu sein. Diese strukturelle Notwendigkeit erfordert bei den Subjekten entsprechende Ressourcen an Beziehungsfähigkeit und wohl auch materielle Ressourcen. Ein immer wieder nachgewiesener Befund zeigt, daß sozioökonomisch unterprivilegierte und gesellschaftlich marginalisierte Gruppen offensichtlich besondere Defizite aufweisen bei dieser gesellschaftlich zunehmend geforderten eigeninitiativen Beziehungsarbeit. Die sozialen Netzwerke von Arbeitern z. B. sind in den Nachkriegsjahrzehnten immer kleiner und brüchiger geworden. Von den engmaschigen und solidarischen Netzwerken der Arbeiterfamilien, wie sie noch in den fünfziger Jahren in einer Reihe klassischer Studien aufgezeigt und in der Studentenbewegung teilweise romantisch überhöht wurden, ist nicht mehr viel geblieben. Das »Eremitenklima« ist am ehesten hier zur Realität geworden. Die emprirische Netzwerkforschung bestätigt den berühmten »Matthäus-Effekt«, benannt nach dem Jesuszitat im Matthäus-Evangelium: »Denn wer da hat, dem wird gegeben werden, daß er die Fülle habe; wer aber nicht hat, von dem wird auch genommen, was er hat« (Matthäus 13,12). Wer also »einer höheren Schicht angehört, d. h. über mehr Einkommen und Bildung verfügt, hat sowohl mehr Helfer als auch mehr Kontaktpartner. Wer also mehr materielle Mittel und Wissen hat – und daher für die ›Pflege‹ seiner Beziehungen mehr einsetzen kann –, hat auch mehr Helfer in der Not und Kontakte im Alltag« (Marbach und Mayr-Kleffel 1988, S. 286). Die gelegentlich immer noch zu hörende Auffassung, »materielle Armut werde vielfach durch Reichtum an zwischenmenschlichen Beziehungen aufgewogen, hat mit der Realität nichts gemein« (ebd.). Unser »soziales Kapital«, die sozialen Ressourcen, sind ganz offensichtlich wesentlich mitbestimmt von unserem Zugang zu »ökonomischem Kapital«.

Vor einiger Zeit habe ich eine Initiative kennengelernt, die mir sehr eingängig vermittelt hat, welcher Weg kaum die adäquate Lösung für die gesellschaftlichen Solidaritätsprobleme der Gegenwart eröffnen kann. Die Initiative ging von einem freundlichen älteren Herrn aus, der ein Vierteljahrhundert im Sekretariat der CDU Rheinland gearbeitet hat. Dr. Horst Rheinfelder schlägt ein »Gesetz zur Einrichtung von Nachbarschaften« vor. In seiner Initiative knüpft er an eine für ihn prägende Erfahrung an: »Die Frontkameradschaft führte Menschen aller Stände zusammen.« Das Gefühl von Geborgenheit und Sicherheit in der Gemeinschaft braucht seiner Meinung nach jeder Mensch. Er bezieht sich dabei auf die Dorfgemeinschaft des letzten Jahrhunderts und sagt dazu: »Die räumliche Nähe erleichtert das regelmäßige Beisammensein und fördert die Häufigkeit der Kontakte. Sie ›verdichtet‹ die Gesamtheit aller Bindungen zu dem Netz einer Gemeinschaft«, aus dem heraus praktische Nächstenliebe geleistet werden kann. Herr Rheinfelder sieht die Menschen in den Großstädten isoliert und in anonymen Zusammenhängen: »*Einsamkeit* ist die besondere Not der Großstadtmenschen.« Deren Existenzangst wächst, weil sie nicht mehr damit rechnen können, daß sie in Notsituationen die Hilfe anderer Menschen erhalten werden. »Die organisatorische Zusammenführung der Menschen in Nachbarschaften würde die Entwicklung neuer Gemeinschaften bewirken«, und eben das soll ein Nachbarschaftsgesetz gewährleisten: »Ganz Deutschland müßte von einem Nachbarschaftsnetz umspannt sein« (alle Zitate aus einem Exposé zu einer Sendung des Deutschlandfunks zum Thema »Gibt es noch die gute Nachbarschaft?« vom 3. 8. 1988). Die Bundesrepublik sollte in Quartiere aufgeteilt werden, in denen jeweils eine Nachbarschaft zu gründen wäre. Diese Nachbarschaften hätten die Aufgabe, »Nächstenliebe« im Sinne von Besuchsdiensten, Krankenpflege und Haushaltshilfen zu organisieren und Geld für solche karitativen Aufgaben zu sammeln. Die Finanzierung dieser Nachbarschaften soll »autark« erfolgen, also aus den Ressourcen der beteiligten Bürger aufgebracht werden.

Der »Webfehler« dieser Initiative besteht meiner Ansicht nach in der Negation jenes Freiheitsgewinns, den der gesellschaftliche Freisetzungsprozeß in den städtischen Lebenswelten ermöglicht hat. Der eher konservative Soziologe Helmut Klages spricht von dem immer deutlicher ausgeprägten »Grundbedürfnis, Subjekt des eigenen Handelns zu sein, das keineswegs mit dem Gemeinsinn in Widerspruch steht«. Er diagnostiziert »ein frei flottierendes Potential an Gemeinsinn in der Gesellschaft« (in Körber-Stiftung 1993, S. 40).

In einem Interview in der Zeitschrift des bayerischen Landesverbandes der Gewerkschaft Erziehung und Wissen *Die Demokratische Schule* (Januar/Februar 1994) äußerte sich Johanno Strasser über »Individualisierung und Solidarität« genau im gleichen Sinn:

> »Individualisierung ist in dem Sinne etwas Positives, daß sich der einzelne Mensch, das Individuum, seines Eigenwertes bewußt wird und dieser Eigenwert von der Verfassung anerkannt wird. Das ist auch der wahre und richtige Kern des historischen Liberalismus. In dieser Strömung gibt es Engführungen, es gibt Radikalisierungen im Sinne der Betonung einseitiger Momente dieser Indi-

vidualisierung. Von den USA ausgehend, gibt es, verstärkt seit den späten siebziger Jahren, eine Welle des hedonistischen Individual-Egoismus, der die Menschen darauf fixiert, welchen unmittelbaren Lustgewinn sie aus allem Tun, auch aus den Beziehungen zu anderen Menschen, ziehen können. Diese Haltung ist mit Solidarität nicht recht vereinbar. Solidarität ist das Gefühl, daß die Menschen aufeinander angewiesen sind, daß sie deswegen auch verpflichtet sind, füreinander einzustehen, daß die Stärkeren den Schwächeren helfen sollen.«

(...)

DDS: »Verläuft die gesellschaftliche Entwicklung zu immer radikalerer Ich-Bezüglichkeit?«

Strasser: »Da gibt es viele leichtfertig geäußerte Vermutungen und ein paar sorgfältige empirische Untersuchungen. Vermutungen und Untersuchungen decken sich keineswegs. Gängige Vermutung ist, die Menschen werden immer rabiater, immer egoistischer, der Gemeinsinn verfällt immer mehr, insbesondere die jungen Leute wollen sich nirgends mehr engagieren usw. Empirische Untersuchungen bestätigen diese Aussagen in dieser Pauschalität nicht. Wir begegnen heute solidarischem Verhalten, insbesondere bei jungen Menschen, in vielen Formen, in Selbsthilfegruppen, in vielen kleinen Initiativen, manchmal auch in freiwilligen Organisationen. Es geht um Probleme vor der Haustür, aber durchaus auch um ›abstraktere‹ Probleme wie die der ›Dritten Welt‹. Das Engagement erfolgt zumeist in informellen Gruppen, manchmal auch in organisatorisch fest strukturierten Zusammenhängen. Nimmt man alles zusammen, gibt es das vermutete dramatische Absinken des Interesses des Individuums für den anderen, für die Mühseligen und Beladenen nicht.«

Es hat sich also jener Prozeß verstärkt, den Helmuth Plessner als »Schwächung des ontologischen Standortes des Menschen« in der Neuzeit benennt, die eine »Neuverwurzelung des einzelnen in sich selbst« erfordere. Das wird in den westlichen Gesellschaften teilweise als individualistischer Ego-Trip gelebt, der suchtartige Züge annehmen kann, weil sich das gesuchte »wahre Selbst« als ein kommunikativ »leeres Selbst« (Philip Cushman 1990) erweist, dessen Leere mit psychokulturellem »Identikitt« (Zygmunt Bauman 1992a, S. 250), vorgefertigten Identitätspaketen, esoterischen Versprechungen oder fundamentalistischen Endgültigkeiten gefüllt werden muß. Hierin ist die Gefahrenseite der gegenwärtigen gesellschaftlichen Entwicklung zu sehen. Sie hat einen starken ökonomisch-ideologischen Motor auf ihrer Seite. Das grundlegende Steuerungsprinzip des Kapitalismus setzt auf Konkurrenz und individuelle Leistung und fördert gerade dadurch eine ichzentrierte Vermarktung der Person, die tendenziell zur Ware wird. Gleichzeitig durchzieht die Geschichte der Moderne die Ideologie des autonomen Subjekts, das sich alle Erfolge und Mißerfolge als selbstproduziert zurechnet.

Andererseits gibt es Indikatoren für gegenläufige Entwicklungen. In den neuen Beziehungsmustern steckt ein hohes Potential an Solidarität und kommunitären Verknüpfungen. Mit guten Gründen läßt sich der gesellschaftliche Freisetzungsprozeß als ein potentieller Zugewinn an individueller Entscheidungsfreiheit und an Gestaltbarkeit des eigenen Lebens und als eine »Entgrenzung des Möglichkeitssinns« begreifen. Die Entfaltung dieses Potentials findet am ehesten in »kommunitären Netzen« statt. In ihnen kann vor allem das Gefahrenpotential der »Risikogesellschaft« bewußt wahrgenommen und bearbeitet werden. In ihnen kann, mit den Worten von Agnes Heller (1989), das Bewußtsein für die krisenträchtige Moderne entwickelt werden, »daß sie auf einem Seil über einem Abgrund balanciert und deshalb einen guten Gleichgewichtssinn braucht, gute Reflexe, ungeheures Glück« und als »das wichtigste von allem«: Die Subjekte brauchen »ein Netz von Freunden, die sie bei der Hand halten können«.

In solchen solidarischen Netzen ist die Basis für die Überwindung eines »ego-zentrierten Individualismus« angelegt, und es besteht die Chance für die Produktion und Erprobung »kommunitärer Individualität« – Dettling (1994, S. 28) spricht im gleichen Bedeutungskontext von »kooperativem Individualismus«. Wenn dies keine naive Hoffnung ist, sollten alle gesellschaftspolitischen Fördermöglichkeiten für die Anregung und Unterstützung selbstorganisierter Gruppen ausgeschöpft werden. Gerade in den unterprivilegierten gesellschaftlichen Gruppen und bei Kindern und Jugendlichen sind hier aktive sozialpolitische Anregungs- und Unterstützungssysteme erforderlich. Die Erfahrungen aus den vergangenen Jahren im Selbsthilfe- und Initiativenbereich sind hierfür mehr als ermutigend. Daß es aber genau hier gegenwärtig eher zu Kürzungen als zu einem Ausbau unter dem Vorzeichen des »Solidarpakts« kommt, ist für mich das absurdeste Beispiel für eine paradoxe Intervention.

Literatur

(Dieses Literaturverzeichnis enthält auch Hinweise auf Publikationen, die nicht ausdrücklich zitiert wurden, jedoch dem Autor als Quellen gedient haben.)

Albers, Irene: »›Kunst und Freiheit‹. Kommunitaristische Anleihen bei Tocqueville«. In: Zahlmann (Hg.), S. 35–41.
Avineri, Shlomo & De-Shalit, Avner (Hg.): *Communitarism and individualism*. New York: Oxford University Press 1992.
Bauman, Zygmunt: *Moderne und Ambivalenz. Das Ende der Eindeutigkeit*. Hamburg: Junius 1992 (a).
Bauman, Zygmunt: »Soil, blood and identity«. In: *The Sociological Review*, 40, 1992, S. 674–701 (b).
Bauman, Zygmunt: »Wir sind wie Landstreicher. Die Moral im Zeitalter der Beliebigkeit«. In: *Süddeutsche Zeitung* vom 16./17. November« 1993.
Bauman, Zygmunt: »Vom Pilger zum Touristen«. In: *Das Argument* Nr. 205, 36, 1994, S. 389–408.
Beck, Ulrich: *Risikogesellschaft. Auf dem Weg in eine andere Moderne*. Frankfurt: Suhrkamp 1986.
Beck, Ulrich: »Vom Verschwinden der Solidarität. Individualisierung der Gesellschaft heißt Verschärfung sozialer Ungleichheit«. In: *Süddeutsche Zeitung* vom 14./15. Februar 1993.
Beck, Ulrich: *Die Erfindung des Politischen. Zu einer Theorie reflexiver Modernisierung*. Frankfurt: Suhrkamp 1993.
Bell, Daniel: *Communitarianism and its critics*. Oxford: Clarendon Press 1993.
Bellah, Robert N., Madsen, Richard, Sullivan, William M. et al.: *Gewohnhei-*

ten des Herzens. Individualismus und Gemeinsinn in der amerikanischen Gesellschaft. Köln: Bund-Verlag 1987.

Bellah, Robert N., Madsen, Richard, Sullivan, William M. et al.: *The good society.* New York: Alfred Knopf 1992.

Bellah, Robert, Madsen, Richard, Sullivan, William M. et al.: »Gegen die Tyrannei des Marktes«. In: Zahlmann (Hg.), S. 57–73.

Benhabib, Seyla: *Kritik, Norm und Utopie. Die normativen Grundlagen der kritischen Theorie.* Frankfurt: Fischer 1992.

Brink, Bert van den: »Gerechtigkeit und Solidarität. Die Liberalismus-Kommunitarismus-Debatte in der politischen Philosophie«. In: *Transit*, 5, 1993, S. 51–72.

Brock, Ditmar: »Rückkehr der Klassen. Die neuen Trennungslinien in einer materiellen Kultur«. In: *Süddeutsche Zeitung* vom 13./14. März 1993.

Brumlik, Micha & Brunkhorst, Hauke (Hg.): *Gemeinschaft und Gerechtigkeit.* Frankfurt: Fischer Taschenbuch Nr. 11724, 1993.

Buer, Ferdinand: »Soziale Netze, selbstaktive Felder, Sozialökologie & Co«. In: *Neue Praxis*, 18, 1988, S. 95–110.

Cooke, Maeve: »Postkonventionelle Selbstverwirklichung: Überlegungen zur praktischen Subjektivität«. In: *Deutsche Zeitschrift für Philosophie*, 42, 1994, S. 61–72.

Cushman, Philip: »Why the self is empty. Toward a historically situated psychology«. In: *American Psychologist*, 45, 1990, S. 599–611.

Dahrendorf, Ralf: *Lebenschancen. Anläufe zur sozialen und politischen Theorie.* Frankfurt: Suhrkamp 1979.

Dettling, Warnfried: »Und der Zukunft gar nicht zugewandt.« In: *Die Zeit* Nr. 30 vom 22. Juli 1994, S. 28.

Diewald, Martin: *Soziale Beziehungen: Verlust oder Liberalisierung? Soziale Unterstützung in informellen Netzwerken.* Berlin: edition sigma 1991.

Dubiel, Helmut: »Das ethische Minimum. Von der Auszehrung verbindlicher Werte«. In: *Süddeutsche Zeitung* vom 27./28. März 1993.

Elias, Norbert: *Über den Prozeß der Zivilisation.* 2 Bände. Frankfurt: Suhrkamp 1976.

Ellrich, Lutz: »Zulassung und Ausschluß. Der Umgang mit Verschiedenheit«. In: *Deutsche Zeitschrift für Philosophie*, 41, 1993, S. 1059–1071.

Elster, Jon: *The cement. A study of social order.* Cambridge: Cambridge University Press 1989.

Endreß, Martin: »Zwischen politischem und kommunitärem Liberalismus. Zu einer amerikanischen Kontroverse und ihrer deutschen Rezeption«. In: *Sozialwissenschaftliche Literatur Rundschau*, 16, 1993, Heft 27, S. 91–102.

Engler, Wolfgang: »Verwicklung und Verpflichtung. Zur Krise der moralischen Urteilskraft«. In: *Deutsche Zeitschrift für Philosophie*, 41, 1993, S. 1073–1086.

Etzioni, Amitai: *Jenseits des Egoismus-Prinzips. Ein neues Bild von Wirtschaft, Politik und Gesellschaft.* Stuttgart: Schäffer-Poeschel 1994.

Fink-Eitel, Hinrich: »Gemeinschaft als Macht. Zur Kritik des Kommunitarismus«. In: Brumlik/Brunkhorst (Hg.), S. 306–323.

363

Forst, Rainer: »Kommunitarismus und Liberalismus – Stationen einer Debatte«. In: A. Honneth (Hg.): *Kommunitarismus. Eine Debatte über die moralischen Grundlagen moderner Gesellschaften*. Frankfurt: Campus 1993.

Fowler, Robert Booth. *The dance with community. The contemporary debate in American political thought*. Lawrence: University Press of Kansas 1991.

Frankenberg, Günter (Hg.): *Auf der Suche nach der gerechten Gesellschaft*. Frankfurt: Fischer 1994.

Frazer, Elizabeth & Lacey, Nicola: *The politics of community. A feminist critique of the liberal-communitarian debate*. New York: Harvester Wheatsheaf 1993.

Fülberth, Georg: »Ein bißchen Tugend«. In: *Konkret*, 9/1993, S. 38–42.

Habermas, Jürgen: »Individuierung durch Vergesellschaftung«. In: ders.: *Nachmetaphysisches Denken*. Frankfurt: Suhrkamp 1988, S. 187–241.

Hall, Stuart: »The question of cultural identity«. In: S. Hall, D. Held & T. McGrew (Hg.): *Modernity and its futures*. Cambridge: Polity Press 1992, S. 273–316.

Hasselbach, Ingo: *Die Abrechnung. Ein Neonazi steigt aus*. Berlin: Aufbau-Verlag 1993.

Hatzenbichler, Jürgen: »Auf der Suche nach Heimat«. In: *Junge Freiheit* 5/94 vom 28. Januar 1994.

Heitmeyer, Wilhelm: »Desintegration und Gewalt«. In: *Unsere Jugend*, 1992, S. 109–122.

Heitmeyer, Wilhelm: »Schneller, härter, unkalkulierbarer. Desintegration erzeugt Gewalt.« In: *Süddeutsche Zeitung* vom 6./7. März 1993.

Heller, Agnes: »The contingent person and the existential choice«. In: *The Philosophical Forum*, Herbst–Winter 1989, S. 53–69.

Hendley, Steven: »Liberalism, communitarianism and the conflictual grounds of democratic pluralism«. In: *Philosophy and Social Criticism*, 1993, S. 293–316.

Hermans, Hubert J. M., Kempen, Harry J. G. und van Loon, Rens J. P.: »The dialogical self. Beyond individualism and rationalism«. In: *American Psychologist*, 47, 1992, S. 23–33.

Hondrich, Karl Otto & Koch-Arzberger, Claudia: *Solidarität in der modernen Gesellschaft*. Frankfurt: Fischer Taschenbuch (Nr. 11246) 1992.

Honneth, Axel (Hg.): *Kommunitarismus. Eine Debatte über die moralischen Grundlagen moderner Gesellschaften*. Frankfurt: Campus 1993.

Honneth, Axel: »Individualisierung und Gemeinschaft«. In: Zahlmann (1992), S. 16–23.

Honneth, Axel: »Posttraditionale Gemeinschaften. Ein konzeptueller Vorschlag«. In: Brumlik/Brunkhorst (Hg.), S. 260–270.

Hurrelmann, Klaus: »Prävention und Gesundheitsförderung im Kindes- und Jugendalter«. Einleitungsvortrag für das 2. Gesundheitswissenschaftliche Kolloquium am 28./29. Januar 1994.

Kallscheuer, Otto: »Individuum, Gemeinschaft und die Seele Amerikas«. In: *Transit*, 5, 1993, S. 31–50.

Keller, Catherine: *Der Ich-Wahn. Abkehr von einem lebensfeindlichen Ideal.* Stuttgart: Kreuz-Verlag 1986.

Kersting, Wolfgang: »Liberalismus und Kommunitarismus«. In: *Information Philosophie*, 3, Juli 1993, S. 4–19.

Keupp, Heiner: »Soziale Netzwerke – Eine Metapher des gesellschaftlichen Umbruchs?«. In: H. Keupp und B. Röhrle (Hg.): *Soziale Netzwerke*. Frankfurt: Campus 1987, S. 11–53.

Keupp, Heiner: »Gemeindepsychologie: Alternative zum Psychokult?«. In: *Neue Praxis*, 20, 1990, S. 168–177.

Keupp, Heiner: »Die Suche nach Netzen. Wege zu einer sozialen Individualität«. In: *Süddeutsche Zeitung* vom 20./21. März 1993.

Körber-Stiftung (Hg.): *Wieviel Gemeinsinn braucht die liberale Gesellschaft?* 13./14. 11. 1993.

Kowalsky, Wolfgang & Schroeder, Wolfgang: »Rechtsextremismus. Begriff, Methode, Analyse«. In: *Initial*, Heft 3/1994, S. 87–94.

Lasch, Christopher: *Das Zeitalter des Narzißmus*. München: Steinhausen 1980.

Litt, Theodor: *Individuum und Gemeinschaft*. Leipzig/Berlin: Teubner 1924.

Löw-Beer, Martin: »Sind wir einzigartig? Zum Verhältnis von Autonomie und Individualität«. In: *Deutsche Zeitschrift für Philosophie*, 42, 1994, S. 121–139.

Marbach, Jan H. & Mayr-Kleffel, Verena: »Soweit die Netze tragen... Familien und soziales Umfeld«. In: Deutsches Jugendinstitut (Hg.): *Wie geht's der Familie? Ein Handbuch zur Situation der Familien heute*. München: Kösel 1988.

Marx, Karl & Engels, Friedrich: »Manifest der Kommunistischen Partei«. In: dies.: *Ausgewählte Schriften*. Band I, S. 17–57. Berlin: Dietz-Verlag 1966.

McMylor, Peter: *Alasdair MacIntyre. Critic of modernity*. London/New York: Routledge 1994.

Miegel, Meinhard & Wahl, Stefanie: *Das Ende des Individualismus. Die Kultur des Westens zerstört sich selbst*. München: Verlag Bonn Aktuell 1993.

Mitscherlich, Alexander: *Die Unwirtlichkeit unserer Städte*. Frankfurt a. M.: Suhrkamp 1965.

Mogge-Grotjahn, Hildegard: »Kommunitarismus – Auf der Suche nach gemeinsamen Normen unter den Bedingungen zunehmender Individualisierung«. Vortrag in der Evangelischen Akademie Iserlohn 1993.

Nagl-Docekal, Herta: »Die Kunst der Grenzziehung und die Familie«. In: *Deutsche Zeitschrift für Philosophie*, 41, 1993, S. 1021–1033.

Nagl-Docekal, Herta & Pauer-Studer, Herlinde (Hg.): *Jenseits der Geschlechtermoral. Beiträge zur feministischen Ethik*. Frankfurt: Fischer Taschenbuch (Nr. 11630) 1993.

Neckel, Sighard: »Individualisierung«. In: ders.: *Die Macht der Unterscheidung. Beutezüge durch den modernen Alltag*. Frankfurt: Fischer 1993.

Nestmann, Frank: *Die alltäglichen Helfer*. Berlin: De Gruyter 1988.

Nestmann, Frank: »Förderung sozialer Netzwerke – eine Perspektive pädagogischer Handlungskompetenz?«. In: *Neue Praxis*, 19, 1989, S. 107–123.

Nuber, Ursula: *Die Egoismus-Falle. Warum Selbstverwirklichung oft so einsam macht.* Stuttgart: Kreuz-Verlag 1993.

Okin, Susan Moller: »Für einen humanistischen Liberalismus«. In: *Transit*, 5, 1993, S. 74–90.

Ottmann, Henning: »Leerlauf der Emanzipation. Ein neuer Gemeinschaftsbegriff«. In: *Süddeutsche Zeitung* vom 20./21. Februar 1993.

Pauer-Studer, Herlinde: »Moraltheorie und Geschlechterdifferenz. Feministische Ethik im Kontext aktueller Fragestellungen«. In: H. Nagl-Docekal/ H. Pauer-Studer (Hg.), S. 33–68.

Phillips, Derek L.: *Looking backward. A critical appraisal of communitarian thought.* Princeton: Princeton University Press 1993.

Plessner, Helmuth: »Grenzen der Gemeinschaft. Eine Kritik des sozialen Radikalismus« (1924). In: *Gesammelte Schriften.* Band V. Frankfurt: Suhrkamp 1981, S. 7–133.

Piel, Edgar: *Im Geflecht der kleinen Netze. Vom deutschen Rückzug ins Private.* Zürich: Edition Interform 1987.

Puch, Hans-Joachim: »Inszenierte Gemeinschaften – Gruppenangebote in der Moderne«. In: *Neue Praxis*, 21, 1991, S. 12–25.

Rauschenbach, Brigitte: »Mythen der Dependenz und die Utopie der Gemeinschaft. Beziehungsfiguren der politischen Philosophie und Psychologie«. In: *Deutsche Zeitschrift für Philosophie*, 40, 1992, S. 413–430.

Reese-Schäfer, Walter: *Was ist Kommunitarismus?* Frankfurt: Campus 1994.

Richter, Dirk: »Theorie als Identitätsstifter? Über Vorstellungen von Kollektiv-Identitäten in zivilgesellschaftlichen und kommunitaristischen Theorien«. In: *Kommune*, 12, 1/1994, S. 37–40.

Röhrle, Bernd: *Soziale Netzwerke und soziale Unterstützung.* Weinheim: Psychologie Verlags-Union 1994.

Rössler, Beate: »Gemeinschaft und Freiheit. Zum problematischen Verhältnis von Feminismus und Kommunitarismus«. In: Zahlmann (Hg.) 1992, S. 74–85.

Rössler, Beate: »Kommunitaristische Sehnsucht und liberale Rechte. Zu Michael Walzers politischer Theorie der Gesellschaft«. In: *Deutsche Zeitschrift für Philosophie*, 41, 1993, S. 1035–1048.

Sampson, Edward E.: *Celebrating the other. A dialogic account of human nature.* New York: Harvester Wheatsheaf 1993.

Sampson, Edward E.: »Identity politics. Challenges to psychology's understanding«. In: *American Psychologist*, 48, 1993, S. 1219–1230.

Sandel, Michael: »Die verfahrensrechtliche Republik und das ungebundene Selbst«. In: A. Honneth (Hg.): *Kommunitarismus.* Frankfurt: Campus 1993, S. 18–25.

Schäuble, Wolfgang: *Und der Zukunft zugewandt.* Berlin: Siedler 1994.

Shklar, Judith N.: *Über Ungerechtigkeit. Erkundungen zu einem moralischen Gefühl.* Berlin: Rotbuch 1992.

Steinfath, Holmer: »Der Verlust der Identität?«. In: Zahlmann (1992), S. 86–93.

Steinfath, Holmer: »Authentizität und Anerkennung. Zu Charles Taylors neuen Büchern ›The Ethics of Authenticity‹ und ›The Politics of Recognition‹«. In: *Deutsche Zeitschrift für Philosophie*, 41, 1993, S. 575–584.

Strasser, Johanno: »›Individualisierung‹ – eine Gefährdung der Solidarität?«. In: *Die Neue Gesellschaft/Frankfurter Hefte*, 41, 1994, S. 118–123.

Taylor, Charles: »Cross-purposes: The liberal-communitarian debate«. In: N. Rosenblum (Hg.): *Liberalism and the moral life*. Cambridge: Harvard University Press 1989, S. 159–182 (deutsch in A. Honneth [Hg.]: *Kommunitarismus*. Frankfurt: Campus 1993, S. 103–130).

Taylor, Charles: *Multikulturalismus und die Politik der Anerkennung*. Frankfurt: S. Fischer 1993.

Taylor, Charles: »Wieviel Gemeinschaft braucht die Demokratie?«. In: *Transit*, 5, 1993, S. 5–20.

Thielen, Helmut: *Subversion und Gemeinschaft. Befreiung in der Zeitenwende*. Hamburg: Edition Nautilus 1993.

Vogl, Joseph (Hg.): *Gemeinschaften. Positionen zu einer Philosophie des Politischen*. Frankfurt: Suhrkamp 1994.

Walzer, Michael: *Zivile Gesellschaft und amerikanische Demokratie*. Berlin 1992, S. 136.

Walzer, Michael: *Sphären der Gerechtigkeit. Ein Plädoyer für Pluralität und Gleichheit*. Frankfurt: Campus 1992.

Walzer, Michael: *Kritik und Gemeinsinn*. Frankfurt: Fischer Taschenbuch Nr. 11704, 1993.

Walzer, Michael: »Moralischer Minimalismus«. In: *Deutsche Zeitschrift für Philosophie*, 42, 1994, S. 3–13.

Walter, Rudolf: »Was ist ›nationale Identität‹?«. In: *Die Zeit* Nr. 33 vom 12. August 1994, S. 28.

Wellmer, Albrecht: »Bedingungen einer demokratischen Kultur. Zur Debatte zwischen ›Liberalen‹ und ›Kommunitaristen‹«. In: ders.: *Endspiele: Die unversöhnliche Moderne*. Frankfurt: Suhrkamp (stw 1095) 1993, S. 54–80 (ebenfalls abgedruckt in: Brumlik/Brunkhorst [Hg.], S. 173–198).

Young, Iris Marion: »Stadtleben und Differenz. Die Stadt als Modell für eine offene Gemeinschaft«. In: *Transit*, 5, 1993, S. 91–108.

Zahlmann, Christel (Hg.): *Kommunitarismus in der Diskussion*. Berlin: Rotbuch Rationen 1992.

Ziehe, Thomas: »Unspektakuläre Zivilisierungsgewinne. Auch Individualisierung kann ›kommunitär‹ sein«. In: Zahlmann (Hg.), S. 102–108.

Zoll, Rainer: *Alltagssolidarität und Individualismus. Zum soziokulturellen Wandel*. Frankfurt: Suhrkamp 1992.

Die Autoren

Adorno, Theodor W. (1903–1969), studierte Philosophie, Psychologie und Musikwissenschaft, emigrierte 1934 nach Oxford und übersiedelte 1938 nach New York. Ab 1949 lehrte er in Frankfurt Soziologie und Philosophie und leitete mit Max Horkheimer das »Institut für Sozialforschung«. Als Komponist schrieb Adorno u. a. Lieder, Quartett- und Orchesterstücke und war Thomas Manns musikalischer Berater bei der Abfassung des »Doktor Faustus«.

Wichtige Werke: Dialektik der Aufklärung (1947; mit M. Horkheimer), Philosophie der neuen Musik (1949), The authoritarian personality (1950; mit anderen), Minima Moralia (1951), Einleitung in die Musiksoziologie (1962), Jargon der Eigentlichkeit (1964), Negative Dialektik (1966), Ohne Leitbild (1967), Alban Berg (1968), Der Positivismusstreit in der deutschen Soziologie (1969).

Bauman, Zygmunt (Jg. 1925), Studium von Philosophie und Soziologie an der Universität Warschau; bis 1968 Professor an der Universität Warschau, zusammen mit fünf anderen jüdischen Professoren nach den Studentenunruhen im März 1968 relegiert; danach Emigration nach Israel und Übernahme einer Professur für Soziologie an der Universität Tel Aviv und ab 1971 bis 1991 an der Universität Leeds (England).

Wichtige Werke: Legislators and interpreters (1987), Modernity and the holocaust (1989) (deutsch: Dialektik der Ordnung. Die Moderne und der Holocaust), Thinking sociologically (1990), Modernity and ambivalence (1991) (deutsch: Moderne und Ambivalenz), Intimations of postmodernity (1992), Postmodern ethics (1993).

Beck, Ulrich (Jg. 1944), studierte Soziologie, Philosophie und Politikwissenschaft in Freiburg/Br. und München. Promotion in Soziologie 1972. Danach wissenschaftlicher Geschäftsführer am Sonderforschungsbereich 101 »Theoretische Grundlagen sozialwissenschaftlicher Berufs- und Arbeitskräfteforschung« der Universität München. 1979 Habilitation und Übernahme einer Professur für Soziologie an der Universität Münster. Seit 1980 geschäftsführender Herausgeber der Zeitschrift *Soziale Welt*. In den achtziger Jahren Professur an der Universität Bamberg und seit 1992 an der Universität München.

Wichtige Werke: Objektivität und Normativität (1974), Soziologie der Arbeit und Berufe (gemeinsam mit Michael Brater und Hansjürgen Daheim 1980), Risikogesellschaft (1986), Gegengifte (1988), Das ganz normale Chaos der Liebe (gemeinsam mit Elisabeth Beck-Gernsheim 1990), Die Erfindung des Politischen (1993).

Benjamin, Jessica (Jg. 1946), Studium der Soziologie, Psychologie und Sozialpädagogik in Madison, Frankfurt (1967–1971) und New York, 1977 Promotion in Soziologie, psychoanalytische Ausbildung in New York, gleichzeitig Research Fellow am Albert-Einstein-College of Medicine. Sie lehrt heute an der New York University (Postdoctoral Psychology Program in Psychoanalysis) und der Graduate Faculty der New School for Social Research.

Wichtige Werke: The bonds of love. Psychoanalysis, feminism, and the problem of domination (1988) (deutsch: Die Fesseln der Liebe), Phantasie und Geschlecht. Studien über Idealisierung, Anerkennung und Differenz (1993), Ungewisser Inhalt (1994).

Elias, Norbert (1897–1990), studierte Philosophie und Soziologie, war ab 1930 Assistent von K. Mannheim; 1933 emigrierte er nach Frankreich, dann nach Großbritannien, wo er 1940 als »enemy alien« acht Monate interniert wurde. Zusammen mit dem Psychoanalytiker S. H. Fuchs war er Begründer der »Group Analytic Society«. 1954–62 war er Dozent für Soziologie in Leicester, 1962–1964 Professor für Soziologie an der Universität von Ghana bei Akkra.

Wichtige Werke: Über den Prozeß der Zivilisation (1939), Was ist Soziologie (1970), Über die Einsamkeit der Sterbenden in unseren Tagen (1982), Über die Gesellschaft der Individuen (1987), Studien über die Deutschen (1988).

Erikson, Erik Homburger (1902–1994), ließ sich zunächst als Künstler und Kunstlehrer ausbilden. Auf Anregung von Anna Freud läßt er sich in den frühen dreißiger Jahren am Wiener Institut für Psychoanalyse als Kinder- und Erwachsenen-Analytiker ausbilden; 1933 verließ er Wien und ließ sich als Kinderanalytiker in Boston nieder; in den vierziger Jahren psychoanalytische Praxis in San Francisco und gleichzeitig Forschungsprojekte und Feldexkursionen (zu den Sioux- und Yurok-Indianern) in Kooperation mit dem Institute of Human Relations an der Yale University und dem Institute of Child Development in Berkeley. Seine erste Professur an der University of California in Berkeley in der McCarthy-Ära wurde ihm nach wenigen Monaten wieder entzogen, weil er den geforderten Treue-Eid verweigerte. Später lehrte an den Universitäten von Harvard und Radcliffe.

Wichtige Werke: Childhood and society (1950) (deutsch: Kindheit und Gesellschaft), Identity: Youth and crisis (1968) (deutsch: Jugend und Krise), Gandhi's truth (1969) (deutsch: Gandhis Wahrheit), Life history and the historical moment (1975) (deutsch: Lebensgeschichte und historischer Augenblick), Identity and life cycle (1980) (deutsch: Identität und Lebenszyklus), The life cycle completed (1982).

Flax, Jane, ist Professorin für Politische Wissenschaften an der Howard University in Washington, D.C. und Psychoanalytikerin in freier Praxis.

Wichtige Werke: Thinking fragments. Psychoanalysis, feminism, and postmodernism in the contemporary west (1990), Disputed subjects. Essays on psychoanalysis, politics and philosophy (1993).

Foucault, Michel (1926–1985), studierte Philosophie und Psychologie. Ab 1962 war er Professor für Psychologie an der Universität von Clermont-Ferrand, erlebte 1967 den Ausbruch der Studentenrevolte in Tunis und beteiligte sich dann wieder in Frankreich am Aufbau des »Centre universitaire experimentale« von Vincennes, der Reformuniversität von 1968. 1969 wurde er ans »Collège de France« gewählt.

Wichtige Werke: Wahnsinn und Gesellschaft (1961), Psychologie und Geisteskrankheit (1962), Die Geburt der Klinik (1963), Die Ordnung der Dinge (1966), Die Ordnung des Diskurses (1971), Überwachen und Strafen (1976), Die Geschichte der Sexualität (3 Bände, 1976–1984).

Freud, Sigmund (1856–1939), studierte Medizin in Wien, war von 1876 bis 1882 Mitglied des Physiologischen Instituts Wilhelm Brückes, ab 1885 Privatdozent für Neuropathologie, ab 1902 Titularprofessor. 1938 emigrierte er wegen seiner jüdischen Abstammung nach London.

Wichtige Werke: Studien über Hysterie (mit Joseph Breuer 1895), Die Traumdeutung (1900), Zur Psychopathologie des Alltagslebens (1901), Der Witz und seine Beziehung zum Unbewußten (1905), Drei Abhandlungen zur Sexualtheorie (1905), Totem und Tabu (1913), Massenpsychologie und Ich-Analyse (1921), Das Ich und das Es (1923), Zukunft einer Illusion (1927), Das Unbehagen in der Kultur (1930).

Fromm, Erich (1900–1980). Nach dem Studium der Psychologie, Psychoanalyse, Soziologie und Philosophie arbeitete Fromm ab 1930 unter Max Horkheimer am Institut für Sozialforschung in Frankfurt. 1933 emigrierte er in die USA und wurde dort 1935–1939 Gastprofessor in New York, 1941–1950 Professor für Psychoanalyse in Vermont. Nach seiner Übersiedlung nach Mexiko (1951) war er dort (1951–1965) außerordentlicher Professor für Psychoanalyse.

Wichtige Werke: Über Methode und Aufgabe einer Analytischen Sozialpsychologie (1932), Die Furcht vor der Freiheit (1941), Psychoanalyse und Ethik (1947), Psychoanalyse und Religion (1950), Der moderne Mensch und seine Zukunft (1955), Die Kunst des Liebens (1956), Das Menschenbild bei Marx (1961), Anatomie der menschlichen Destruktivität (1973), Haben oder Sein (1976).

Gehlen, Arnold (1904–1976). Nach dem Studium von Philosophie, Geschichte und Kunstgeschichte (daneben auch Physik und Biologie) war Gehlen 1934–1938 Professor für Philosophie in Leipzig, 1938–40 in Königsberg, 1940–44 in Wien, 1947–62 in Speyer, ab 1962 in Aachen.

Wichtige Werke: Der Mensch. Seine Natur und seine Stellung in der Welt (1940), Urmensch und Spätkultur (1956), Die Seele im technischen Zeitalter (1957), Anthropologische Forschung (1961), Moral und Hypermoral (1969).

Goffman, Erving (1922–1992). Studium der Soziologie an den Universitäten Toronto und Chicago und dort 1949 Examen. Promotion 1953. Danach war er bis 1957 als Sozialwissenschaftler am National Institute of Mental Health tätig und hat in dieser Zeit seine berühmte Studie über psychiatrische Kliniken als totale Institution durchgeführt. 1958 Übernahme einer Professur in Berkeley, die er bis 1969 innehat. Danach wurde ihm die Benjamin Franklin-Professur an der Universität von Pennsylvania in Philadelphia übertragen. 1981 wird er zum Präsidenten der American Sociological Association gewählt.

Wichtige Werke: The presentation of self in everyday life (1959) (deutsch: Wir alle spielen Theater), Asylums. Essays on the social situation of mental patients and other inmates (1961) (deutsch: Asyle), Encounters (1961) (deutsch: Interaktion: Spaß am Spiel), Stigma (1963) (deutsch: Stigma), Relation in public (1971) (deutsch: Das Individuum im öffentlichen Austausch), Frame analysis (1974) (deutsch: Rahmen-Analyse), Gender Advertisements (1979) (deutsch: Geschlecht und Werbung).

Lasch, Christopher (1932–1994), studierte an der Harvard University und der Columbia University Geschichte und lehrte bis zu seinem Tod als Professor für Geschichte an der University of Rochester.

Wichtige Werke: The new radicalism in America (1965), The agony of the American Left (1969), Haven in a heartless world: The family besieged (1977) (deutsch: Geborgenheit. Die Bedrohung der Familie in der modernen Welt), The culture of narcissim (1979) (deutsch: Das Zeitalter des Narzißmus), The minimal self (1984), The true and only heaven (1991).

Lersch, Philipp (1898–1972), studierte nach der Teilnahme am Ersten Weltkrieg Literaturgeschichte in München und schloß 1922 mit der Promotion ab. 1923 Beginn des Studiums der Psychologie und Philosophie, 1925–1933 Heerespsychologe, dazwischen Habilitation (1929). Ab 1933 Mitglied im Nationalsozialistischen Lehrerbund. 1936 wird er Professor für Philosophie und Psychologie in Dresden, 1937 in Breslau, 1939 in Leipzig, 1942 in München.

Wichtige Werke: Gesicht und Seele (1932), Der Aufbau des Charakters (1938, später: Aufbau der Person), Vom Wesen der Geschlechter (1950), Der Mensch als soziales Wesen (1964).

McDougall, William (1871–1938), stammte aus Großbritannien und lehrte ab 1920 in den USA an der Harvard University und ab 1929 an der Duke University.

Wichtige Werke: An introduction to social psychology (1908) (deutsch: Sozialpsychologie), The group mind (1920), An outline of psychology (1923), Character and the conduct of life (1935) (deutsch: Charakter und Lebensführung, Praktische Psychologie für jedermann), Outline of abnormal psychology (1937) (deutsch: Aufbaukräfte der Seele).

Marcuse, Herbert (1898–1979). Ab 1918 Studium der Literaturwissenschaft und Philosophie in Berlin und Freiburg/Br., Promotion 1922, bis 1927 Buchhandels- und Verlagstätigkeit in Berlin, 1928–1932 Fortführung des Philosophiestudiums bei Edmund Husserl und Martin Heidegger in Freiburg. Bis zur Emigration in die USA 1934 Mitarbeiter am Frankfurter Institut für Sozialforschung, dann Mitarbeiter am Institute for Social Research in New York, ab 1943 zunächst als Mitarbeiter, ab 1947 als Abteilungsleiter in der Research & Intelligence Division des Außenministeriums in Washington; seit 1952 am Russian Institute der Columbia University und 1954/55 am Russian Research Center der Harvard University; 1955–1984 Professor für Politikwissenschaft an der Brandeis University und ab 1965 an der University of California in San Diego, gleichzeitig Honorarprofessor an der Freien Universität Berlin.

Wichtige Werke: Hegels Ontologie und die Grundlegung einer Theorie der Geschichtlichkeit (1932), Reason and revolution (1941) (deutsch: Vernunft und Revolution), Eros and civilization (1955) (deutsch: Triebstruktur und Gesellschaft), Soviet marxism (1958) (deutsch: Die Gesellschaftslehre des sowjetischen Marxismus), One-dimensional man (1964) (deutsch: Der eindimensionale Mensch), Kultur und Gesellschaft, Band I und II (1965), Psychoanalyse und Politik (1968), An essay on liberation (1969) (deutsch: Versuch über die Befreiung), Ideen zu einer kritischen Theorie der Gesellschaft (1969), Counterrevolution and revolt (1972) (deutsch: Konterrevolution und Revolte), Existentialistische Marx-Interpretation (1973).

Mead, George Herbert (1863–1931), läßt sich zunächst als Lehrer ausbilden, wird aber nach wenigen Monaten wegen disziplinarischer Probleme mit den Schülern wieder entlassen. Ehe er das Studium der Philosophie an der Harvard Universität beginnt, arbeitet er drei Jahre als Vermessungsingenieur beim Bau einer Eisenbahn. 1988/1989 studiert er in Leipzig bei Wilhelm Wundt und dann in Berlin u. a. bei Dilthey. John Dewey holt ihn 1894 als Assistenzprofessor an die Universität Chicago. Viele seiner Schriften sind erst posthum veröffentlicht worden.

Wichtige Werke: The philosophy of the present (1932), Mind, self and society (1934) (deutsch: Geist, Identität und Gesellschaft), Movements of thought in the Nineteenth Century (1936), The philosophy of the act (1938), Gesammelte Aufsätze, Band 1 (1980), Band 2 (1983).

Milgram, Stanley (Jg. 1933), promovierte in Sozialpsychologie an der Harvard University, lehrte an den Universitäten von Yale und Harvard und übernahm dann eine Professur für Psychologie am Graduate Center der City University of New York. 1963 erhielt er den sozialpsychologischen Preis der American Association for the Advancement of Science für seine Studie zum Obrigkeitsgehorsam.

Wichtige Werke: Obedience to authority. An experimental view (1969) (deutsch: Das Milgram-Experiment. Zur Gehorsamsbereitschaft gegenüber Autorität), The individual in a social world. Essays and experiments (1977).

Mitscherlich, Alexander (1908–1982). Nach geisteswissenschaftlichen Studien von 1928–1932 in München, Prag, Berlin und Freiburg (und mehrmaliger Verhaftung durch die Nazis) studierte Mitscherlich ab 1933 Medizin in Zürich. 1946 gründete er die Abteilung für psychosomatische Medizin an der Universität Heidelberg und leitete sie (ab 1952 als Professor). Nach dem Krieg nahm er als Beobachter und Berichterstatter an den Nürnberger Prozessen teil (1948: Medizin ohne Menschlichkeit, mit F. Mielke). Ab 1966 war er dann Professor für Psychologie, insbesondere Psychoanalyse und Sozialpsychologie in Frankfurt am Main, von 1959–1976 leitete er das dortige Sigmund-Freud-Institut und gab zusammen mit Margarete Mitscherlich-Nielsen die Zeitschrift *Psyche* heraus.

Wichtige Werke: Auf dem Weg zur vaterlosen Gesellschaft. Ideen zur Sozialpsychologie (1963), Die Unwirtlichkeit unserer Städte (1965), Die Unfähigkeit zu trauern. Grundlagen kollektiven Verhaltens (1967, mit Margarete Mitscherlich), Die Idee des Friedens und die menschliche Aggressivität (1969), Toleranz, Überprüfung eines Begriffs. Ermittlungen (1974), Der Kampf um die Erinnerung, Psychoanalyse für fortgeschrittene Anfänger (1975), Freiheit und Unfreiheit in der Krankheit (1977), Ein Leben für die Psychoanalyse (1980).

Parsons, Talcott (1902–1979), studierte zunächst Medizin und Biologie, wandte sich später wirtschaftswissenschaftlichen und soziologischen Studien zu. Von 1944–79 war er Professor für Soziologie an der Harvard University.

Wichtige Werke: The structure of social action (1937), Essays in sociological theory (1949) (deutsch: Beiträge zur soziologischen Theorie), The social system (1951), Economy and Society (mit N. J. Smelser), Sozialstruktur und Persönlichkeit (1964), The system of modern societies (1971) (deutsch: Das System moderner Gesellschaften), Action theory and human condition (1978).

Portmann, Adolf (1897–1982), war Biologe, ab 1931 bis zu seiner Emeritierung 1968 Professor für Zoologie in Basel. Er war u. a. Rektor der Universität Basel, Präsident der Rektorenkonferenz der schweizerischen Hochschulen, Präsident der Internatonalen Vereinigung von Universitäts-Professoren und -Dozenten.

Wichtige Werke: Zoologie und das neue Bild des Menschen (1956), Biologie und Geist (1956), Neue Wege der Biologie (1960), Zoologie aus vier Jahrzehnten (1967), Entläßt die Natur den Menschen? (1970), An den Grenzen des Wissens (1974).

374

Riesman, David (Jg. 1909), war 1937–1942 Professor für Rechtswissenschaft in Buffalo (N. Y.), 1946–58 für Sozialwissenschaften in Chicago und 1958–81 für Soziologie an der Harvard University.
Wichtige Werke: The lonely crowd (1950) (deutsch: Die einsame Masse), Individualism reconsidered and other essays (1954), Abundance for what (1964), The academic revolution (1968, mit C. Jencks), On higher education (1980).

Sennett, Richard (Jg. 1943), ist Professor für Sozialwissenschaften am Center for Humanistic Studies der New York University.
Wichtige Werke: The uses of disorders (1970), The hidden injuries of class (1972), The fall of the public man (1977) (deutsch: Verfall und Ende des öffentlichen Lebens), Palais Royal (1986), The conscience of the eye. The design and social life of cities (1990) (deutsch: Civitas. Die Großstadt und die Kultur des Unterschieds).

Simmel, Georg (1858–1918), beginnt sein Studium 1876 mit dem Studium der Geschichte, Völkerpsychologie und Philosophie in Berlin, das er 1881 mit der Promotion abschließt, 1884 schließt er seine Habilitation ab. Von 1885 bis 1901 lehrt er als Privatdozent an der Universität Berlin, ehe er dann endlich zum Extraordinarius für Philosophie ernannt wurde. Erst mit 56 Jahren wird er ordentlicher Professor an der Universität Straßburg. Mehrere Berufungen scheitern.
Wichtige Werke: Über soziale Differenzierung (1890), Die Probleme der Geschichtsphilosophie (1892), Einleitung in die Moralwissenschaft (1892/93), Philosophie des Geldes (1900), Philosophie der Mode (1905), Soziologie (1908), Hauptprobleme der Philosophie (1910), Philosophische Kultur (1911), Rembrandt (1916), Grundfragen der Soziologie (1917), Lebensanschauung (1918).

Watson, John B. (1878–1958), studierte Philosophie, befaßte sich dann mit Naturwissenschaften und begann systematische Verhaltensforschungen und -experimente an Ratten. Ab 1908 war er Professor für experimentelle und vergleichende Psychologie in Baltimore; 1921 bis 1945 arbeitete er auch in der Werbung. Watson gilt als Begründer des Behaviorismus.
Wichtige Werke: Behaviorism (1913) (deutsch: Behaviorismus), Psychology from the standpoint of a behaviorist (1929).

Weber, Max (1864–1920), studierte Jura, Wirtschaftswissenschaft, Geschichte und Philosophie. Weber war ab 1893 Professor für deutsches und Handelsrecht in Berlin, für Nationalökonomie in Freiburg im Breisgau (1894–97) und Heidelberg (1897–1903), für Soziologie in Wien und für Nationalökonomie in München (1919/20); außerdem war er Gründungsmitglied der Deutschen Gesellschaft für Soziologie und der Deutschen Demokratischen Partei und Mitglied der Kommission für die Weimarer Verfassung.

Wichtige Werke: Die ›Objektivität‹ sozialwissenschaftlicher und sozialpolitischer Erkenntnis (1904), Die protestantische Ethik und der Geist des Kapitalismus (1904/1905), Gesammelte Aufsätze zur Religionssoziologie (1920/21), Wirtschaft und Gesellschaft (1921).

Zoll, Rainer (Jg. 1934), hat Soziologie, Literaturwissenschaft und Philosophie studiert und sich nach dem Examen als freier Journalist betätigt. Danach wurde er Pressesprecher der Industriegewerkschaft Metall und ist seit 1974 Professor für Gewerkschaftssoziologie an der Universität Bremen.

Wichtige Werke: »Hauptsache, ich habe meine Arbeit« – Krisenangst und Identität von Arbeitern (hg. 1984), Zerstörung und Wiederaneignung von Zeit (hg. 1988), »Nicht so wie unsere Eltern!« – Hypothese eines neuen kulturellen Modells (hg.1989), Ein neues kulturelles Modell? Der soziokulturelle Wandel in Westeuropa und Nordamerika (hg. 1992), Alltagssolidarität und Individualismus. Zum soziokulturellen Wandel (1993).

Quellenverzeichnis

Aus den folgenden Quellen sind Auszüge übernommen worden:

Adorno, Theodor W.: »Erziehung nach Auschwitz«. In: *Stichworte. Kritische Modelle 2*. Frankfurt: Suhrkamp 1969, S. 85–101.

Bauman, Zygmunt: »Wir sind wie Landstreicher. Die Moral im Zeitalter der Beliebigkeit«. In: *Süddeutsche Zeitung* vom 16./17. November 1993.

Beck, Ulrich: »Vom Verschwinden der Solidarität. Individualisierung der Gesellschaft heißt Verschärfung sozialer Ungleichheit«. In: *Süddeutsche Zeitung* vom 14./15. Februar 1993.

Benjamin, Jessica: »Die Antinomien des patriarchalischen Denkens. Kritische Theorie und Psychoanalyse«. In: W. Bonß & A. Honneth (Hg.): *Sozialforschung als Kritik*. Frankfurt: Suhrkamp 1982, S. 426–455.

Elias, Norbert: *Über den Prozeß der Zivilisation*. Band 1. Einleitung. Frankfurt: Suhrkamp 1976, S. XLVI–LXV.

Erikson, Erik H.: *Jugend und Krise*. Stuttgart: Klett-Cotta 1981, S. 11–41.

Flax, Jane: »Postmoderne und Geschlechter-Beziehungen in der feministischen Theorie«. In: *Psychologie und Gesellschaftskritik*, Jg. 16, 1992, Heft 3/4.

Foucault, Michel: *Psychologie und Geisteskrankheit* (1954). Frankfurt: Suhrkamp 1968, S. 99–115.

Freud, Sigmund: »Zeitgemäßes über Krieg und Tod« (1915). In: *Gesammelte Werke*, Band 10. Frankfurt: S. Fischer 1967.

Fromm, Erich: *Über psychoanalytische Charakterkunde und ihre Anwendung zum Verständnis der Natur* (1949). Bd. I der Gesamtausgabe, Stuttgart: DVA 1981, S. 207–214.

Gehlen, Arnold: *Anthropologische Forschung. Zur Selbstbegegnung und Selbstentdeckung des Menschen*. Reinbek: Rowohlt 1961, S. 69–77.

Goffman, Erving: *Interaktion: Spaß am Spiel. Rollendistanz*. München: Piper 1973, S. 217–233.

Lasch, Christopher: *Das Zeitalter des Narzißmus*. München: Verlag Steinhausen 1980, S. 11–17.

Lersch, Philipp: *Vom Wesen der Geschlechter*. München: Ernst Reinhardt Verlag 1950, S. 45–54.

Marcuse, Herbert: »Das Veralten der Psychoanalyse«. In: *Kultur und Gesellschaft 2*. Frankfurt: Suhrkamp 1965, S. 85–106.

McDougall, William: *Aufbaukräfte der Seele*. Leipzig: Georg Thieme 1937, S. 72–84.

Mead, George Herbert: »Sozialpsychologie als Gegenstück der physiologischen Psychologie« (1909). In: ders: *Gesammelte Aufsätze*, Band I. Frankfurt: Suhrkamp 1980, S. 199–209.

Milgram, Stanley: *Das Milgram-Experiment. Zur Gehorsamsbereitschaft gegenüber Autorität*. Reinbek: Rowohlt 1974, S. 17–29.

Mitscherlich, Alexander: *Auf dem Weg zur vaterlosen Gesellschaft. Ideen zur Sozialpsychologie*. München: Piper 1963, S. 22–52.

Parsons, Talcott: »Die Integration der Persönlichkeit und das Verhältnis individueller Motivation zur Stabilität sozialer Systeme«. In: *Aktor, Situation und normative Muster. Ein Essay zur Theorie sozialen Handelns* (1939). Frankfurt: Suhrkamp 1986, S. 174–184.

Portmann, Adolf: *Zoologie und das neue Bild des Menschen*. Reinbek: Rowohlt 1956, S. 59–67.

Riesman, David: *Die einsame Masse* (1950). Reinbek: Rowohlt 1958, S. 21–47.

Sennett, Richard: *Verfall und Ende des öffentlichen Lebens. Die Tyrannei der Intimität*. Frankfurt: S. Fischer 1983, S. 293–303.

Simmel, Georg: *Über das Wesen der Sozial-Pschologie* (1908). Bd. 8 der *Simmel-Gesamtausgabe*. Frankfurt: Suhrkamp 1993, S. 355–362.

Watson, John B.: *Behaviorismus* (1930). Köln/Berlin: Kiepenheuer & Witsch 1968, S. 114–131.

Weber, Max: *Die protestantische Ethik und der Geist des Kapitalismus*. Tübingen: J. C. B. Mohr (Paul Siebeck) 1920.

Zoll, Rainer: *Alltagssolidarität und Individualismus. Zum soziokulturellen Wandel*. Frankfurt: Edition Suhrkamp, S. 153–166.

Otto Marmet

*Ich und du
und so weiter*

Kleine Einführung in die Sozialpsychologie. Überarbeitete
Ausgabe. 123 Seiten mit Illustra-
tionen von Etienne. SP 1103

Was bedeutet »soziale Rolle«?
Wie entwickeln sich Gruppen?
Was heißt Kommunikation?
Wie nehmen wir unser eigenes
Verhalten wahr? Wie löst man
Konflikte? Dieser kleine Ab-
riß der Sozialpsychologie vermittelt sehr anschaulich und
zugänglich die wichtigsten so-
zial- und gruppenpsychologi-
schen Grundkenntnisse – ideal
für die Aus- und Fortbildung
von Lehrern, Erziehern, Ärzten, Pflegepersonal, Sozialar-
beitern und vielen mehr und
geeignet als Grundlektüre in
der praxisbezogenen Erwach-
senenbildung. Alltagsnah und
anschaulich werden die zentralen Themen der Sozialpsychologie nahegebracht: Kommunikation, Gruppenbeziehun-
gen, Sozialisation, soziale
Wahrnehmung, soziales Lernen.

**Jürgen Hesse
Hans Christian
Schrader**

*Die Neurosen
der Chefs*

Die seelischen Kosten der
Karriere. 237 Seiten. SP 2229

Sie werden gesucht, sie werden gebraucht, aber sie versagen: Führungskräfte, Vor-
gesetzte, Manager und Chefs.
Die Hauptquelle von Frust,
Verzweiflung und Ineffektivi-
tät am Arbeitsplatz sind un-
fähige Führungskräfte. Doch
woher kommt diese zuneh-
mend beklagte Unfähigkeit?
Ist die Quelle dieser Persön-
lichkeitsdefizite in der Firmen-
struktur oder in der ganz persönlichen Biographie zu suchen? Wer die Leiden der Leitenden – Einsamkeit, Neid,
Rivalität, Streß –, wer ihre
Süchte – Alkohol, Medika-
mente, Arbeit, Macht – und
wer ihre Krankheiten und ihr
kriminelles Potential kennt
und durchschaut, hat schon
viel für sich gewonnen.

Alexander Mitscherlich

Auf dem Weg zur vaterlosen Gesellschaft

Ideen zur Sozialpsychologie.
400 Seiten. SP 45

Diese Untersuchung hat den Ruhm des Psychoanalytikers als Zeit- und Gesellschaftskritiker international begründet. Mitscherlich hat hier ein sozialpsychologisches Paradigma unserer Epoche entworfen: Die »Hierarchie der Vaterrolle« zerfällt, die prägenden Vorbilder verblassen. Die daraus entstehenden Konflikte erzeugen neuartige neurotische Verhaltensweisen wie Indifferenz dem Mitmenschen gegenüber, Aggressivität, Destruktivität und Angst. Als einen der folgenreichsten Konflikte unserer Zeit bezeichnet Mitscherlich die paradoxe Entwicklung, daß der einzelne immer mehr »subjektive Autonomie« fordert und auch erlangt, zugleich sich aber den bürokratischen und anderen konformistischen Zwängen immer stärker ein- und unterordnen muß.

»Selten hat ein Buch eine so tiefgreifende, nüchterne und gerade deshalb erschütternde Zeitanalyse geboten wie dieses.«
Basler Nationalzeitung

Alexander und Margarete Mitscherlich

Die Unfähigkeit zu trauern

Grundlagen kollektiven Verhaltens. 383 Seiten. SP 168

Die Abhandlungen dieses Buches untersuchen psychische Prozesse in großen Gruppen, als deren Folge sich Freiheit oder Unfreiheit der Reflexion und der Einsicht ausbreiten. Es wird also der Versuch unternommen, einigen Grundlagen der Politik mit Hilfe psychologischer Interpretation näherzukommen, der Interpretation dessen, was Politik macht, nämlich menschlichen Verhaltens in großer Zahl.

»Es wäre ein Gewinn, wenn das Interesse an dem Thema auch Leser, die sich bisher mit Psychoanalyse überhaupt nicht beschäftigt haben, dazu führen würde, einen ersten Schritt in diese in Deutschland lange Zeit unterdrückte Gedanken- und Erkenntniswelt zu machen. Wer die Jahre vor 1933 noch einigermaßen bewußt, wenn auch jugendlich miterlebt hat, kann heutzutage nur staunen, wie ahnungslos die Generationen der jetzt Vierzigjährigen diesem ganzen Komplex gegenübersteht.«
Frankfurter Allgemeine Zeitung

SERIE
PIPER

Felix von Cube

Besiege deinen Nächsten wie dich selbst
Aggression im Alltag.
168 Seiten. SP 1745

»Der Mensch ist keine Graugans«, mit diesem Argument wird die Übertragung verhaltensbiologischer Erkenntnisse auf menschliche Verhaltensweisen von vielen Sozial- und Geisteswissenschaftlern infragegestellt. Der Erziehungswissenschaftler Felix von Cube weist dagegen im vorliegenden Buch nach, daß Aggression ein spontaner Trieb ist, der der natürlichen Veranlagung des Menschen entspricht. Alle traditionellen Moralen konnten die Ausübung von Gewalt nicht verhindern. Wir müssen mit der Aggression leben, es fragt sich nur, wie? Das ist für Felix von Cube der Ausgangspunkt seiner Anleitung zum Umgang mit der dem Menschen innewohnenden Aggression.

Fordern statt Verwöhnen
Die Erkenntnisse der Verhaltens-
biologie in Erziehung und
Führung. 336 Seiten. SP 949

Der Mensch strebte schon immer nach Verwöhnung, nach Lust ohne Anstrengung. Technik, Wohlstand, Freizeitkonsum machen dies heute möglich. Aggressive Langeweile, Gewalt, Drogenkonsum sind die Folgen. Wir zerstören die Umwelt und uns selbst.
Müssen wir Verzicht üben und Askese? Die Erkenntnisse der Verhaltensbiologie zeigen einen eigenen Weg: Aktivität statt Apathie, Abenteuer statt Langeweile, lustvoller Einsatz natürlicher Energien statt Schonen. Erziehung muß zur Selbstforderung befähigen.

»Für Pädagogen und Führungskräfte von allerhöchster Bedeutung.«
Die höhere Schule

Lust an der Leistung
Die Naturgesetze der Führung.
176 Seiten. SP 2524

Nur wer Spaß an seiner Arbeit hat, kann auf Dauer Gutes leisten. Die Verhaltensbiologie deckt die Bedingungen dafür auf, wie Lust an Leistung entsteht: Triebdynamik und soziale Einbindung müssen stimmen.

Erving Goffman

Wir alle spielen Theater

Die Selbstdarstellung im Alltag.
Aus dem Amerikanischen von
Peter Weber-Schäfer. Vorwort von
Ralf Dahrendorf. 256 Seiten.
SP 312

An verblüffenden Beispielen zeigt der Soziologe Goffman in diesem Klassiker das »Theater des Alltags«, die Selbstdarstellung, wie wir alle im sozialen Kontakt, oft nicht einmal bewußt, sie betreiben, vor Vorgesetzten oder Kunden, Untergebenen oder Patienten, in der Familie, vor Kollegen, vor Freunden.

Erving Goffman gibt in diesem Buch eine profunde Analyse der vielfältigen Praktiken, Listen und Tricks, mit denen sich der einzelne vor anderen Menschen möglichst vorteilhaft darzustellen sucht. Goffman wählt dazu die Perspektive des Theaters. Wie ein Schauspieler durch seine Handlungen und Worte, durch Kleidung und Gestik, angewiesen von einer unsichtbaren Regie, einen bestimmten Eindruck vermittelt, so inszenieren einzelne und Gruppen im Alltag »Vorstellungen«, um Geschäftspartner oder Arbeitskollegen von den eigenen echten oder vorgetäuschten Fähigkeiten zu überzeugen. Daß dies nichts mit Verstellung zu tun hat, sondern ein notwendiges Element des menschlichen Lebens ist, macht Goffman anschaulich und überzeugend klar.

»Die soziale Welt ist eine Bühne, eine komplizierte Bühne sogar, mit Publikum, Darstellern und Außenseitern, mit Zuschauerraum und Kulissen, und mit manchen Eigentümlichkeiten, die das Schauspiel dann doch nicht kennt ... Goffman geht es ... um den Nachweis, daß die Selbstdarstellung des einzelnen nach vorgegebenen Regeln und unter vorgegebenen Kontrollen ein notwendiges Element des menschlichen Lebens ist. Der Sozialwissenschaftler, der dieses Element in seine Begriffe hineinstilisiert – Rolle, Sanktion, Sozialisation usw. –, nimmt nur auf, was die Wirklichkeit ihm bietet ... Soziologie macht das Selbstverständliche zum Gegenstand der Reflexion.«
Ralf Dahrendorf

SERIE
PIPER